传统村落的
适应性保护与发展

徐峰 编著

中国建筑工业出版社

审图号：GS京（2022）9034号

图书在版编目（CIP）数据

传统村落的适应性保护与发展 / 徐峰编著. —北京：中国建筑工业出版社，2022.9（2023.11重印）

ISBN 978-7-112-27723-0

Ⅰ.①传… Ⅱ.①徐… Ⅲ.①村落—适应性—保护—研究—中国②村落—适应性—发展—研究—中国 Ⅳ.①K928.5

中国版本图书馆CIP数据核字（2022）第143560号

责任编辑：郑淮兵　焦　阳
责任校对：王　烨

传统村落的适应性保护与发展
徐　峰　编著

*

中国建筑工业出版社出版、发行（北京海淀三里河路9号）
各地新华书店、建筑书店经销
华之逸品书装设计制版
北京君升印刷有限公司印刷

*

开本：787毫米×1092毫米　1/16　印张：21¼　插页：1　字数：544千字
2022年9月第一版　　2023年11月第三次印刷
定价：**78.00元**
ISBN 978-7-112-27723-0
（38961）

版权所有　翻印必究
如有印装质量问题，可寄本社图书出版中心退换
（邮政编码 100037）

序言

我喜欢看农村，20世纪80年代坐火车，窗外到处可以看到各种不同建筑式样的传统村落，每个地方都不同，多姿多彩，煞是好看。90年代再看就变少了，今天坐火车再看窗外就索然无味了，全国各地的农村都是一个样子了。我又在外国的火车里看外国的农村，在欧洲，在日本，在那些最发达的国家，他们的农村却还是他们传统的样子。陡坡屋顶上开着老虎窗的村舍民居，尖尖屋顶的小教堂……每个国家，每个地方都是不同的样子，而且多姿多彩，煞是好看。他们并没有因为经济的发达而把全国变成一个样子。

一个国家的农村，应该是这个国家、这个民族文化的最初原点，因为城市是由农村发展而来的，农村的文化是原初的文化，所以才叫"乡愁"。所以，我们今天才要下大力保护和传承好村落的传统。

农村有传统，但是农村又落后，必须更新和改造，然而一改造又把传统改得没有了。一方面要保护传统文化，包括传统建筑，另一方面要改善农民的生活，使之现代化；怎样才能处理好这两者的关系，怎样才能在这两者之间取得平衡，这就是我们今天需要研究的课题。其实，不论是从理论上还是从技术上来说，传统的老房子和现代生活并不矛盾。从建筑学的角度来看，生活的现代化主要就是厨房、厕所的现代化。厨房里有自来水、微波炉、燃气灶，这就是现代化；厕所里有抽水马桶，有淋浴，这就是现代化。至于空调、冰箱、洗衣机等，买来就是，与这所房子是飞檐翘角的古建筑还是平屋顶的现代建筑毫无关系。在有历史的老房子里过着现代生活，这是一件很惬意的事情，这种情况在发达国家也早已经实现，完全可以为我们所借鉴。

我在想，传统村落的保护和经济的发达程度确实是有着密切的关系。经济落后的地方，传统村落数量多，是因为人们没有钱盖新房，老房子就得以保留下来；经济发达的地方，文化教育也发达，人们懂得了文化的重要性，努力保护传统文化，于是老房子也得以保留下来。最麻烦的是处在经济开始发达，而文化教育又没有跟上的时候，人们有钱盖新房了，但又不懂得文化的重要性，没有意向去保护传统村落、传统建筑，甚至有意摧毁老建筑。我们的多数地方现在就处在这个阶段。

好在学者们关注了这个问题，一方面努力呼吁保护，另一方面深入研究怎样保护，而且越来越多的年轻人开始关注这个问题，走上这条道路，这是我这个做了一辈子古建筑古村落保护的人感到最欣慰的事情。

今天对传统村落的保护，已经不是过去那种从文物保护的角度出发，对于传统村落中的古建筑、古民居的修复和保护，而是上升到了全方位的科学技术领域，有的从材料和结构新技术的角度来研究村落民居建筑的修复保护，有的从规划的角度来研究村落整体风貌和文化特色的保护，有的从生态学的角度研究村落环境、山体、水流、森林、田地的可持续发展，有的运用卫星遥感等现代科技手段来研究村落的保护、发展及其监控问题，还有的从社会学、人类学、经济学等社会科学的角度来研究村落原住民生活的延续和未来发展等问题。

徐峰教授带领的团队在这方面已经进行了多年的研究，取得了很多重要的成果。今天我们有幸看到这本书的出版，是他和他的团队多年研究成果的汇集。他们采用了各种当今最为先进的科学理念、技术和方法，来研究传统村落的保护、利用和未来发展的问题，为广大农村地区的传统村落指明了一条科学的、可行的道路。这还只是第一步，他们的研究还在继续进行之中，我们期待着他们取得更多更大的成就。

柳肃

2020年1月

前言

本书是"十二五"国家重点研发计划项目"传统村落保护规划与技术传承关键技术研究"课题一"传统村落适应性保护及利用关键技术研究与示范"（2014BAL06B01）的直接成果。

传统村落原名古村落，其在长期以来的发展历程中保留了较为完整的历史沿革，即建筑环境、建筑风貌、村落选址未有大的变动，具有独特的民俗民风。传统村落拥有较丰富的传统资源，具有一定的历史、文化、科学、艺术、社会、经济价值，蕴藏着丰富的历史信息和文化景观，是中国农耕文明留下的最大遗产。自2012年12月19日以来，由住房和城乡建设部、文化部、财政部组织确定了中国传统村落名录，全国范围内先后共计5批31个省份（除港澳台）的6819个传统村落被认定并纳入名录，形成了世界上规模最大的农耕文明群。

传统村落是中华民族的宝贵遗产和不可再生资源，具有丰富的内涵和价值。从历史学的角度看，传统村落是传统文化、传统建筑、传统格局的载体，体现了中国古代农业文明和传统社会的精华；从社会学的角度看，传统村落是国家的一种社会资本，是包括广大华侨和港澳台同胞的民族文化之根，是团结全国各族人民、提高国家凝聚力的情感纽带；从经济学的角度看，传统村落是保持传统农业循环经济特征的有效载体，是发展农业和农民庭院经济的基础。然而，在快速城镇化的进程中，大量的传统村落正在迅速衰落和消失。因此，系统地开展传统村落研究，推动传统村落的保护与发展刻不容缓。

作为国家重点研发计划项目课题"传统村落适应性保护及利用关键技术研究与示范"的主要成果之一，本书描述了传统村落的分布、分类，提出了传统村落价值综合评估方法，试图系统地构建并描述传统村落保护与发展的方法、流程及整体框架。在此基础上，针对传统村落的生态系统、产业结构、社会组织、空间形态以及传统民居的建筑风貌、保护与修复、综合功能提升做了详细解析。

第1章介绍传统村落的概念、中国传统村落名录，综述国内外传统村落研究发展历程，简要描述传统村落体系。第2章简述传统村落的空间分布，并基于不同的方法对传统村落进行分类。第3章针对传统村落进行价值解读，构建传统村落的价值体系，在此基础上提出价值综合评估的方法与原则。第4章介绍传统村落的生态系统，并从土地适宜性评价、景观安全格局优化、非点源污染分析和生态承载力计算四个方面构建传统村落生态环境评价体系。第5章从产业发展的角度分析传统村落的现状，提出传统村落产业发展的模式，构建产业发展指标评价体系。第6章分析传统村落社会组织的基本特征与演变过程，并基于住宅自建和社会组织的关系梳理传统营建技术传承的策略。第7章介绍传统村落的空间形态特征和现状辨识方法，构建空间价值评估体系，提出空间格局适应性保护的方法和利用策略。第8章从传统村落的街巷空间、建筑组群组合、空间节点等方面分析传统村落建筑风貌特征，并基于新旧融合提出传统村落风貌保护模式。第9章梳理传统村落中建筑的历史、文化、社会、美学、技术、经济等多重价值，构建传统建筑的价值评价体系。第10章介绍传统村落中传统建筑的保护与修复方法，并针对文物建筑、非文物建筑以及传统民居梳理其原址重建的方法。第11章介绍传统民居平面功能布局，提出居住功能，尤其是厨卫功能改善的方法与技术，并基于不同的空间需求分析空间置换与改造的方法。

本书是湖南大学建筑与规划学院和中国城市规划设计研究院历史文化名城研究所的广大师生集体劳动的成果，在此致谢。参加编写的人员包括：

第1章：徐峰，袁朝晖，卢健松，焦胜，陈翚；第2章：杨开，郝之颖，王玲玲；第3章：郝之颖，杨开，王玲玲；第4章：焦胜，刘欣纯，杨宇民，张冰洁；第5章：徐峰，李海涛，邓源；第6章：卢健松，袁雪洋，张亮亮，汪洋；第7章：焦胜，刘晓燕，宗琳琳，罗似莹；第8章：袁朝晖，李亚运，段牵，伍梦思，刘萌旭，宋静然，宋晓丹；第9章：陈翚，邹园，孟思程，李娟，许琪琳；第10章：陈晓明，陈翚，陈卓琳，张东升；第11章：徐峰，汤露，邓源，苏必馨；全书由徐峰、邓源负责统稿。

随着城镇化进程的不断推进，村落不可避免地逐渐走向衰落；为了缓解这一趋势对村落造成的破坏，从中央到地方、从政府到学界，开展了一番旷日持久的传统村落保护工作。我们坚信，中国的传统村落保护发展工作将进一步助力中华民族伟大复兴，而不断完善的"中国方案"和"中国智慧"也必将为全人类留存乡愁故土。

本书经过编写团队四年多的努力得以完成，由于传统村落的复杂性和多样性，其研究方法和内容尚在不断拓展和完善中。因此，传统村落适应性保护与利用的研究是一个长期而又细致的过程。鉴于笔者水平和能力的限制，本书虽然力图采用跨学科思维较为全面地对传统村落保护与利用技术进行集成和融合，依然难免有不周或谬误之处，我们期待着每一位关注传统村落保护的专家、学者、设计人员和读者的批评指正。

徐峰
2020年1月

目录

第1章
绪 论 　　001

1.1 聚落与传统村落 　　001
1.2 传统村落研究发展历程 　　004
　　1.2.1 国外传统村落研究发展历程 　　004
　　1.2.2 国内传统村落研究发展历程 　　006
1.3 传统村落体系构建 　　009
　　1.3.1 传统村落分布与分类 　　010
　　1.3.2 传统村落价值综合评估 　　014
　　1.3.3 传统村落生态系统 　　016
　　1.3.4 传统村落产业结构发展 　　022
　　1.3.5 传统村落社会组织 　　024
　　1.3.6 传统村落空间形态 　　026
　　1.3.7 传统村落建筑风貌 　　029
　　1.3.8 传统村落建筑综合价值评估 　　031
　　1.3.9 传统建筑保护与修复 　　034
　　1.3.10 传统民居综合功能提升 　　036
参考文献 　　039

第2章
传统村落的分布与分类 　　050

2.1 传统村落的空间分布 　　050
　　2.1.1 传统村落空间总体分布特征分析 　　050
　　2.1.2 传统村落空间关联分析 　　053
　　2.1.3 传统村落综合发展条件 　　054
2.2 传统村落的分类 　　058
　　2.2.1 基于自然生态的分类方法 　　058

2.2.2 基于历史人文的分类方法 ········· 060
　　2.2.3 基于社会经济的分类方法 ········· 061
　　2.2.4 基于建成环境的分类方法 ········· 062
　　2.2.5 基于发展条件的传统村落分类 ······ 064
　　2.2.6 传统村落综合分类方法 ·········· 064
　　2.2.7 小结 ······················ 066
参考文献 ··························· 072

第3章
传统村落的价值综合评估　　074

3.1 传统村落价值解读 ···················· 074
　　3.1.1 国内外对历史文化村落价值的认识及保护 ··· 074
　　3.1.2 我国传统村落价值衍生溯源 ········· 076
3.2 传统村落价值体系构建 ·················· 077
　　3.2.1 价值体系构建的原理和方法 ········· 078
　　3.2.2 传统村落价值体系构建 ··········· 079
　　3.2.3 传统村落的价值解析 ············ 082
3.3 价值综合评估的关键技术 ················· 084
　　3.3.1 国内既有价值评估的主要方法及实践 ···· 084
　　3.3.2 价值综合评估的方法及原则 ········· 089
　　3.3.3 子系统（分项价值）评估 ·········· 090
　　3.3.4 价值综合评估结论及实践意义 ······· 092
参考文献 ··························· 096

第4章
传统村落的生态系统　　097

4.1 传统村落生态系统现状 ·················· 097
　　4.1.1 传统村落生态环境现状及问题 ······· 097
　　4.1.2 传统村落生态系统研究的意义 ······· 097
4.2 传统村落生态环境评价 ·················· 098
　　4.2.1 传统村落土地适宜性评价 ·········· 098
　　4.2.2 传统村落景观安全格局优化 ········· 108
　　4.2.3 传统村落非点源污染分析 ·········· 108
　　4.2.4 传统村落生态承载力计算 ·········· 110
参考文献 ··························· 114

第5章
传统村落的产业发展　　115

- 5.1 传统村落产业发展现状　　115
  - 5.1.1 传统村落产业经济结构　　116
  - 5.1.2 传统村落产业结构的价值特色　　116
  - 5.1.3 传统村落产业规划编制概况　　117
  - 5.1.4 传统村落产业发展的现状问题　　119
- 5.2 传统村落产业发展模式　　120
  - 5.2.1 传统村落产业发展分类的方法和原则　　120
  - 5.2.2 传统村落产业发展条件分析　　121
  - 5.2.3 传统村落产业发展模式分类　　124
  - 5.2.4 传统村落新产业发展模式　　125
- 5.3 传统村落产业发展模式指标评价体系　　126
  - 5.3.1 传统村落发展模式评价流程　　127
  - 5.3.2 传统村落产业发展模式指标体系构建　　127
  - 5.3.3 指标权重及评分设置　　130
  - 5.3.4 评价结果及产业发展模式选择策略　　136
- 5.4 基于产业发展模式指标评价体系的产业发展规划　　136
  - 5.4.1 传统村落现有产业发展规划设计方法　　137
  - 5.4.2 基于指标评价体系的产业发展规划设计方法　　139
- 参考文献　　141

第6章
传统村落的社会组织　　142

- 6.1 传统村落社会组织的特征与构成　　142
  - 6.1.1 传统村落社会组织特征　　142
  - 6.1.2 传统村落社会组织关系的结构　　145
  - 6.1.3 传统村落社会组织关系的组成　　146
- 6.2 传统村落社会组织的演变　　147
  - 6.2.1 土地制度的变化与传统村落社会组织　　147
  - 6.2.2 发展政策的变化与传统村落社会组织　　148
  - 6.2.3 传统村落经济发展对传统村落社会组织的影响　　152
- 6.3 传统村落社会组织与传统村落住宅自建　　155
  - 6.3.1 传统村落住宅自建模式　　155
  - 6.3.2 当代传统村落住宅自建的主要类型　　156
- 6.4 传统村落社会组织与传统村落营建技术传承　　157

  6.4.1 传统营建技术的传播与流转规律 ……………………………… 157
  6.4.2 工匠与邻里参与过程中的技术分工模式 …………………… 158
  6.4.3 当代传统村落住宅自建的历时性演化 ……………………… 159
  6.4.4 营建歌谣在传统村落营建技艺传播中的作用 ……………… 163
  6.4.5 当代建筑师保护与传承传统村落营建技术策略 …………… 165
参考文献 ………………………………………………………………………… 166

第7章
传统村落空间形态内涵　　168

 7.1 传统村落空间形态构成 …………………………………………………… 168
  7.1.1 传统村落空间形态的构成要素 ……………………………… 168
  7.1.2 传统村落空间形态的影响因素 ……………………………… 170
  7.1.3 传统村落空间形态界定方法 ………………………………… 172
 7.2 传统村落空间形态及布局现状辨识 ……………………………………… 174
  7.2.1 基于空间统计学的分布辨识 ………………………………… 175
  7.2.2 基于空间句法的空间形态辨识 ……………………………… 180
  7.2.3 基于空间边界形态的量化方法的形态辨识 ………………… 184
  7.2.4 传统村落边界形态类型 ……………………………………… 184
  7.2.5 传统村落边界形态案例 ……………………………………… 185
 7.3 传统村落空间价值评估体系 ……………………………………………… 188
  7.3.1 传统村落空间格局的价值 …………………………………… 188
  7.3.2 评估方法筛选与评估步骤 …………………………………… 189
  7.3.3 评估指标确定与权重分析 …………………………………… 189
  7.3.4 传统村落空间价值评估模型 ………………………………… 189
 7.4 传统村落空间格局适应性 ………………………………………………… 191
  7.4.1 空间格局布局的借鉴作用 …………………………………… 192
  7.4.2 空间格局保护及利用策略 …………………………………… 194
  7.4.3 传统村落空间格局保护方法分析 …………………………… 195
参考文献 ………………………………………………………………………… 197

第8章
传统村落建筑风貌　　198

 8.1 传统村落街巷空间 ………………………………………………………… 198
  8.1.1 传统村落街巷空间生成要素 ………………………………… 198
  8.1.2 街巷空间形态 ………………………………………………… 203
  8.1.3 街巷空间形制 ………………………………………………… 209

8.2 传统村落建筑及组群组合 ·· 211
　　8.2.1 传统村落建筑及组群影响因素 ································ 211
　　8.2.2 传统村落建筑 ·· 212
　　8.2.3 传统村落组群组合 ·· 218
8.3 传统村落空间节点 ·· 222
　　8.3.1 建构筑物要素 ·· 223
　　8.3.2 景观环境要素 ·· 225
　　8.3.3 传统村落空间节点影响因子 ···································· 228
8.4 传统村落新区与旧区融合 ·· 228
　　8.4.1 传统村落到现代小城镇的转变 ·································· 229
　　8.4.2 保护建筑风貌特色的考虑因素 ·································· 232
　　8.4.3 基于乡村建设的传统村落风貌保护模式 ························ 235
参考文献 ·· 238

第9章
传统村落建筑的综合价值评估　　　　　　　　　　　　　　239

9.1 传统村落建筑的价值 ·· 240
　　9.1.1 历史价值 ·· 240
　　9.1.2 文化价值 ·· 241
　　9.1.3 社会价值 ·· 242
　　9.1.4 美学价值 ·· 243
　　9.1.5 技术价值 ·· 245
　　9.1.6 经济价值 ·· 245
9.2 传统建筑的适应性分析 ·· 246
　　9.2.1 传统建筑特点 ·· 246
　　9.2.2 传统建筑的适应性 ·· 258
9.3 传统村落建筑价值评价体系 ·· 261
　　9.3.1 传统村落建筑价值评价的方法与原则 ·························· 262
　　9.3.2 传统村落建筑价值评价因子 ···································· 262
　　9.3.3 指标权重及评分设置 ·· 263
　　9.3.4 传统村落建筑价值评价体系构建 ······························ 268
参考文献 ·· 270

第10章
传统建筑的保护与修复　　　　　　　　　　　　　　　　　　272

10.1 传统建筑保护修复与鉴定 ·· 272

  10.1.1 保护修复的现状 ············ 272
  10.1.2 保护修复的目的、原则 ······ 274
  10.1.3 传统建筑的残损鉴定 ········ 275
 10.2 传统建筑的保护 ················ 277
  10.2.1 保护建筑的分类 ············ 277
  10.2.2 保护的内容 ················ 278
  10.2.3 保护的手法 ················ 281
 10.3 传统建筑的修复 ················ 283
  10.3.1 传统修复技术 ·············· 284
  10.3.2 选择技术的依据和标准 ······ 286
 10.4 传统建筑的原址重建 ············ 288
  10.4.1 文物建筑的重建 ············ 288
  10.4.2 非文物建筑的重建 ·········· 288
  10.4.3 传统民居的重建 ············ 289
  10.4.4 传统建筑原址重建的方法 ···· 290
 参考文献 ···························· 291

第11章
传统民居综合功能提升　293

 11.1 传统民居功能布局 ·············· 293
  11.1.1 传统民居分类 ·············· 293
  11.1.2 平面功能布局 ·············· 295
  11.1.3 室内环境质量现状 ·········· 297
  11.1.4 传统民居现存问题 ·········· 300
  11.1.5 传统民居综合功能提升的基本原则 ·· 301
 11.2 传统民居居住空间改善 ·········· 302
  11.2.1 厨房基础功能设施改善 ······ 302
  11.2.2 卫生间功能改造 ············ 306
  11.2.3 传统民居居住功能的改善 ···· 309
  11.2.4 室内环境质量提升技术 ······ 313
 11.3 传统民居功能空间置换及改造 ···· 318
  11.3.1 功能空间置换及改造需求分析 ·· 318
  11.3.2 功能空间置换与改造类型分析 ·· 318
  11.3.3 基于旅游商业服务的空间置换与改造 ·· 320
  11.3.4 文化展览设施的空间置换与改造 ·· 323
 参考文献 ···························· 327

第1章

绪 论

作为一个拥有悠久农耕文明史的国家，中国广袤的国土上遍布着众多形态各异、风情各具、历史悠久的传统村落。这些传统村落是在长期的农耕文明传承过程中逐步形成的，凝结着历史的记忆，反映着文明的进步。传统村落不仅具有历史文化传承等方面的功能，而且对于推进农业现代化进程、推进生态文明建设等具有重要价值[1]。

传统村落体现着当地的传统文化、建筑艺术和村镇空间格局，反映着村落与周边自然环境的和谐关系，其丰富的历史、文化、经济、科学研究等价值，是中华民族最宝贵的遗产。随着我国现代化进程的飞速推进，大量传统村落逐渐被城镇化的浪潮所淹没，在失去原有文化特色的同时，也在盲目照搬城市技术的不适应中迷失了。对于传统村落保护与利用的研究，既是在城镇化背景下对传统村落该何去何从的拷问，也是中华民族对自身历史文化的传承与发扬。

1.1 聚落与传统村落

"传统村落"是由人类聚居行为而产生的"聚落"演变而来的。聚落本意是指人类的居所，也是指人们进行生产劳动和社会活动的场所。聚落既是一种空间系统，也是一种复杂的经济、文化现象和发展过程，它不仅具有物质空间的含义，更隐含了很多人类的生活方式、习俗等文化概念。

随着商业、手工业从农业中分化出来，聚落也分化成了以农业生产为主的乡村聚落和以非农业的商业、手工业生产为主的城市聚落。村落则成为农村聚落的简称，成为长期生活、聚居、繁衍在一个边缘清楚的固定地域的农业人群所组成的空间单元[2]。随着社会的发展，一部分村落逐渐消亡，一部分村落演变为城市，还有一部分村落遗存下来。遗存下来的村落，有的保留了其原有村落建筑风貌及历史文脉，故称之为"传统村落"；而有的村落随着时代的发展，其原有建筑风貌、历史文脉等未被保留，称为"一般村落"（图1-1）。

根据2012年国家住房和城乡建设部、文化部、财政部三部门联合发布的《关于加强传统村落保护发展工作的指导意见》（建村〔2012〕184号），传统村落被定义为拥有物质形态和非物质形态文化遗产，具有较高的历史、文化、科学、艺术、社会、经济价值的村落，突出了其文化价值及传承意义。传统村落必须具备如下基本特征：

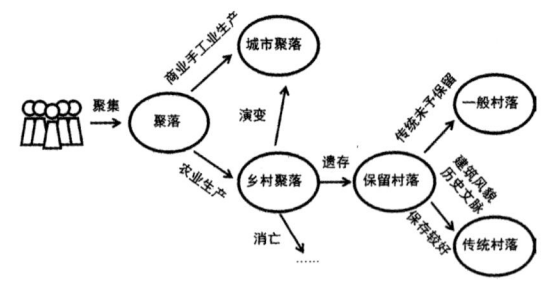

图1-1 传统村落演化示意图
图片来源：作者自绘

①整体格局的完整性。村落的建筑布局、道路走向、山水景观格局都保留着历史上形成的基本风貌。

②建筑风貌的传统性。村落中保留有相当数量的历史建筑，或保留着传统的建筑风格特征。

③历史文化的传承性。村落中保留有一定的具有民族特色或地域特色的文化传统，即"非物质文化遗产"。

2012年9月，由住房和城乡建设部、文化部、国家文物局、财政部联合成立了由建筑学、民俗学、规划学、艺术学、遗产学、人类学等方面的专家组成的专家委员会，评审"中国传统村落名录"。截至2017年，中国传统村落总数达4153个，四批次数量依次增加，各批次为646个、915个、994个和1598个[①]。图1-2所示为中国传统村落各批次数量分布情况。

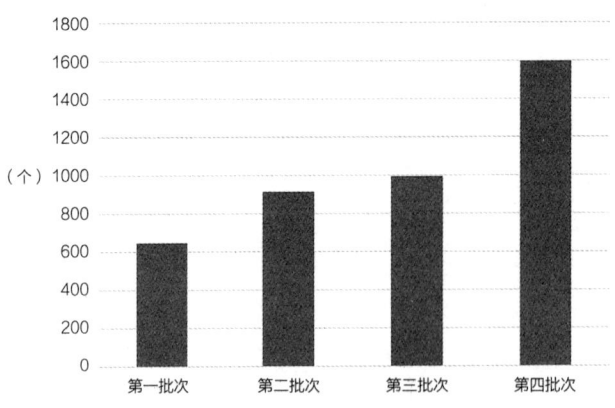

图1-2 中国传统村落各批次数量分布情况
图片来源：作者自绘

根据各批次数量分布情况，中国传统村落主要分布在中国东部和中南部地区，在北部和西部地区分布数量极少，在全国范围内的分布呈现出明显的不均衡性。2012年公布的第一批传统村落共646个，其中贵州省最多，有90个，云南省和山西省分别为62个、48个，分列第二、第三。2013年公布的第二批传统村落共915个，比第一批次多了近300个，其

---

① 住房和城乡建设部自2011年开始会同文化部、国家文物局、财政部等以《传统村落评价认定指标体系（试行）》为标准评选传统村落，截至2019年已在31个省级行政区（港澳台除外）中评选出五批传统村落。

中云南省和贵州省最多，分别有232个、202个，江西省位列第三，有56个，紧接着的是广东省（51个），浙江省（47个），河南省（46个），湖南省（42个），四川省（42个）。2014年公布的第三批传统村落共994个，相对于第二批次，数量上增加的幅度不大，其中贵州省最多，有208个，云南省次之，有134个，浙江省有86个。2016年公布的第四批传统村落共1598个，在数量与增长幅度上都是最多、最大的一个批次，其中浙江省最多，有225个，湖南省有166个，跃居第二，山西省有150个，位列第三，第四批次中传统村落数量超过100个的还有：四川省141个，贵州省119个，云南省113个，安徽省104个。图1-3所示为各省份各批次的数量。

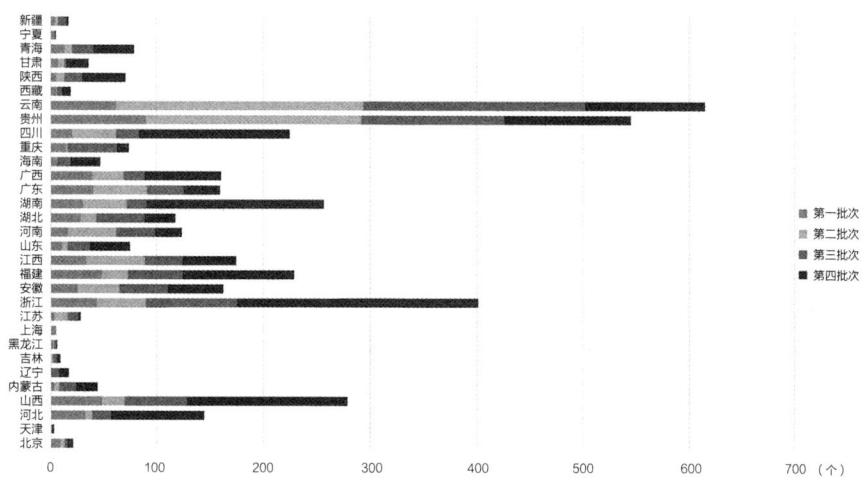

图1-3　各批次中国传统村落各省份数量分布情况

图片来源：作者自绘

通过各省份传统村落数量分布图（图1-4）可知，从东部沿海地区至西部内陆地区，各省份传统村落分布数量呈从高到低的趋势。传统村落数量排名前三的省份分别为云南省、贵州省、浙江省，分别有传统村落615个、545个、401个，其中传统村落数量较多的省份还有：

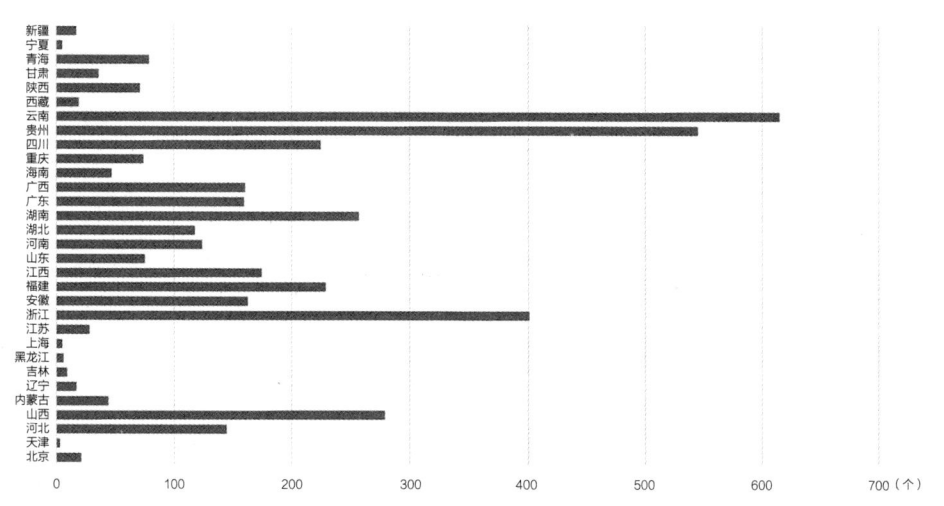

图1-4　各省份传统村落数量分布情况

图片来源：作者自绘

山西省279个、福建省229个、湖南省257个、四川省225个。传统村落分布较少的省份有新疆维吾尔自治区、宁夏回族自治区、西藏自治区、黑龙江省、吉林省、辽宁省等。

1.2 传统村落研究发展历程

关于传统村落的研究，国内外均有大量的研究成果。其中国外农村聚落的研究起源于地理学，侧重于村落的位置与自然环境之间的相互关系，后发展至聚落形态的研究。20世纪60年代以后，农村聚落的历史文化价值得到了极大的重视，随着相关立法的出现，国外学者对传统村落的研究开始倾向于保护与更新，大量乡土建筑的保护、乡村聚落的演变和复兴类文献开始涌现[4]。

国内对村落的研究起步较晚，20世纪50年代前多偏重于聚落的调查和描述，解释聚落与环境之间的相互关系。中华人民共和国成立初期，乡村聚落的研究有一定的停滞，随后刘敦桢（1957）的《中国住宅概说》、张仲一等（1957）的《徽州明代住宅》两书使乡村聚落中的民居研究得到了全国建筑学界的重视。20世纪60—80年代，关于村落的研究主要为测绘调查，研究的内容具有广泛性，包括历史年代、生活使用情况、建筑结构、构造和材料、内外空间、造型和装饰装修等。20世纪80年代末至今，通过组建学术团体中国民居学术委员会、相关国际学术会议的召开，关于传统村落民居，已开始进行多角度、多学科的综合研究，从单纯的建筑学范围扩大到与社会、历史、文化、民族、民俗、语言、美学等学科结合在一起的综合研究。

1.2.1 国外传统村落研究发展历程

国外对农村聚落进行系统的专门研究开始于德国地理学家科尔（J.G.Kohl），其在1841年出版了《交通殖民地与地形之关系》一书，对从大都市到村落和集镇等不同类型的聚落进行了比较研究。之后有许多地理学家开始关注和研究乡村聚落，但早期的聚落地理研究主要偏重于自然环境的影响。如1902年路杰安（M.Lugeon）的《万莱州聚落研究》、1910年让·白吕纳（J.Brunhes）的《人地学原理》以及法国地理学家维达尔·白兰士（Paul Vidal de la Blache）的《人生地理学原理》等。

从20世纪20年代起，乡村聚落研究逐渐扩展到了乡村聚落的形成、发展、类型、职能、规划等方面，同时在理论方面也取得了一些进展，其中最为著名的是德国地理学家克里斯泰勒于1933年提出的"中心地学说"。

到20世纪60年代，西方地理学的计量革命将乡村聚落研究推向了定量与定性相结合的道路。但由于城市地理学的兴起，相对而言，对乡村聚落地理的关注被降到了一个较低的位置，研究成果相对较少。

相对于农村聚落地理而言，国外对农村聚落形态的关注时间要晚一些。1895年梅村（A.Meitzen）研究了德国北部的村落，划分了村落形态，探讨了村落形成的因素，全面分析了村落发展的过程和条件。1928年，德芒戎（Demangeon）把村落分成聚集和散布两种形态，1939年，他以村落个体本身的形态作为划分村落类型的标准，把法国的村落又细分为线形、团状和星形村落。1961年，克里斯泰勒把村落分为不规则的群集村落和规则的群集村落，并将后者又细分为街道村落、线形村落、庄园村落等类型[5]。藤井明自1972年起通过对世界40多个国家的500多座聚落的调查与分析，于2000年出版了《聚落探访》一书，系统阐述了聚落选址、聚落形态与住居形态等问题[6]。

20世纪60年代之后，国外对乡村景观及传统民居的保护日益重视，国际上出台了一系列呼吁进行遗产保护的文件。如1964年国际文化财产保护与修复研究中心通过的《国际古迹保护与修复宪章》（即《威尼斯宪章》）指出，文物古迹"不仅包括单个建筑物，而且包括能够从中找出一种独特的文明、一种有意义的发展或一个历史事件见证的城市或乡村环境"[7]，历史小城镇、古村落逐步被纳入保护的范围。1976年，联合国教科文组织（UNESCO）通过的《关于历史地区的保护及其当代作用的建议》（又称《内罗毕建议》）明确指出，历史地区属于城市和乡村环境中形成的人类聚落，其范围包括史前遗址、历史城镇、老城区、老村落及古迹群。1982年，国际古迹遗址理事会（ICOMOS）通过了《关于小聚落再生的特拉斯卡拉宣言》（"墨西哥宣言"），对包括乡村聚落和小城镇在内的小聚落保护再次做了专门阐述。1999年，ICOMOS通过的《关于乡土建筑遗产的宪章》认为，乡土建筑、建筑群和村落的保护应尊重文化价值和传统特色，其乡土性的保护则要通过维持和保存有典型特征的建筑群、村落来实现[8]。

与此同时，有关传统村落和乡土建筑的保护研究文献也日益增多。例如鲁道夫斯基（Rudofsky）于1964年出版的《没有建筑师的建筑》（Architecture without architect）一书，通过150多张传统村落和民居的照片，向世人展示了乡土建筑的艺术魅力[9]。1969年拉普卜特（Rapoport）的《宅形与文化》（House form and culture）探讨了住屋和聚落形式与社会文化的关系[10]。伽鲁达（Gy Ruda）提出，要实现乡村的可持续发展和健康的乡村生活，必须对整个乡村地区进行自然的、人文的和建筑环境的复兴，其中，乡村聚落保护是重点[11]。沃斯和米克斯（Vos W, Meekes H）则认为，要实现欧洲乡村文化景观的可持续发展，就必须意识到：富有的、稳定的、社会需求的乡村聚落应该具有多功能性；只有当地居民从文化景观的保护中获得利益时，他们才会进行景观保护；得到国家和当地政府在管理上的支持十分重要；政府将管理权和立法权下放，让地方自己解决问题[12]。毛里奇奥·拉扎里（M. Lazzari）运用基于GIS技术的集成方法来对意大利南部中世纪村落中的历史建筑的脆弱性和保护状况进行评价[13]。

乡村聚落的演变及复兴也是国外学者近些年来研究的一个热点。斯佩丁（Spedding）从社会学的角度探讨了乡村社会是怎样改变当地居民所生存的聚落环境的[14]；特纳（Turner）从景观生态学的角度研究了乡村聚落的生态机能模式和过程[15]；纳维（Z. Naveh）从文化的角度探讨了乡村聚落变化的动力机制[16]；伊莎贝尔·马蒂诺（Isabel Martinho）提出传统文化继承、政局稳定、市场发展、社会结构、人口密度是乡村聚落演变的主要人文因素[17]；萨利赫（M. A. Saleh）对沙特阿拉伯南部乡土村落中的建筑和村落形态的变迁进行了研究[18]。西尔万·帕奎特（Sylvain Paquette）对农业耕作方式变化带来的新乡村聚落进行了探讨[19]。倪佩君以已实施都市计划的永安聚落为研究对象，探讨了从都市计划公布实施后至今，其计划执行对于原有的生活场域的影响、冲击，并试图提出修正、改善的方法与建议[20]。丽莎·德维·乌兰达里（Lisa Dwi Wulandari）运用建筑空间形态类型学和形态学方法探讨了文化入侵和同化作用下巴厘岛传统村庄的传统居住模式的空间变化过程[21]。西本和弘则对新世纪日本传统建筑的复兴进行了全面的研究[22]。

1.2.2 国内传统村落研究发展历程

国内对传统村落的研究起步相对较晚。20世纪30年代，法国学派的人地相关说传入我国，让·白吕纳的《人地学原理》被译成中文，该书以大量篇幅阐述农村聚落及人类活动与环境的相互关系，对中国地理学界产生了相当大的影响。1938年，林超撰文介绍聚落分类概况，并指出了农村聚落与土地的密切关系。1939年，严钦尚把西康（今属四川省）境内的村落及房屋分为六类，对于各类村落房屋的形式、建筑材料、分布位置、与自然条件及耕地的关系、民族习惯对房屋的影响等进行了详细的调查研究。同年，朱炳海指出，西康山地村落的分布和地势、海拔、河流、森林有关。随后，李旭旦对甘肃南部白龙江流域的村落，陈述彭等对贵州遵义地区的村落进行了考察和研究。这段时期乡村聚落的研究内容涉及分布、分类、规模、场镇等方面，但偏重于解释乡村聚落与环境间的因果关系，多为对具体聚落的调查和描述[5, 23]。

中华人民共和国成立后的很长一段时间内，乡村聚落地理方面的研究处于停滞状态，但是刘敦桢（1957）的《中国住宅概说》、张仲一等（1957）的《徽州明代住宅》两书却使乡村聚落中的民居得到了全国建筑学界的重视[24]。随后，民居研究之风遍及全国大部分省、市和少数民族地区。然而，这些研究仅局限于传统民居的调查研究，村落是作为民居环境研究的背景资料呈现出来的。1978年以后，随着乡村经济的发展，为适应乡村发展的新形势，乡村地理研究日益受到重视，李旭旦、金其铭、叶舜赞、郑天祥、陈桥驿、李振泉等一批学者针对农村聚落的形成、发展、布局、影响因素、整治等方面的理论与方法做了深入研究，初步构建了我国农村聚落地理研究的基础框架[23]。

20世纪80年代初期，建筑学和城市规划学开始从传统民居转向村落研究，并开始从"文化"的视角重新审视传统村落。如董卫的《宗法制度对徽州传统村落结构及形态的影响》[25]、张十庆的《风水观念与徽州传统村落之关系》[26]等论文都对传统村落的内涵与表层特征之关系进行了系统的探讨。此后，研究内容逐渐涉及村落的发展变迁、保护与更新、开发与管理等方面。

从20世纪90年代开始，有关乡村聚落的研究颇多，内容更是涉及民居和乡土建筑、聚落空间和形态、聚落区划和谱系、聚落演变、聚落保护与发展、民居更新、古村整治和新农村人居环境建设等方面。

在民居和乡土建筑方面，杨慎初对湖南传统村落中的寺庙、文庙、书院、楼阁亭台、民居等传统建筑进行了系统的阐述[27]；黄家瑾则对湖南民居的建筑文化、建筑结构、建筑材料等方面进行了全面介绍[28]；柳肃对湘西地区，尤其是湘西土家族苗族自治州的历史村镇、民居和民俗文化进行了广泛的田野考察和详尽的论述[29]；伍国正对湘东北大屋民居的构成特点、建筑技术、细部装饰等进行了初步研究[30]等。陈志华以乡土建筑为研究对象，出版了一系列研究著作，如《楠溪江中游乡土建筑》《楠溪江上游古村落》《诸葛村》《新叶村》《婺源乡土建筑》《中国村居》《流坑村》《郭峪村》《楼下村》《十里铺》《梅县三村》《俞源村》《张壁村》《石桥村》《村落》等，这些研究立足在扎实的田野工作基础上，研究角度已从孤立地研究单栋房屋转向对建筑、文化、社会做综合的研究。

在聚落空间和形态方面，邢谷锐认为，乡村聚落空间在不同的地域空间尺度下有不同的表现，可包括区域范围内的乡村聚落空间结构、乡村聚落单元及其分布特征以及乡村聚落的建筑实体空间3个不同的层次[31]。在宏观层面上，陈晓键通过对陕西关中地区乡村聚落空间形态演变和空间结构演变两方面的研究，揭示了造成关中地区乡村聚落类型差异的原因及其聚落分布逐步扩散和空间结构由松散向协调发展的过程[32]。郭晓东以甘肃省秦安县为例，分析了陇中黄土丘陵区乡村聚落空间分布特征及其影响因素，提出了新时期促进乡村聚落发展及空间结构优化的基本思路[33]。在中观层面上，彭一刚提出传统聚落形态受到自然因素与社会因素的影响，对村镇聚落形态从自然地理环境的角度进行了分类，并从美学的角度对空间层次与构成元素进行了解析[34]。车震宇将研究视角放在旅游开发对传统村落外部空间形态和结构的影响方面，并将旅游村落形态变化划分为渐变型、稳定型、突变型、恢复型和消亡型5类[24]。在微观层面上，段进对西递古村落空间的形成及其原因、构成方式、空间效果等进行了全面的解析[35]。业祖润将我国传统聚落空间形态划分为集中型、组团型、带型、放射型、灵活型、象征型6类，并对传统聚落环境空间结构特征进行了研究[36, 37]。此外，有些学者对聚落空间形态的分析涉及多个空间层次，如李瑛在《陕南乡村聚落体系的空间分析》中从宏观整体、村庄个体、住户单元三个层次分析了陕南乡村聚落体系空间结构的基本特征、演变规律并对乡村聚落演变方向进行了预测[38]。肖湘东从聚落总体布局、建筑平面布局、建筑内外空间等方面对湘西民族建筑空间特色进行了分析[39]。

聚落区划和谱系是在更广阔的空间范围内，讨论建筑之间、聚落（村落）之间的相互关系。朱光亚指出，要理清中国19世纪以前的建筑发展、传播与演变历史，就必须对中国古代建筑开展更为详细的区系和谱系研究，他认为研究建筑区划还需要从建筑本体入手，通过对建筑结构体系和结构构件做法在不同地域的比较分析，并借用文化人类学的文化圈概念进行中国古建筑文化圈的划分[40]。余英借助人文社会科学的概念，将东南系建筑按不同特质分为五大区系以及各自不同的亚区、次亚区，并对不同模式的建筑进行区系类型研究[41]。申秀英认为聚落文化景观是文化景观研究最有效的切入点，她以景观"意象"的内部相似性为前提，以相对一致性原则作为景观划分的主导性原则，将南方传统聚落景观初步划分为8个基本区域和40个景观亚区[42]。吕红医从人文地理学的视角探讨了豫西窑洞民居的构筑形态与当地的自然环境和人文历史的内在联系[43]。区划和谱系的研究为研究聚落提供了一种新的理论框架和方法，并为地域性建筑的研究开拓了学术视野。

在聚落演化方面，国内的研究多借鉴文化人类学、文化社会学和文化地理学的方法。陈志华在《楠溪江中游古村落》一书中，对一个地区的建筑类型、形制、构造方法、形式风格和聚落形态等与其他地区进行了比较研究[44]。陈林探讨了徽州古村落的演化过程及其机理，认为徽州古村落经历了形成期、稳定发展期、勃兴鼎盛期和衰落期，徽商在其演化过程中起到了重要作用[45]。庄齐从文化人类学的视角探讨了一支西域穆斯林后裔在闽南陈埭所形成的聚落的发展脉络和形态演变过程[46]。李立以江南地区为例，对乡村聚落形态进行了历时性考察与研究，努力探寻其演化的主导动力与运作机制，力求再现该地区乡村聚落演变的历史脉络[47]。范少言分析了乡村聚落空间结构的演变机制，提出了乡村聚落空间结构演化三阶段（萌生发展阶段、生长发展阶段和成熟化阶段）的动态模式[48]。邢谷锐将城市化进程中乡村聚落空间演变的类型划分为主动型、被动型和消极型三类[31]。

此外，在传统村落空间演变的研究方法上，学者们也进行了积极的探索，如彭松将传统村落空间体系看作一个复杂的系统，尝试用非线性科学中的元胞自动机模型来模拟村落的生长演变过程[49]；张杰试图用文献学的互相印证法进一步完善原来单一的依靠建筑学来推断村落空间演化的方法[50]；王浩锋应用空间句法（Space Syntax）的理论和分析方法，对比研究了一组徽州村落在空间组织方面的异同及其与宗族的社会形态和经济结构之间的关联，试图探讨在社会和空间的动态关系的作用下传统村落的形态演变[51]。郭晓东对葫芦河下游甘肃秦安县域乡村聚落及其空间结构的发展演变进行了系统分析与综合研究，从不同空间层面构建了乡村聚落发展及空间结构演变的解释框架，并对乡村聚落发展演变的基本规律进行了探讨分析[52]。冯淑华则从生态哲学和文化生态学的视角，以江西婺源县传统村落为例，研究了其空间演化机理和演化模式[53]。

在聚落的保护与发展方面，近十年间，许多学者从保护和发展的相互关系、对策措施、保护规划设计、模式机制等方面展开了广泛而深入的研究。单德启以广西融水苗寨木楼改建为例探讨了欠发达地区的传统建筑保护与发展，谋求经济发展、脱贫致富和改善生活仍是这些地区的主要任务，主张传统民居少量的、多种方式的保存和大量的改建，不能仅仅"消费"传统，还要"生产"和创造传统[54]。罗德启探讨了贵州民族村镇保护与利用的问题，认为民族村镇保护的两项任务是保护文化和消除贫困，并对保护实践中涉及的有关保护与利用、现代文明与传统文明、物质文化遗产和非物质文化遗产、历史文化价值与经济利益等问题进行了分析[55]。吴承照分析了历史文化村镇保护与发展中存在的主要矛盾，提出了古村落空间布局发展的两种模式（互补型与共生型），以及古村落的旅游发展的三种模式（大城市依附型、风景区依附型和规模自主型），认为古村落可持续发展的前提是文化保护与发展经济，动力是文化经营与社区旅游，约束是生态安全与容量控制[56]。孙璐以浙江省楠溪江古村落为例，分析了古村落所面临的宅基地划拨缺乏科学系统性、建筑盲目求高求大、农民的价值观念对住宅形式的影响、规划建设管理薄弱、村庄布局散乱、基础设施薄弱、公共设施匮乏等问题[57]。张鹰从保护古村落自然、人文环境以及传统风貌的角度出发，从村落肌理结构与空间环境、古民居与新建民居的室内外环境以及村落基础设施与水环境等方面提出了修复和改善浦源古村落人居环境的"愈合"原则和"愈合"技术方法[58]。李艳英认为，在保护古村落时应先深入研究村落的生长记忆，使村落的发展形成连续性而不至于出现断层；在保护的基础上，通过居民参与、旅游开发倡导一种整体的、自发的、延续的，能统一社会利益、经济利益、环境利益和城市文化利益的发展模式[59]。此外，部分学者还研究了在社会主义新农村建设背景下古村落的保护与发展问题。如田密蜜分析了浙江地区古村落在新农村建设中存在的大规模拆改建、盲目引进城市经验、破坏乡土建筑面貌、过度旅游开发等问题，提出了在古村落景观保护和发展中应尊重生态、延续文化、合理更新、塑造特色、合理开发乡村旅游等观点[60]。

在民居更新研究方面，单德启于1991—1992年对广西壮族自治区融水县整垛苗寨进行了民居更新实践[54]。朱良文于1996—1999年对西双版纳傣族民居中的四幢傣楼进行了更新实践[61]。进入21世纪，结合时代的要求，一些学者将传统村落民居更新实践与生态建筑研究结合在一起，如金虹通过对北方当地传统民居与营建的生态屋进行的同步测试、评估与比较分析，验证了生态屋生态技术的有效性，为北方乡村住宅建设的可持续发展指明了方向[62]。周卓燕以洛阳地区邙山乡冢头村下沉式窑洞改造为例，提出了一条将传统生土建筑与特色旅游相结合的道路[63]。陈峰等从山东沂蒙地区的实际情况出发，探讨了在进行新农村建设时，如何保护传统交流方式，并在继承地域文化和建筑特色的基础上进行农居创新等问题[64]。董娟从村镇住宅的布局结构、住栋构成、住宅单体形态等方面阐述了村镇住宅节约用地设计策略[65]。李哲从引入现代生活设施、改善室内空气环境、降低建筑造价、提高材料性能等方面论述了湘西侗族传统民居现代适应性技术体系[66]。何峰以湖南张谷英村住宅更新设计实践为例，在尊重本地居民生活方式、协调传统风貌及汲取传统建筑文化的基础上，对设计分区明确、功能弹性、生态适度的新农村住宅进行了探索[67]。陈重东和伍昭翰通过对湖南省传统建筑规划布局、平面形式、建筑材料、生态技术等研究，进行了生态建筑与生态节能技术的设计与研究[68]。

在古村整治与人居环境建设方面，严云祥以浙江省江山市大陈村村庄整治规划为例，强调整治为主、有机更新、控制引导、和谐发展的传统村落整治对策[69]；于一凡以上海市郊区自然村落整治规划为例，从确定发展方向、整治村容村貌、注重环境效益、完善公共设施和基础设施等方面提出了整治对策，并对新农村综合整治规划工作方法进行了探索[70]；樊海强以福建省建宁县上坪村为例，提出了新农村建设中古村落保护与发展的"三位一体"（即由保护、经营和监管构建）的新模式[71]；王健在北京郊区村庄整治中强调公众参与，充分挖掘地方资源优势和特色，推动村庄的产业发展，注重完善市政基础设施和公共服务设施，提升村民素质，培养新型农民，实现村庄的有机更新[72]。

不难看出，国内外关于传统村落的研究已经迈入了综合研究阶段，在规划、建筑、能源、环境、经济、文化等方面均有颇多成果，但各类研究结果趋于分散，且均处于初步研究阶段，尚未形成科学完善的研究体系；加之传统村落作为一种复杂的空间系统，其所涵盖的物质、空间、生产生活方式、文化习俗等概念，体系之庞大，不免使得诸多初学者在研究过程中对解读传统村落整体和相关部分之间的关系产生困惑。因此，梳理、整合现有研究成果，构建传统村落研究框架体系，对我国传统村落的保护与利用显得至关重要。

1.3 传统村落体系构建

为了更全面地认知和解读传统村落，本书尝试从城市规划、城市设计到建筑学等相关领域，从宏观、中观到微观范畴，将传统村落的研究分为传统村落的分布与分类、传统村落价值综合评估、传统村落生态系统、传统村落产业发展、传统村落社会组织、传统村落空间形态、传统村落建筑风貌、传统村落建筑综合价值评估、传统建筑保护与修复及传统民居综合功能提升等10个板块，对传统村落的整个体系进行梳理，整合现有的研究成果，构建传统村落研究框架，为后续学者的相关研究抛砖引玉，以期共同探讨我国传统村落未来的发展方向，使得传统村落的保护与利用能够更多元化、更全面，更接近可持续发展的要求。

在这10个板块的内容中，"传统村落的分布与分类"及"传统村落价值综合评估"两章的内容属于进行传统村落研究所必备的基础认知，是从整体上对传统村落的概念分布、价值内涵进行解读，为后续部分的展开研究进行铺垫。传统村落的生态系统和产业发展是传统村落得以产生、发展和传承的外部基础条件，这两章的内容是在宏观层面，从城市规划的角度对传统村落的研究和解读，只有尊重、保护传统村落的生态系统，完善、健全传统村落的产业结构，才能从根本上解决传统村落相对落后的生存环境和经济条件等问题，使传统村落得以长足发展，传统文化得以继承发扬。传统村落的社会组织、空间形态和建筑风貌这三章的内容是在中观层面，从城市设计的角度进行的传统村落相关研究，社会组织是传统村落衍生发展的内部动力，在城镇化建设的背景下，如何利用村落社会组织的能动性，与村镇住宅自建、传统建造技艺的传承息息相关。空间形态和传统建筑风貌是传统村落与自然环境长期适应的结果的外在表现，是传统村落历史、文化的结晶，在对传统村落文脉的研究中至关重要。传统村落建筑综合价值评估、传统建筑保护与修复、传统民居综合功能提升这三章内容是从微观层面，从建筑学的角度针对传统村落的相关研究，其中传统村落建筑综合价值评估是传统村落价值在单体建筑上的微观体现，传统建筑保护与修复、传统民居综合功能提升则是传统村落保护与利用的实际策略，是理论到实践的转化。基于此，我们试图构建传统村落研究的体系框架，如图1-5所示。

为了帮助大家更好地理解传统村落研究体系的后续章节，本章将对理论框架的10个板块就相关概念、研究现状等方面进行简要论述，建立基本的理论认知和体系框架。

1.3.1 传统村落分布与分类

我国传统村落量大面广，情况复杂，分布、分类界定研究对未来村落的发展与保护利用具有重要的指导意义，分布与分类界定技术方法的构建，也将为村庄的层次划分与研究属性归类提供技术方法支撑。

1）传统村落的分布

目前关于传统村落空间分布的研究主要分为基于全国范围和基于省域范围两个层面，其研究方法大抵都是利用GIS等技术，根据某空间范围内传统村落的空间分布特征，选定影响传统村落空间分布的相关因素进行相关性分析。

基于全国范围内的传统村落分布状态研究，典型的如康璟瑶等人以2012年以来住房和城乡建设部公布的3批共2555个传统村落为研究对象，通过GIS技术与方法，选定与传统村落有关的地形、人口、经济、交通、城市等因素，定量研究传统村落与上述因素之间的关系[73]。严赛以第一、第二批共1561个传统村落为例，运用空间结构分析方法，对传统村落的空间分布概况、类型及密度展开定量分析，揭示其分布特点[74]。熊梅以国家首批公布的646个中国传统村落为研究对象，运用数据分析和空间结构研究方法，探讨了传统村落在省际、区际和族际中的分布概况[75]。刘大均等人运用空间分析方法，对第一、第二批共1561个传统村落的空间分布特征、空间自相关性进行深入研究，分析全国传统村落空间分布特征及其规律[76]。佟玉权以2012年住房和城乡建设部等国家四部委联合评审认定的首批646个传统村落为研究对象，通过谷歌地理信息系统（Google GIS）定位村落的地理坐标，利用ArcGIS10.1和GeoDa技术平台，建立"中国传统村落地理信息系统"，对传统村落的地理位置、空间格局等特征进行综合分析和可视化表达[77]。曹迎春等人以国家公布的第一、第二批共1561个传统村落为研究对象，将传统村落分布与地理环境、城镇化发展、传统文化脉络等因素叠加，从宏观层面，多角度分析地理和社会因素与传统村落分布的系统关系[78]。余亮等人从百度影像地图中提取村落坐标，并截取遥感影像作为村落点数据的判断补充，运用地理格网的分级法，对国家公布的3批传统村落（2555个）数据进行空间格局分析[79]。

基于省域范围的传统村落分布状态研究，主要有：宋毅等人以福建省125个传统村落为研究对象，利用ArcGIS对福建省传统村落的空间分布特征与影响因素进行分析[80]。李伯华等人分析了湖南省101个传统村落的空间分布特征和影响因素[81]。李亮以贵州省的90个传统村落为研究对象，运用ArcGIS空间分析软件和空间结构研究方法，综合分析了贵州传统村落的县际分布、区域分布的结构特征[82]。张瑞娟等人以北京市平谷区为例，从空间规

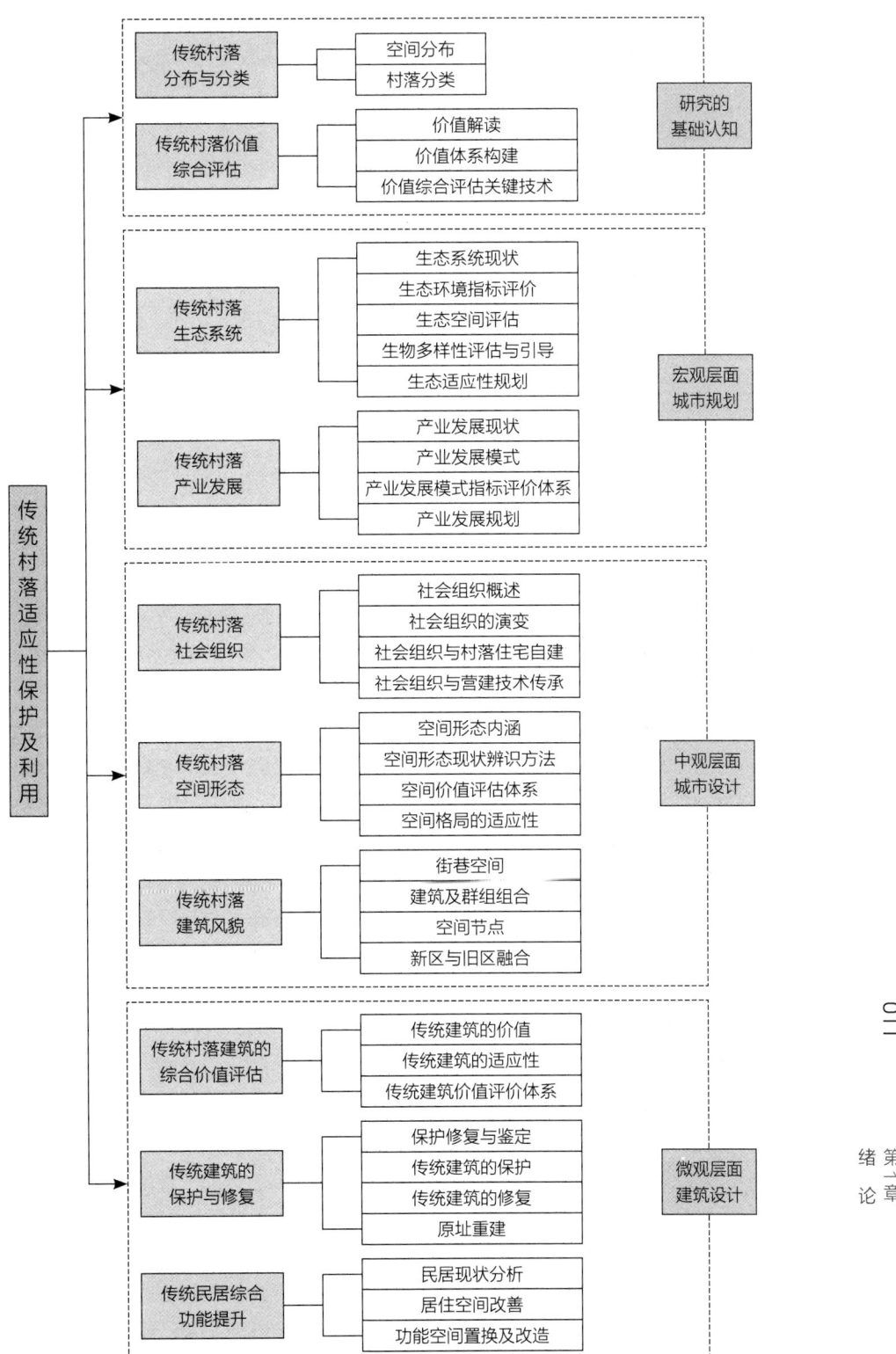

图1-5 传统村落研究体系框架图
图片来源：作者自绘

模、形态及区位3个维度构建了多维度特征评价指标体系及组合矩阵，分析了区域农村居民点的布局特征及类型[83]。李晓芳基于GIS技术平台，应用数理统计方法，分析了江西省传统村落的空间分布特征及其与自然环境、社会经济因素的相关性[84]。张艳运用景观指数和点格局分析技术，探讨了村落不同空间分布格局与自然地理要素、人口与社会经济要素、区位与交通要素这三大类景观背景要素的关系[85]。孙莹等人以客家传统村落为研究主体，构建了广东梅州客家传统村落空间分布数据库，借助GIS的空间分析方法，以唐代及以前、宋元时期和明清时期为时间节点，分析了传统村落的空间分布演变格局与特征，探讨了其内在的影响机制与演变规律[86]。

2）传统村落的分类

目前关于传统村落分类界定的研究主要分为基于建筑规划层面单一视角、基于建筑规划层面综合视角、基于文化地理学视角、基于价值评价视角、基于规划引导目的五种类型，研究的需求和目标的不同决定了分类方式的差异。

（1）基于建筑规划层面单一视角的研究

单一视角的传统村落分类方式是现阶段村落分类界定研究的一种常见形式，其往往从具体的研究需求出发，基于某一特定区域内传统村落的某一项特征要素进行分类。如林莉以村落所处地形作为主要分类要素，将浙江省176个传统村落分为七大类：滨海渔村类、盆地块状类、平原傍水类、丘陵不规则类、山谷带状类、山坳阶梯类、山坡阶梯类[87]。杨利依据村落形成的历史环境将山西省古村落分为晋商文化型村落、军事文化型村落和红色文化型村落[88]。张斌按照现代产业的发展和转型，将鄂西南土家族地区的村落分为一产发展型、二产转向型、三产转向型和生态恢复型四类[89]。王龙依据村落的集散程度将传统村落分为散点型村庄、带型村庄、集中型村庄；按村落形态分为山水型村庄、堡寨型村庄、大院型村庄；按照姓氏组成分为单姓村、多姓村、主姓村；按生产要素分为农业型村庄、渔业型村庄、商业型村庄、军事型村庄[90]。丁卓明按文化价值将山西传统村落分为整体聚落类、建筑工艺类、名人故居类[91]。辛福森在对徽州传统村落进行分类时，按照村民人口的来源和流动特性，将其分为移民型村落和定居型村落[92]。张大玉按照村落的形成原因与职能将北京古村落分为服务型村落、屯田型村落、守卫型村落和农耕型村落[93]。

（2）基于建筑规划层面综合视角的研究

综合视角的传统村落分类方式则是对影响传统村落形成、发展的多种要素进行综合考虑，通过定量和定性等分类方式，对传统村落的类型进行界定。现阶段的综合视角分类研究仍具有一定的局限性，并不能全面覆盖传统村落的全部属性，只是较单一要素分类考虑的影响因素更多，同时，综合视角分类界定方法更具有规划的指向性。例如罗瑜斌综合考虑村镇历史、物质景观和功能特征，将珠江三角洲历史文化村镇分为传统农耕聚落文化型、侨乡外来文化型、建筑遗产型、革命史迹型、商贸交通型和名人史迹型六种[94]。孙春杰通过实地调研，根据村落传统建筑遗存、非物质文化遗产、村落选址和格局等要素将河北井陉县传统村落划分为四类，分别为古城类、乡土建筑类、文化民俗类、综合类[95]。郭阳根据影响北京地区传统村落的主要因素及村落形成原因，将北京传统村落分为自然聚落类（平原类、山地类、滨水类）、交通要道沿线类（驿道类、御路类、京西古道类）、长城沿线堡寨类（关隘类、城堡类、营城类）及其他（皇室服务类、其他）[96]。许怡通过区位环境、历史选址格局式自然资源、传统建筑特色及特色文化等方面的比较分析，将云南红河哈尼族彝族自治州

10个传统村落分为交通枢纽型、军屯御守型、宗族名望型、建筑遗产型、传统农耕型等五类[97]。《江苏乡村调查》中分类界定的思路主要针对村庄的物质空间层面，将传统村落分为传统型村庄、传统格局基本保持型村庄、传统与现代并存型村庄以及现代社区型村庄[98]。

（3）基于文化地理学视角的研究

除建筑规划学科外，传统村落也是文化地理学的重要研究对象，基于文化地理学的分类界定研究丰富了村落分类研究的视角，通过对传统村落的文化因子进行提取研究，分析不同的文化因子对传统村落的影响程度，对传统村落进行分类。例如赵映将广东雷州地区的文化因子总结为村落布局、组团关系、建村年代、村落选址、村落规模、村落名称、公共建筑、环境要素八大类，并分别就各大文化因子对传统村落进行分类[99]。张东在对河南传统村落进行分类时，首先根据文化因素将河南分为豫西河洛文化区、豫南天中文化区、豫西南楚文化区、豫北河内文化区、豫中嵩岳文化区、豫东南黄淮文化区六大文化区，再分别依据不同文化区的村落整体形态对传统村落进行分类[100]。

（4）基于价值评价视角的研究

价值评价是对传统村落的综合性评价，基于价值评价的传统村落分类可以较为系统全面地认识传统村落的内在特征，彰显传统村落的价值特色，明确传统村落突出的核心内涵，对传统村落未来保护策略的制定具有重要的引导意义。邵甬提出以历史文化村镇的特色以及价值评价为基础进行综合评价，形成了以价值为基础的历史文化村镇综合评价体系框架[100]。王云才等结合村落的历史悠久性、完整性、乡土性、协调性、典型性对传统村落的价值特征进行综合评价，将传统村落划分为遗产型村落、特色型村落和保护型村落三种类型，在探讨传统村落可持续利用机制的基础上总结了传统村落持续利用的六种模式[101]。王留青通过对传统村落总体特征和价值维度的全面分析，构建了苏州传统村落价值评价指标体系和分类模型，依据核心价值将苏州的古村落分为传统农耕村落、历史文化村落、田园人居村落和综合型村落四种类型，进而分别探讨了四种类型传统村落在保护过程中的差异化需求，并从保护的方向、内容、方法几个方面探讨了每种类型传统村落的保护模式[102]。

（5）基于规划引导目的的研究

基于规划引导措施的分类研究具有鲜明的规划导向和明确的发展目标，是规划措施和策略实施的一种划分依据，其思路是综合了村落属性特征和相关外部政策后的一种判定。陈睿选择典型徽州村落集中区黟县古村落为研究对象，通过定性评价和定量评价相结合，将徽州古村落分成原真性保护村落、改造性利用村落、控制性建设村落三级[103]。杨利根据资源的价值、类型对山西省古村落进行分级分类保护，提出了整村保护、单体保护和院落式保护方式[104]。公茂武在对广西传统村落进行研究后认为，广西传统村落整体数量多、种类丰富、分布广、景观特色鲜明，因此，需要针对不同类型进行分级分类保护[105]。孙春杰通过建立一套指标体系对河北井陉县传统村落进行评价，将传统村落分为三级，并由此提出了整体保护、片区保护、街巷保护、节点保护和非物质文化遗产保护五种保护方式[95]。

综上所述，我们可以看到，目前关于传统村落分类界定研究的学术文献已小有规模，在不同的领域、范围、视角下均有涉猎。但相关研究尚处于初步与局部认识的阶段，主要集中在某一特定地域之内，依托于其他相关研究，分类界定目标不明确，基于全国范围的、多层次的、海量样本的分类研究尚未形成一套完整、系统的理论框架。同时，由于传统村落数据量大面广，获取渠道少等因素，导致分类研究的覆盖度低，多为特定区域内的分类研究，不具有普适性和广泛的指导意义，亟待构建多元综合视角的系统性分类界定方法。

1.3.2 传统村落价值综合评估

价值取决于需要，取决于能够满足需要的资源情况。现代人对自然之美的需求之所以日益旺盛，不仅因为那里的山水风光能够健康生理，也因为那里的人文环境可以营养精神，使人们得到身心上的收获。古村落恰恰是这两种资源的集合之地。更为重要的是，古村落中蕴含的一些人居智慧，也可以为当今的新农村建设达到可持续发展提供经验[106]。

我国关于传统村落价值的认定历程大致经历了以下几个阶段：

20世纪初以来，现代化进程的负面影响造成了生态环境与资源的问题，在古村落现状堪忧的情况下，一些民间文化的专家学者保持着学术的清醒和文化责任感，发挥知识分子的先觉性，早在"城市化改造""新农村建设"时期就鲜明地提出了古村落保护的概念。

20世纪中叶，国际学术界开始关注古村落，国际古迹遗址理事会先后公布了《关于保护历史小城镇的决议》和《关于乡土建筑遗产的宪章》等有关历史文化村镇保护的文献。联合国教科文组织陆续将34处村和镇列入世界文化遗产。1980年，同济大学建筑规划学院教授阮仪三先生主持开展了"江南水乡古镇调查研究及保护规划"，揭开了我国历史文化村镇保护的序幕。20世纪80年代后期，开始了中国"古村落"文化研究，建筑领域、地质领域、规划领域、旅游领域的学者从民居建筑、村落环境、文化空间、旅游开发等多个角度对古村落进行研究，大大推进了各地村落历史文化环境的保护工作，一批古村落中保护较好的乡土建筑也先后被列为市级、省级、国家级重点文物保护单位。

进入21世纪，随着2000年"皖南古村落"成功申报世界文化遗产，2002年《中华人民共和国文物保护法》提出了关于"历史文化村镇"保护的明确规定。同年，由中国文联副主席、民间文艺家协会主席冯骥才先生发起了"中国民间文化遗产抢救工程"，在山西省晋中市榆次后沟村开展了村落民俗考察活动，同时制定了有关古村落认定标准的"普查提纲"，开辟了学术界对古村落价值认定标准的理论研究[107]。

2002年9月，建设部发布《关于全国历史文化名镇（名村）申报评选工作的通知》，其中，村落评选范围及基本条件是：凡建筑遗产、文物古迹和传统文化比较集中，能较完整地反映某一历史时期的传统风貌和地方特色、民族风情，具有较高的历史、文化、艺术和科学价值，辖区内存有清朝末年以前建造或在中国革命历史中有重大影响的成片历史传统建筑群，总建筑面积在5000m^{2}以上（镇）或2500m^{2}以上（村）的镇（村），均可参加全国历史文化名镇（名村）的申报评定。这是第一次关于历史文化名村价值的明确表述，即价值包含历史、文化、艺术和科学四个方面。

2003年，建设部、国家文物局在公布第一批中国历史文化名村名单的同时，提出了《中国历史文化名镇（村）评选办法》，该办法主要明确了名村的评选条件和评选办法，其中提到了村庄的历史价值及风貌特色，并对历史价值量化指标做了深化，但除提到历史价值外，没有其他关于价值的表述。

2004年，建设部、国家文物局公布了《中国历史文化名镇（名村）评价指标体系（试行）》。该指标体系包括价值特色和保护措施两部分。此文件没有价值的定义，但对把价值直接转化为表现内容和表现要素做了指标制定，包括文物及历史建筑数量规模、重要职能特色、历史环境要素、历史街巷、核心保护区风貌完整性（历史真实性、生活延续性）及非物质文化遗产等九个方面的指标。

2012年5月,住房和城乡建设部、文化部、国家文物局、财政部下发《关于开展传统村落调查的通知》,其中对传统村落界定时提出"传统村落是指村落形成较早,拥有丰富的传统资源,具有一定历史、文化、科学、艺术、社会、经济价值,应予以保护",即传统村落包含历史、文化、科学、艺术、社会、经济六个方面的价值。这是第一次对传统村落价值做较为全面的说明。

尽管我国关于传统村落的概念提出的时间很短,但关于村落价值的研究和思考还是比较多元和丰富的。薛宝琪将传统村落的价值分为文化价值、科学价值、艺术价值和旅游价值,着重分析了村落的开发利用模式,提出了合理开发、保护第一,挖掘文化、突出特色,强制规划、开发择优,丰富内容、着重参与等原则[108]。陈虹将福建漳州平和县钟腾村的价值分为文化价值、艺术价值和旅游价值,对村落价值进行了综合评价[109]。张东从整体格局、街坊、院落、名人与村落文化四个方面对裴城村的历史文化价值进行了解读,提出了传统村落保护的相关策略[110]。杨丽婷利用层次分析法(AHP)与线性加权和函数法相结合构建了古村落保护与开发综合价值评价模型,以浙江省磐安县为例,对县域内的19个典型古村落进行综合价值评价,分析评价结果对磐安县古村落开发有参考价值及指导意义,并针对磐安县古村落保护与开发提出建议[111]。王成武以旅游美学为理论基础,提出从旅游审美层次的角度对传统村落的旅游资源进行评价,并对中国第三批传统村落中的山西省黎城县霞庄村进行评价[112]。邓杨从村名由来、选址营建、水环境、布局模式、民居特点、饮食文化等方面分析研究了金村传统村落的价值与特色,为其今后的规划编制、保护工程、综合利用等工作提供了依据[113]。杨峰梅采用层次分析法分析了山西传统村落的价值体现及价值构成,从历史价值、文化价值、艺术价值、科学价值、旅游价值和开发利用价值等方面对传统村落的价值进行综合评价,计算出山西省传统村落的保护利用价值,并按评分高低以皇城村为案例验证了模型的科学性[114]。但在我国实践性认知的过程中,可以看到,系统的关于价值范畴的研究并不多见。

目前我国关于传统村落价值体系研究的不足主要体现在以下三个方面:

首先是理论逻辑不清,价值范畴有缺失。虽然在近十余年间,我国陆续公布了传统村落相关条例等一系列文件,但从总体来看,其大部分是基于问题导向或目标任务导向出台的,主要是对价值的实践性、实施性、集成性的应用,极少涉及对价值起源、价值内涵、价值特征以及价值表现或表达等的理论逻辑研究,而且其主要关注外在因素促成的价值内容,缺少内生因素导致的价值内涵逻辑挖掘。

其次是价值认识的视角有局限性,未能全面认识价值的属性内涵。对现有村落价值的认识几乎全部集中于村落个体的价值认识,缺少对村落群体的价值、区域作用的认知。在数千年的农耕生产生活演进中,在一定的地域、生态、自然环境中,会出现具有突出性的村落群体,这些村落具有内在或外在的共生、依存、联系的关系,个体价值或特色并不突出,但却呈现出群体特征或系统规律,形成有机的共同体,间接或直接地影响一个区域的城镇教育发展机制,表现出聚落或村落群独特的群体价值。

最后是由于缺少对价值的系统性科学认知,在实践过程中产生了不适应性。我国传统村落的价值表达主要涵盖历史价值、文化价值、社会价值、科学价值、艺术价值和经济价值,由于价值体系构建的理论认识不足以及传统村落价值衍生机制研究的缺失,价值的表达系统是不完整的，角度也是不全面的，因此表现出了对价值属性多维性的不适应（景观环境、文化生态、群体区域），对传统村落发展目标多元性的不适应（保护、发展、城乡统筹）以及对传统村落活态发展要求的不适应等问题（生产生活提升、适应性存续等）。

1.3.3 传统村落生态系统

生态系统指在自然界的一定空间内，生物与环境所构成的统一整体，在这个统一整体中，生物与环境之间相互影响、相互制约，并在一定时期内处于相对稳定的动态平衡状态。传统村落生态系统是指围绕乡村聚落而形成的包括聚落周边的农田、水体、山地等一切要素。

1995年，王智平首次给出了村落生态系统的定义：从生态学的角度来看，村落是以农村人群为核心，伴生生物为主要生物群落，建筑设施为重要栖息环境的人工生态系统。它是农业生态系统与人类生态系统相结合的复合系统，是农村生态系统的重要亚系统[115]。马永俊对不同学者关于乡村生态系统的概念研究进行概括，认为乡村生态系统是一个以自然为主的半自然、半人工的生态系统，是指乡村区域内由人类、资源、各环境因子，包括自然环境、社会环境和经济环境，通过各种生态网络机制而形成的一个社会、经济、自然的复合体。它既具有与自然生态系统相类似的生态过程和生态功能，又具有鲜明的人类影响的特性[116]。

村落与城市最显著的区别在于村落与土地具有密切的联系，通常包括农田、林草、水体、畜牧生态系统，它们之间进行复杂的物质循环和能量流动。同时，村落生态系统又具有区别于林草、水体、畜牧、农田等生态系统的突出的景观和复杂的人文特征，是一个以人类活动为主导的自然—社会—经济复合型农业生态系统。村落还是农村生态系统物质循环、能量流动的中心环节，与农田进行物质循环，在调控村落生态系统的过程中，促进农业生态系统与人类生态系统的稳定与协调。

村落生态系统是一个以人类活动为主体，由其中的自然和人工组分如山、水、田、林、路等有机结合而构成的一个不可分割的生态整体，在这个生态整体内，合理的乡村生态系统结构是形成乡村生态系统较高的生产力水平和实现乡村生态系统良性循环的基础和前提，也是控制和改善系统存在的生态问题的有效途径[117]。

一般以王智平所定义的村落生态系统为标准，将传统村落生态系统分为林草生态系统、水体生态系统、村落生态系统、畜牧生态系统和农田生态系统并进行分类研究[115]（图1-6）。

① 林草生态系统

中国在原始农业时期，已开始进行农林复合经营的摸索和实践，1990年，邹晓敏等在农林业系统分类中，首次出现林草业、农林草业系统，他们把林业和草业结合起来。1994年，李文华等结合我国的具体情况，对农林复合经营系统的分类原则、分类体系和指标进行系统的阐述，提出了中国农林复合经营系统分类体系，将林草复合生态系统列为农林复合生态的第二级。林草复合生态系统具有：土壤效益，有效缓解温度剧烈变化对林草生长的影响的环境效益，调整系统内部食物链结构的生物效益，以及林草复合的经济效益。

在林草生态系统研究方面，赵金龙对森林生态系统做了比较完整的综述总结，将森林生态系统服务功能价值服务项目分为水源涵养、保育土壤、大气调节、净化环境、营养循环、生物多样性、森林游憩和森林防护。功能指标包括：调节水量，净化水质；固土，保肥；固定CO_2，释放O_2；吸收污染气体、滞尘；林木持留养分；物种保育；旅游和森林防护[118]。

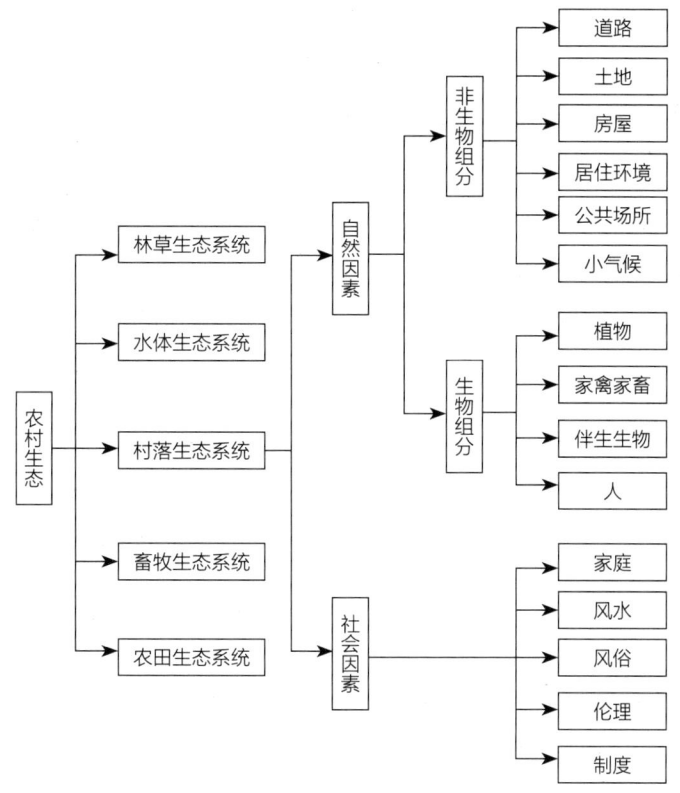

图1-6 传统村落生态系统分类示意图

图片来源：王智平，安萍.村落生态系统的概念及特征[J].生态学杂志，1995，14（1）：43-48

彭鸿嘉认为农林复合生态系统是一个多组分、多层次、多生物种群、多功能、多目标的综合性开放式人工生态经济巨系统。其将农林复合生态系统的综合效益分为生态效益、经济效益和社会效益三大类，包括：光能利用率、养分归还率、系统生物量、净生物量、涵养水源、保持土壤、植被覆盖度、固定CO_2、提供O_2、生物多样性；总产值、纯收入、产出投入比、劳动生产力；就业水平、粮食自给程度、薪材自给程度、输出产品商品率等[119]。

但就目前的文献资料显示，其研究仍不够深入，特别是在林草复合生态系统的能流、物流和系统的动态研究、林草复合生态系统的生态效益和经济效益评价指标体系的建立以及林草复合系统的生态关系与优化模式的建立等方面。

② 水体生态系统

按照现代生物学概念，每个池塘、湖泊、水库、河流等都是一个水生态系统，均由生物群落与非生物环境两部分组成。水生态系统可分为淡水生态系统和海水生态系统。传统村落水体生态系统可分为河流、湖泊（水库、池塘）、湿地（沼泽、滩涂）。

李景保在2007年将水体生态系统的价值分为直接利用价值和间接利用价值，前者指流域水体生态系统服务功能所产生的产品价值，主要包括居民用水、农业灌溉、工业用水、水力发电、内陆水运、水产品生产、休闲娱乐等方面的价值；后者主要指无法商品化的内生服务功能价值，主要包括调蓄洪水、水资源蓄积、输沙、净化环境、土壤持留、生物多样性维持等方面的价值[120]。

高元竞认为水体生态服务功能价值评定选取的指标包含生活、农业及工业用水供应，水产品生产，调蓄洪水，水资源蓄积，净化环境，提供生境和休闲娱乐；并将其价值按功能分为资源功能、环境功能和人文功能[121]。张志飞参考康斯坦萨（Constanza）等以及赵同谦等对水体生态系统服务功能的研究，结合城镇水生态系统的特点，将城镇水生态系统所提供的生态系统服务功能分为资源功能（包括生活、农业及工业用水供应，水力发电，内陆航运，水产品生产等）、环境功能（包括调蓄洪水、疏通河道、水资源蓄积、土壤持留、净化环境、固定碳、提供生境、维持生物多样性等）和人文功能（包括教学科研、休闲娱乐等）[122]。赵润将湖泊生态系统服务功能分为提供功能、调节功能、文化功能和支持功能四部分，分别包括：水源供给、食物供给、原材料供给、基因资源供给；水体调节、侵蚀控制、废物处理、大气调节、气候调节、生态控制、扰动预防；娱乐和文化教育；栖息地、土壤形成、营养物质循环和授粉[123]。

吴泽宁通过对水体生态系统内部物质循环伴随的生态服务价值进行分析，将其分为水循环过程的生态服务价值（调节气候价值、输送价值、水体自净价值）、碳循环过程的生态服务价值（净初级生产力、生物量）、氮循环过程的生态服务价值（生物多样性保护价值、水污染损失）等[124]。

我国目前对于水生态系统的研究较为广泛、全面，但大多数都借鉴了Constanza研究划分的生态系统服务价值评估，且对于城镇用水及湖泊、湿地等方面的研究较多，对于相关数据的调研不够全面、细致。乡村水体生态系统来源于自然，与城市及保护湿地等有着不同的生态环境，因此，传统村落水体生态系统有待研究。

③村落生态系统

村落生态系统的影响因素分为自然因素和社会因素，自然因素中的非生物组分包括土地、房屋、道路、公共场所、居住环境和小气候等，生物组分包括植物、家禽家畜和伴生生物；社会因素包括人、经济、风俗、风水、伦理、制度、秩序、禁忌和家庭等。村落生态系统的结构和功能不但受约于自然法则，而且强烈地受到诸如宗教信仰、道德观念、伦理、经济活动等人文因素的影响。与其他生态系统的明显区别在于其突出的景观特征和复杂的人文特征。

张烨基于建筑学提出了"生态适应"的概念，其认为传统聚落的生态环境是一个复合的生态系统，由人工环境、社会环境、自然环境共同组成，聚落的构筑与进化由人的主观意识所引导，受自然力影响，在二者的共同作用下得以调节、更新。同时，人类聚居的基本形态——传统乡村聚落具有自然生态和文化生态两种属性，具体特性一般体现在其地理分布范围、房屋建构特点、基本空间形态和空间层次上[125]。邓龙认为传统乡村聚落的构成条件必须包括两个方面：一个是物质形态方面，诸如田园山水格局、村庄聚落形态和乡土文化建筑等；另一个则是精神文化方面，诸如民俗传统文化、乡村生活方式等。传统乡村聚落是物质空间形态和精神民俗文化两者的有机融合，形成了现在遗留下的传统乡村聚落生态格局，其对当今的新农村规划建设仍存有珍贵的研究价值和借鉴价值[126]。

我国对于村落生态系统的研究长达十余年，对于村落的生态环境，特别是传统民居的研究已经非常深入，因此，今后对于村落生态系统的研究应尽可能利用新的研究方法和技术，从全新的视角，带着发展的眼光，对其进行挖掘和研究。

④畜牧生态系统

畜牧生态系统的实质是将多种畜禽群体和环境资源转化成畜禽产品的场所，由动物、植物、微生物和无机环境四个部分组成。

廖新俤认为,畜牧生态系统的主要类型包括复合畜牧生态系统、草地畜牧生态系统和集约化畜牧生态系统,其物质循环的基本模式是环境中的营养物质不断地被植物吸收,通过动物对植物的取食,使物质发生循环传递,再经过微生物分解成无机物质归还给环境,供植物再利用。在畜牧生态系统中,通过营养物质纽带,把生物和无机环境紧密地结合起来,并在它们之间发生密切的物质循环[127]。

沈长江强调畜牧生态的健康发展,他认为畜牧业生产是一种生物资源的再生产,是畜禽的自然再生产与经济再生产的结合,首先要遵循生物学与生态学的规律,同时也要符合生态经济发展的要求。沿用传统的经济增长方式,导致畜禽品种资源的多样性遭受破坏、天然草地退化、饲料资源污染、某些畜禽恶性传染病蔓延以及动物性食品安全等问题日益突出。因此,在追求经济效益的同时,必须重视社会效益和生态效益,畜牧业的现代化不应单纯理解为畜牧业的集约化饲养与经营,而应按可持续发展的观点和科学发展观将生态化与产业化相结合[128]。

可见,我国畜牧业应该在生态化进程中遵循生态经济的要求,发展生态畜牧业,要让畜牧业除发挥其产品功能和经济功能外,还能充分发挥以往为人们长期忽视的生态功能。当然,从实质上考察,其产品功能和经济功能本来就是畜牧业生产生态系统的生态功能的延伸,也就是说,如果没有畜牧业的生态功能,也不可能通过生物资源创建出其产品和经济功能。

⑤农田生态系统

农田生态系统是依靠土地、光、温度、水分等自然要素以及人为投入,如种子、化肥、农药、灌溉、机械等,利用农田生物与非生物环境之间以及农田生物种群之间的关系来进行食物、纤维和其他农产品生产的半自然生态系统。

谢高地认为农业生产最重要的目标是从农田生态系统中获得粮食、纤维和燃料等产品。在生产这些产品的过程中,农田生态系统还提供并依赖其他的生态系统服务功能,主要有气体调节、气候调节、水源涵养、土壤形成与保护、废物处理、生物多样性保护、食物生产、原材料生产和娱乐文化等服务功能。农田生态系统在人类福利形成中发挥了重要作用[129]。

农田景观方面,周心琴对区域持续农业景观、城市边缘区农业景观变化与人为影响的空间分异、农田景观演变与农业发展、乡村土地利用与景观格局动态变化、景观多样性与乡村产业结构、景观农业等方面也进行了讨论,认为农田生态系统在人类控制下已逐渐演变成提供农产品的集约化生产系统,农田生态系统如何发展与演变应当是接下来需要考虑的问题[130]。

传统村落生态系统调查评估是对传统村落提出适应性规划策略,包括生态空间优化、生物多样性保护优化等措施的基础。目前,针对生态环境指标的评价主要分为生态系统价值评估、生态格局评估、景观安全评估、生态空间评估及生物多样性评估等。

①生态系统价值评估

生态系统的服务价值分为大气调节、气候调节、扰动调节、水调节、水供应、侵蚀控制和沉积物保持、土壤形成、营养物质循环、废物处理、花粉传授、生物控制、提供栖息地、食物生产、原材料、遗传资源、娱乐和文化等。

目前国内对乡村生态环境评价的研究比较深入,从指标体系到评价方法都较为成熟,主要是从环境保护的角度来建立指标体系。如丁维等从农业生产、居民点生活、乡镇工业系统3个亚系统中选择36个指标建立乡村景观生态环境评价模型[131]；肖笃宁认为可以从独特性、多样性、功效性、宜人性和美学价值等方面对景观进行生态评价[132]；阎传海以地貌为基本线索，以植被为标志，建立了山东省南部的景观生态分类系统（包括5个景观型，15个景观亚型），并根据景观型之间的相似性与差异性，选取稀疏植被、森林植被景观及旱作、水旱轮作景观两套指标对各景观亚型进行生态评价[133]；卢兵友以山东省西单村为例，从资源利用、生态、经济和社会4个方面对农村景观生态工程建设效益进行了评价[130]。

对传统村落生态系统进行的经济价值评估包括对立木生长量、各种非木林产品的采集量、生态系统服务的消费量（涵养水源服务、固碳制氧服务、保护生物多样性服务等）及生态系统文化服务的消费量等的评估。

② 生态格局评估

武启祥认为要解决生物多样性维持、可持续发展、全球气候变化、疾病暴发和城市化的影响等问题，都必须以了解生态系统的复杂性为前提[134]。关文彬指出，一个典型的生态安全格局包括源（source）、缓冲区（buffer zone）、源间连接（inter-source linkage）、辐射道（radiation routes）与战略点（strategic points）五个部分。构筑生态安全格局意味着选择、维护和在某些潜在的战略部位引入斑块，使它们成为"跳板"，建立源间联系廊道和辐射道[135]。

生态格局评估主要包含区域生态安全、生态系统健康、景观服务功能的可持续性以及景观生态恢复与重建。黎晓亚认为生态格局的评估与优化应重视空间格局与生态过程的动态关系，关注空间结构的生态学和社会经济意义的研究，并试图通过提出合理的空间格局形式来降低或排除人类干扰的影响[136]。

目前生态安全格局的具体实施面临着以下问题：生态环境中生物多样性信息缺乏；生态系统功能的不确定性；生态系统开放性和联系性的尺度经常超越行政管理界限；一些公众的观念阻碍，对生态学思想的不习惯，忽视长期生态环境效益而只注重不可更新资源的短期社会经济效益等。

③ 景观安全评估

景观生态安全格局的识别，首先要进行源的确定，其次，采用最小累积阻力模型（MCR）建立阻力面，最后根据阻力面来判别安全格局。根据阻力面进行空间分析，可以判别缓冲区、源间连接、辐射道和战略点。通过对源、缓冲区、源间连接、辐射道及战略点的分析，达到维护和控制生态过程的目的。将上述各种存在的和潜在的景观结构组分叠加组合，就形成了某一安全水平上的生物保护安全格局。利用多层次的景观安全格局，协调不同性质的土地利用之间的关系，并为不同土地的开发利用之间的空间交易提供依据。

从景观生态研究和非点源污染研究出现的时间看，非点源污染研究的出现要晚于景观生态的研究，但从受到重视并迅速发展的阶段看，两者相差无几，都是在20世纪70年代末80年代初开始兴起，目前两个领域的研究正在蓬勃发展，这两个看似不相关的领域其实有着密切的联系。在土地利用类型方面，秦福来通过大量的非点源污染研究得出，绝大部分非点源污染是人类活动影响造成的，其中影响最大的是人类对土地利用方式及各种利用方式的空间组合格局[137]。在水污染方面，杨柳认为非点源污染与点源污染相对应，是指溶解的或固体的污染物从非特定的地点，在降水和径流的冲刷作用下，通过径流过程而汇入受纳水体,如河流、湖泊、水库、海湾等所引起的水体污染[138]。郭青海将流域尺度上的景观规划以河流、湖泊等受污水体为中心,重新布局,或引入新的景观斑块来优化景观格局,在水体周围,结合相关BMPs,形成一个景观缓冲带,将污染物隔离于水体,同时建设成一个优美的滨河、滨湖景区[138]。

景观对物种生存、迁徙的影响较早地受到研究者的重视,但对于景观格局对非点源污染的影响的研究仍不够深入,从事非点源污染研究的学者多从产流、产污的角度来探讨污染发生的机理及污染物的迁移转化过程,并没有注意到景观结构是如何对非点源污染产生影响的。景观生态学者则开始注意这方面的问题,连纲等研究了黄土高原地区土地利用结构对土壤养分(氮、磷)分布的影响[139],李秀珍等做了关于湿地景观对养分的去除作用的研究[140],应该可以看作国内生态和非点源污染研究结合的较好开端,这恰好弥补了目前景观生态学研究中对景观生态功能研究的不足。因此,引入非点源污染的观测和研究方法开展景观生态物质流的研究将是一个非常具有生命力的学科交叉点。

④生态空间评估

任何生物维持自身生存与繁衍都需要一定的环境条件,一般把处于宏观稳定状态的某物种所需要或占据的环境总和称为生态空间。

生态空间主要通过生态空间维护(原生地貌保留与复原率)、自然湿地保存率、生物多样性(本地植物比例、综合物种指数)等进行评估。

刘黎明提出,乡村景观规划必须合理安排乡村土地及土地上的物质和空间,为人们创建高效、安全、健康、舒适、优美的环境,为社会创造一个整体可持续发展的乡村生态系统[141]。对于乡村景观规划方法,针对土地的合理使用、乡村旅游开发进行的景观规划研究,如:包志毅等论述了"集中与分散相结合的生态网络"以及"自上而下"与"自下而上"相结合的乡村景观生态规划模式[142];王仰麟与陈传康以浙江金华观光农业规划为例,探讨了景观生态学方法在观光农业规划中的应用[143];谢花林等认为应采用保护乡村生态环境敏感区、完善景观结构、建设生态工程、创造和谐人工景观这四种方法对乡村景观进行规划设计[144]。

⑤生物多样性

吴灏等在《乡村景观建设过程中的生物多样性保护策略》中提到了生物多样性保护的紧迫性,合理布局乡村景观、建设生态农业景观、保护生物栖息地、建立生态园与生态廊道,才能建设富含生命的乡村文化[145]。

目前,最需要关注的是人类活动,特别是传统村落中人类生产生活对生物多样性造成的影响。陈海英等在《岱海湿地生态环境变化的气候影响分析》中谈到湖泊围网养殖过度,生态系统受损,造成生物多样性退化[146];张细桃等在《农业活动及转基因作物对农田生物多样性的影响》中谈到种植方式、地膜覆盖、施肥、化学农药、转基因作物对农田多样性的影响[147]。因此,对于生物多样性的保护,应做到以下几点:

首先是物种栖息地保护引导。明确需要保护的重要物种名称及其栖息地范围,包括绿色生态城区内的自然保护区等重要生态功能区、生态环境特殊和脆弱的区域以及水域,并提出具体的栖息地保护措施。

其次是物种多样性保护引导。明确需要保护的古树名木种类,提出具体的保护措施。坚持植物多样性、乡土性、适地适树,提出绿化植物选择的原则性要求,鼓励乡土化物种的利用。此外,还应提出在某种生态功能上占主导地位的推荐树种,明确各用地类型的推荐树种。

最后是外来入侵物种防治引导。坚持"预防为主,防治结合",明确外来入侵物种重点防治的区域。对绿地系统提出明确的外来入侵防治措施,对绿色生态城区内已建立稳定种群的外来入侵物种,应当提出除治措施。

1.3.4 传统村落产业结构发展

产业是国民经济中按照一定社会分工原则,为满足社会某类需要而划分的从事产品生产和作业的各个部门[148]。产业发展是指一个产业产生、成长和进化的过程,是产业总体的各个方面从不合理到合理、从不成熟到成熟、从不协调到协调、从低级到高级的动态演进过程[149]。产业发展不仅包括产业整体或不同产业在量上的增长,还包含了产业在质上的提升。在质上的提升通常表现为产业内或产业间形成使资源最佳配置的产业结构以及提高产业生产效率。如果产业仅在量上扩大规模,而没有质上的提升,则不能称之为产业发展。

传统村落的产业发展亦是一个产生、成长和进化的动态演进过程。过去,我国大多数传统村落的产业发展是在缺少关注、不重视规划的情况下的自由发展,虽然产业有所发展,但是没有改变传统村落单一的经济结构。随着"新农村建设"的提出,农村(包括传统村落)的生产发展得到了重视,要解决传统村落产业发展中存在的问题,只有提升产业结构、优化产业组织、拓展产业发展空间,才能带动我国传统村落产业的良好发展。

由于国外对历史村落保护的重视,国外学者对于传统村落的研究主要集中于对历史遗产的保护及发展政策方面,而关于历史村落产业发展的研究主要从历史村落旅游发展方面展开,如旅游对村落社会文化的影响、旅游的社区参与、可持续旅游等。

关于传统村落产业发展,国外多数学者的关注点在于传统村落旅游业对村落社会、经济、文化等方面的影响,尤其是社会文化方面。梅迪纳(Medina,2003)通过调查分析研究了玛雅文化古村苏科茨村(Succotz)的旅游发展对于玛雅文化恢复与保护的积极作用。约内拉(Ionela,2015)认为村庄旅游发展在村庄自然景观维持、当地历史文化保护、创造就业机会及吸引年轻人等方面是一种发展机遇[150]。有学者认为,传统村落旅游的社区参与增强了游客对村落文化体验的获得,对于传统村落文化的延续具有重要意义。安妮·席勒(Anne Schiller,2001)分析了印尼潘庞文化村(Pampang)由本地居民和外来精英组成的管理组织的内部利益竞争对社区参与积极性的影响,他认为旅游开发管理要通过控制外来精英资金的投入,将其掌握在本地居民自己手中,当地民俗文化节目应当是一种表达艺术、继承传统和发展经济的手段而不仅仅是向游客展示他们的文化[151]。旅游的开发往往会对传统村落的生态环境及其地域文化造成冲击,旅游可持续方面也受到国外学者较多关注。伊迪亚努等人(Vǎidianu et al,2014)认为艺术活动是鼓励和加强地方及社区认同感的一种手段,有助于保持社会经济发展不平衡的多瑙河三角洲地区村落旅游发展的可持续性[152]。卢·凯图等(Luh Ketut et al,2014)通过决策实验和评价实验室(DEMATEL)方法分析了潘卡斯里地区(Pancasari)传统村落可持续旅游相关指标之间的关系,得出地方性智慧是影响当地旅游开发村落的乡村生活可持续存在的关键因素[153]。

国内关于传统村落的相关研究较早的是20世纪80年代末何重义等对楠溪江风景区古村落历史文脉、人文景观及乡土环境的介绍以及对村落保护开发的探讨[154]。90年代,随着古村落旅游的发展以及"人居环境学"的兴起,国内学者开始从古村落旅游开发以及村落人居环境空间方面对古村落展开研究,1997年刘沛林先生所著《古村落:和谐的人聚空间》一书系统地论述了中国古村落空间意象与文化景观,是国内最早的古村落研究专著。近年来,随着国内对传统村落保护的重视,学者们纷纷从传统村落价值评定、村落建筑保护、非物质文化遗产保护、村落空间环境、保护发展模式、传统村落旅游、现代技术应用等多个角度对传统村落进行研究。而关于传统村落产业发展的相关研究则主要从村落发展模式方面展开。

我国从20世纪90年代开始兴起古村落旅游,这一时期古村落的旅游发展大都以观光游览为主,学者对传统村落发展的研究也基本都是从古村落旅游的角度展开的。随着国家新农村建设等政策的提出,传统村落的发展模式也有了变化,休闲农业的发展、旅游开发模式的拓展、文化创意产业的出现都为传统村落的产业发展注入了新的活力,关于传统村落发展模式的研究成果也越来越丰富。

在传统村落旅游产业模式方面,王云才等(2006)依据对传统村落旅游价值指数的评价,将北京市门头沟区传统村落划分为遗产性村落、特色性村落和保护性村落三种类型,并提出四种传统村落旅游开发利用模式:特色村落与山地风光构成的观光旅游开发、整体人文生态体验与旅游文化民俗开发、生态教育与红色旅游基地开发、分时度假与企业庄园等休闲产业基地开发[101]。周志雄等(2007)基于新农村建设的背景分析了古村落产业结构调整存在的问题,认为古村落要跳出常规发展模式,抓住机遇,以旅游业为先导,优先发展第三产业[155]。靳亦冰等(2011)结合陕北旱作农业区传统村落的特征探索了该地区传统村落结合旱作农业科技示范营建生态旅游度假村、结合文化产业开发营建综合示范村的发展路径[156]。

在传统村落文化创意产业研究方面,肖磊(2009)提炼了朱家峪古村落作为文化资源的内涵及构成,探讨了该村文化产业发展的策略[157]。郑赟(2012)分析了小洲村创意阶层主体驱动型文化创意产业发展模式的特征及其对村落传统公共空间的影响,总结了处理文化创意产业与传统村落公共空间二者之间关系的策略[158]。段友文等(2014)通过对山西阎景村传统文化资源特色及当地文化创意产业开发优势与缺陷的分析,总结了空间延伸型、资源重组型、环境渗透型三种传统文化资源与文化创意产业的融合模式[159]。

在产业发展模式类型的划分上,刘春腊(2011)基于北京山区沟域经济蓬勃发展的大背景将该地区古村落产业模式类型分为古村落保护产业、古村落旅游产业、古村落健康养生产业、古村落文化创意产业、古村落综合服务产业和古村落文化产业示范区[160]。廖婧(2015)从生态发展的角度将陕西省传统村落发展模式分为生态旅游模式、休闲生态农业模式及生态工业园区模式,并分析了各个模式发展过程中的制约因素、发展优势、基本特点以及在陕西省传统村落生态发展中的适用性及推广价值[161]。

此外,一些学者关于农村及小城镇发展模式的研究对于传统村落的发展具有一定的借鉴意义。苗长虹(1998)将农村工业发展形式划分为六种基本类型:农副产品加工型、城市扩散辐射型、矿产资源开发型、外资外贸推动型、人力资本推动型、市场加工循环推动型,并分析了各个类型的形成条件和特征,对不同类型的发展潜力和存在问题进行了对比,并探讨了它们在欠发达地区的适用性[162]。吕达仁(2011)探索了新农村规划建设发展的八种模式:现代农业主导带动型、休闲农业主导带动型、畜牧养殖主导带动型、休闲渔业主导带动型、工业企业主导带动型、商贸流通主导带动型、民族特色主导带动型、历史资源主导带动型,并以实例对这些发展模式进行了分析论证[163]。詹晓峰(2012)将湖南省小城镇发模式分为基础农业型、水产养殖型、龙头企业建设型、工业主导型、资源采掘型、园区开发型、商业贸易型、交通枢纽型、旅游开发型、高新技术型、文化创意型、城郊卫星城型、劳务经济模式、传统集镇模式等14个基本类型[164]。

综上，国内外对于传统村落产业发展的研究主要集中于某一种发展模式，尤其是旅游开发方面，对传统村落发展模式的系统分析、梳理较少，而对传统村落价值特色方面的研究，以价值评价、价值特征分析为主，在产业发展方面的研究多数也只局限于传统村落旅游资源评价，缺少对传统村落资源价值要素在产业发展应用方面的系统研究。

1.3.5 传统村落社会组织

社会组织，即人们为实现特定目标而建立的共同活动的群体，也称作次级社会群体[165]。王康的《社会学词典》中认为，社会组织一是指人们有一定目的，依一定的组织形式和原则，通过一系列的活动，执行特定的社会职能，达到特定的社会目的的独立群体；二是指社会从无序到有序的一种状态和过程[166]。韩明谟在《传统村落社会学》一书中，对社会组织进行了广义和狭义上的区分：广义的社会组织，是指社会上存在的一切活动的共同体，包括家庭、家族、秘密团体、兴趣团体、工厂、机关、学校、军队等；狭义的社会组织，是指执行一定的社会职能，完成特定的社会目标，有计划地组合起来的群体，它不包括初级社会群体，是比初级社会群体更复杂、更高级的社会组织方式。袁亚愚在《新修乡村社会学》一书中，定义社会组织是人们通过特定的社会关系与社会结合方式形成的高于群体的社会共同体，是组成此种共同体的人们所采用的社会活动方式。

经过上述参考，我们可以认为，传统村落社会组织是指在传统村落社会中，为完成特定社会目标，执行特定社会职能，依据一定的原则和形式组成，并根据规定的规章制度和契约，进行活动的人群共同体。它是相对静态的组织实体和动态的组织活动过程的统一。

王冬认为，从20世纪50年代到21世纪初，在乡村治理模式上，我国农村大约经历了这样一种变迁：

20世纪50—80年代，试图走农村集体化的道路来结束中国乡村分散的、低效率的家庭小农经济生产方式。但这种"自上而下"的、带有乌托邦理想的大集体的社会组织及生产方式在经历了合作化运动、人民公社运动后退出了历史舞台。

20世纪80年代至20世纪末，家庭联产责任承包制极大地解放了农民的生产力。但这种家庭式的、分散的、过密型的生产经营方式还是没有走出小农经济的范畴，而且就时代发展来看，这种经营方式在实行了20多年后，在农业生产上已无多少上升空间。

21世纪开始，随着现代化进程和乡村产业结构的发展变化，在村民自治、提升农村内发能力的背景下，农民开始进行各种各样的"合作生产"，农业生产进入新的发展阶段。

从中国传统的乡村社会组织关系的结构来看，卢健松认为，传统的中国农村社会存在着宗族组织、乡绅主导的村社结构。乡村事务主要由乡村的自治组织来管理。清末民初，国家政权权力开始不断下移。乡村事务的管理逐渐由国家的行政机构来承担，而乡民的自组织能力渐渐丧失。近两年来，一些地方开始了村民选举、村民自治的尝试，这些举措使现今的农村社会关系在摆脱了传统血缘关系之后，从崭新的意义上恢复了村民的自治组织能力[167]。

从目前中国乡村社会组织关系的主要形式来看，王冬认为家庭经营与家庭联产责任承包制将是中国农业长期存在和赖以发展的主要生产方式。主要原因在于：一方面，中国的基本国情是资源紧缺、分布不均、人多地少、小规模经营，生态环境逐渐恶化、农耕条件受到严重影响，地区差别大，发展不均衡；而另一方面，现代农业早已摆脱了仅仅提供原料和初级生产加工的地位，已成为一种包括农产品生产、加工、储运、销售等环节的完整产业。在产前、产中和产后形成产业化经营，把农户组织起来进入这种体系之中并进入市场使农产品生产以及乡村工业各环节有机结合起来也就成了传统农业社会向现代社会转变、摆脱分散的小农经济的重要方面。因此，提高农民的组织化程度、积极引导农民走向新的联合与合作就成了一种历史的必然；而在生产过程中形成合作机制显然也相应地成了一种制度和操作体系上的进步[168]。

与城市社会不同，乡村聚落的社会关系具有突出的血缘性和地缘性特征，人和人之间的权利和义务是根据亲属关系来决定的，也是基于共同生活在一处的地缘关系而组成的熟人社会。

卢健松在洞庭湖周边地区的农村住宅调研中发现，乡村住宅的建造一般由家中的男主人主持，技术性强一点的工作由施工队完成，大量的辅助性劳动则由家中其他成员以及亲戚朋友完成。这样的乡村社会结构有个特点，就是以己为中心，社会关系层层外推，构成一个由生育与婚姻所结成的关系网。这种社会关系被费孝通称为"差序格局"。这种"差序格局"就是农民互助建房的社会基础。按照在差序格局中的位置不同，所给予的帮助也不同[169]。

王冬认为，"共同建造"是当代乡村社会的一种选择上的必然。他认为，首先"共同建造"是农村人居环境建设的现实需要[168]。从技术和经济的角度看，一般农村生产力相对低下，技术和经济水平不高，组织乡民共同建造自己的房屋和环境就成为一种可能；从社会组织的角度看，村落建造与其说是一种技术过程，不如说是一种社会整合过程，建造活动更需要以"共同建造"来达成"整合"，而这种"整合"，从更深的意义上讲，无异于一种传统村落向"现代性"的转变；从社区发展的角度看，村民及社会各方共同建造自己的家园的过程和结果，都对乡村和谐社会的建构有强有力的促进作用；而从组织机制的角度看，共同建造有利于形成相对组织化与制度化的"合作组织"，相对于家庭而言，这种组织可以整合更多的社会资源，并在"工业反哺农业、城市支持农村"的情势中以一种整体组织的形式与乡村以外的社会获得平等"对话"的地位。

其次，"共同建造"是传统村落社会中可以向"现代转换"的历史传统资源。在氏族社会，血缘族群由于其群居性而在聚落营造中表现出强烈的"集体性"和"原始共产主义"状态，即聚落是共同建造的，是群体劳动的结果，就像蜂群营造蜂巢一样。在传统的农耕社会中，虽然生产方式逐渐走向个体家庭化，但在中国地缘族群的村落中，"国家治理体系与家族组织"互相渗透、合二为一的社会治理模式及其功能作用又使得村落在建造上的公共性进一步增强，同时，家族及"熟人"社会也孕育了类似"帮工""换工"这样的共同建造的模式。进入农商社会，村落中共同建造的特征则在契约关系上得到了进一步的强化。

不难看出，在当下的乡村社会中，确实存在一种有关村落营造的"共同体"，是乡村聚落中以村民为主体的，社会多方参与的，有关人居环境、基础设施、公共服务设施、住屋营造方面的人的聚合体、合作组织及其相关行动，这里姑且称之为"村落建造共同体"。这种村落社会组织下的"村落建造共同体"与传统村落住宅自建及传统营建技术的传承息息相关，在城镇化背景下传统村落该何去何从的问题，似乎可以在村落社会组织的研究中找到答案。

1.3.6 传统村落空间形态

美国学者戈登·威利认为，聚落空间形态是人类在土地上安置自己的方式，它涉及住房和社会性质的其他建筑的布局，这些布局反映了自然环境和建造者的水平及控制的各种制度，简单地说，就是人群的聚居方式。聚落形态从宏观上研究聚落及聚落群之间的关系，涵盖不同时期聚落的性质、规模及位置的相互关系，同一时期不同聚落之间的关系，聚落形态的变迁等。建筑空间形态从微观上研究建筑的空间组织关系，涵盖建筑与建筑及建筑内部各种功能空间之间的关系，每个功能建筑或功能空间的架构方式等。

我国学者对村落形态在建筑学科、地理学科中的研究通常指的是村落的空间物质形态。20世纪80年代，金其铭将农村聚落形态定义为农村聚落的平面形态，也指聚落内部各组成部分之间的结构[170]。此后，周若祁等将村落形态定义为由住宅地、耕地、山林及河川、道路等共同组成的景观表现，对村落形态的组成部分进行了一定程度的细化[171]；蔡凌则认为村落形态指的是聚居的外观形象，主要表现为村落平面的形式和村落在空间高度上的形态，从平面和高度两个方面定义了村落形态[172]；吕晶、蓝桃彪等认为村落形态是人们对其所居住的地点加以整理的方式，从外观上看，村落形态表现为村落平面的形式以及村落在空间高度上的形态，可充分反映出人与自然的关系以及村落中人的意识和精神追求[173]。

国外学界主要从宏观和微观两大方面对乡村聚落空间格局进行研究。

宏观研究方面主要集中在地理学界，欧洲学者起步较早，有很多研究成果，如德国学者科尔、梅村、路杰安、克里斯塔勒等，法国学者白兰士、白吕纳、阿·德芒戎等人重点基于小区域的实地考察研究乡村聚落的区域形态、空间分布、区位条件等内容。19世纪以来，国外学者对乡村聚落空间格局的研究视角也呈现出学术转变的趋势，从原始自然要素向现代经济社会转变；研究内容也呈现出学术转变的趋势，从乡村聚落空间格局中的物质实体研究向人居环境综合问题转变[174]。

微观研究方面主要集中在建筑学界。早在1832年法国建筑学家昆西（A.Q.Quincy）的经典著作《建筑历史词典》中，就通过呈现聚落平面图来阐述聚落历史，能够有效识别出聚落的空间格局；1932年，法国将村落空间特征进一步细分为线形、团状和星形，并认为建筑空间分布应该有韵律，有相应的组合形态；1961年克里斯塔勒把村落分为不规则的群集村落和规则的群集村落，后者又细分为街道村落、线形村落、庄园村落等类型[175]；原广司、藤井明等日本学者通过大量翔实的调查，对全球范围内的具有不同地域代表性的聚落进行系统研究，并通过建筑学的理论方法对乡村聚落空间格局的内部空间特征进行了研究[174]。

国内的乡村聚落空间格局研究主要涉及宏观进展方面、特定研究对象方面、特定研究视角方面和相关评价研究方面[176]。

从当前的学术研究成果来看，在乡村聚落的宏观进展方面，多是从乡村人居环境的角度来对乡村聚落空间格局进行研究，如赵之枫（2001）从城乡关系、人口和消费、生态环境、能源利用、社区建设和使用周期等方面探讨了乡村人居环境可持续发展的对策[177]。

在特定研究对象方面，也出现了大量针对不同地域类型的区域乡村聚落空间格局的系统性或有针对性的深入研究。汪任平对澜沧江中下游流域传统村落空间格局中的人居环境进行了研究[178]，林涛（2012）对浙北地区乡村集聚化及其聚落空间演进模式进行了研究[179]，郦大方（2013）对西南山地少数民族地区传统村落进行了研究[180]。

研究角度与技术方法方面，学术界有以特定的研究视角为切入点对乡村聚落空间格局的研究，如文化生态学视角，大批学者对不同区域特色的传统村落展开了深入研究：陆林、伍国正、朱国兴等通过对徽州传统村落的实地调研，分析了其在选址和营造方面的文化生态观；刘福智、刘加平运用文化生态学的理论，指出居住形态自然，人与环境的互动形式，提出了传统居住空间形态中的"聚落生态文化"[181]；国内学者将景观生态学理论运用在传统村落空间格局保护中，主要对村落生态环境、景观格局等进行研究。此外还有生态群落视角（魏江苑，2003）、社会学视角（邓玲、顾金止，2011）、文化人类学视角（黄坛，2011）。另外，李宁、王绵、王构、张择平、赵晓梅等人均是从建筑学的角度对聚落空间格局进行了调查研究[182]。

传统村落空间格局价值评价研究也是乡村聚落空间格局研究中的热点，有部分学者对总体评价指标体系进行研究。朱晓明在2001年发表的《试论古村落的评价标准》里率先引入定量的评价方法评定传统村落的价值。针对中国传统建筑的组群特点，从历史价值、基础评价和居民意向三部分论述古村落空间格局价值评价体系[183]。

传统村落空间格局和历史环境的核心要素主要包括山体、农田、传统街巷、公共空间、河道水系、建筑组合等。揭鸣浩认为，村落内部空间主要由建筑院落和街巷空间拼接而成，两者互为图底关系[184]。杨锋梅认为，从宏观视角分析传统村落空间的组成，包含精神文化、自然生态和人工物质三个层面。其中，人工物质空间要素是民居、道路、耕地等多种有形因素的有机组合，它们共同作用构成了村落人口生产和生活的空间场所；自然生态空间要素主要指地形地貌、矿产、水文等资源，是居民生存之源；精神文化空间是传统村落在构建物质空间的同时以乡土文化、人文精神和血缘纽带维系的空间[114]。

传统村落形态是各种自然地理条件和人文社会发展下的产物。金其铭认为自然环境、交通、生活用水、耕作半径、社会政治条件与经济发展等会影响聚落的空间形态及布局[185]。1994年彭一刚在《传统村镇聚落景观分析》一书中对村落的形成因素做了全面而系统的阐述。在自然因素方面，彭一刚探讨了地理与气候、地形与地貌、地质与地方材料等三个因素对传统村镇聚落形态的影响。邓春凤、黄耀志、冯兵通过对传统村落空间形态的分析，梳理了影响村落空间形态的传统因素及新生因素[186]。刘新德从体现"天人合一"生态观的村落选址、"崇中尚和"的中轴线对称布局和体现"礼乐"秩序的"干枝式"村落空间结构三个方面，分析了儒家哲学思想对湘南古民居村落建设的影响[187]。席鸿、肖莉、桑国臣认为陕西韩城庙后村早期深受自然地理、宗族观念、风水思想等传统思想的影响，村落各层面的形态演变相对稳定、有序，自主性较强，遗传同化、原型同化和再生同化的现象较为明显，传统文化的传承性较好；也有因其自发生长而导致的盲目性，如改革开放后，村落各层面形态发生突变，新建宅院沿道路发展，导致空间趋于均质化，表现出明显的城市同化现象[188]。

村落形态和空间布局普遍受到宗族礼制、宗教信仰、风水观念、防御意识、诗画境界等人文理念的支配。社会经济的发展影响着人的观念，村落的空间形成也和人有着巨大的关系，广东五邑地区由于特殊的华侨文化，形成了东西文化交融的别具一格的村落空间形态。宗法制度的社会组织形态一直被认为是影响徽州传统村落布局的重要因素。

在中国村落形态影响因素研究中，"风水"是避不开的一个因素。风水文化中蕴含着丰富的地理学思想，在农村聚落的选址、方位、空间布局、景观特色、建筑形态等空间结构方面都有充分的体现，同时也对农村聚落空间结构的形成与演变产生消极影响。在研究的发轫期，张十庆就通过对徽州村落形态的研究探讨了具有神秘色彩的风水学作为一种"形而上"的价值观念对"形而下"的实质环境的体系形成所产生的影响[189]。

总之，传统村落空间形态的形成是在特定的自然环境、社会经济和文化背景下，各构成要素共同作用的结果。随着社会的发展，村落空间形态的构成因素将变得更加复杂化、多元化。

传统村落的空间布局至今仍有重要的借鉴价值。

首先，可借鉴传统村落的风水文化中的优良部分。陈永林认为"负阴抱阳，背山面水"是风水文化中聚落选址的基本原则和格局。"凡宅左有流水，谓之青龙；右有长道，谓之白虎；前有污池，谓之朱雀；后有丘陵，谓之玄武，为最贵地。"这种传统的风水模式是最理想的居住环境，也是传统农村聚落选址的重要指导思想[190]。受其影响，传统的聚落选址都要求四灵兽（青龙、白虎、朱雀、玄武）俱全，要能"藏风得水"，因此大多聚落都分布在山南水北、依山傍水，或是在河流阶地上、河流交汇处，这些地区交通方便、土壤肥沃、地势平坦，有利于农业生产、防火防水和防止外来侵略等。风水文化中的这种聚落选址模式是一种理想的生态模式，要求内部各种自然要素组合合理、相互协调，对于现代农村聚落的选址仍有很强的指导意义。

其次，可借鉴传统村落对于地理环境的利用，重视天人合一的思想。阮仪三认为，江南水乡形成了水乡的体系，事先都有完整的规划，有不同的限制，它的每户人家都很有特色，所以才成为一个著名的乡镇。这些江南水乡都有重要的文化内涵，就是天人合一、天地相合的道理。同时，它是与水共生的生态典型，架桥通隔水、聚而不垒墙，户户濒水而居，家家踏级如水，水墙门、水埠头、水阁、水榭、水廊、水棚、水巷穿宅而过，人与水的交融发挥到极致[191]。

在保护和利用传统村落空间格局的具体方案与策略方面，陈永林认为在合理调整农村聚落空间布局时，首先要摒弃风水文化中的落后观念，遵循"统一规划、合理布局、因地制宜、综合开发、配套建设"的原则，对农村聚落进行合理规划和开发[190]。邓春凤、冯兵、龚克、刘声伟等认为，维护小城镇生态景观的完整性、保持空间生长的连续性、保障空间要素的有机性与空间形态的人文性是城镇形态演变的构成原则和价值追求[186]。席鸿、肖莉、桑国臣等认为村落环境形态的可持续性发展，必须依循村落城市化和现代化的趋势和特点，兼顾其自身演变的基本特征，从村落的各个层面全面推进[185]。在京西山区传统村落的保护与利用原则方面，王云才认为应坚持在真实性基础上的整体保护原则，坚持在差异性保护基础上的适度合理利用，坚持在公众参与基础上的保护与利用。京西山区传统村落持续利用的模式包括：民俗文化挖掘与乡村博物馆模式、自然与文化旅游村综合示范基地建设模式、整体人文生态体验与教育基地模式、都市游憩圈与城市居民休闲的第二居所模式、企业庄园与分时度假基地模式，以及基于主题设计的乡村旅游线路模式[101]。

杨锋梅认为，在整体性保护与分级保护相结合的原则上应坚持传统村落原真性原则，坚持保护与利用相统一的原则，在此基础上提出山西传统村落的保护途径有：保护整体村落、保护历史街区、保护单体建筑、以旅游促发展模式、名品产业发展模式、现代化农业模式和村落功能再生模式[114]。

对于山地城镇空间结构的保护，吴勇认为：其一，要适时加强城镇空间的多元化的联系，形成充分开放的空间交流体系，确保城镇间的人流、物流、经济流、信息流的畅通，为城镇演化创造良好的前提。其二，应建设形成生态安全的城镇空间格局，以创造安全稳定、环境优美、文化生活多样的生产生活场所，包括山地防灾安全的空间格局（灾害风险空间管制、合理用地功能安排及适应山地地形的建筑设计、山地均衡化的防灾避害公共空间建设），充分利用山地自然山水资源构建的网络化、生态化绿化景观格局（绿心模式、绿脊模式、绿楔模式、绿脉模式、绿网模式）。其三，山地城镇首先应区分不同的地形地貌环境，建立各自的适应性空间结构与形态；其次，在城镇空间结构的成长过程中，随着城镇规模的快速扩张，应及时制定、调整与之相适应的结构模式；再次，在山地城镇因内外部因素的变动而导致城镇功能发生重大变化时，应及时调整与之相协调的空间结构。最后，山地城镇空间结构的演化，需要考量山地城镇的多元文化结构的现实，制定与城镇文化相协调的保护、共生策略[192]。

1.3.7 传统村落建筑风貌

1934年9月，龙庆忠先生发表在《中国营造学社汇刊》第5卷第1期的《穴居杂考》一文，开我国建筑学者研究中国传统民居之先河。梁思成先生1945年在由其编著的《中国古代建筑史》中才第一次按中国历史的发展，把中国民居纳入中国建筑史的体系中，从城市规划、宫殿、陵墓到寺庙、园林、民居，都做了详细的叙述，并对各时期的建筑特征做了分析和比较。这开启了传统民居研究的序幕，此后，国内专家学者开始零星研究各地民居，但主要集中在建筑史学方面，局限于民居单体的研究。1957年刘敦桢先生的《中国住宅概说》是中国第一部系统研究中国民居的专著，但由于当时资料掌握不足和调研范围的局限性，仅以民居建筑平面形状为标准，将中国民居分为圆形、纵向长方形、横向长方形、曲尺形、三合院、四合院、三合院与四合院的混合体以及环形与窑洞式住宅九类，未反映建筑与周边环境的关系和不同地域民居中蕴含的深层文化内涵。

20世纪80年代，民居研究形成热潮，中国建筑技术发展中心建筑历史研究所的《浙江民居》（中国建筑工业出版社，1984）和其后出版的《中国生土建筑》（1985）、《吉林民居》（1985）、《云南民居》（1986）、《福建民居》（1987）、《丽江纳西族民居》（1988）等是研究地方民居的专著。1984年6月单德启发表《村溪·天井·马头墙——徽州民居笔记》，开始从村落环境的视角入手，分析徽州黟县民居布局的特点，从中得出了徽州民居"顺应自然—利用自然—装点自然"的难能可贵之处。1993年，由中国台湾汉声杂志社出版，陈志华与清华大学的多位同事合著的《楠溪江中游乡土建筑》一书，是他们多年来致力于楠溪江中游乡土建筑研究的成果展示，也是一部研究区域乡土建筑的力作。

1994年6月，彭一刚先生出版了由他主持的国家自然科学基金项目成果《传统村镇聚落景观分析》一书，正式把传统村镇纳入研究的主题，而不仅仅是乡土建筑。1995年，在香港召开的"中国建筑史国际会议"上，朱光亚和陈薇两位先生就论文《一个古老村落的保护与发展研究》进行了交流，从个案入手，探讨了古村落保护与发展的模式与途径。1996年，李秋香先生在清华大学建筑学术丛书《建筑史研究论文集》中发表了《乡土建筑研究三题》一文，把江西婺源县的乡土建筑划分为11个子系统，并对其中两个古村落进行了个案研究。此外，汪之力先生主编的《中国传统民居建筑》，陆元鼎先生、李先逵先生等人先后主编的《中国传统民居与文化》第一至第五辑中所涉及的部分古村落，都是从乡土建筑和民居的角度来研究的。

1998年，刘沛林将其研究生学位论文整理出版的《古村落：和谐的人聚空间》，从文化地理的角度，把古村落放到地区发展、景观建构、区域文化的基础上进行研究，引入皮特·古尔德（Peter Gould）的"意象"理论与方法，对中国古村落的空间意象从选址、布局、地域差异、特征与标志等方面做了系统的探索性研究。刘沛林的研究弥补了过去建筑师在村落研究中对文化传统意义考虑的不足，打破了原有的古村落乡土建筑研究模式，并富有先见性地提出了建立"中国历史文化名村"保护制度的构想，从此，村落研究开始注重文化层面的探讨，并逐步走向多角度、多学科的综合性研究体系。如《乡土中国：楠溪江中游古村落》（陈志华，1999）、《方位观念与中国文化》（吴桂就，2000）、《历史、环境、生机——古村落的世界》（朱晓明、冯国宝，2002）、《从传统民居到地区建筑》（单德启，2004）、《客家圣典：一个迁徙民系的文化史》（谭元亨，2004）、《中国民居与传统文化》（易涛，2005）、《客家社会与文化研究（下）赣南围屋研究》（林晓平、万幼楠，2006）、《农村聚落生态研究——理论与实践》（刘邵权，2006）、《塘村纠纷：一个南方村落的土地、宗族与社会》（杨方泉，2006）、《聚落与环境考古学理论与实践》（方辉，2007）、《中国民居与民俗》（王军云，2007）、《梅县三村》（陈志华，2007）、《中国民居建筑丛书》（陆元鼎，2009）等。

2000年前后，随着乡土建筑研究广度和深度的递进，研究也逐步走向精细化，从以往对村落和建筑单体的研究逐步深入到单独的村落元素、建筑类型、建筑构件或某种建筑工艺的研究，如《中国建筑的门文化》（楼庆西，2001）、《扬州建筑雕饰艺术》（张燕、王虹军，2001）、《中国的井文化》（吴裕成，2002）、《古建筑砖瓦雕塑艺术》（路玉章，2002）、《徽州古牌坊》（罗刚，2002）、《徽州古桥》（卞利，2002）、《徽州古书院》（方英，2002）、《徽州古戏台》（陈琪，2002）、《古建筑工艺系列丛书》（冯晓东、崔晋余、郑承鲁，2004）、《中国传统建筑的石窗艺术》（华炜，2005）、《古建筑砖细工》（古建筑工艺系列丛书）（刘一鸣，2004）、《乡土瑰宝：宗祠》（李秋香，2006）、《中国传统建筑悬鱼装饰艺术》（刘淑婷，2007）、《中国传统木雕艺术赏析：徽州木雕》（董洪全，2007）等。

2000年以后，受城市化冲击和产业结构调整的影响，传统村落急剧消失，面对这种岌岌可危的形势，有关学者开始从地域建筑特色研究或发思古之幽情，开始关注传统村落的保护和发展研究，如《世界文化遗产（皖南古村落规划保护方案保护方法研究）》（吴晓勤，2002）、《楠溪江乡土建筑研究和保护》（赵淑静、吴琦、陈赛、中央电视台，2004）、《地域性建筑的理论与实践》（陈伯超，2007）等。近年，运用计算机技术，综合地理信息系统和统计学的原理，从数理的角度对传统村落的某些要素进行了量化分析研究，方法独特，视角新颖，其成果也很值得借鉴，主要有《传统聚落结构中的空间概念》（王昀，2009）、《空间句法在乡土聚落更新中的应用——以湖北阳新县老屋场村为例》（许伟文、张黎黎，2009）、《村落空间形态与步行运动——以婺源汪口村为例》（王浩锋，2010）等。

从总体上看，我国对传统聚落的保护亦经历了从重点单体建筑到村落整体环境，再到局部要素和构件的研究，从单纯的物质文化遗产保护到关注非物质文化遗产的研究历程。在方法上，从单一建筑学领域的研究方法到社会学、人类学、民俗学、心理学、生态学、考古学等多学科综合性的研究，针对研究内容的侧重点不同，现阶段聚落及民居研究具有以下特点：

1）注重传统民居基础资料的调查与研究

研究注重对民居基础资料的调查、测绘，或以实物照片兼有测绘的形式出现，主要有省级民居系列，如浙江、云南、福建、广东、广西、吉林、山西、新疆等民居建筑丛书，地方民居研究成果有《窑洞民居》《桂北民间建筑》《苏州民居》《闽粤民宅》等。综合性调查研究成果有汪之力的《中国传统民居建筑》，王绍周主编的《中国民族建筑》，陆元鼎、李先逵教授等人先后主编的《中国传统民居与文化》第一至第五辑以及陆元鼎的《中国民居建筑》等许多介绍与研究传统聚落民居的大型专著和系列丛书。

2）从民居单体研究转向聚落研究

从民居研究逐渐扩展到各类型建筑的研究与村落结构、聚居形态和地域间的比较研究。聚落研究主要有两个方面：一方面是研究聚落的空间构成和组织形态，比如《传统村镇聚落的景观分析》《小城镇的建筑空间与环境》，主要从地理环境的角度对聚落形态进行分类，侧重于研究其空间层次、构成元素和美学价值；另一方面，以陈志华、李秋香先生所做的一系列乡土建筑研究为代表，以田野调查为基础，从单一建筑研究转向从文化圈的角度对传统聚落及民居进行建筑、文化、社会等方面的综合研究，主要著作有《楠溪江中游乡土建筑》《诸葛村乡土建筑》《婺源乡土建筑》《楼下村》等。

3）区划和谱系研究的兴起

聚落及民居的区划和谱系研究，注重研究区域建筑之间、聚落之间的相互关系。主要分为几个方面：一是从民居产生和发展的背景环境出发，利用自然地理学和人文地理学的研究方法，对民居进行区划，主要论文有王文卿教授的《中国传统民居构筑形态的自然区划》以及《中国传统民居的人文背景区划探讨》；二是通过建筑结构体系和结构构件做法在不同地域的比较分析，对民居进行区划，主要著作有朱光亚教授的《中国古代建筑区划与谱系研究初探》；三是基于历史民系，具体研究其民系文化和民居的空间、形制、技术要素等，主要成果是《中国东南系建筑区系类型研究》及后续子项目——越海系、闽海系、湘赣系、广府系及客家系的研究。

4）对传统民间聚落的改造与再利用

在最近的20年，中国经济的飞速发展为广大的乡村发展提供了良好的发展契机，不仅带来了富裕和繁荣，也带来了崭新的现代世界生活模式，同时也给传统的民间聚落保护带来了巨大的冲击。幸运的是，在学术界和有识之士的共同努力之下，传统民居本身就是一种民族文化财富的观念已经在许多地方的百姓意识之中逐渐形成。对传统民居的改造与再利用，不仅发生在诸如上海新天地这类具有典型意义的城市聚落之中，而且也出现在原本偏远的山区里，这些一度被人们遗忘的聚落，在现代社会和旅游商潮的影响下，无论是总体的聚落环境还是建筑个体的功能，都在或多或少地被置换和改变，传统民居的"再利用"在不断地得以实践。改造与再利用为传统的保护手段增添了新的诠释与动态模式的可能。

1.3.8 传统村落建筑综合价值评估

历史建筑是丰富而鲜活的传统文化的活化石，是传统文化及生活的见证者。我国的历史建筑大多以聚落的形态出现，也就是说，村落建筑构成了数量庞大的历史建筑的主体。村落建筑是历史文化遗产的重要组成部分，它反映了不同时期、不同地域、不同经济社会发展阶段形成和演变的历史过程，传承了我国不同时代的空间组织技术、建筑科技、建材技术、结构技术，朴素的生态观念、民俗文化和传统审美情趣，同时还反映了当时的政治制度与生活方式，是"传统文化的明珠"和"民间收藏的国宝"，因此，传统村落本身就是最大的文化遗产，我们中华民族最深的根在这里面，中华文化的灿烂性、多样性和地域性体现在这里面，文化的创造性也在这里面[193]。中国传统村落文化的深层次内涵与作为外在体现的村落建筑价值是互为表里、融为一体的，传统建筑作为传统村落生命体中的细胞，其价值不言而喻[194]。

但是在城镇化进程中，古村落正在以令人咋舌的速度消失，原因很多：人们对传统村落价值的忽视，传统建筑价值不明确，保护措施不全面等。我们迫切地需要在当代合理地认识到传统村落当中建筑的价值内涵，并且通过对传统建筑的价值体系构建和适应性研究为传统建筑的保留与再利用提供依据和参照[195]。

国外对于将传统建筑作为历史遗产进行保护的科学认识是从1964年的《威尼斯宪章》开始的，建筑遗产评估在国外已开展多年，以定量评估及群众参与为特色，采用通用的标准和统一的系统进行定量评估，并通过立法，将建筑遗产的评估列入建筑遗产保护的基础性工作。

法国早在19世纪就开始了文物遗产清查工作，建立了文物建筑遗产保护专项委员会，并为委员会配备了专门的视察员，开始保护第一批文物建筑；往后逐步成立了全国历史文物委员会，形成了欧洲最早的文物建筑保护名单；其在历史保护区评价方面建立了成熟的评价指标体系，1930年出台的《风景名胜地保护法》是最早将村落划为保护对象的立法。1962年颁布的历史保护区法令（PSWV），其主要内容是对保护区的调查和评价，是在经过大量的调查、分类，社会经济分析、评估工作的基础上，建立调查统计档案。因此，法国的历史保护区价值特色研究包含于规划中，这使得保护规划更为科学和合理。

德国的村落建筑更新是在政府的资助下，在村民的拥护下进行的，从艺术、经济、社会等多个角度切入村落的建筑更新之中，使村落得以可持续发展。人们的建筑保护觉醒从认识到村落建筑的价值开始，从认识到不能盲目地去旧迎新开始。德国在村落的价值认知上提出了LILA四法则，分别是：

①生活领域保护优于生产领域保护；

②精神价值大于物质价值；

③注重持续性和整体性；

④多种选择的可能性取代"不是——就是"的单一思维[196]。

LILA法则的第四条将村落建筑更新上升到了哲学思维的高度，现代同传统相背离最本质的原因就是这一点，我们以建筑的单一存在形制、单一规划磨灭了传统的多元性。复兴传统建筑，必须从思维的高度认识到村落建筑价值。

加拿大于1970年成立历史建筑资料管理局，搜集了20万处的古建筑资料，并在此基础上开展了历史建筑的评估工作；英国对于传统村落建筑价值的关注点主要在于历史建筑的历史艺术价值，涉及艺术水平、技术水平以及与社会历史发展的联系。

理查德·凯尔索（Richard Kelso）在 *Building Evaluation for Adaptive Reuse and Preservation*[197] 一书中对不同规模的建筑物的评价工作进行了全面研究，将历史保护项目中的建筑维护作为核心内容，以易于理解的方式阐述了评价过程中的各个环节。

如今，世界范围内对历史建筑进行保护专项工作的机构有：联合国教科文组织、国际古迹遗址理事会及国际文化遗产保护与修复研究中心等。它们共同构建了建筑遗产的保护网络。在它们的指导下，世界各国对建筑遗产的保护给予了越来越多的重视，并坚持探索保护历史建筑的科学有效之径。传统村落建筑是我国一项重要的历史建筑遗产，重新审视和评定其价值,是当今中国建筑遗产保护和研究的新动向。

目前国外对于传统建筑主要是基于一种历史建筑遗产保护的视角进行研究的,大多数以单个历史建筑或者特定地段为对象[198]。其对于村落建筑的保护只是历史遗产保护的一个分支,专门以"传统村落建筑"为研究对象提出建筑价值和评价解析的很少。同时,由于生活环境、地理气候、材料、生产生活方式、自然建筑观的差异,能给国内古村镇建筑价值特色及适应性评价提供的指导意义较小。但是我们可以借鉴国外单个历史遗产或者历史地段的保护或评价体系,指导传统村落建筑的保护研究。

我国关于传统村落建筑的研究借鉴了国外历史遗产保护的处理方式,同时建立了自身的评价体系,但还缺少价值论同村落建筑适应性相联系的相关研究。以下列举了几个涉及传统村落建筑价值评价及适应性研究方面的研究成果。

在村落建筑价值认知方面,东南大学的雷晓鸿从建筑遗产与人之间的主体和客体的价值关系出发,对建筑遗产进行了系统分析,指出了建筑遗产价值认知中的五个方面,即物理现状、信息质量、功能性质、小环境质量、自然和社会环境质量等[196]。李浈提出历史建筑的价值主要包括内在的价值和外在的价值:内在价值,即其历史价值、科学价值、艺术价值、精神价值等,可笼统地称之为文化价值;而外在的价值,即直接使用价值和非使用价值两方面[199]。

在村落建筑适应性研究方面,徐宗武指出,历史建筑价值的实现依赖于人的传承,换句话说,历史建筑价值的实现依赖于人的使用,所以需要利用其适应性重新适应当代生活[200];徐亦农则认为传统建筑的不同类型都是同一结构和相同建造原则的产物,在适应性研究中应着重于"原真性"的保护[201]。

在村落建筑的评价方面,朱晓明的《古村落评价标准》开创了我国传统村落评价的先河,创新地将调查的范围扩大到村落的整体环境,考虑了村落建筑的整体性,从历史价值、基础评价和居民意向三个部分论述了古村落建筑价值评估体系,囊括了主观与客观的传统村落影响因子[202]。在此之后,基本上所有的评价体系都以层次分析法来确定因子,只是分层类型和因子有所区别。

赵勇的《历史文化村镇保护评价体系及方法再研究——以中国首批历史文化名镇(村)为例》是一个重大的突破[203]。其加强了自然环境、空间形态、街巷格局等方面的内容,补充了非物质文化遗产评价的内容,增加了保护措施评价的内容,关注到了很多以前被遗忘的点,比如:将评判体系分成物质文化遗产、非物质文化遗产、保护措施,使得评价体系的全面性大大提升;把一个整体村落清晰地拆分成了建筑、建筑的连接部分(街巷)、环境格局三个层次,一目了然。后官方试行标准《传统村落评价认定指标体系(试行)》就是在其基础上修改得来的。

张艳玲分主观因子和客观因子对历史文化村镇建筑进行了评价,其体系中,客观评价有25个因子,主观评价有30个因子[204]。梁水兰在《传统村落评价认定指标体系研究》中提出了由传统建筑、村落选址和格局、村落承载的非物质文化遗产三个目标层构成的地域化指标体系,每个目标层由定量指标和定性指标共同构成,16个准则层中的32个因素在相应的指标中突出了因子选择的地域针对性,在局部地区适用性更强[205]。后来发表的论文将层次进一步分为物质文化、非物质文化、保护措施后,将层次分得更加清晰、明确和深入,涵盖面越来越广。

总结得出，我国现在的评价体系越来越重视定量评价，且定量评价分层越来越精细；主观评价体系是定性评价和定量评价结合来评分。其价值评价体系逐步成熟，不同体系中采用的因子选择方法（层次分析法）、权重确定的数学与统计学方法（德尔菲法、层次分析法、矩阵计算）、主观评价体系中的分数升降方法（语义差异法）、评分人员的系数修正方法基本一致。同时，现有的评价体系趋向于地域研究的范围，所以针对性较强。

我国村落建筑价值评价体系和适应性研究的现有成果中，关于建筑价值及适应性方面的论述还有很大的提升空间。建筑遗产作为一种人类物质同精神财富的集合体，一种乡土建筑的类型，对于社会及人居环境的构建具有巨大的意义和价值，以价值论的角度认识和评价建筑，以传统建筑的现代多元需求适应性为切入点认知传统建筑的巨大价值，尽可能多地提出客观的、可量化的指标，为传统村落建筑的提升提供相关参照[206]。

现代生活日新月异，即使传统村落也不可避免地加入了一些现代化的功能需求。而现代功能需求的置入，导致传统村落建筑必须具有更高的现代适应性。以前很多古建筑的评价停留在一个优秀的历史建筑的保护上，但对于传统建筑中的其他类型，如民居建筑，保护程度严重不足。现在的历史遗产保护已经从单个历史建筑过渡到历史地段、历史名城（镇、村）的保护，要完成这种过渡，我们需要更综合和更科学的方法去认识传统村落建筑的价值特色及它的适应性。

通过对传统建筑综合价值多层次、多目标的综合评判，能从总体上把握传统村落建筑价值的高低优劣，对其资源价值、现状条件与旅游开发条件做出科学合理的评定。既能全面、深入地挖掘传统村落蕴含的特色、价值与意义，又能诊断出其存在的问题与不足，从而为传统村落建筑的评价和开发、保护提供依据，即从历史文化价值、美学价值、社会价值、经济技术价值等各个方面，分析传统建筑的价值特色并形成相应的评价指标体系，进行适应性的研究，开展传统建筑调研，通过典型案例的研究论证所构建的价值体系的科学性，指导其他地区传统村落建筑的价值评价，构建传统建筑价值特色的分析结构，开发传统建筑价值评价系统和适应性研究规程。

1.3.9 传统建筑保护与修复

传统村落是历史文化遗产的重要组成部分，它反映了不同时期、不同地域、不同经济社会发展阶段形成和演变的历史过程，真实记录了传统建筑风貌、优秀建筑艺术、传统民俗民风和原始空间形态，是中华民族文化的源头与根基。随着经济的飞速发展和城镇化进程的加快，传统村镇的产业结构、经济发展模式和生产生活方式等发生了较大的变化，使得乡土建筑遗产等遭受着经济、文化和建筑同一化力量的威胁。

若贫提出，传统村落的破坏来源于自然毁坏、现代形式对传统风貌的破坏、居民的消失、新农村建设的清一色。传统村落大多开发成以旅游功能为主的景点旅游区，并借以古村落的噱头吸引游客的目光。一味地开发旅游，古村落变成纯粹的赚钱工具，使村落肌理遭到破坏[207]。刘馨秋认为，快速发展的工业文明正疯狂地吞噬着农耕文明，传统农业生产和生活方式、农业文化、民俗、特色民居被湮没，农村社会在成片地急剧消失，承载着中国五千年文明的传统村落正处于被终结的过程中。保护、修复这些丰富多彩的传统村落，不仅可以让它们保留传统建筑的形式与结构，还能赋予其新的功能与技术，使其可以与时俱进，长久地保存下去，这是专家学者长久以来一直在探讨的问题[208]。

因此，正确认识传统村落的文化价值，把握其开发力度，权衡保护与利用之间的杠杆尤为重要。传统建筑的保护缺乏适应性的关键技术，探究传统建筑的适应性保护技术对于整个社会有着重要的意义。

传统建筑的适应性保护主要有保护、修复和重建三种策略。

在传统村落建筑保护方面，以陈志华先生为代表的学者主张"整体保护"，所谓整体保护，强调将乡土建筑作为一个完整的系统来看待，应从聚落的层面进行保护。他强调真正的现代文物建筑保护，着眼于保护它们的原生态，保护它们本来的一木一石，一砖一瓦，保护它们的实体（或体素），历史信息和它们的真实性只能附着于文物建筑的实体上[209]。王路生提出所谓全面保护战略，应构成村落环境的一切要素，包括自然环境保护、整体格局保护、街巷空间保护、建筑群体保护。保护中不能将其彼此割裂分别对待，应从整体上去考虑它们之间的关系，才能保持名村风貌的完整性[210]。

针对原地保护的方法和策略，宋晓龙认为，传统村落的保护最重要的是要寻找能够对历史文化资源进行整体保护的有效方法，并适应村落"动态"发展的要求[211]。孙春杰提出，传统村落的保护要遵守整体保护、兼顾发展的原则，对保存程度整体较高的传统村落，应划定保护区的范围、周边地区的控制范围，提出村庄肌理、传统建筑、周边环境的保护方案[95]。乔昱强调保护整体格局、历史风貌、空间尺度和依存环境，划定核心保护区与风貌协调区，进行整体保护和控制[212]。刘馨秋认为传统村落的保护不仅要保护建筑，还要保护其中的传统文化，如家庭组成、生态环境、生产生活方式、谋生手段、手工工艺等[213]。

《威尼斯宪章》最早指出："历史古迹的要领不仅包括单个建筑物，而且包括能从中找到一种独特的文明、一种有意义的发展或一个历史事件见证的城市或乡村环境。"很多学者在谈及村落保护时，都强调本地村民作为主体的重要性。孙春杰提出传统村落的保护要遵守以本地居民为主体的原则，只有本地村民作为村庄主体，实际继承了传统村落内的文化，传统村落的文化价值才能得以延续[208]。张卫民认为村民是创造村落历史的主体，村落的物质和非物质文化资源以及自然生态环境是在村民的生活中慢慢积累和沉淀下来的，源于村民的生活，并服务于其生活，村民与村落文化融为一体[214]。杨宗亮强调人是村落社会结构的核心和主体，居主导和支配地位，让原住民住在古民居中，就是最好的保护[215]。

针对传统村落建筑的具体保护内容，现有文献已做了大量的研究。严黎以昙华林的保护为例谈到对古老的或有价值的街区、立面进行保护[216]。孙春杰提出传统村落的保护包括自然景观环境、传统格局与整体风貌、街巷、传统建筑、公共空间、庙会及庙宇空间、祭祀、祠堂及民俗文化[95]。乔昱认为传统村落保护的主要内容包括：整体空间环境和风貌；传统街巷格局和形态；古文化遗址、古建筑（构筑）物、石刻、近现代优秀建筑等；地下文物埋藏区；河道水系、地貌遗址、古树名木等；方言、传统戏曲、传统工艺、传统产业、民风民俗等文化遗产[212]。刘硕提出要保护古村落的建筑格局、普通民居、配套设施（如寨门上的匾额、庙坛中的古塑、祠堂中的碑刻、木窗上的镂花、照壁及门墩上的石雕）、宗祠祭仪遗产、神庙祭仪遗产、表演技艺遗产、手工技艺遗产和口头文学等[217]。张天新强调保护的内容不仅要有历史建筑、传统风貌格局等物质要素，还要包括民俗、技艺、组织等精神文化[218]。唐孝祥、王东认为生态博物馆除了保护村落的物质文化遗产外，还应保护丰富的非物质文化遗产[219]。李晓峰强调既要保护古老聚落的全部人工环境，也要保护与这些环境相一致的传统的生活方式[220]。曾丽群认为传统村落保护的最小范围是由核心资源及其周围的农田、林地、水系等所形成的复合村落生态系统,是村落生态保护红线范围[221]。

传统村落建筑的保护和修复、重建是密不可分的,从某种程度上看,保护相对于修复是在更高层面上对传统村落、传统建筑价值的认同研究,具有策略性和方法性;而修复和重建则更加侧重于面对传统村落的现状,我们如何切合实际地去保存、修缮它们,具有详细的措施和实用性。

针对传统建筑的修复,《威尼斯宪章》第九条规定:"任何不可避免的添加都必须与建筑的构成有所区别,而且必须要有现代标记",遵守可识别性原则。郭黛姮提到,史书文字记载、古代工匠所绘图纸档案、模型和古代绘画、历史照片和考古发掘是复原历史建筑的重要参考资料,它们可提供可靠的形象依据[222]。李婷婷等认为民居建筑修缮的原则是尽量遵照建筑和装饰原有的材料、技术和艺术风格,提出传统村落绿色修缮设计,在维护传统村落原有的生态环境和建筑布局的前提下对其进行开发利用,同时提出民居单体绿色修缮设计,保留建筑主题、装饰、布局环境的原貌,进行必要的修复,不随意增减与民居建筑本身无关因素的设计[223]。戴彦认为历史建筑保护包括空间修复和功能协调两个方面。前者指建筑风貌复原和建筑性能改良,后者指建筑功能维持和建筑功能再造[224]。骆高远在《福建土楼的旅游价值及其保护》中提到更新土楼,采用调整平面布局,添加卫生设施等方法来适应新时代居住要求,同时提出可考虑将部分原有土楼改造成博物馆、旅馆等来满足游客求新、求异等需要[225]。

关于传统建筑的原址重建,《中国文物古迹保护准则》中明确提出:"原址重建是保护工程中极特殊的个别措施。核准在原址重建时,先应保护现存遗址不受损伤。重建应有直接证据,不允许违背原形式和原格局的主观设计。"郭黛姮强调文物建筑的保护"目的是真实、全面地保存并延续其历史信息及全部价值",并以银安殿的重建为例强调重建建筑应具有历史的可读性与可识别性。她还强调重建建筑应保留原有的墙基、砖砌体、散水、灶坑等[222]。乔昱提出因加固、防护而添加的部分,必须跟原来的部分有所区别,使人们能够识别哪些是修复的,以保存文物建筑的历史可读性和历史真实性[212]。

关于传统村落的保护与发展一直是一个辩证的问题。宋晓龙在《从发展的视角看古村落的保护——由山西大阳泉古村保护引发的思考》中强调没有保护的发展是目光短浅的发展,是破坏性的发展,他认为只有在实施保护的同时,使传统的空间、院落、建筑能够适应新的利用方式,才能巩固并延续保护成果[211]。王路生在《传统古村落的保护与利用研究》中提出古镇古村落的保护必须走保护与利用并重、互动的道路,没有保护的利用将导致文化的破坏,没有利用的保护是不可持续的保护,古镇古村的保护必须进入保护与利用的良性循环[210]。邢晶晶在《基于延续性视角的传统村落保护与发展研究》中强调,我们应坚持"在保护中发展,发展中保护"的理念和指导准则推进传统村落的延续性发展[226]。孙春杰在《井陉县传统村落调查与保护研究》中提出传统村落的保护要遵守保护与利用相结合的原则。

1.3.10 传统民居综合功能提升

民居从人类开始制造工具、架设简易居所的时代便已产生。单德启指出,所谓"中国传统民居",是指大体在中华人民共和国成立以前,历史上传承下来的城镇和乡村普通老百姓赖以生存和生活的居住建筑[227]。华南理工大学出版的《古村落信息采集操作手册》中提出,所谓"民居",指古时遗存的相对"官式做法"而言的民间居住建筑[228]。对于传统民居的界定，主要从时间和使用者的角度出发。相较于住宅建筑，多数学者认为民居所涵盖的范围更加广泛。单德启在《从传统民居到地区建筑》一书中提到，"中国传统民居聚落"是学术范畴的建筑集团，包括位于这些聚落里的一些带有公共、文化、宗教性质的建筑物[229]。本研究也将传统民居聚落中具有实际使用功能的公共建筑纳入了传统民居研究框架内。"功能提升"指在保持建筑功能的前提下，通过整合、增删空间，配置基础设施等手段改善居民的使用体验。"功能置换"指将其他使用功能引入建筑的整体或部分空间，替代原有使用功能，通常在民居已不适合居民原生活状态而保留民居本体时采用。

张欣宇按建筑热工分区介绍了各个地区村镇住宅的基本形式。严寒寒冷地区，坐北朝南，采用"一明两暗"的布局模式。住宅平面布局紧凑方正，将主要居住功能房间置于住宅朝向较好的南向，厨房、仓房等附属功能空间多设置在北侧；住宅的进深较大，有利于降低体形系数，减少散热面。在功能方面，村镇住宅的室内没有独立的卫生间，没有独立的餐厅，甚至在一些建造年代较为久远的村镇住宅中是没有客厅这一概念的，最主要的休闲娱乐功能房间就是卧室，在调研中发现，卧室是这一地区村镇居民会客、吃饭、休闲的主要场所。夏热冬冷地区，平面较为规整，功能布置较为灵活，但是与严寒寒冷地区住宅相比，这一地区的住宅需要考虑夏季的防热。夏热冬暖地区，平面布局分散，窗洞口的面积较小，在住宅设计中主要考虑住宅遮阳、住宅自然通风降温等，住宅的进深一般较小，利于通风，住宅的西侧不开窗洞，避免西晒对室内热环境的不利影响。温和地区，平面布局较为灵活[230]。

由于传统民居量大面广，多位于偏僻处，受到重视的时间相对较晚，故基础研究工作量庞大，系统研究难度大。民居研究的发展，按陆元鼎的概括，大致经历了中国营造学社的开拓、20世纪50年代刘敦桢的《中国住宅概说》较全面地根据平面功能分类来描述传统民居、60年代广泛的调查研究、80年代后民居建筑学术委员会成立至今全面调查与交流的过程[231]。事实上，现今对传统民居的研究实践，已从较片面的保护修复扩大到包括可持续性改造、周边环境更新修复、新民居建设在内的更广阔的范畴，重心从单纯保护遗存逐渐转移到聚落整体产业规划、居民生活培育等恢复传统民居生命力的工作上，对于支撑民居聚落文化发展的民俗、民间文艺等非物质文化遗存的保护也愈发得到重视。

现阶段，民居所面临的问题既有古旧建筑共同面临的问题，又有民居建筑相对于其他传统建筑的特殊问题。尽管保护力度、范围空前，但整体范围内古旧建筑保护改造形势依旧严峻。而民居因为数量、做工、地理等因素受到相对的轻视，时间、政策及资金上都远落后于城镇中的官式建筑。在"历史文化名镇名村"的评选提高了作为传统民居重要载体的传统村镇所受关注度的同时，一些目前被认为保护开发价值稍低的村镇也面临着逐步边缘化的风险，传统的延续和生活质量的改善在目前有限的条件下基本呈现对立关系。多数地区的民居内居民生活状况差、室内舒适度低，传统原材料及施工方法难以在更新中沿用，自发新建建筑普遍存在缺乏系统性设计规划的问题，造成了民居整体风貌的破坏。周建明认为，从功能需求上看，传统民居存在的问题主要有[232]：

①经济条件良好的地区无法满足持续扩大的用地需求；
②欠发达地区居民流失，"人去楼空"现象激增；
③大型家族解体产生搬迁与拆建的需求；
④传统民居难以满足新的功能需求。

这些问题集中在居民对功能空间的使用和社会结构变化的层面上。单德启的《欠发达地区传统民居集落改造的求索》、朱良文的《对贫困型传统民居维护改造的思考与探索——一幢哈尼族蘑菇房的维护改造实验》等文着重对困难地区的民居改造工作，从材料、经济以及与居民协同建造等角度提出了实践思路[54, 233]。

保护改造实践工作中，一般认为主要策略存在两种模式。其一为博物馆式，分为就地保护、搬迁（易地）保护，依据实际情况进行整体修复性改造或局部改造和功能嵌入与扩建；其二为动态模式，使民居作为居住或商业功能的载体继续运转。博物馆式保护的程度和适宜模式，需要在实际调研的基础上进行综合价值评估来确定。保护改造和新民居的建设工作应同时规划进行。就民居功能变更情况而言，目前改造方向主要有三个：一是延续居住功能，投入资金改造室内环境；二是商业化改造，通过植入商业经营功能，如民宿、商店、公共活动中心等，使民居可持续发展；三是文化展览，充分挖掘其历史、文化价值。在改变民居原有功能的策略下，产生了新民居建造的需求，目前自建的情况比较普遍，以"小洋楼"为代表的农村自建房对乡村风貌的破坏已经形成趋势，亟待政府的政策影响和建筑师的引导。朱良文在《传统民居价值与传承》一书中介绍的西双版纳新民居实践探索可作为一个较成功的范例以供借鉴。在傣族新民居建设中，减少了木材、砖墙的使用，选择了经济、技术适宜的装配式板柱体系，保留了底层架空和"歇山式"屋顶的传统风貌，既满足了居民居住的舒适度要求，又将地方民居的本质性内容以新的工法和材料保存下来[234]。关于动态保护模式，乌镇民居的文化、商业双驱动开发，以功能置换的办法开展活态保护，提供了一种符合实际情况的解决方案。虽然业界就此模式存在一定的争议，但从可持续发展的角度而言，无疑可认为是成功的示范。

中国传统村落数量　　　　　　　　　　　　　　附表

省份	第一批次/个	第二批次/个	第三批次/个	第四批次/个	总计/个
北京市	9	4	3	5	21
天津市	1	/	/	2	3
河北省	32	7	18	88	145
山西省	48	22	59	150	279
内蒙古自治区	3	5	16	20	44
辽宁省	/	/	8	9	17
吉林省	/	2	4	3	9
黑龙江省	2	1	2	1	6
上海市	5	/	/	/	5
江苏省	3	13	10	2	28
浙江省	43	47	86	225	401
安徽省	25	40	46	52	163
福建省	48	25	52	104	229
江西省	33	56	36	50	175
山东省	10	6	21	38	75
河南省	16	46	37	25	124
湖北省	28	15	46	29	118

续表

省份	第一批次/个	第二批次/个	第三批次/个	第四批次/个	总计/个
湖南省	30	42	19	166	257
广东省	40	51	35	34	160
广西壮族自治区	39	30	20	72	161
海南省	7	/	12	28	47
重庆市	14	2	47	11	74
四川省	20	42	22	141	225
贵州省	90	202	134	119	545
云南	62	232	208	113	615
西藏自治区	5	1	5	8	19
陕西省	5	8	17	41	71
甘肃省	7	6	2	21	36
青海省	13	7	21	38	79
新疆维吾尔自治区	4	3	8	2	17
宁夏回族自治区	4	/	/	1	5
总计	646	915	994	1598	4153

表格来源：作者自制

参考文献

[1] 胡艳，陈晟，曹玮，曹昌智.传统村落的概念和文化内涵[J].城市发展研究，2014，21（01）：10-13.

[2] 刘沛林.古村落·和谐的人聚空间[M].上海：上海三联书店出版社，1997.

[3] 住房和城乡建设部，等.关于印发《传统村落评价认定指标体系（试行）》的通知：建村[2012]125号，2012.

[4] 何峰.湘南汉族传统村落空间形态演变机制与适应性研究[D].长沙：湖南大学，2012.

[5] 陈宗兴，陈晓健.乡村聚落地理研究的国外动态与国内趋势[J].世界地理研究，1994（1）：72-79.

[6] 藤井明.聚落探访[M].宁晶，译.北京：中国建筑工业出版社，2003.

[7] International charter for the conservation and restoration of monuments and sites(The Venice charter)，1964.

[8] 赵勇.中国历史文化名镇名村保护理论与方法[M].北京：中国建筑工业出版社，2008：5-6.

[9] RUDOFSKY B.Architecture without architect[M].New York：Doubleday & Co. Inc.

[10] 拉普卜特.宅形与文化[M].常青，等译.北京：中国建筑工业出版社，2007.

[11] RUDA G.Rural buildings and environment[J].Landscape and Urban Planning，1998(41)：93-97.

[12] VOS W, MEEKES H. Trends in European cultural landscape development：

perspectives for a sustainable future[J]. Landscape and Urban Planning, 1993, 469(1): 3-14.

[13] LAZZARI M, DANESE M, MASINI N. A new GIS-based integrated approach to analyse the anthropic-geomorphological risk and recover the vernacular architecture[J]. Journal of Cultural Heritage, 2009(12): 104-111.

[14] SPEDDING R. Agricultural systems and the role of modeling[J]. Agricultural Ecosystems, 1984, 12(2): 179-186.

[15] TURNER S J.Pattern and scale: statistics for landscape ecology//GARDNER A.Quantitative methods in landscape ecology[C].Cambridge: Cambridge University Press, 1990: 18-49.

[16] NAVEH Z.Interaction of landscape cultures[J].Landscape and Urban Planning, 1995, 32(7)43-54.

[17] MARTINHO S.Historic anthropogenic factors shaping the rural landscape of Portugal's interior alenteio[M].Arizona: Arizona University Press, 2001: 1-4.

[18] SALEH M A.The decline vs the rise of architectural and urban forms in the vernacular villages of southwest Saudi Arabia[J].Building and Environment, 2001(36): 89-107.

[19] PAQUETTE S, DOMON G.Changing ruralitues, changing landscapes: exploring social recomposition using a multi-scale approach[J].Journal of Rural Studies, 2003, 19(9): 425-444.

[20] 倪佩君.从传统聚落发展探讨都市计划之因应对策：以美浓永安聚落为例[D].台南：成功大学，2008.

[21] WULANDARI L D.Typology and morphology of spatial settlement in the traditional village of Penglipuran, Bali[J].International Journal of Academic Research, 2010, 2(1): 321-325.

[22] NISHIMOTO K.The resurrection of traditional Japanese architecture toward the twenty-first century: The architecture of Shigeru Ban[D].New York: State University of New York at Buffalo, 2010.

[23] 金其铭.我国农村聚落地理研究历史及近今趋向[J].地理学报，1988，43(4)：311-316.

[24] 车震宇.传统村落旅游开发与形态变化[M].北京：科学出版社，2008：6-8.

[25] 董卫.宗法制度对徽州传统村落结构及形态的影响[D].南京：东南大学，1986.

[26] 张十庆.风水观念与徽州传统村落之关系[D].南京：东南大学，1986.

[27] 杨慎初.湖南传统建筑[M].长沙：湖南教育出版社，1993.

[28] 黄家瑾，邱灿红.湖南传统民居[M].长沙：湖南大学出版社，2006.

[29] 柳肃.湘西民居[M].北京：中国建筑工业出版社，2007.

[30] 伍国正.湘东北地区大屋民居形态与文化研究[D].昆明：昆明理工大学，2005.

[31] 邢谷锐，徐逸伦，郑颖.城市化进程中乡村聚落空间演变的类型与特征[J].经济地理，2007，27(6)：932-935.

[32] 陈晓键, 陈宗兴. 陕西关中地区乡村聚落空间结构初探[J]. 西北大学学报, 1993, 23 (5): 478-585.

[33] 郭晓东, 牛叔文, 吴文恒. 陇中黄土丘陵区乡村聚落空间分布特征及其影响因素分析: 以甘肃省秦安县为例[J]. 干旱区资源与环境, 2010, 24(9): 27-32.

[34] 彭一刚. 传统村镇聚落景观分析[M]. 北京: 中国建筑工业出版社, 1994.

[35] 段进, 龚恺, 陈晓东, 等. 世界文化遗产西递古村落空间解析[M]. 南京: 东南大学出版社, 2006.

[36] 业祖润. 传统聚落环境空间结构探析[J]. 建筑学报, 2001(12): 21-24.

[37] 业祖润. 中国传统聚落环境空间结构研究[J]. 北京建筑工程学院学报, 2000, 17(1): 70-75.

[38] 李瑛, 陈宗兴. 陕南乡村聚落体系的空间分析[J]. 人文地理, 1994, 9(3): 13-21.

[39] 肖湘东. 湘西民族建筑布局和空间的研究[D]. 长沙: 中南林学院, 2004.

[40] 朱光亚. 中国古代建筑区划与谱系研究初探[A]//陆元鼎, 潘安. 中国传统民居营造与技术[C]. 广州: 华南理工大学出版社, 2002: 5-9.

[41] 余英. 中国东南系建筑区系类型研究[M]. 北京: 中国建筑工业出版社, 2001.

[42] 申秀英, 刘沛林, 邓运员. 中国南方传统聚落景观区划及其利用价值[J]. 地理研究, 2006, 25(3): 485-494.

[43] 吕红医, 尹亮. 豫西地区窑洞民居的人文地理区划及形态特征探微[J]. 华中建筑, 2010 (7): 180-182.

[44] 陈志华. 楠溪江中游古村落[M]. 北京: 生活·读书·新知三联书店, 1999.

[45] 陈林, 凌善金, 焦华富, 等. 徽州古村落的演化过程及其机理[J]. 地理研究, 2004, 23(5): 686-694.

[46] 庄齐. 人类学视野下的家族聚落空间形态演变: 以陈埭丁氏家族为例[D]. 厦门: 厦门大学, 2008.

[47] 李立. 乡村聚落: 形态、类型与演变: 以江南地区为例[M]. 南京: 东南大学出版社, 2007.

[48] 范少言. 乡村聚落空间结构的演变机制[J]. 西北大学学报(自然科学版), 1994, 24 (4): 295-298.

[49] 彭松. 非线性方法: 传统村落空间形态研究的新思路[J]. 四川建筑, 2004(24).

[50] 张杰, 庞骏, 董卫. 古村落空间演化的文献学解读[J]. 规划师, 2004, 20(1): 10-13.

[51] 王浩锋. 社会功能和空间的动态关系与徽州传统村落的形态演变[J]. 建筑师, 2008 (2): 23-30.

[52] 郭晓东. 黄土丘陵区乡村聚落发展及其空间结构研究: 以葫芦河流域为例[D]. 兰州: 兰州大学, 2007.

[53] 冯淑华. 传统村落文化生态空间演化论[M]. 北京: 科学出版社, 2011.

[54] 单德启. 欠发达地区传统民居集落改造的求索: 广西融水苗寨木楼改建的实践和理论探讨[J]. 建筑学报, 1993(4): 15-19.

[55] 罗德启. 中国贵州民族村镇保护和利用[J]. 建筑学报, 2004(6): 7-10.

[56] 吴承照, 肖建莉. 古村落可持续发展的文化生态策略: 以高迁古村落为例[J]. 城市规划

汇刊，2003（4）：56-60．

[57] 孙璐，谷敬鹏.乡土建筑的建构与更新：楠溪江之行的思索[J].华中建筑，2001，19（2）：23-26．

[58] 张鹰，申绍杰，陈小辉.基于愈合概念的浦源古村落保护与人居环境改善[J].建筑学报，2008（12）：46-49．

[59] 李艳英.福建南靖县石桥古村落保护和发展策略研究[J].建筑学报，2004（12）：54-56．

[60] 田密蜜，陈炜，沈丹.新农村建设中古村落景观的保护与发展：以浙江地区古村落为例[J].浙江工业大学学报，2010，38（4）：463-467．

[61] 朱良文.走实验之路探竹楼更新[J].新建筑，2000（2）：12-15．

[62] 金虹.北方乡村生态屋设计实践[J].建筑学报，2005（9）：24-26．

[63] 周卓燕，刘培岩，周卓琳.新型下沉式窑洞：洛阳市冢头村特色窑洞规划构想[J].建筑学报，2007（5）：30-31．

[64] 陈峰，王中民，张倩，等.新农村建设中沂蒙农居建筑的保护性创新[J].建筑学报，2007（11）：70-72．

[65] 董娟.可持续发展的村镇住宅节地[J].建筑学报，2009（11）：86-90．

[66] 李哲，柳肃.湘西侗族传统民居现代适应性技术体系研究[J].建筑学报，2010（3）：100-103．

[67] 何峰，柳肃，杨燕，等.传承与发展：历史文化名村住宅更新设计实践研究[J].建筑学报，2011（学术论文专刊05）：98-102．

[68] 陈重东.湖南村镇住宅生态设计与研究[D].长沙：湖南大学，2006．

[69] 严云祥.地方传统村落整治规划探析：以江山市大陈村村庄整治规划为例[J].城市规划，2008，32（12）：89-92．

[70] 于一凡，李继军，郭建强.新农村综合整治规划研究：上海郊区自然村落规划探索[J].城市规划，2009，33（3）：88-92．

[71] 樊海强.古村落可持续发展的"三位一体"模式探讨：以建宁县上坪村为例[J].城市规划，2010，34（12）：93-96．

[72] 王健，王鹏，陈振华.京郊村庄整治规划与研究[J].规划师，2007，23（4）：44-49．

[73] 康璟瑶，章锦河，胡欢，等.中国传统村落空间分布特征分析[J].地理科学进展，2016，35（7）：839-850．

[74] 严赛.中国传统村落分布的特点及其原因分析[J].大理学院学报，2014，13（9）：25-29．

[75] 熊梅.中国传统村落的空间分布及其影响因素[J].北京理工大学学报（社会科学版），2014，16（5）：153-158．

[76] 刘大均，胡静，陈君子，等.中国传统村落的空间分布格局研究[J].中国人口·资源与环境，2014，24（4）：157-162．

[77] 佟玉权.基于GIS的中国传统村落空间分异研究[J].人文地理，2014（4）：44-51．

[78] 曹迎春，张玉坤."中国传统村落"评选及分布探析[J].建筑学报，2013（12）：44-49．

[79] 余亮，孟晓丽.基于地理格网分级法提取的中国传统村落空间分布[J].地理科学进展，

2016, 35(11): 1388-1396.

[80] 宋毅,曾芳芳,朱朝枝.基于GIS的福建省传统村落空间分布研究[J].中共福建省委党校学报,2016(2): 79-84.

[81] 李伯华,尹莎,刘沛林,等.湖南省传统村落空间分布特征及影响因素分析[J].经济地理,2015,35(2): 189-194.

[82] 李亮,但文红.贵州省村落文化景观空间格局分析:以第一批中国传统村落为例[J].内江师范学院学报,2013,28(12): 36-40.

[83] 张瑞娟,姜广辉,王明珠,等.基于多维特征组合的农村居民点布局分类[J].农业工程学报,2015,31(4): 286-292.

[84] 李小芳,颜小霞.江西省传统村落空间分布特征分析[J].江西科学,2016(1): 66-72.

[85] 张艳.江苏村落系统的空间格局特征与景观背景[D].南京:南京大学,2013.

[86] 孙莹.梅州客家传统村落空间形态研究[D].广州:华南理工大学,2015.

[87] 林莉.浙江传统村落空间分布及类型特征分析[D].杭州:浙江大学,2015.

[88] 杨利,李娜妮,邵秀英.山西省古村落分类保护与开发初探[J].湘潮:理论版,2015(1).

[89] 张斌,吴苗.基于村落发展类型的鄂西南土家族地区村落景观保护与空间发展研究[J].中国园林,2012,28(8): 122-124.

[90] 王龙.胶东地区传统村落空间形态研究[D].广州:华南理工大学,2015.

[91] 丁卓明.山西古村落聚落文化研究[D].武汉:华中科技大学,2006.

[92] 辛福森.徽州传统村落景观的基本特征和基因识别研究[D].芜湖:安徽师范大学,2012.

[93] 张大玉.北京古村落空间解析及应用研究[D].天津:天津大学,2014.

[94] 罗瑜斌,肖大威.珠江三角洲历史文化村镇的类型及特征研究[J].华中建筑,2009,27(8): 204-208.

[95] 孙春杰.井陉县传统村落调查与保护研究[D].石家庄:河北师范大学,2014.

[96] 郭阳.北京地区传统村落分布与特征研究[D].北京:北京建筑大学,2014.

[97] 许怡.传统村落公共空间保护与更新研究[D].昆明:昆明理工大学,2015.

[98] 周岚,刘大威.江苏乡村调查[M].北京:商务印书馆,2015.

[99] 赵映.基于文化地理学的雷州地区传统村落及民居研究[D].广州:华南理工大学,2015.

[100] 邵甬,陈悦,姚轶峰.华东地区历史文化村镇的特征及保护规划研究[J].城市规划学刊,2011(5): 102-110.

[101] 王云才,郭焕成,杨丽.北京市郊区传统村落价值评价及可持续利用模式探讨:以北京市门头沟区传统村落的调查研究为例[J].地理科学,2006,26(6): 735-742.

[102] 王留青.苏州传统村落分类保护研究[D].苏州:苏州科技学院,2014.

[103] 陈睿.徽州古村落保护利用分级分类技术策略[D].合肥:合肥工业大学,2012.

[104] 杨利,李娜妮,邵秀英.山西省古村落分类保护与开发初探[J].湘潮:理论版,2015(1).

[105] 公茂武.广西传统村落分级分类保护研究[J].广西城镇建设,2014(11): 26-33.

[106] 祁嘉华,孙晶.古村落的价值认定与可持续发展:从新农村建设谈起[J].西安建筑科技大学学报(社会科学版),2011,30(3):23-28.

[107] 王小明.传统村落价值认定与整体性保护的实践和思考[J].西南民族大学学报(人文社科版),2013,34(2):156-160.

[108] 薛宝琪,范红艳.传统村落的遗产价值及其开发利用[J].农业考古,2012(1):380-38.

[109] 陈虹,康兴斌,陈钦华.传统村落价值特色分析、评价及发展对策:以福建漳州平和钟腾村为例[J].长江大学学报(自科版),2015(21):18-21.

[110] 张东,拜盖宇.传统村落的历史文化价值研究:以国家级传统村落裴城为例[J].古建园林技术,2015(1):53-57.

[111] 杨丽婷,曾祯.古村落保护与开发综合价值评价研究:以浙江省磐安县为例[J].地域研究与开发,2013,32(4):112-116.

[112] 王成武,赵丽丽.基于旅游审美层次的传统村落价值分析:以山西省历史文化名村霞庄为例[J].旅游纵览月刊,2015(2).

[113] 邓洋.金村传统村落价值与特色研究[J].城市地理,2015(7X).

[114] 杨锋梅.基于保护与利用视角的山西传统村落空间结构及价值评价研究[D].西安:西北大学,2014.

[115] 王智平,安萍.村落生态系统的概念及特征[J].生态学杂志,1995,14(1):43-48.

[116] 马永俊.现代乡村生态系统演化与新农村建设研究[D].长沙:中南林业科技大学,2007.

[117] 吴磊,龙天渝,王玉霞,等.基于分布式水文模型的嘉陵江流域氮磷非点源污染负荷预测[J].农业工程学报,2011,27(3):55-60.

[118] 赵金龙,王泺鑫,韩海荣,等.森林生态系统服务功能价值评估研究进展与趋势[J].生态学杂志,2013,32(8):2229-2237.

[119] 彭鸿嘉,莫保儒,蔡国军,等.甘肃中部黄土丘陵沟壑区农林复合生态系统综合效益评价[J].干旱区地理(汉文版),2004,27(3):367-372.

[120] 李景保,常疆,李杨,等.洞庭湖流域水生态系统服务功能经济价值研究[J].热带地理,2007,27(4):311-316.

[121] 高元竞.闽江河口湿地生态服务功能价值评价[D].福州:福建农林大学,2009.

[122] 张志飞,郭宗楼.城镇水生态系统服务功能价值评估:以宁波市镇海区为例[J].国土与自然资源研究,2009(1):53-54.

[123] 赵润,董云仙,谭志卫.水生态系统服务功能价值评估研究综述[J].环境科学导刊,2014(5):33-39.

[124] 吴泽宁,田桂桂,王慧亮.基于物质循环的河道内生态用水价值及其能值评估[J].南水北调与水利科技,2016,14(2):6-10.

[125] 张烨.基于生态适应性的传统聚落空间演进机制研究[D].济南:山东建筑大学,2015.

[126] 邓龙.传统乡村聚落生态安全框架构建:以北京市延庆县石峡村为例[J].城市建设理论研究:电子版,2015(15).

[127] 廖新俤.有毒有害物质及污染物在畜牧生态系统的循环与影响[J].中国家禽,2009,31(24):1-4.

[128] 沈长江.关于生态化进程中我国畜牧业发展若干问题的刍议[C].中国畜牧兽医学会家畜生态学分会全国代表大会暨学术研讨会,2004:1-3.

[129] 谢高地,肖玉.农田生态系统服务及其价值的研究进展[J].中国生态农业学报,2013,21(6):645-651.

[130] 周心琴,陈丽,张小林.近年我国乡村景观研究进展[J].地理与地理信息科学,2005,21(2):77-81.

[131] 丁维,盛锦石.江苏省海门县农村生态环境评价方法[J].农村生态环境,1994,10(2):38-40.

[132] 肖笃宁,苏文贵,贺红士.景观生态学的发展和应用[J].生态学杂志,1988(06):43-48,55.

[133] 阎传海.山东省南部地区景观生态的分类与评价[J].农村生态环境,1998(02):16-20.

[134] 武启祥,朱连奇,韩林飞.古村落生态系统的复杂性分析:以江西省婺源古村落为例[J].地域研究与开发,2010,29(6):80-84.

[135] 关文彬,谢春华,马克明,等.景观生态恢复与重建是区域生态安全格局构建的关键途径[J].生态学报,2003,23(1):64-73.

[136] 黎晓亚,马克明,傅伯杰,等.区域生态安全格局:设计原则与方法[J].生态学报,2004,24(5):1055-1062.

[137] 秦福来.景观生态过程与非点源污染:小流域的农田景观设计研究[J].邢台学院学报,2005,20(2):36-38.

[138] 郭青海,马克明,赵景柱,等.城市非点源污染控制的景观生态学途径[J].应用生态学报,2005,16(5):977-981.

[139] 连纲,郭旭东,傅伯杰,等.黄土高原县域土壤养分空间变异特征及预测:以陕西省横山县为例[J].土壤学报,2008(04):3-10.

[140] 李秀珍,肖笃宁,胡远满,等.辽河三角洲湿地景观格局对养分去除功能影响的模拟[J].地理学报,2001,68(1):336-349.

[141] 谢花林,刘黎明,李蕾.乡村景观规划设计的相关问题探讨[J].中国园林,2003,19(3):39-41.

[142] 包志毅,陈波.乡村可持续性土地利用景观生态规划的几种模式[J].浙江大学学报(农业与生命科学版),2004,30(1):57-62.

[143] 王仰麟,陈传康.论景观生态学在观光农业规划设计中的应用[J].地理学报,1998(S1):21-27.

[144] 谢花林.基于景观结构和空间统计学的区域生态风险分析[J].生态学报,2008,28(10):5020-5026.

[145] 吴灏,张建锋,陈光才,等.乡村景观建设过程中的生物多样性保护策略[J].江苏农业科学,2014,42(8):345-348.

[146] 陈海英,付旭峰,赵慧珍,等.岱海湿地生态环境变化的气候影响分析[J].内蒙古气象,2011(6):14-17.

[147] 张细桃，罗洪兵，李俊生，等.农业活动及转基因作物对农田生物多样性的影响[J].应用生态学报，2014，25（9）：2745-2755.

[148] 陈文晖，鲁静.产业规划研究与案例分析[M].北京：社会科学文献出版社，2010.

[149] 宋胜洲，郑春梅，高鹤文.产业经济学原理[M].北京：清华大学出版社，2012.

[150] HUNT S D, MORGAN R M.The comparative advantage theory of competition[J].Journal of Marketing，1995，59（2）：1-15.

[151] 马迎贤.资源优势理论与完全竞争理论的比较研究[J].外国经济与管理，1997（10）：3-6.

[152] MEDINA L K.Commoditizing culture：tourism and maya identity[J].Annals of Tourism Research，2003，30（2）：353-368.

[153] GAVRILĂ-PAVEN I.Tourism opportunities for valorizing the authentic traditional rural space-study case：Ampoi and Mures Valleys Microregion, Alba County，Romania[J].Procedia - Social and Behavioral Sciences，2015，188：111-115.

[154] 何重义，业祖润，孙明，等.楠溪江风景区古村落保护与开发探索[J].北京建筑工程学院学报，1989（2）：26-32.

[155] 周志雄，汪本学.基于新农村建设背景的古村落产业结构调整路径：以俞源旅游业发展战略为例[J].上饶师范学院学报，2007，27（5）：34-38.

[156] 靳亦冰，王军.陕北旱作农业区传统村落发展模式与民居营建研究[J].建筑与文化，2011（8）：90-92.

[157] 肖磊.古村落文化产业发展研究：以山东朱家峪为个案[D].济南：山东大学，2009.

[158] 郑赟.广州小洲村文化创意产业对其村落传统公共空间的影响研究[D].广州：华南理工大学，2012.

[159] 段友文，王禾奕.论古村落传统文化资源与创意产业的深度融合：以山西省万荣县阎景村为例[J].山西大学学报（哲学社会科学版），2014，37（1）.

[160] 刘春腊，刘沛林.北京山区沟域经济建设背景下的古村落保护与开发研究[J].经济地理，2011，31（11）：1827-1833.

[161] 廖婧.陕西省传统村落生态发展模式及对策研究[D].西安：西安建筑科技大学，2015.

[162] 苗长虹.中国农村工业化的若干理论问题[M].北京：中国经济出版社，1998.

[163] 吕达仁.新农村规划建设模式探讨[D].保定：河北农业大学，2011.

[164] 詹晓峰，徐峰.基于产业经济学和城乡规划的湖南省小城镇产业发展规划研究[J].华中建筑，2012（12）：87-91.

[165] 中国大百科全书出版社.中国大百科全书[M].北京：中国大百科全书出版社，1990.

[166] 王康.社会学词典[M].济南：山东人民出版社，1988.

[167] 卢健松.变迁中的乡村生活[D].长沙：湖南大学，2002.

[168] 王冬.乡村聚落的共同建造与建筑师的融入[J].时代建筑，2007（4）：16-21.

[169] 卢健松，姜敏.1979—2009年农村住宅的变化：以湖南的调研为例[J].建筑学报，2009（10）：74-78.

[170] 金其铭.我国农村聚落地理研究历史及近今趋向[J].地理学报，1988(4)：311-317.

[171] 曹象明，周若祁.黄土高塬沟壑区小流域村镇体系空间分布特征及引导策略：以陕西省淳化县为例[J].人文地理，2008(5)：53-56.

[172] 蔡凌.侗族聚居区的传统村落与建筑[M].北京：中国建筑工业出版社，2007.

[173] 吕晶，蓝桃彪，黄佳.国内传统村落空间形态研究综述[J].广西城镇建设，2012(4)：71-73.

[174] 雷振东.整合与重构：关中乡村聚落转型研究[D].西安：西安建筑科技大学，2005.

[175] 陈宗兴，陈晓健.乡村聚落地理研究的国外动态与国内趋势[J].世界地理研究，1994(1)：72-79.

[176] 成亮.甘南藏区乡村聚落空间模式研究[D].武汉：华中科技大学，2016.

[177] 赵之枫.乡村人居环境建设的构想[J].生态经济(中文版)，2001(5)：50-52.

[178] 汪任平.澜沧江中下游流域传统聚落研究初探：村落人居环境与建筑朝向生态的可持续发展[D].昆明：昆明理工大学，2002.

[179] 林涛.浙北乡村集聚化及其聚落空间演进模式研究[D].杭州：浙江大学，2012.

[180] 郦大方.西南山地少数民族传统聚落与住居空间解析[D].北京：北京林业大学，2013.

[181] 刘福智，刘加平.传统居住形态中的"聚落生态文化"[J].工业建筑，2006，36(11)：48-51.

[182] 梁水兰.传统村落评价认定指标体系研究：以滇中地区为例[M]，2011.

[183] 朱晓明.试论古村落的评价标准[J].古建园林技术，2001(4)：53-55.

[184] 揭鸣浩.世界文化遗产宏村古村落空间解析[D].南京：东南大学，2006.

[185] 金其铭.农村聚落地理研究：以江苏省为例[J].地理研究，1982(3)：11-20.

[186] 邓春凤，冯兵，龚克，等.桂北城镇聚落空间形态及景观[J].城市问题，2007(9)：62-68.

[187] 刘新德.儒家哲学思想对湘南古民居的影响[J].建筑科学，2009，25(4)．

[188] 席鸿，肖莉，桑国臣.历史文化名城边缘区传统村落形态演变及启示：以陕西韩城庙后村为例[J].华中建筑，2015(10)：145-149.

[189] 张十庆.徽州乡土村落[M].北京：中国建筑工业出版社，2015.

[190] 陈永林.风水文化中的地理印记：从村落空间结构看风水文化的地理学思想[J].农村经济与科技，2009(8)：97-98.

[191] 阮仪三，袁菲.迈向新江南水乡时代：江南水乡古镇的保护与合理发展[J].城市规划学刊，2010(2)：35-40.

[192] 吴勇.山地城镇空间结构演变研究：以西南地区山地城镇为主[D].重庆：重庆大学，2012.

[193] 杨梦瑶.历史文化遗产下古村落建筑与环境的保护和研究[D].西安：西安建筑科技大学，2016.

[194] 闫培良.村落文化的当代价值[D].长春：吉林大学，2014.

[195] 顾军，苑利.文化遗产报告[M].北京：社会科学文献出版社，2005.

[196] 雷晓鸿.建筑遗产价值问题研究[D].南京：东南大学，1998.

[197] RABUN S J, KELSO R.Building evaluation for adaptive reuse and preservation[M]. Hoboken: Wiley, 2009.

[198] 欧文.西方古建古迹保护理念与实践[M].秦丽，译.北京：中国电力出版社，2005.

[199] 李浈，雷冬霞.历史建筑价值认识的发展及其保护的经济学因素[J].同济大学学报（社会科学版），2009.

[200] 徐宗武，杨昌鸣.历史建筑价值再认识[J].建筑学报，2011（S2）：103-106.

[201] 许亦农.审视过去，走向未来：建筑适应性再利用杂记[J].世界建筑，2009（03）：78-88.

[202] 朱晓明.试论古村落的评价标准[J].古建园林技术，2001（04）.

[203] 赵勇，张捷，李娜，等.历史文化村镇保护评价体系及方法研究：以中国首批历史文化名镇（村）为例[J].地理科学，2006（04）：4497-4505.

[204] 张艳玲.历史文化村镇评价体系研究[D].广州：华南理工大学，2011.

[205] 梁水兰.传统村落评价认定指标体系研究[D].昆明：昆明理工大学，2013.

[206] 李晓峰.乡土建筑[M].北京：中国建筑工业出版社，2005.

[207] 若贫.尊重古村落作为综合性的文化空间：黄埔村实施"村港一体"古村落保护[J].中华建设，2013（4）：38-39.

[208] 刘馨秋，王思明.中国传统村落保护的困境与出路[J].中国农史，2015（4）：99-110.

[209] 陈志华.文物建筑保护中的价值观问题[J].世界建筑，2003（7）：80-81.

[210] 王路生.传统古村落的保护与利用研究[D].重庆：重庆大学，2012.

[211] 宋晓龙，王晓婷.从发展的视角看古村落的保护：由山西大阳泉古村保护引发的思考[J].北京规划建设，2008（4）：115-118.

[212] 乔昱.中国传统村落风貌保护规划研究[D].青岛：青岛理工大学，2014.

[213] 刘馨秋，王思明.中国传统村落保护的困境与出路[J].中国农史，2015（4）：99-110.

[214] 张卫民，张敏.消失与拯救：首批中国传统村落秀山县民族村保护的思考[J].湖南社会科学，2017（2）.

[215] 杨宗亮.云南少数民族村落发展研究[M].云南：民族出版社，2012.

[216] 严黎.对于武汉历史文化建筑保护的思考：从昙华林的保护说起[J].安徽文学，2009（2）.

[217] 刘硕.豫西北晋东南地区的古村落遗产保护研究[D].开封：河南大学，2014.

[218] 张天新，王敏.中国村落遗产保护中活态文化标准的可能性分析：从亚太地区文化遗产保护奖与中国传统村落评定的比较说起[J].中国园林，2015，31（4）：46-49.

[219] 唐孝祥，王东.以生态博物馆为导向的传统村落保护研究[J].昆明理工大学学报（社会科学版），2017（1）：102-108.

[220] 李晓峰.乡土建筑保护与更新模式的分析与反思[J].建筑学报，2005（7）：8-10.

[221] 曾丽群，单国彬，朱鹏飞.传统村落生态环境评价与保护发展研究：以广西钦州市大芦村为例[J].环境与可持续发展，2015，40（6）：61-64.

[222] 郭黛姮.关于文物建筑遗迹保护与重建的思考[J].建筑学报,2006(6):21-24.

[223] 李婷婷,郑力鹏,高云.古村落的保护发展与规划设计:以广东省梅县茶山村为例[J].建筑学报,2011(9):104-106.

[224] 戴彦.巴蜀古镇历史文化遗产适应性保护研究[D].重庆:重庆大学,2008.

[225] 骆高远."福建土楼"的旅游价值及其保护[J].经济地理,2010,30(05):849-853.

[226] 邢晶晶.基于延续性视角的传统村落保护与发展研究:以山西丁村为例[D].长沙:湖南师范大学,2015.

[227] 以发展的眼光看待传统民居的保护与改造:访清华大学建筑学院教授单德启[J].设计家,2009(6):10-17.

[228] 《古村落信息采集操作手册》编写组.古村落信息采集操作手册[M].广州:华南理工大学出版社,2015.

[229] 单德启.从传统民居到地区建筑[M].北京:中国建材工业出版社,2004.

[230] 张欣宇.既有村镇住宅功能改善技术指南研究[D].哈尔滨:哈尔滨工业大学,2010.

[231] 刘敦桢.中国住宅概说[M].天津:百花文艺出版社,2004.

[232] 周建明.中国传统村落:保护与发展[M].北京:中国建筑工业出版社,2014.

[233] 朱良文.对贫困型传统民居维护改造的思考与探索:一幢哈尼族蘑菇房的维护改造实验[J].新建筑,2016(4).

[234] 朱良文.传统民居价值与传承[M].北京:中国建筑工业出版社,2011.

第2章
传统村落的分布与分类

目前，中国传统村落有关分类界定的研究尚处于初步与局部认知的阶段，基于全国范围的、多层次的、海量样本的分类研究还没有形成一套完整系统的理论构架。现阶段的分类界定研究突出集中在对某一特定地域之内局部属性和有限样本的研究。中国传统村落量大面广，情况复杂，分类界定研究对未来村落的保护与发展利用具有重要的指导意义。

2.1 传统村落的空间分布

现阶段，主要利用传统村落空间总体分布特征分析、空间关联分析、综合发展条件三大分析方法对传统村落及其各属性的空间分布进行研究，最终用来支撑传统村落分类技术方法及保护利用分类引导措施的构建。

2.1.1 传统村落空间总体分布特征分析

1）按批次的空间总体分布

截至2019年，中国传统村落共计五个批次，总数6819座，五个批次数量依次增加，分别为646座、915座、994座、1598座和2666座。本文以前四批传统村落为主要研究对象，并进行专项研究。选取村落分布矢量数据与中国行政区划矢量数据，按照传统村落批次顺序进行分级显示，得到传统村落全国空间分布状态。由图2-1可见，中国传统村落主要分布在中国东部和中南部地区，在北部和西部地区分布数量极少，传统村落在全国范围内的分布呈不均衡性。全国各省份中传统村落数量前三位的省份分别为贵州省、云南省、湖南省。从东部沿海地区至西部内陆地区，各省份传统村落分布数量呈高—低—高—低的趋势。

2）按国家级文化生态保护区的空间分布

目前，国家已经设立了23个文化生态保护实验区。保护区内共包含725个传统村落，占全国总数的28.4%。其中，黔东南民族文化生态实验保护区内传统村落数量最多，大理文化生态实验保护区和徽州文化生态实验保护区内传统村落数量次之。

3）按属性的空间总体分布

（1）村庄现状建设用地面积

根据已统计传统村落现状建设用地面积数据，将其分为四级，分别为0.4~50hm²、

中国地图

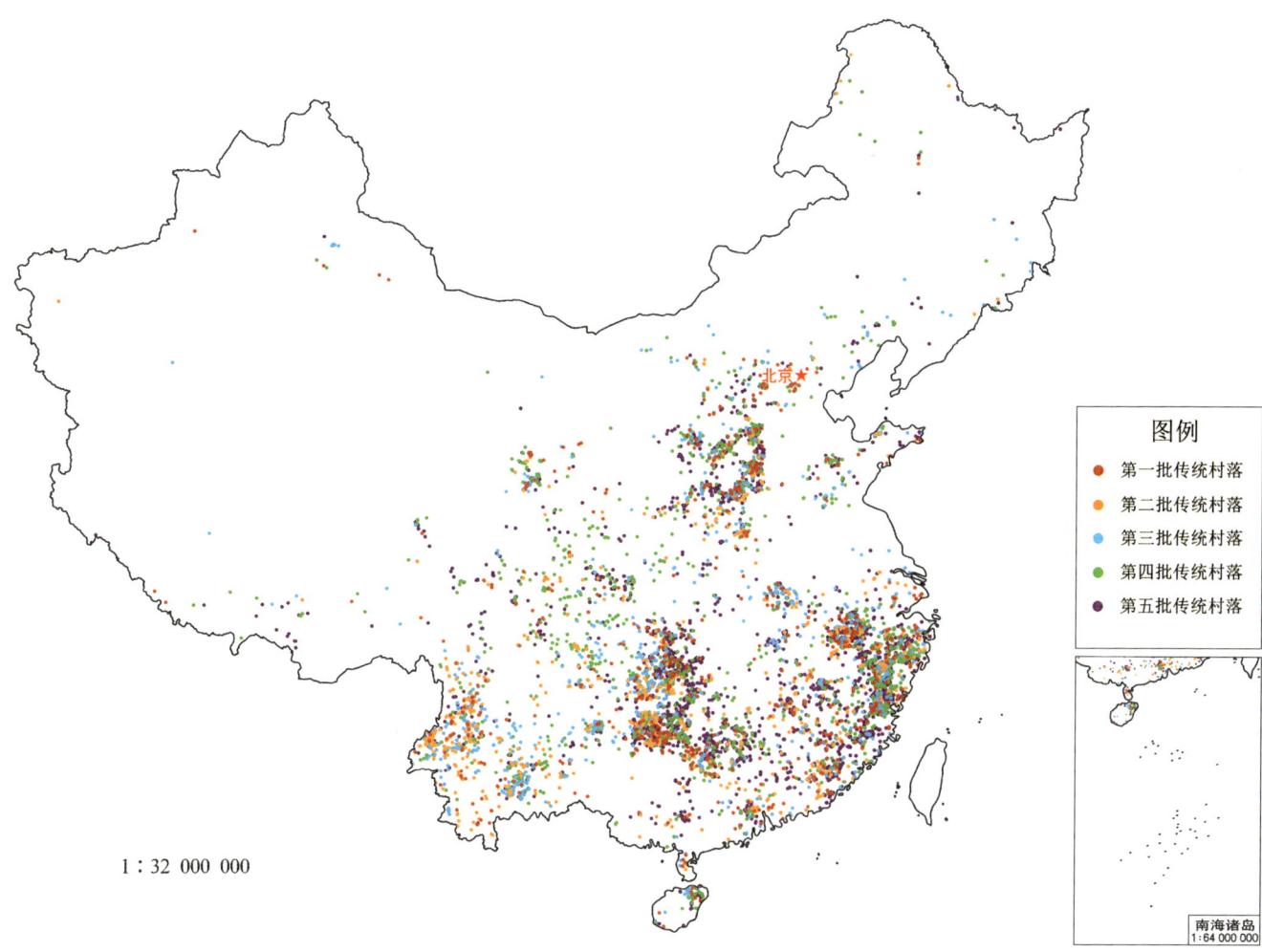

中国传统村落是由住房和城乡建设部会同文化部、国家文物局、财政部、国土资源部、农业部、国家旅游局等部门，评选出的拥有较丰富传统资源，现存较完整，且具有较高历史、文化、科学、艺术、社会、经济价值的村落。列入中国传统村落名录的村落需满足历史文化积淀较为深厚、村落格局肌理保存较完整、传统建筑具有一定保护价值、非物质文化遗产传承良好、村落活态保护基础好等条件

图2-1　中国传统村落空间分布图

GS 京（2022）9034 号

50.1~100hm²、100.1~300hm²、300.1hm²以上，绝大部分传统村落的建设用地面积低于50hm²，高于50hm²的村落则主要分布于西南内陆地区。

（2）距公路最近距离

利用全国公路线路矢量数据及全国传统村落的坐标信息，通过计算点到线的直线距离算出全国传统村落至公路的最近距离。根据距离大小划分三个等级，各等级范围为0~20km、20~50km、50km以上。

所有传统村落中，约有一半的传统村落距公路的最近距离小于20km，至公路的最近距离在50km范围内的传统村落占总数的88.3%。距离超过50km的传统村落则主要分布在内蒙古、新疆、青海、云南等偏远地区。

（3）距县级市最近距离

利用全国县级市坐标信息及全国传统村落的坐标信息，通过计算点到点的最近直线距离来获得全国传统村落至邻近县级市的最近距离。根据距离大小划分三个等级，各等级范围为0~20km、20~50km、50km以上[3]。

绝大多数的传统村落距邻近县级市距离在50km以内。以20km为界限，20km以内的传统村落占总数的59.3%；20~50km范围内的传统村落占总数的39.5%。距离超过50km的传统村落仅有1.2%，主要分布在内蒙古、新疆、青海、云南等偏远地区。

（4）自然村屯数量

自然村屯是由村民经过长时间在某处自然环境中聚居而自然形成的村落，一般情况下，一个行政村管理若干个自然村。各传统村落分别包含若干个自然村屯。根据每个传统村落中自然村屯数量的不同，将传统村落划分为三个级别，三个级别的自然村屯数量范围分别为1~5个、6~15个、16个以上。自然村屯数量分布在空间上呈现出明显的空间集聚特点，大体上形成了四个明显的空间分布集聚中心，按集聚程度依次为滇西北集聚区、黔东南—湘西集聚区、粤闽集聚区和皖南—浙西—赣北集聚区。

（5）村集体总收入

截至2016年，根据每个传统村落的村集体总收入，将传统村落划分为四个级别，四个级别的村集体总收入范围为0~10万元、10.1万~20万元、20.1万~200万元、200.1万元以上。根据统计，65.3%的传统村落集体收入低于10万元。同时，村集体收入分布在空间上呈现出明显的空间集聚的特点，大体上形成了四个明显的空间分布集聚中心，按集聚程度依次为皖南—浙西—赣北—闽北集聚区、滇西北集聚区、黔东南—湘西集聚区、晋冀豫集聚区。

（6）农民人均纯收入

农民人均纯收入又称农村居民人均纯收入，是指农村居民家庭全年总收入中，扣除从事生产和非生产经营费用支出、缴纳税款和上交承包集体任务金额以后剩余的，可直接用于进行生产性、非生产性建设投资，生活消费和积蓄的那一部分收入。

截至2016年，根据每个传统村落中的农民人均纯收入，将传统村落划分为三个级别，三个级别的农民人均纯收入范围为300~3000元、3000.1~10000元、10000.1元以上，其中3000元为国家农村贫困线。据统计，22.3%的传统村落农民人均纯收入低于3000元，低于国家贫困线，而农民人均纯收入高于10000元的传统村落仅占17.2%。

农民人均纯收入高于10000元的传统村落主要分布东南沿海省份。其与村集体收入在空间上的分布状态相同，形成了四个明显的空间分布集聚中心。

（7）常住人口数量

根据现行国家标准《镇规划标准》GB 50188—2007，村庄的规划规模按常住人口数量划分为特大、大、中、小型四级，其中常住人口数在200人以下的村落为小型村落，200~600人为中型村落，600~1000人为大型村落，1000人以上为特大型村落。根据此标准对传统村落进行划分，45.8%的传统村落常住人口数量超过1000人，为特大型村落，中型村落数量最少，仅占10%。

与此同时，云南省和贵州省的传统村落规模主要为小型和特大型两类，人口分布差异大，受地形地貌影响较大。整体形成了四个空间分布集聚中心，按集聚程度依次为滇西北集聚区、黔东南—湘西—粤闽集聚区、皖南—浙西—赣北集聚区、晋冀豫集聚区[4]。

（8）地形地貌

在传统村落的属性信息中，包含三种地形地貌特征，分别为平原、丘陵和山区[5]。

通过传统村落在不同地形地貌的空间分布与数量统计发现，位于山区的传统村落占已有数据的65.6%，且空间分布相对聚集[6]。

（9）人口流动状态

人口流动状态=（常住人口-户籍人口）/户籍人口

值小于0表示人口减少，村落人口流出；值大于0表示人口增加，有外来人口流入。

传统村落人口流失整体比较严重，41.2%的传统村落出现人口流失，主要分布在中国东部沿海各省份及西南贵州、重庆地区。云南省传统村落人口流动状态主要是流失比率为9%~10%的平衡状态。

（10）基础设施情况

根据已统计的传统村落信息，按照表2-1所示标准对传统村落基础设施建设情况进行评分，分值范围为[0，9]，9分为满分，表示基础设施建设完善，分值越低代表基础设施建设越差。

基础设施情况统计标准 表2-1

序号	基础设施情况	指标内容	得分
1	通村路已硬化情况	通村路已硬化的自然村屯个数/自然村屯数量	0~1
2	村内道路已硬化情况	村内道路已硬化的自然村屯个数/自然村屯数量	0~1
3	通宽带情况	通宽带的自然村屯个数/自然村屯数量	0~1
4	使用卫生厕所情况	使用卫生厕所的户数/农村住房总户数	0~1
5	供水情况	集中供水	1
		无集中供水，各家各户自己解决饮水问题	0
6	排水设施情况	所有自然村屯都有	1
		部分自然村屯有	0.5
		没有排水设施	0
7	文化体育等公共活动场所情况	有	1
		无	0
8	路灯情况	所有自然村屯都有	1
		部分自然村屯有	0.5

续表

序号	基础设施情况	指标内容	得分
8	路灯情况	没有路灯	1
9	污水处理情况	有集中处理设施	1
		无处理设施	0

表格来源：周岚，刘大威.当代语境下的乡村调查："2012江苏乡村调查"[J].乡村规划建设，2015(03)：55-74

根据表2-1所示标准统计中国传统村落的基础设施情况，按最终得分将其划分为三个级别，分别为0~3.0，3.1~6.0，6.1~9.0。得分较高的传统村落主要分布在东部沿海地区，得分在3.1~6.0范围内的传统村落散布在全国各地，而得分较低的传统村落则主要分布在重庆市、贵州省、云南省。

2.1.2 传统村落空间关联分析

传统村落的重要属性影响传统村落的保护与发展，为全面反映传统村落的不同属性在空间上的分布状况，利用ArcGIS软件进行传统村落的全局空间自相关分析和局部空间自相关分析[1, 7]。

1）全局空间自相关分析

全局空间自相关可以用于解读某种现象在空间上是否存在聚集特征，阐释其在整个区域的空间分布模式。本研究选取传统村落的农民人均纯收入、村集体收入、常住人口数量、基础设施建设情况四种属性信息进行全局空间自相关分析，分别计算莫兰指数（Moran I）、Z值和P值，根据各指标判断四种属性信息的空间分布类型，各指标结果见表2-2[1, 8~10]。

全局空间自相关指标　　　　　　　表2-2

	Moran I指数	Z值	P值	空间分布类型
农民人均纯收入	0.345997	6.601109	0	显著聚集
村集体收入	-0.017796	-0.354078	0.723281	随机分布
常住人口数	0.337789	6.452937	0	显著聚集
基础设施建设情况	0.416258	7.921934	0	显著聚集

表格来源：余亮，孟晓丽.基于地理格网分级法提取的中国传统村落空间分布[J].地理科学进展，2016，35(11)：1388-1396；李亮，但文红.贵州省村落文化景观空间格局分析：以第一批中国传统村落为例[J].内江师范学院学报，2013，28(12)：36-40；张瑞娟，姜广辉，王明珠，等.基于多维特征组合的农村居民点布局分类[J].农业工程学报，2015，31(04)：286-292

由表2-2可知，传统村落中的农民人均纯收入、常住人口数和基础设施建设情况的Moran I指数大于0，Z值为正，P值小于0.05，为正的显著空间自相关，即三种属性信息的空间分布类型为显著聚集，而村集体收入的Moran I指数小于0，Z值为负，P值大于0.05，为空间不相关，即村集体收入在空间上属于随机分布。通过全局空间自相关分析，只能在整体上反映四种属性在空间上的聚集程度[1, 11~14]。

2）局部空间自相关分析

局部空间自相关分析能够揭示某种现象在局部空间的关联模式，可用来识别、研究现象在空间分布上的"热点""冷点"和"空间异常值"等典型和非典型区域。高高聚集指该传统村落与周围村落的某属性值都比较高，高低聚集指该传统村落属性值高于周围村落的属性值，低高聚集指该传统村落属性值低于周围村落的属性值，低低聚集指该传统村落与周围村落的属性值都比较低[4]。

可以看出，在农民人均纯收入、常住人口数量、基础设施建设情况三种属性上，中国传统村落明显存在高高聚集和低低聚集区域，高低聚集和低高聚集区域相对较少。其中，就农民人均纯收入来说，中国传统村落的高高聚集区域主要分布在东南沿海地区，即浙江、福建、江苏南部、安徽南部。低低聚集区域主要分布在中国西南部，较为集中的省份有湖南、贵州、云南、广西等。与农民人均纯收入空间聚集分布不同，具有不同常住人口数量的传统村落的高高聚集区域主要分布在中国西南部，即云南、广西、广东，低低聚集区域主要分布在中国中南部，以贵州、湖南、江西、浙江为主[12, 15]。而基础设施建设情况的聚集特征则与农民人均纯收入相似。

2.1.3 传统村落综合发展条件

1）传统村落综合发展条件评价的目的

本书试图建立中国传统村落综合发展条件评价体系，旨在对传统村落的综合发展条件进行评价，为分类保护、规划制定提供科学依据，减少决策的盲目性和随意性。比较各传统村落综合发展水平的高低不是本次评价的根本目的，而是通过综合发展条件评价，根据不同发展条件的得分进行村落分类，研究不同类型村落各自的特征、发展现状和保护需求，进而制定分类保护、规划、发展策略。

2）传统村落综合发展条件评价指标权重和评价方法的确定

通过对传统村落各类别划分的综合研究和空间状态分析，建立传统村落综合发展条件评价指标，构建层次结构模型。

在对传统村落综合发展条件进行评价时，采用层次分析法这一定性与定量相结合的评价方法。层次分析法可以使主观因素对权值的影响降到最低，使指标的赋权较为客观，评价结果也更为准确、科学[16, 17]。

传统村落综合发展条件评价指标体系层次结构模型包括三层结构：第一层为目标层，即传统村落综合发展条件评价；第二层为分级评价层，包括自然条件、社会经济条件、历史人文条件、建成环境和基础设施五类属性；第三层为指标评价层，包括22项指标的具体评价（图2-2）。

本研究运用层次分析法构造判断矩阵，充分利用前文对传统村落的分析和综合认知进行评价。以下为计算过程：

（1）编制权重判断矩阵表

根据层次分析法的分析步骤及相关判断矩阵的标度，分别对体系中各个指标进行两两判断打分，构造判断矩阵。对判断矩阵的量化采用萨蒂（T.L.Saaty）提出的1~9标度值表示，见表2-3。

按照此方法，可得出两两比较矩阵A。

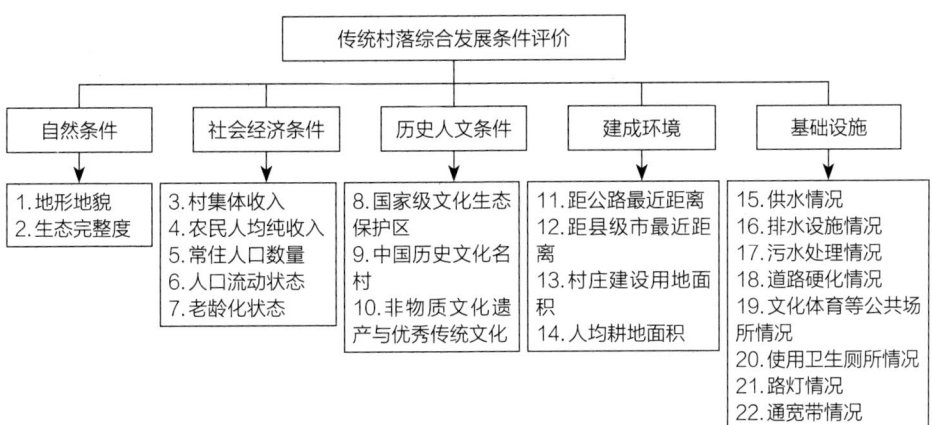

图 2-2　传统村落发展条件评价指标体系层次结构

图片来源：作者自绘

1~9 标度值表　　　　　　　　　　　　　　　　　　　表 2-3

标度	含义
1	两个要素相比，具有同样的重要性
3	两个要素相比，前者比后者稍重要
5	两个要素相比，前者比后者明显重要
7	两个要素相比，前者比后者强烈重要
9	两个要素相比，前者比后者极端重要
2, 4, 6, 8	上述相邻判断的中间值
倒数	两个要素相比后者而比前者的重要性标度

表格来源：作者自制

（2）计算各指标的相对权重

首先，对矩阵的元素按列进行归一化计算，公式为：

$$A_{ij} = a_{ij} \bigg/ \sum_{i=1}^{n} a_{ij} \qquad (2\text{-}1)$$

计算的结果为一个新的矩阵 B。

其次，对矩阵 B 的每一行进行求和，得出特征向量。

最后，对特征向量进行归一化处理，计算出指标的权重 W。

$$W_i = B_j \bigg/ \sum_{j=1}^{n} B_j \qquad (2\text{-}2)$$

（3）矩阵一致性检验

在判断矩阵的构造中，如果发现甲比乙重要，乙比丙重要，那么丙比甲重要的判断是明显违反常识的。因此需要一致性检验。检验步骤如下：

计算矩阵的最大特征根 λ_{max}：

$$\lambda_{max} = \frac{\sum (AM)_i}{nW_i} \qquad (2\text{-}3)$$

计算一致性指标 CI：

$$CI = \frac{\lambda_{\max} - n}{n-1} \quad (2-4)$$

计算相对一致性指标CR：

$$CR = CI/RI \quad (2-5)$$

RI为平均随机一致性指标，是一个常量，根据阶数可以在量表里查询。

一般情况下，相对一致性指标CR越小，判断矩阵的一致性越好。当CR小于0.1时，一般认为判断矩阵的一致性是可以接受的。否则，就要修正赋值。通过这一过程的计算后，得到最后的权值。

根据上述矩阵计算得出22项指标权重，并依据权重对每一项指标的具体评价方法进行明确规定和详细说明。如生态完整权重分值为11分，分为较高、一般、较差三档，分别赋值11、6、2分；如非物质文化遗产与优秀传统文化，分为保存丰富、保存一般、保存较小或没有三档，分别赋值5、3、1分。其他指标的评价标准均按照此方法确定。

3) 传统村落综合发展条件评价

按照上述方法制定传统村落综合发展条件评价指标体系，评价指标赋值实行百分制并归整，详见表2-4。

传统村落综合发展条件评价指标体系 表2-4

属性	权重值	标准划分	指标赋值	备注	分数
一、自然条件	16				
1.地形地貌	5	平原	5		
		丘陵	3		
		山地	2		
2.生态完整度	11	村生态完整度较高	11		
		村生态完整度一般	6		
		村生态完整度较差	2		
二、社会经济条件	34				
3.村集体收入	5	村集体收入为0~10万元	1		
		村集体收入为1万~200万元	3		
		村集体收入为200万元以上	5		
4.农村人均纯收入	5	农民人均纯收入为0~3000元	1		
		农民人均纯收入为3000~10000元	3		
		农民人均纯收入为10000元以上	5		
5.常住人口数量	5	常住人口0~600人	2		
		常住人口600~1000人	5		
		常住人口1000人以上	10		
6.人口流动状态	9	人口严重流失：-50%以下	0	人口流动状态=（常住人口-户籍人口数量）/户籍人口数量	
		人口流失：-49%~10%	3		
		人口平衡：-9%~10%	7		
		人口流入：10%以上	9		

续表

属性	权重值	标准划分	指标赋值	备注	分数
7.老龄化状态	5	老龄化比例在10%以下	5	老龄化比例=60岁以上人口数量/常住人口数量	
		老龄化比例在10%~20%之间	3		
		老龄化比例在20%~40%之间	1		
		老龄化比例在40%以上	0		
三、历史人文条件	16				
8.国家级文化生态保护区	6	是	6		
		否	0		
9.中国历史文化名村	5	是	5		
		否	0		
10.非物质文化遗产与优秀传统文化	5	保存丰富：8项以上	5		
		保存一般：4~8项	3		
		保存较少或没有：0~3项	1		
四、建成环境	22				
11.距公路最近距离	5	可达性较高20 km以内	5		
		可达性一般20~50km	3		
		可达性较低50km以上	1		
12.距县级市最近距离	5	可达性较高20 km以内	5		
		可达性一般20~50km	3		
		可达性较低50km以上	1		
13.村庄建设用地面积	7	建设用地面积低于50hm²	2		
		建设用地面积为50~300hm²	5		
		建设用地面积为300hm²以上	7		
14.人均耕地面积	5	人均耕地面积低于2亩	1		
		人均耕地面积2~5亩	3		
		人均耕地面积5亩以上	5		
五、基础设施	12				
15.供水情况	3	有集中供水	3		
		无集中供水	0		
16.排水设施情况	2	全部都有排水设施	2		
		部分有排水设施	1		
		没有排水设施	0		
17.污水处理情况	2	有集中处理设施	2		
		无处理设施	0		
18.道路硬化情况	1	已硬化程度低于50%	0	已硬化程度=道路已硬化的自然村屯个数/自然村屯数量	
		已硬化程度高于50%	1		

续表

属性	权重值	标准划分	指标赋值	备注	分数
19.文化体育等公共活动场所情况	1	有	1		
		无	0		
20.使用卫生厕所情况	1	使用卫生厕所比例低于50%	0	使用卫生厕所比例=使用卫生厕所的户数/农村住房总户数	
		使用卫生厕所比例高于50%	1		
21.路灯情况	1	全部都有	1		
		部分有	0.5		
		没有	0		
22.通宽带情况	1	通宽带比例低于50%	0	通宽带比例=通宽带的自然村屯个数/自然村屯数量	
		通宽带比例高于50%	1		
合计	100				

表格来源：作者自制

2.2 传统村落的分类

属性分类法是基于我国传统村落多元复杂的情况制定的单一视角的分类界定方法，其优势在于便于操作，适应性广泛并且村落属性特征一目了然。研究根据既有研究集成，结合本次数据库构建所形成的海量村落属性因子，系统构建了我国传统村落属性分类的基本方法与技术标准体系。分类方法涵盖了自然生态、历史人文、社会经济、建成环境以及发展引导五大类别以及对应的26个子项的分类因子，形成了覆盖度广、类型识别性强以及有利于引导的分类指标系统，有助于未来广大村落的分类界定和相应的保护与发展策略管理，并为村落分类识别提供了重要的专项素材[18]。

综合分类界定区别于基于单一属性的分类思路与方法，其建构于根据一座村落的综合特征与状态进行的总体判断与划分，体现村落的现状状态、价值特征以及未来的发展趋势。综合分类融合了单一属性的研究结论与影响因素，并且依托于村落综合价值特征，结合发展状态以及政策导向的判断，形成了三维指标体系并进行分类。中国传统村落具备自然生态、历史人文、社会经济等多种属性，针对各属性的单一要素分析研究已非常充分，而综合多属性的传统村落分析与分类则鲜有研究[19]。组合矩阵法为传统村落多属性综合分类提供了方法支撑。通过组合矩阵法划分传统村落类型，可全面地反映传统村落不同维度的属性信息，反映其真实状态，能够避免传统综合评价结果掩盖某些重要特征的不足，避免掩盖各维度属性的差异性，是划分传统村落类型的有效方法[20]。

2.2.1 基于自然生态的分类方法

基于自然生态的分类，其目的在于弄清不同属性与特征的自然生态要素对于村庄的影响以及后续保护与发展中应重点关注的要素与层次，制定具有适应性的分类保护与发展规划指导措施，主要从地理位置、地形地貌、生态脆弱性和自然景观四个方面入手。

1）基于地形地貌

我国地域辽阔，地形地貌复杂多样，根据传统村落的地形地貌特点，可大致将其分为五类，即山地传统村落、盆地传统村落、丘陵传统村落、平原传统村落和高原传统村落。

山地传统村落是指位于海拔500m以上，地形起伏较大区域的传统村落，我国山地传统村落多分布在闽粤地区的丘陵地带和云贵川地区。盆地传统村落是指位于四周高、中部低的盆状地形区的传统村落，主要分布在塔里木盆地、准噶尔盆地、柴达木盆地和四川盆地这四大盆地和山地、丘陵、高原地区存在的一些面积较小的不同构造的盆地，如云贵高原上的"坝子"。丘陵传统村落是指位于高度不超过500m，相对高度不超过200m，地势起伏、坡度和缓地形区的传统村落，主要分布在东南丘陵、江南丘陵、江淮丘陵、浙闽丘陵、两广丘陵、辽胶丘陵、山东丘陵、川中丘陵等地区。平原传统村落是指位于地势低平，起伏和缓，相对高度一般不超过50m，坡度在5°以下地形区的传统村落。高原传统村落是指位于海拔500m以上，比较完整的大片高地地区的传统村落，主要分布在青藏高原、内蒙古高原、黄土高原、云贵高原这四大高原。

2）自然灾害

自然灾害是指危害人类生存或损害人类生活环境的自然现象，包括地震、干旱、洪涝、山洪、暴雨、滑坡、泥石流、雷电、虫害等。灾害形成的过程相对复杂，具有广泛性、不确定性、周期性、严重性和不可避免性等特征，为传统村落与传统建筑的保护与发展带来了不同程度的直接和间接影响。依据自然灾害的破坏程度，可分成自然灾害严重、一般和较少三类。

3）基于生态脆弱性

生态脆弱性是指生态系统在特定时空尺度下相对于外界干扰所具有的敏感反应和自我恢复能力，是生态系统的固有属性。传统村落本身是一种独特的生态系统，不同类型的传统村落对于外界干扰所具有的敏感反应和自我恢复能力不同，以传统村落的生态脆弱性为依据对传统村落进行分类，对于制定传统村落的保护开发策略具有重要意义。

因此，我们根据传统村落的生态脆弱性，大致将其划分为三类：其一是生态脆弱性极高的传统村落，这类传统村落对于外界干扰的自我恢复能力极低，一旦受到较强干扰，其消失的可能性极大；其二是生态脆弱性低的传统村落，这类传统村落对于外界干扰具有很强的恢复能力，不易受外界干扰的影响；其三则是介于两者之间，生态脆弱性一般的传统村落，其对于外界干扰具有一定的敏感性，但自我修复能力相对较强[20]。

4）基于自然景观

中国地域辽阔，传统村落自然景观的地域差异明显。自然景观是天然景观和人为景观的自然方面的总称。天然景观是指受到人类间接、轻微或偶尔影响而原有自然面貌未发生明显变化的景观，如极地、高山、大荒漠、大沼泽、热带雨林等。人为景观是指受到人类直接影响和长期作用，使自然面貌发生明显变化的景观，如乡村、工矿、城镇等地区。自然景观含义中的人为景观不包括其经济、社会等方面的特征。

以自然景观为依据可将传统村落分为地文景观村落、气候天象景观村落、水域风光村落、生物景观村落。地文景观村落，是指以地文景观为主要景观的村落。气候天象景观村落，是指以气象景观、天气现象为典型景观的村落。水域风光村落，是指以水域景观为代表性景观的村落。生物景观村落，是指以生物景观为代表性景观的村落。

2.2.2 基于历史人文的分类方法

传统村落的形成和发展与特定的历史环境和人文要素密不可分，不同文化影响下的传统村落具有不同的特征，基于历史人文的传统村落分类方法主要考虑六个方面的内容，即历史久远度、历史性职能、宗教信仰、文化区、宗族姓氏、传统文化习俗。

1）基于历史久远度

我国历史悠久，不同的历史时期形成的传统村落各有特色，能够反映不同时期的风土人情及人与环境之间的关系，不同年代形成的传统村落具有不同的保护需要和保护价值，因此，以历史久远度来划分传统村落类型具有重要意义。以历史久远度为依据需要探究传统村落的最早建成年代及其后来的发展，主要可以采用以下几种方法来获取其建成年代信息：最古老的建筑及文物、传统村落的相关历史记载、传统村落的族谱等[21]。

2）基于历史性职能

传统村落的历史性职能，是指传统村落历史上具有的功能或起到的作用。主要可分为以下几类：农耕型、交通枢纽型、商贸集市型、府第名望型、民族村寨型。农耕型村落的主要职能是进行农业生产，农耕型村落是传统村落中的主体[22]。交通枢纽型村落一般位于行政边界处，或是一般重要的关卡处，或是行政中心的外围地带，主要为行人和商贩提供歇脚、餐宿等服务。商贸集市型村落主要位于物产丰饶、交通便利的地区或边境地区[23]。府第名望型村落由文化名人或宗族首领所建，选址讲究风水，与周围山水田园相融。民族村寨型村落规模大小不一，但数量众多，多为少数民族聚居地，民族风情浓郁。

3）基于宗教信仰

我国宗教传播历史悠久，当代中国主要的宗教有佛教、道教、伊斯兰教和基督教[24]。宗教信仰对于传统村落的影响不可忽视，其深刻影响着传统村落的布局形态、风俗习惯、建筑特色、产业发展等方面[25]。按宗教信仰进行分类，传统村落可以分为佛教信仰村落、伊斯兰教信仰村落、基督教信仰村落和道教信仰村落四大类。

佛教信仰村落大致分布在西藏自治区、青海省、内蒙古自治区、四川省、云南省、甘肃省等地。伊斯兰教信仰村落主要分布在回族、维吾尔族、哈萨克族等10个几乎全民信仰伊斯兰教的民族的聚居地。基督教中，东正教主要分布在俄罗斯族以及少部分蒙古族、达斡尔族和鄂伦春族等的居住地，天主教和基督教新教则以云南怒江怒族和傈僳族地区为主要分布地。白族、瑶族信仰三清尊神，壮族、侗族、苗族、仫佬族、毛南族、纳西族、羌族等民族多信仰道教，是道教信仰村落的主要分布地。汉族没有一个为全民族每个成员都必须信仰的民族宗教，各个教派都有部分人信仰，但从地域上来看较为分散。

4）文化生态保护区

国家级文化生态保护区是根据《国家"十一五"时期文化发展规划纲要》中"确定10个国家级民族民间文化生态保护区"目标而建设的。文化生态系统是文化与自然环境、社会组织、意识形态、生活方式、经济形式、语言环境等相互作用形成的体系，具有动态性、开放性、整体性等特点。试验性阶段的各保护区暂定为"文化生态保护实验区"，条件成熟时正式命名为"文化生态保护区"，目前已有7个文化生态保护区和17个文化生态保护实验区获批。

5）基于宗族姓氏

基于宗族姓氏的传统村落分类主要依据传统村落中存在的宗族个数、宗族间的关系以及宗族内部认同感对传统村落进行划分。主要可以分为三大类：单姓村、多姓村、主姓村。其中，单姓村是指村落中只有单姓宗族占支配地位。多姓村是指村落中同时存在着数个势均力敌的宗族。主姓村是指村落由数个宗族构成，但其中某一大姓宗族的势力远超过其他各族，而形成了一族独大并控制其他各小姓宗族，或是各小姓宗族联合共同抗衡大姓宗族的局面[27]。

6）民族聚居区

我国是多民族国家，共有56个民族，55个少数民族。民族的多样性使得我国的民族文化丰富多彩，各民族都形成了自己独特的文化，如各民族的语言、服饰、习俗、美食、信仰宗教等。民族文化对传统村落的布局、建筑、空间形态等具有重要影响，因此，基于民族特征对传统村落进行分类成为传统村落分类的重要视角，依民族聚居特点可分为汉族聚居区、少数民族聚居区、汉族与少数民族杂居区三类。

7）基于传统文化习俗

传统文化习俗是指历代存在过的物质的、制度的和精神的文化实体和文化意识，如民族服饰、生活习俗、古典诗文、忠孝观念等，即文化遗产。我国传统村落大多以一定的传统文化习俗为载体，形成独具特色的传统风貌。根据国务院《国家级非物质文化遗产代表作申报评定暂行办法》，传统文化习俗大致可分为5类，分别是：口头传统和表述；表演艺术；风俗、礼仪、节庆；有关自然界和宇宙的知识和实践；传统的手工艺技能。

8）基于文化区

我国宗教传播历史悠久，文化区是文化事物或文化现象和文化系统覆盖的地区。相同文化区的传统村落在村落选址、建筑风格、传统习俗等方面具有相对一致性。因此，以文化区为依据对传统村落进行分类是一个重要视角，可将传统村落分为：

（1）齐鲁文化区村落，大致包括山东省京杭大运河以东地区、江苏省北部、辽东半岛地区[26]。

（2）燕赵文化区村落，主要是指河北和山西、陕西的中北部地区。

（3）三秦文化区村落，即陕西地区，包括甘肃、宁夏的东南部[25]。

（4）三晋文化区村落，包括山西大部、河南的北部和中部[27]。

（5）楚文化区村落，包括两湖、安徽、江西的西北部和河南的南部，其中以两湖和安徽为核心地区，淮河流域、鄱阳湖流域等为其边缘地区。

（6）吴越文化区村落，以太湖为中心，包括江苏、浙江、上海地区，影响到安徽东部和江西的东北部。

（7）巴蜀文化区村落，以四川为中心，辐射到陕南、鄂西和云贵部分地区。

（8）其他文化区村落，如岭南文化区村落[28]、东北文化区村落。

2.2.3 基于社会经济的分类方法

基于社会经济对传统村落进行分类是通过一系列社会经济指标来客观反映传统村落目前的发展状况，对于传统村落的治理和规划保护具有重要的参考价值。主要从人口规模与结构、经济状态、主导产业结构、就业状态、民族特征、村庄与耕地规模等几个视角进行分类。

1）基于人口规模与结构

根据现行国家标准《镇规划标准》GB 50188—2007，村庄的规划规模按常住人口数量划分为特大、大、中、小型四级，其中常住人口数在200人以下的村落为小型村落，200~600人为中型村落，600~1000人为大型村落，1000人以上为特大型村落。基于既有人口规模，通过流动人口与60岁以上人口所占比例，可依据人口流动状况和老龄化情况进一步划分村庄人口结构分类。

2）基于经济状态

村落经济是一个多因素、多层次，复杂的综合系统，经济发展水平的高低区分了不同村落的发展水平，也作为划分村落类型的主要因素。按照传统村落数据归类的指导结论，主要依据村民人均纯收入来划分，可以分为三类：困难型，村民人均纯收入低于3000元；一般型，村民人均纯收入为3000~10000元；富裕型，村民人均纯收入高于10000元。

3）基于主导产业结构

主导产业是指在区域经济中起主导作用的产业。依据传统村落主导产业类型可将村庄划分为农业主导型传统村落和非农产业主导型传统村落。我国传统村落主要为农业主导型传统村落，依据农业的发展程度又可划分为三类，即以传统农业为主导的村落、以设施农业为主导的村落和以特色优质农业为主导的村落。非农产业主导型传统村落的整体比例较小，是村落产业结构随着工业化、城镇化发展进行调整的结果，可分为以工业为主导的村落、以服务业为主导的村落。

4）基于村庄与耕地规模

根据现行国家标准《镇规划标准》GB 50188—2007，村庄的人均建设用地指标分为四级，一级为60~80m²/人，二级为80~100m²/人，三级为100~120m²/人，四级为120~140m²/人。根据经济发展状况，经济比较发达的地区，理想乡镇规模面积在150km²左右；经济中等发达地区，理想乡镇规模面积在200km²左右；经济落后地区，理想乡镇规模面积在250km²以上。

5）地理区位

基于地理区位的传统村落分类方法，借助地理学区划方法，根据传统村落所在的地理位置，将其划归到特定的地理区划中。中国幅员辽阔，地域范围广，不同的地区具有不同的自然和人文地理特点。根据中国划分的七大地理区，也可以将传统村落划分为七大类，即华东地区村落（上海市、江苏省、浙江省、安徽省、江西省、山东省、福建省、台湾省）、华北地区村落（北京市、天津市、山西省、河北省、内蒙古自治区中部）、华中地区村落（河南省、湖北省、湖南省）、华南地区村落（广东省、广西壮族自治区、海南省、香港特别行政区、澳门特别行政区）、西南地区村落（重庆市、四川省、贵州省、云南省、西藏自治区）、西北地区村落（陕西省、甘肃省、青海省、宁夏回族自治区、新疆维吾尔自治区、内蒙古自治区西部阿拉善盟）和东北地区村落（黑龙江省、吉林省、辽宁省、内蒙古东部）。

2.2.4 基于建成环境的分类方法

传统村落的建成环境是人们在自然环境的基础上，通过人类活动，对自然环境进行适应和利用所形成的，一方面能够反映一地的自然条件，另一方面还能反映人与自然和谐发展的过程中形成的文化特色，主要从选址特征、传统建筑风格、村落格局形态和交通区位环境四个方面来体现。

1) 基于选址特征

传统村落选址是人地关系互动的结果，一般具有传统文化特色和地方景观代表性，能够反映特定历史时期的居住文化和地域背景。古人云：择宅宜选"聚气"之地。气即"地脉"，"地脉"即风水，而风水实指聚落的地理环境因素，主要包括地形、地质、水源、山体、朝向等因素[27]。归纳起来，山和水组成的山水关系实则是影响村落选址的关键因素。因此，根据传统村落布局与山水之间的关系，可以将其分为近山近水、近山远水、近水远山、远水远山四种类型。

2) 基于传统建筑风格

传统村落的乡土建筑具有鲜明的地域性特征，往往代表了村落的整体特色和价值，并会作为村落的标志性象征公之于众，是最能体现传统村落特征的关键要素。在传统建筑中，民居是最主要也是特征最鲜明的建筑。我国幅员辽阔，民族众多，历史悠久，不同地域的传统民居存在巨大的差异，根据地域可分为华北民居、东北民居、西北民居、西北窑洞、江南民居、西南民居、闽粤民居等。

3) 基于村落格局形态

村落格局形态指的是在一定时期内村落生长发展的过程中所呈现出来的整体性的表现形式。村落格局形态能够体现具有代表性的营造文化、传统生产生活方式和乡土特征。按照村落的格局形态对传统村落进行分类往往要考虑村落的整体空间形态和组团关系。按照个体村落的格局形态可将传统村落分为点状村落、带状村落、块状村落、团状村落；按照传统村落的组团关系可将其分为散点式、串珠式和团块式[22]。

4) 基于交通区位环境

交通区位环境中，交通运输方式和布局的变化决定了村落形态的变化和发展速度。不同时期交通运输方式的不同形成了不同的聚落分布形态，分为条带状、团块状、组团状、圆形、多边形等多种形式。根据传统村落至公路最近距离的大小可划分为可达性较高、可达性一般、可达性较低三个等级，各级别距离的范围依次为0~20km、20~50 km、50km以上。根据传统村落至县级市的最近距离同样可划分为可达性较高、可达性一般、可达性较低三个等级。

5) 基于地理位置

基于地理位置的传统村落分类方法，借助地理学区划方法，根据传统村落所在的地理位置，将其划归到特定的地理区划中。中国幅员辽阔，地域范围广，不同的地区具有不同的地理位置、自然和人文地理特点。根据中国划分的七大地理区，也可以将传统村落划分为七大类，即华东地区村落（上海市、江苏省、浙江省、安徽省、江西省、山东省、福建省、台湾省）、华北地区村落（北京市、天津市、山西省、河北省、内蒙古自治区中部）、华中地区村落（河南省、湖北省、湖南省）、华南地区村落（广东省、广西壮族自治区、海南省、香港特别行政区、澳门特别行政区）、西南地区村落（重庆市、四川省、贵州省、云南省、西藏自治区）、西北地区村落（陕西省、甘肃省、青海省、宁夏回族自治区、新疆维吾尔自治区、内蒙古自治区西部阿拉善盟）和东北地区村落（黑龙江省、吉林省、辽宁省、内蒙古东部）。

2.2.5 基于发展条件的传统村落分类

1）基于村庄自治参与程度

村庄自治参与程度即村落中村民自治的能力与程度，村落管理机制的系统程度。传统村落的发展与村庄自治参与程度密切相关，对于传统村落的可持续发展有重要意义。根据传统村落自治参与程度的强弱可将村落分为三类：其一是自治参与程度强，该类村落多为宗族历史渊源村落和少数民族村落，自治程度强；其二是自治参与程度一般，该类村落为一般性村落，和现代村庄管理结合；其三是自治参与程度弱，该类村落多为经济发达地区的村落，是伴随一定城镇化的现代村庄管制型村落。

2）基于产业融合程度

村落的产业融合程度是村落产业发展的特征与基础，代表村落产业与区域的融合程度和成熟度。根据产业融合强度可将村落划分为发展成熟、市场介入、融合程度低三类。其中，发展成熟型村落的产业，具有一定规模效益和知名度，区域融合程度好，周边城市支撑度较高；市场介入型村落既有一定的产业发展前景，又具有市场资本介入的条件，但需要进一步引导发展；融合程度低型村落以本土原生态产业为主，多为第一产业，开发程度不高，区域融合程度弱。

3）基于基础设施条件

农村基础设施是农村各项事业发展的基础，包括交通邮电、农田水利、供水供电、教育、文化、卫生事业等生产和生活服务设施。村落基础设施条件可分为三类：其一，基础设施条件完善，此类村落的基础设施各项完成度与建设管理水平较高；其二，基础设施条件一般，此类村落的基础设施各项完成度与建设管理水平较一般，仍有部分基础设施不完善；其三，基础设施条件差，此类村落的基础设施建设水平差，投入少，不能满足村民的基本生活与安全需求。

2.2.6 传统村落综合分类方法

1）传统村落综合分类界定指标

（1）综合价值维度

依托于价值评价结论，按照综合价值的高低、领域或者其他因素进行划分，形成传统村落的价值类型，并对应相应的保护措施，不同类型的价值体系的村落有相应的保护措施与未来的展示利用措施。

（2）发展状态维度

村落发展状态是村落未来发展、提升的基础性条件，根据之前的村落发展状态评估，通过定性、定量判断确定村落发展的综合条件，包含村落生态环境、基础设施、社会经济、人口、交通环境等发展因素[20]。

（3）政策支撑维度

村落的政策因素对于未来村庄的保护发展具有重要的支撑作用，政策支撑即村落所在区域的宏观政策要素，包括保护鼓励政策、产业发展政策、其他类扶植政策以及相关的法律法规技术支撑，同时包括村落单体的相关具体政策。

2）传统村落综合分类方式

传统村落综合分类依据村落的综合价值评估、发展条件评价以及政策支持力度三方面综合判定，通过三维综合矩阵划定为四种引导类型[29]。具体见表2-5、表2-6。

传统村落分类方式 表2-5

指标要求分类标准	濒危扶持类	发展提升类	保护改善类	创新发展类
村落综合价值	综合价值处于低水平	综合价值处于低水平	综合价值处于高水平	综合价值处于高水平
村落发展条件	发展条件处于低水平	发展条件处于高水平	发展条件处于低水平	发展条件处于高水平
村落政策支持	政策支持力度弱	政策支持力度强	政策支持力度弱	政策支持力度强

表格来源：杨利，李娜妮，邵秀英.山西省古村落分类保护与开发初探[J].湘潮（下半月），2015（01）：85，87-88

传统村落保护利用分类引导表（需要和保护利用规划专项对接） 表2-6

	历史文化保护	资源综合利用	生态景观环境提升	空间布局引导	公共服务配套	基础设施建设	产业发展引导	区域发展协调	管理机制构建	政策引导
濒危扶持类	抢救性保护，重点性保护修缮规划	鼓励资源利用的合理适度，以改善村落基本生产生活条件为前提	生态修复	限制	重要服务设施配置	加快各项基础设施建设，改善环境卫生	因地制宜类产业为主导，适度发展	区域扶持联动，借助区域优势	政府主导型管理	多级政策、资金支持
发展提升类	价值特色挖掘提升，整体格局保护，系统性保护规划	资源利用多元化，鼓励突出本土性价值和特色的适应性利用	生态环境保护与维护，景观环境提升与优化	用地布局适宜拓展	全类型服务设施配置完善提升	完善基础设施	资源特色类产业，文化类产业，积极发展	区域价值与资源挖掘	政府主导型管理；村委会自治管理，公私合营管理	产业类、管理类政策支持
保护改善类	整体格局保护，系统性保护规划	鼓励突出本土性价值和特色的适应性利用，有助于进一步的保护提升	生态环境保护与维护，景观环境提升与优化	限制	全类型服务设施配置完善、提升	改善基础设施，传统基础设施适应性利用，环境卫生提升	资源特色类产业，文化类产业，适应发展	区域价值与资源挖掘	政府主导型管理，村委会自治管理	文化类、管理类政策支持
创新发展类	价值特色挖掘提升，传统文化继承创新，系统性保护规划	资源利用多元化，突出资源利用的独特性与品牌性	生态环境保护与维护，景观环境提升与优化	用地布局适宜拓展	全类型服务设施配置完善、提升；设施升级	基础设施完善升级	资源特色类产业，创新型产业，适度发展	区域价值与资源挖掘，区域职能互动与关联	管理机制创新，直管，公私合营管理	产业类、管理类政策支持

表格来源：作者自制

（1）濒危扶持类

此类村落未来重点规划指引在于提升村落基础设施条件和改善外部空间环境，重点提升村落人居环境与生态环境。由于村落综合价值较低，未来产业发展依托于自身资源禀赋的能力弱，故不宜开展诸如文化旅游、特色产品制造加工等产业。政策重在扶持，提供资金、人才和管理方面的综合支持，确保村落逐步脱离濒危状态。

（2）发展提升类

此类村落发展条件较好，政策支持力度较强，未来宜充分挖掘自身优势资源，提升村落价值特色，巩固提升村落的综合发展实力。对村落综合价值进行系统挖掘，保护村落历史遗存和特色环境，培育发展体现村落资源禀赋的特色产业，建设和谐宜居的村落居住环境。

（3）保护改善类

此类村落综合价值较高，但发展条件相对滞后，未来保护利用应遵循保护为主，改善发展的基本原则，避免对村落整体价值具有破坏性的建设和产业引入行为。政策引导方面应加大支持力度，有效引导村落对历史文化和特色的传承以及人居环境与生活品质的改善。

（4）创新发展类

此类村落的保护与发展平衡，并已进入相对良性的发展阶段，具有一定的示范效益，对其他村落的保护发展具有带动作用。在巩固现有保护与利用的基础上，进一步结合自身特色优势进行创新发展，推进村落环境的提升和产业升级，提高村民收入水平，促进管理组织机制的创新。政策支撑层面，进一步创新改革，形成一套成熟的、适应性强的政策引导策略。

2.2.7 小结

见表2-7。

传统村落属性分类标准 表2-7

类别代码			类别名称	内容
大类	中类	小类		
A 景观生态				包括地形地貌、自然灾害、生态脆弱性和自然景观4项属性
	A1 地形地貌			包括平原、丘陵、山地、盆地、高原五种典型地形地貌
		A1-1	平原村落	位于地势低平、起伏和缓，相对高度一般不超过50m，坡度在5°以下地形区的传统村落
		A1-2	丘陵村落	高度不超过500m，相对高度不超过200m，地势起伏、坡度和缓地形区的传统村落
		A1-3	山地村落	海拔500m以上，地形起伏较大区域的传统村落
		A1-4	盆地村落	位于四周高、中部低的盆状地形区的传统村落
		A1-5	高原村落	位于海拔500m以上，比较完整的大片高地地区的传统村落
	A2 自然灾害			按照自然灾害发生的频率和强度分为严重、中等、较少三类
		A2-1	自然灾害严重	灾害种类多，发生频率高，强度大，造成损失重
		A2-2	自然灾害一般	灾害种类少，发生频率少，强度一般，造成一定损失
		A2-3	自然灾害较少	较少发生或基本无灾害，灾害强度低，未造成损失

续表

类别代码			类别名称	内容
大类	中类	小类		
			A3生态脆弱性	村落生态环境对外界干扰的敏感性及自我恢复能力
		A3-1	生态脆弱性较高	对于外界干扰的自我恢复能力极低,一旦受到较强干扰,其生态环境与基底损害,消失的可能性极大
		A3-2	生态脆弱性较低	对于外界干扰具有很强的恢复能力,不易受外界干扰的影响
		A3-3	生态脆弱性一般	对于外界干扰具有一定的敏感性,但自我修复能力相对较强
			A4自然景观特征	包括天然景观和除经济、社会方面以外的人文景观的景观特征
		A4-1	地文景观村落	以地文景观为主要景观的村落,如山岳形胜、喀斯特地貌景观、风沙地貌景观、海岸地貌景观、特异地景观
		A4-2	气候天象景观村落	以气象景观、天气现象为典型景观的村落,如大气降水景观、天象奇观
		A4-3	水域风光村落	以水域景观为代表性景观的村落,江河溪涧、湖泊、飞流瀑布、冰川景观、风景海域
		A4-4	生物景观村落	以生物景观为代表性景观的村落,如森林景观、草原景观、古树名木、奇花异草、珍禽野兽及栖息地
	B历史人文			包括历史久远度、历史性职能、宗教信仰、文化生态区、宗族姓氏、传统文化习俗、文化区和保护状态质量8项属性
			B1历史久远度	即历史形成时期,可以传统村落建筑及文物、相关历史记载、族谱为依据[23]
		B1-1	先秦时期	公元前21世纪—公元前221年
		B1-2	秦汉时期	公元前221—公元220年
		B1-3	三国两晋南北朝时期	220—589年
		B1-4	隋唐五代时期	581—960年
		B1-5	宋辽西夏金时期	947—1279年
		B1-6	元	1279—1368年
		B1-7	明	1368—1644年
		B1-8	清	1644—1911年
			B2历史性职能	历史上具有的功能或起到的作用,包括农耕型村落、交通枢纽型村落、军事要塞型村落、商贸集市型村落、府第名望型村落、民族村寨型村落
		B2-1	农耕型村落	进行农业生产
		B2-2	交通枢纽型村落	为行人、商贩提供歇脚、餐宿等服务
		B2-3	军事要塞型村落	保卫和防御行政中心的功能
		B2-4	商贸集市型村落	由发达的商业贸易发展而来
		B2-5	府第名望型村落	由文化名人或宗族首领所建,选址讲究风水,与周围山水田园相融
		B2-6	民族村寨型村落	多为少数民族聚居地,民族风情浓郁

续表

类别代码 大类	中类	小类	类别名称	内容
			B3宗教信仰	包括佛教信仰村落、伊斯兰教信仰村落、基督教信仰村落和道教信仰村落
		B3-1	佛教信仰村落	大致分布在西藏自治区、青海省、内蒙古自治区、四川省、云南省、甘肃省等地
		B3-2	伊斯兰教信仰村落	回族、维吾尔族、哈萨克族、柯尔克孜族、乌孜别克族、塔塔尔族、塔吉克族、东乡族、保安族、撒拉族等10个民族
		B3-3	基督教信仰村落	信仰东正教的主要是俄罗斯族以及少部分蒙古族、达斡尔族和鄂伦春族等，天主教和基督教新教以云南怒江怒族和傈僳族地区所占比例较大
		B3-4	道教信仰村落	为中国本土宗教信仰
			B4文化生态区	
		B4-1	闽南文化生态保护区	保护区包括福建的泉州、漳州、厦门三地[30]
		B4-2	徽州文化生态保护区	保护区包括安徽省黄山市全境[31]、安徽省绩溪县、江西省婺源县[22, 32]
		B4-3	热贡文化生态保护区	保护区包括青海省藏族自治州的热贡地区
		B4-4	羌族文化生态保护区	保护区包括阿坝藏族羌族自治州的茂县、汶川县、理县、松潘县、黑水县、九寨沟县，绵阳市的北川县、平武县等
		B4-5	武陵山区（湘西）土家族苗族文化生态保护区	保护区包括湘西地区47个乡镇
		B4-6	海洋渔（象山）文化生态保护区	保护区包括浙江省宁波市象山县[3]
		B4-7	齐鲁文化（潍坊）生态保护区	保护范围为山东省潍坊市全境
		B4-8	其他文化生态保护实验区	包含羌族文化生态实验区，客家文化（梅州）生态保护实验区、晋中文化生态保护实验区等17个实验区
			B5宗族姓氏	依据宗族的个数、宗族间的关系以及宗族内部认同感，包括单姓村、多姓村、主姓村
		B5-1	单姓村	单姓宗族占支配地位，宗族成员的房派认同观念较强
		B5-2	多姓村	存在着数个势均力敌的宗族，各宗族彼此之间既合作又充满竞争
		B5-3	主姓村	由数个宗族构成，但其中某一大姓宗族的势力远超过其他各族
			B6民族聚居区	
		B6-1	汉族聚居区	村落中以汉族人口为主导
		B6-2	少数民族聚居区	村落中以少数民族人口为主导，包括单一民族主导和多少数民族杂居，少数民族文化特征明显
		B6-3	汉族与少数民族杂居区	村落中汉族人口与少数民族人口相当，文化相互影响交融

续表

类别代码 大类	类别代码 中类	类别代码 小类	类别名称	内容
		B7	传统文化习俗	非物质文化遗产与优秀传统文化
		B7-1	保存丰富	8项以上
		B7-2	保存一般	4~8项
		B7-3	保存较少或没有	0~3项
		B8	历史文化区	文化事物或文化现象和文化系统覆盖的地区
		B8-1	齐鲁文化区村落	大致包括山东省京杭大运河以东地区、江苏省北部、辽东半岛地区,齐鲁之地的农、商、手工业发达,有孔、孟、墨等文化巨人,文化个性鲜明,具有粗犷古朴、豪爽热烈的特点[26]
		B8-2	燕赵文化区村落	主要是指河北和山西、陕西的中北部地区,其气候干冷,具有农牧融合的特点
		B8-3	三秦文化区村落	即陕西地区,还包括甘肃、宁夏的东南部[33]
		B8-4	三晋文化区村落	包括山西大部、河南的北部和中部[27]
		B8-5	楚文化区村落	包括两湖、安徽、江西的西北部和河南的南部,其中以两湖和安徽为核心地区,淮河流域和鄱阳湖流域等为其边缘地区
		B8-6	吴越文化区村落	以太湖为中心,包括江苏、浙江、上海地区,影响到安徽东部和江西的东北部
		B8-7	巴蜀文化区村落	以四川为中心,辐射到陕南、鄂西和云贵部分地区
		B8-8	其他文化区村落	如岭南文化区村落[23]、东北文化区村落
	C社会经济			包括人口规模、人口流动状况、老龄化情况、村民收入、传统特色产业保存度、村庄与耕地规模6项属性
		C1	人口规模	
		C1-2	小型村落	常住人口在200人以下
		C1-3	中型村落	常住人口在201~600人
		C1-4	大型村落	常住人口在601~1000人
		C1-5	特大型村落	常住人口在1000人以上
		C2	人口流动状况	人口流动状态=(常住人口-户籍人口)/户籍人口
		C2-1	严重流失	值不大于-50%
		C2-2	中度流失	值的范围为-49%~-20%
		C2-3	轻度流失	值的范围为-19%~-10%
		C2-4	平衡	值的范围为-9%~10%
		C2-5	流入	值大于10%
		C3	老龄化情况	60岁以上人口比例
		C3-1	正常	0~10%
		C3-2	老龄化	10%~20%
		C3-3	重度老龄化	20%~40%
		C3-4	极重度老龄化	40%以上

续表

类别代码			类别名称	内容
大类	中类	小类		
			C4经济状态	
		C4-1	困难型	村人均纯收入低于3000元
		C4-2	一般型	村人均纯收入为3000~10000元
		C4-3	富裕型	村人均纯收入高于10000元
			C5产业结构	村落中的主导型与特色性产业
		C5-1	农业	以农业产业为主导,包括耕猎或耕牧结合型、畜牧或牧农结合型、集约农业或种养结合型
		C5-2	手工业、特色加工业	体现地方特色的传统手工业和加工业
		C5-3	其他产业	其他类型,如旅游业、农工商复合型等
			C6村庄与耕地规模	国家标准《镇规划标准》GB 50188—2007
		C6-1	一级	村庄的人均建设用地为60~80m^2/人
		C6-2	二级	村庄的人均建设用地为80~100m^2/人
		C6-3	三级	村庄的人均建设用地为100~120m^2/人
		C6-4	四级	村庄的人均建设用地为120~140m^2/人
			D建成环境	包括选址特征、传统建筑风格、村落格局状态、交通区位环境、地理区位5项属性
			D1选址特征	主要考虑山水关系,包括近山近水、近山远水、近水远山、远水远山
		D1-1	近山近水	利用自然山水环境,形成"枕山、抱水、面屏"的风水格局
		D1-2	近山远水	近山远水型村落大都聚在由山地或丘陵围合而成的小盆地中,沿山麓分布,并选择山脚处坡度比较平缓的平原地区来建设
		D1-3	近水远山	重视水的作用,由于水系分布的地区常常为广阔的平原区域,因此村落与山体的关系往往会弱很多
		D1-4	远水远山	较少见,多位于环境恶劣的地区
			D2传统建筑风格	以民居为典型代表,包括华北民居、东北民居、西北民居、西北窑洞、江南民居、西南民居、闽粤民居
		D2-1	华北民居	遍布华北广大地区,以单座平房和合院为主要代表
		D2-2	东北民居	位于东北地区,最典型的东北民居样式就是坐北朝南的土坯房,以独立的三间房最为常见
		D2-3	西北民居	较多分布在西北地区,其特点为大院套小院,如宁夏同心马宅
		D2-4	西北窑洞	分布于西北的陇北、陕北、晋东南、豫西等黄土地区[33]
		D2-5	江南民居	江南民居往往与园林合二为一,凡宅必有园,特点是黑瓦、白墙、砖石木构,干栏式建筑
		D2-6	西南民居	包括贵州、云南、四川、重庆等地区,少数民族聚居,民居类型多样,如半边楼、吊脚楼等[34]
		D2-7	闽粤民居	色调清雅、布局紧凑,以低层高密度的竹筒屋居多,还有一种典型代表是客家民居

续表

类别代码			类别名称	内容
大类	中类	小类		
		D3村落格局状态		包括点状村落、带状村落、块状村落、团状村落[35]
			D3-1 点状村落	一般农作建筑在空间分布上常随地形变化而有所不同，如丘陵或陡峭地形，因发展受限于地形，以多属散点型村庄
			D3-2 带状村落	村落的发展受到如山体、丘陵等自然要素的限制，村庄沿河或沿道路发展起来，形成带状[36]
			D3-3 块状村落	村落地势平坦，且从业人口较偏于农事生产，相邻农村常以农地作为彼此之间的间隔，形成块状
			D3-4 团状村落	呈网络状分布，由于某种关联性，各个节点存在紧密的网络化结构，构成一个整体
		D4交通区位环境		村落与空间距离最近的县城的可达性
			D4-1 可达性较高	至公路距离为0~20km
			D4-2 可达性一般	至公路距离为20~50km
			D4-3 可达性较低	至公路距离为50km以上
		D5地理区位		地理空间区位结合行政区划
			D5-1 华东地区村落	分布于上海市、江苏省、浙江省、安徽省、江西省、山东省、福建省、台湾省
			D5-2 华北地区村落	分布于北京市、天津市、山西省、河北省、内蒙古自治区中部
			D5-3 华中地区村落	分布于河南省、湖北省、湖南省
			D5-4 华南地区村落	分布于广东省、广西壮族自治区[30]、海南省、香港特别行政区、澳门特别行政区
			D5-5 西南地区村落	分布于重庆市、四川省、贵州省、云南省、西藏自治区
			D5-6 西北地区村落	分布于陕西省、甘肃省、青海省、宁夏回族自治区、新疆维吾尔自治区、内蒙古自治区西部阿拉善盟
			D5-7 东北地区村落	分布于黑龙江省、吉林省、辽宁省、内蒙古自治区东部
	E 发展条件			包括村庄自治参与程度、产业融合程度、基础设施条件3项属性
		E1村庄自治参与程度		村落中村民自治的能力与程度，村落管理机制的系统程度
			E1-1 自治参与程度强	多为宗族历史渊源村落和少数民族村落，自治程度高
			E1-2 自治参与程度一般	一般性村落和现代村庄管理结合
			E1-3 自治参与程度弱	多为经济发达地区的村落，是伴随一定城镇化的现代村庄管制型村落
		E2产业融合程度		村落产业发展的特征与基础，与区域的融合程度和成熟度
			E2-1 发展成熟	产业发展成熟，具有一定的规模效益和知名度，区域融合程度高，周边城市支撑度较高
			E2-2 市场介入	既有一定的产业发展前景，又具有市场资本介入的条件，但仍需要进一步引导发展
			E2-3 融合程度较低	以本土原生态产业为主，多为一产，开发程度不高，区域融合程度低

续表

类别代码			类别名称	内容
大类	中类	小类		
			E3基础设施条件	村落与空间距离最近的县城的可达性
		E3-1	基础设施条件完善	基础设施各项完成度与建设管理水平较高
		E3-2	基础设施条件一般	基础设施各项完成度与建设管理水平较一般，仍有部分基础设施不完善
		E3-3	基础设施条件差	基础设施建设水平差，投入少，不能满足村民的基本生活与安全需求

表格来源：作者自制

参考文献

[1] 刘大均，胡静，陈君子，等.中国传统村落的空间分布格局研究[J].中国人口·资源与环境，2014，24(04)：157-162.

[2] 严赛.中国传统村落分布的特点及其原因分析[J].大理学院学报，2014，13(09)：25-29.

[3] 林莉.浙江传统村落空间分布及类型特征分析[D].杭州：浙江大学，2015.

[4] 康璟瑶，章锦河，胡欢，等.中国传统村落空间分布特征分析[J].地理科学进展，2016，35(07)：839-850.

[5] 熊梅.中国传统村落的空间分布及其影响因素[J].北京理工大学学报（社会科学版），2014，16(05)：153-158.

[6] 曹迎春，张玉坤."中国传统村落"评选及分布探析[J].建筑学报，2013(12)：44-49.

[7] 李伯华，尹莎，刘沛林，等.湖南省传统村落空间分布特征及影响因素分析[J].经济地理，2015，35(02)：189-194.

[8] 余亮，孟晓丽.基于地理格网分级法提取的中国传统村落空间分布[J].地理科学进展，2016，35(11)：1388-1396.

[9] 李亮，但文红.贵州省村落文化景观空间格局分析：以第一批中国传统村落为例[J].内江师范学院学报，2013，28(12)：36-40.

[10] 张瑞娟，姜广辉，王明珠，等.基于多维特征组合的农村居民点布局分类[J].农业工程学报，2015，31(04)：286-292.

[11] 宋毅，曾芳芳，朱朝枝.基于GIS的福建省传统村落空间分布研究[J].中共福建省委党校学报，2016(02)：79-84.

[12] 李小芳，颜小霞.江西省传统村落空间分布特征分析[J].江西科学，2016，34(01)：66-72，114.

[13] 张艳.江苏省村落系统的空间格局特征与景观背景研究[J].安徽农业科学，2013，41(29)：11737-11740.

[14] 孙莹，王玉顺，肖大威，等.基于GIS的梅州客家传统村落空间分布演变研究[J].经济

地理，2016，36(10)：193-200.
[15] 佟玉权.基于GIS的中国传统村落空间分异研究[J].人文地理，2014，29(04)：44-51.
[16] 郑童，吕斌，张纯.基于模糊评价法的宜居社区评价研究[J].城市发展研究，2011，18(09)：118-124.
[17] 王振飞.基于AHP和模糊综合评价法对汽车服务备件的分类研究[D].长春：吉林大学，2011.
[18] 黄耘.泸沽湖摩梭聚落类型研究：探索适合西南少数民族聚落分类的方法[J].新建筑，2011(05)：109-113.
[19] 周一星，孙则昕.再论中国城市的职能分类[J].地理研究，1997(01)：11-22.
[20] 张斌，吴苗.基于村落发展类型的鄂西南土家族地区村落景观保护与空间发展研究[J].中国园林，2012，28(08)：122-124.
[21] 郭阳.北京地区传统村落分布与特征研究[D].北京：北京建筑大学，2014..
[22] 罗瑜斌，肖大威.珠江三角洲历史文化村镇的类型及特征研究[J].华中建筑，2009，27(08)：204-208.
[23] 赵玲.我国商贸交通型历史文化名镇保护与利用研究[D].长沙：湖南师范大学，2013.
[24] 张大玉.北京古村落空间解析及应用研究[D].天津：天津大学，2014.
[25] 冯书纯.关中地区传统村落空间形态特征研究[D].西安：长安大学，2015.
[26] 王龙.胶东地区传统村落空间形态研究[D].广州：华南理工大学，2015.
[27] 丁卓明.山西古村落聚落文化研究[D].武汉：华中科技大学，2006.
[28] 赵映.基于文化地理学的雷州地区传统村落及民居研究[D].广州：华南理工大学，2015.
[29] 杨利，李娜妮，邵秀英.山西省古村落分类保护与开发初探[J].湘潮(下半月)，2015(01)：85，87-88.
[30] 邵甬，陈悦，姚轶峰.华东地区历史文化村镇的特征及保护规划研究[J].城市规划学刊，2011(05)：102-110.
[31] 孙春杰.井陉县传统村落调查与保护研究[D].石家庄：河北师范大学，2014.
[32] 陈睿.徽州古村落保护利用分级分类技术策略[D].合肥：合肥工业大学，2012.
[33] 张东.中原地区传统村落空间形态研究[D].广州：华南理工大学，2015.
[34] 许怡.传统村落公共空间保护与更新研究[D].昆明：昆明理工大学，2015.
[35] 王留青.苏州传统村落分类保护研究[D].苏州：苏州科技学院，2014.
[36] 公茂武.广西传统村落分级分类保护研究[J].广西城镇建设，2014(11)：26-33.

第3章

传统村落的价值综合评估

价值是标志着人与外界事物关系的一个哲学概念,它是在特定社会历史条件下,外界事物对人的需要所产生的作用以及人对此的评价。哲学概念的价值,其内涵是指客体能够满足主体需要的效用,即具有不同属性的客体,对于具有不同需要的主体,具有不同的效用价值。

价值系统由一个社会或一种文化中那些获得公认的价值组成,这些价值按其相对的重要性,或者说按价值赋值构成等级结构。

对于传统村落来说,建立价值系统,就是要决定哪些价值范畴必然包含和应当包含,如何与社会生活有机地联系在一起,如何与社会政治经济制度有机地结合在一起,如何实现系统性和完整性,这个价值体系有怎样的结构。从价值系统理论分析来看,传统村落的价值体系会呈现出层级序列:第一层级是价值构成理论逻辑,重在识别价值构成的系统性、客观性、公认性法则。第二层级是包含的价值范畴,在价值观或价值目标下确定传统村落价值系统的价值表现、价值属性,或者说价值内容。第三层级是价值的表达或表现,重在建立易于施测、便于获取、实用、简明的表达框架或方式(选择、剔除、加权)。

3.1 传统村落价值解读

3.1.1 国内外对历史文化村落价值的认识及保护

1)国际上关于历史文化村镇价值认识及保护研究的领域及方向

西方国家对传统村落的研究始于聚落学,涉及多个学科的研究方法,由于交叉学科结合的侧重点不同,研究的方向也有所不同,主要涉及聚落地理学、历史学、文化人类学、现象学等几个学科。除此之外,国外对聚落的研究还采用了形态学、类型学、考古学等相关学科的理论知识。

(1)国外历史小城镇保护历程

国际上对文化遗产的保护始于单个的文物建筑。1964年,《国际古迹保护与修复宪章》扩大了文物古迹保护的范围。1975年,国际古迹遗址理事会通过的《关于保护历史小城镇的决议》中正式提出了保护历史小城镇的概念。1976年,联合国教科文组织通过的《关于历史地区的保护及其当代作用的建议》明确指出历史地区属于城市和乡村环境中形成的人类聚落的范围。

进入20世纪80年代，国际社会更加注重对乡村遗产的保护。1982年，国际古迹遗址理事会通过了《关于小聚落再生的特拉斯卡拉宣言》，对包括乡村聚落和小城镇在内的传统聚落保护再次做了专门阐述。国际古迹遗址理事会在总结多年来各国历史环境保护的理论与实践经验的基础上，于1987年制定、通过了《保护历史城镇与城区宪章》（即《华盛顿宪章》）；1999年，通过《关于乡土建筑遗产的宪章》，指出乡土性的保护需要通过维持和保存有典型特征的建筑群或村落来实现。

总之，随着传统文化与历史保护理论及实践发展的不断成熟、不断完善，保护的对象已经由最初的文物古迹、历史建筑发展到整个历史村落、历史城镇、历史街区，现已经再扩大到对周围环境的保护以及非物质文化遗产的保护，参与保护的学科、专业也在逐渐壮大，形成了规划、建筑、地理、文物、历史、社会、考古、艺术等不同领域专家和学者共同参与的综合层面。

（2）国际典型实践案例

①日本白川乡合掌屋村落

于1995年被列入世界文化遗产，合掌屋村有百余幢以茅草覆顶建成的房屋，全部人手兴建，不用一根钉。日本政府根据世界遗产委员会对合掌屋村落真实性的评价，在世界遗产管理规划中结合遗产本体空间分布和传统建筑群保护地区划定原则——传统建筑群及其紧密连成一体、共同形成的价值环境，划定了保存地区和控制区域，规定村民不得随意买卖房屋、砍伐村庄周边的树木。

②法国蒂尔康（Turquant）

蒂尔康是一个因保存完好的山坡洞穴而出名的特色小村庄。艺术家的到来唤醒了村庄的生命力，政府也对村庄进行了"微调整"。蒂尔康也因为艺术家的到来而被称为"工艺美术村"。

2）我国的历史文化村落价值认识及保护

（1）我国村落保护发展历程

我国对于传统民居和传统村落（聚落）的研究起步于20世纪，对传统村落的研究从单体民居建筑平面测绘、构造装饰、建筑结构开始，发展到对村落的空间形态、社会经济和发展演化的研究，并且基本覆盖了中国的广大地域，为充分比较和总结中国传统村落的特征和现状情况，探索保护与利用方法提供了基础条件。

20世纪30—60年代中期，是我国对传统民居进行研究的初期阶段，这一时期，我国对传统建筑的研究从官式建筑逐步走向了传统民居。60年代中期至70年代末，由于十年"文化大革命"的影响，我国对传统民居的研究停滞不前，并且大量珍贵的民居测绘史料丢失。80年代，随着改革开放的推进，对传统民居的研究逐步复苏，开始有计划、有组织地进行学术研究，由民居研究逐步扩展到了村落研究方面。80年代末至今，对传统民居以及村落的研究蓬勃发展，主要特点是多元化、多角度、多学科的综合研究，从单体民居研究扩展到群体层级的村落研究，涉及建筑学、社会学、历史学、文化学、民族学、美学等学科，并且对村落空间形态的研究逐渐增多，相关学科也开始了对传统村落的研究和普查。

（2）我国村镇管理体系中对价值的表述

2002年9月，建设部发布《关于全国历史文化名镇（名村）申报评选工作的通知》，是第一次对历史文化名村价值进行明确表述，即价值包含历史、文化、艺术和科学四个方面。

2003年，建设部、国家文物局提出了《中国历史文化名镇（村）评选办法》，除提到历史价值外，没有其他关于价值内容的表述。

2004年，建设部、国家文物局公布了《中国历史文化名镇（村）评价指标体系（试行）》，此文件没有关于价值的定义，但把价值直接转化为表现内容和表现要素，并做了指标制定，包括文物及历史建筑的数量规模、重要职能特色、历史环境要素、历史街巷、核心保护区风貌完整性（历史真实性、生活延续性）及非物质文化遗产等九个方面的指标。

2012年5月，住房和城乡建设部、文化部、国家文物局、财政部下发《关于开展传统村落调查的通知》，认为传统村落包含历史、文化、科学、艺术、社会、经济六个方面的价值。这是第一次关于传统村落价值的全面的说明。

（3）我国传统村落价值研究的特点

其一，在接受和吸收西方价值观念的普适性内容的基础上，呈现出多元化与一致性并存的特征。

其二，研究对象具有显著的针对性或局限性，系统的关于价值范畴的研究较少。

其三，关于传统村落价值的研究正在成为我国科研开展的重要课题。

（4）我国对传统村落价值体系认识的不足

理论逻辑不清，价值范畴有缺失。主要是对价值的实践性、实施性、集成性应用，极少涉及对价值起源、价值内涵、价值特征以及价值表现或表达等的理论逻辑研究，并且主要关注外在因素促成的价值内容，缺少对内生因素导致的价值内涵逻辑的挖掘。

价值认识的视角有局限性，未能全面认识价值属性内涵。对现有村落价值的认识几乎全部集中于村落的个体价值认识，缺少对村落群体价值的认识，缺少对区域作用的认识等。

缺少对价值的系统性的科学认知。表现出了对价值属性多维性（景观环境、文化生态、群体区域）的不适应，对传统村落发展目标多元性（保护、发展、城乡统筹）的不适应以及对传统村落活态发展要求（生活生产提升、适应性存续）的不适应等问题。从我国村落保护管理工作进程看，是管理目标导向的价值内容指引。从学术角度的评价标准上看，是发散的非系统性研究。从国际实践与制度宪章来看，是源于文物价值的延展。

3.1.2 我国传统村落价值衍生溯源

1）村落的起源

村落的出现必须依赖于稳定的生活资料的产生，因此，农业和畜牧业发展到一定水平是村落出现的先决条件。中国社会科学院考古研究所研究员朱乃诚先生认为，中国较为稳定的人工居所的建造，大致是在距今一万年左右的新石器时代早期。

2）自然及景观生态环境

古村落景观大多是依山傍水、逐水而居，追求与自然环境的和谐，展现人地和谐共存的原生态景观。根据地区特有的生存生活环境和自然地貌条件，村落在选址时通常以风和水为先导，优先考虑土壤肥沃、阳光充足、通风良好的地块，常选址于高地中的低地或低地中的高地。

3）社会组织机制

人类进入农业定居时代后，由血缘联结而成的氏族共同体是进行村落组织和管理的最佳平台，同血缘且累世聚居的农耕生活方式促成了根深蒂固的祖先崇拜观念以及原始氏族共有观念。在古代，影响乡村聚落总体格局的最主要因素是宗族。

4）村落选址

在中国古代，村落选址往往离不开风水文化。传统村落都具有向阳背阴、倚山临水、广纳万物之瑞气的特点。古村落的选址追求"择吉而居""人地和谐共存"的理想风水环境，一般有河山作为自然屏障，便于生存、发展、繁衍。

传统村落在我国城乡发展中的地位和作用影响很大，在农村人口占大多数的中国，农民是推动社会前进的巨大动力。然而，无论时代如何变迁，农村、农业以及农村居民赖以生存的村落空间都有着无法替代的地位和作用以及非常重要的保护和研究价值。

（1）农业历史文明

随着村落的产生，人类由游牧到定居，由狩猎到农耕，由原始的蒙昧状态进入文明时代。我国是一个历史悠久的文明古国，又是一个古老的农业国，其古老的文明是奠基在农业文明和农业经济的基础上的。农业与文明的不可分离性，可视为我国历史发展的重要特点。

（2）农业经济生产

自人类社会产生以来，农业一直是人类赖以生存的基础。工业革命之后，农业经济的地位也发生了急剧的变化，但农业在整个国民经济中的基础地位却始终未改变，其在整个经济系统中的作用日益显现出不能为其他产业所代替的性质，是人类生存、社会进步、经济发展、产业结构优化升级、国际贸易发展等的基础和前提。

（3）社会及科学

村落在漫长的发展过程中逐渐形成了自身独特的社会管理机制。而农村地区的管理机制也随着时代的发展而不断变化，以适应新时代社会发展的要求。在传统时期，中央政府对农村社会的管理与控制主要依托于农村社会内部的自组织，即宗族组织。中华人民共和国成立之后，特别是20世纪50年代开启的农村集体化实践，以革命的方式否定了传统社会的秩序。农村宗族开始陷入衰退，意识形态的合法性替代原有村庄社区内血缘与地缘的认同而成为新的社会整合纽带。

（4）景观生态环境

传统村落是人类与自然和谐共生的产物，在漫长的村落形成过程中，人们改造自然，改善居住环境，逐渐形成了独特的景观生态环境。村落景观作为一种历史发展的产物，在每个时代都留下了不同的足迹，如何提炼传统村落景观的特色，使其在保持传统乡土韵味的同时更加适应当前社会的发展，具有历史和现实的双重意义。

（5）建筑及美学艺术

我国的古村落在整体布局上深深浸透了中国传统文化中"天人合一"的哲学理念，在建筑雕刻方面处处透露着"尽精微、致广大"的艺术审美理念，在色彩上遵循道家哲学中的朴素为美的美学观点，使这些古村落形成了独特的艺术美感以及较高的艺术审美价值和文化价值[1]。

3.2 传统村落价值体系构建

综合价值体系的构建有助于全面认知村落保护与发展的系统性，在新型城镇化进程中，对我国传统村落的有效保护和合理利用具有重要的实践意义和管理效益。

价值体系的构成主要受到三个方面的影响：一是价值观的影响，二是认识角度的影响，三是发展阶段的影响。

本节的目的是从价值的理论基础出发，从不同的研究价值域（维度）系统性地认识我国传统村落价值的正面特征和属性，整理和研究传统村落价值及其核心构成要素，构建传统村落的综合价值系统，为传统村落的保护与发展奠定理论基础，并为传统村落的分类研究、规划技术指南等提供科学的基础。

3.2.1 价值体系构建的原理和方法

1）构建原理——价值体系的理论基础

在我国传统村落管理体系十余年的发展过程中，关于传统村落价值的描述尚未形成系统的理论认识。传统村落价值评估以哲学意义上价值的概念和方法作为研究的理论基础，去探析传统村落的价值构成，从而建立我国传统村落的价值体系。

无论是狭义还是广义的范畴，在哲学层面上，片面的、单一的、静止的、不考虑随时代演进发展的价值研究都不可能是科学的。基于以上理论认识，传统村落价值评估下的传统村落价值体系的构建原则包括以下几点：第一，主观性和客观性的兼容统一；第二，尊重价值的多维性特征；第三，一切价值都是动态变化的；第四，价值源泉是多元的。

2）构建方法——基于理论分析的价值分解研究

在对不同的价值理论观点以及价值特征属性分析的综合理解的基础上，我们选取物质层面与非物质层面、主观价值和非主观价值两个研究维度对传统村落的价值进行平行分解研究。

（1）物质层面价值与非物质层面价值

物质层面价值的研究对象是传统村落的物质载体，通常也称为有形的，包括不可移动的和可移动的，一定由物质材料形成，且以某种形式存在于环境中。传统村落在物质层面上包括世界遗产、文物保护单位、历史建筑、传统建筑规模、历史街巷规模以及村庄所处环境等特征要素，例如山川、水系、农田、水利设施、排水系统等。

非物质层面价值的研究对象是以非物质形态存在的，通常也称为无形的。非物质层面价值指以人为核心的精神、技艺、经验等，更强调其活态的传承。在内容上不仅包含了《中华人民共和国非物质文化遗产法》中所定义的非物质文化遗产，还包括民间传统知识、宗族文化、道德传统、乡愁等情感要素。

（2）客观价值与主观价值

根据均衡价值理论的概念，价值既有其客观的存在形式，又有其主观的反映形式。从客观的角度看，传统村落的价值就是其客观存在的价值，包括物质文化遗产和非物质文化遗产。从主观的角度看，传统村落的价值包括与其相关的日常生活居住、科研活动、文化教育和旅游休闲等活动所产生的经济效益，对旅游业及相关产业发展的带动作用，以及能够让居民"望得见山、看得见水、记得住乡愁"的精神家园。

3.2.2 传统村落价值体系构建

1)价值体系构建路径

我们对传统村落价值的个体单元和群体单元分别进行研究,从传统村落的主体价值中划分出个体价值(或单体价值)与群体价值。

本次课题结合理论→实践、实践→理论两个研究路径,在理论基础分析框架下,分解出传统村落价值的基础单元,通过分析各价值要素之间的相关性,形成要素的簇结构,从而聚类出价值的特征属性,最终构建传统村落的价值体系[2](图3-1)。

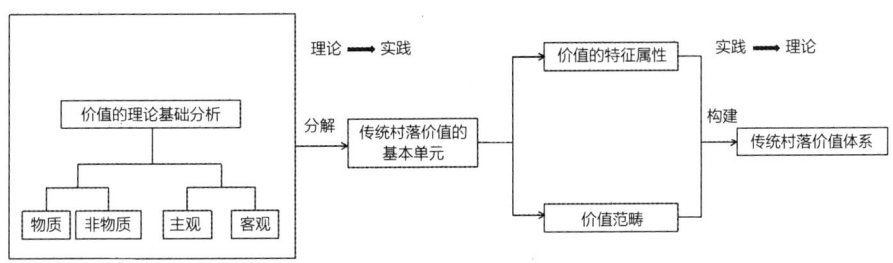

图3-1 传统村落价值系统构建路径示意图

图片来源:张帆.传统村落与历史文化名城的价值关联比较研究:以山西浑源与神溪村为例[J].中国名城,2017(11):78-84

2)价值要素的相关性分析

根据价值的关系范畴分类理论和均衡价值理论,从价值的物质层面—非物质层面和主观形式—客观形式两个维度对传统村落个体价值的价值要素进行综合分析。在此基础上,将存在相关性的要素用直线连接,目的是从无序的要素分布中找出要素之间隐含的关系结构,从而梳理出价值的特征属性(图3-2)。

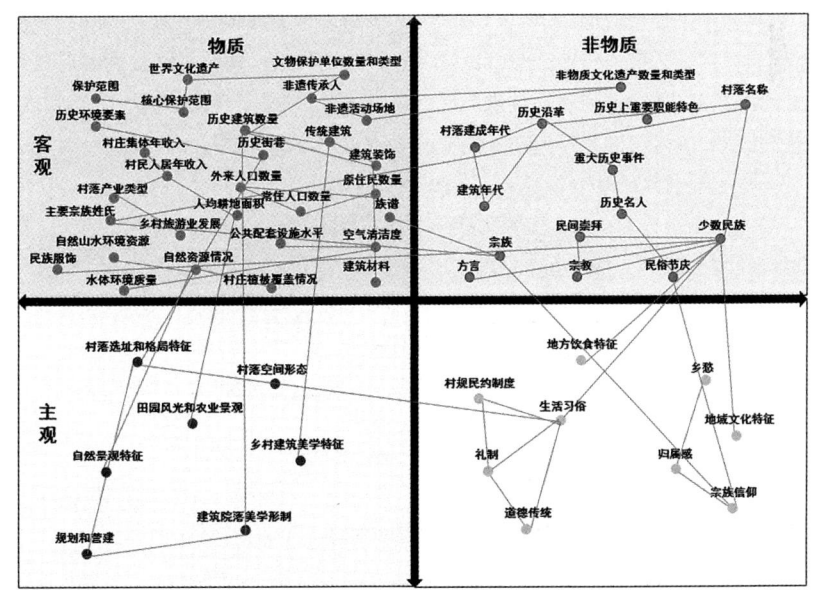

图3-2 基于价值理论的传统村落价值要素关联性分析

图片来源:作者自绘

3）传统村落价值体系

通过以上对价值要素的相关性分析得知，传统村落（个体）价值包括六大范畴[2]（图3-3），分别为：历史价值、文化艺术价值、情感价值、景观环境价值、社会经济价值、科学技术价值，并建立了价值域（维度）—价值范畴—特征属性—表现要素（集）的具有层级序列和逻辑映射关系的价值综合体系。

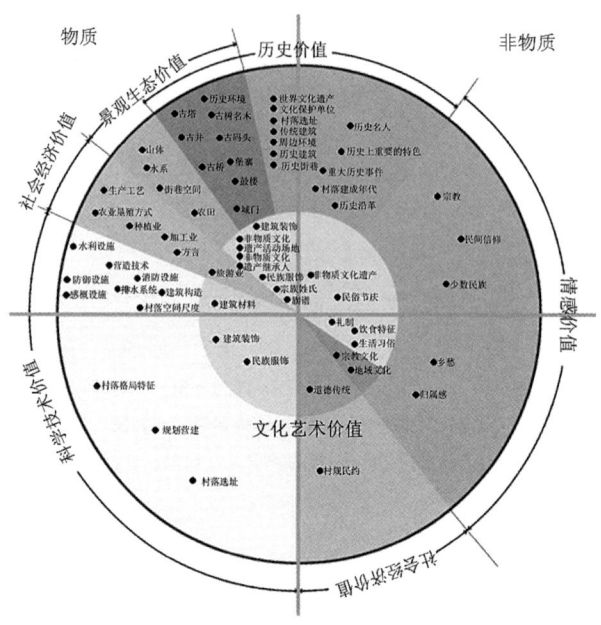

图3-3　传统村落（个体）综合价值生成维度关系图

图片来源：张帆.传统村落与历史文化名城的价值关联比较研究：以山西浑源与神溪村为例[J].中国名城，2017（11）：78-84

对于传统村落的群体价值，传统村落价值评估重点关注其聚落价值。因此，传统村落的价值范畴在个体价值和群体价值的基础上延伸出了七个类别，每个类别分别蕴含其所具有的特征属性，这些特征属性通过表现要素（集）得以呈现，构成了我国传统村落价值体系框架，同时形成了传统村落系统发展价值观导向下的价值评估基础（表3-1）。

传统村落综合价值体系构建表　　表3-1

第一层序 价值域（维度）	第二层序 价值范畴	第三层序 特征属性	第四层序 表现要素（集）
物质·非物质 ·客观·主观	历史价值	久远度	最早的建筑建造时间、村落建成时间
		真实性	保护范围规模、核心保护范围规模、传统风貌环境（历史环境要素类型、数量）
		完整性	选址格局及空间形态（历史街巷数量、长度）
		稀有性	物质文化遗产等级、非物质文化遗产等级，物质文化及非物质文化遗产的分布范围、影响圈层或区域
		丰富度	物质遗存类型规模数量（文保单位数量、历史建筑数量）、保护性建筑面积、非物质类型数量、重大历史事件

续表

第一层序 价值域（维度）	第二层序 价值范畴	第三层序 特征属性	第四层序 表现要素（集）
物质+非物质 +客观+主观	文化艺术 价值	建筑美学	建筑设计、建筑营造技艺、建筑装饰、建筑及院落形制、建筑材料、对景观塑造的影响
		传统工艺技艺 及传承	传统生活技艺、传统生产工艺、工程营造工艺技艺、传承人、传承场所
		非物质文化遗产	非物质文化遗产级别及项目类型数量（戏曲、歌舞、文字、文学、武术、杂技等）、民俗节庆（服饰）
	景观环境 价值	乡村景观风貌	乡土建筑特征、村落选址格局、街巷肌理或空间形态、田园风光和农业景观（农田规模、完整性、景观特色）、名胜古迹（包括世界遗产的物质及非物质文化遗产）
		自然生态系统 功能	污染影响（或产业类型）、土壤复耕水平、空气清洁度、自然水体清洁度及净化能力、植被覆盖度
		自然灾害抵御 能力	防水、防洪、防潮、防风、地质灾害抵御（泥石流等）、卫生安全
		与生态的协调 性	耕地保有变化、水系规模及环境质量维护（减少或污染）、自然山水环境资源情况（风景区、自然保护区、林业资源是否减少或被破坏）、清洁（再生、绿色）能源利用、其他自然资源消耗（某些种植养殖业的水耗、土壤影响等）
	科学技术 价值	村落选址格局	村落空间形态（尺度）、格局特征（格局对自然环境利用、环境改造理念或技术，如水利或灌溉设施、排水防洪涝技术、消防）、规划和营建（选址与环境的关系）
		环境协调和资 源科学利用	水土利用、农业灌溉、建筑适宜性（物理功能舒适性）、环境适应或安全（如防洪、抗风等抗灾能力）、自然环境或资源利用水平
		乡土建筑特征	建筑营造技术、建筑材料、建筑设计理念或功能（通风采光、防寒、防潮、防害、防灾）
		考古作用	对历史学、考古学、人类学的影响或贡献
		工艺技艺典型 性或代表性	传统生产生活工艺技艺的使用范围、规模、普及程度，科技作用影响的领域及程度，技术进步影响的地域范围
	社会经济 价值	生活延续性	原住民状态（数量、原住民比例）、风俗习惯、民俗节日、非物质文化遗产传承状态（传承人有无及数量、场地、经费、活动规模、次数等）、存续村庄人口结构变化（老龄化、空心化）
		经济收入水平	经济收入（人均收入、集体收入）、经济活跃度（外来人口规模）、经济规模（商贸类型和规模、物流规模、商业类型和规模）、文化活动服务（展示、展览）
		管理制度（包 括保护、发展 措施）	保护规划（有无村庄规划、各级政府意见、专家参与等）、保护利用状况（照常、闲置、展示、旅游、其他使用等）、保护机制（人财物、机构）、管理机制（有无社区、村委会运行制度、乡村许可）、村民参与（有无意见、建议、要求等）、政府绩效机制、村规民约制度
		村落产业	农林牧渔业经济类型和规模（种植业、林业、渔业、养殖业、加工业等）、传统手工业（加工业类型和规模、传统文化产品、手工业产品）、乡村旅游（农业观光、度假休闲）

续表

第一层序 价值域（维度）	第二层序 价值范畴	第三层序 特征属性	第四层序 表现要素（集）
物质＋非物质 ＋客观＋主观	社会经济价值	职能与影响	村落职能或作用
		社会经济适应性——基础设施水平或完善度	供水设施、排水（污水）设施（类型、方式、规模等）、公共照明、公共卫生（厕所）、环卫设备、垃圾收集处理（方式）、硬化路面（道路通达）、生活能源、通信网络（宽带）及有线电视设施设备（以上各项均应为：有无+标准+规模）
		发展资源及可持续性	区位、村庄规模、地形地貌、交通设施（公交站点）、自然环境资源、文化资源、人均劳动资源（耕地、林地、牧渔）、人口年龄结构、劳动力比例及规模、旅游资源、政策资源、现有经济规模、产业基础、文化展示条件
	情感价值	内聚性及文化归属（或自我认同）	地域文化特征、血缘族缘、民族、宗教姓氏集聚特征、文脉沿革、生活记忆（符号）、风俗习惯、语言、饮食、文化交流（戏曲、歌舞、文字、文学、武术、杂技等）
		宗教信仰	人神崇拜、风物崇拜、价值追求（崇教、崇商、崇义、崇利）、祭祀、风水习俗
		宗教规制	代表宗族特点的规制、谱制、功德礼仪等
	聚落价值	村庄聚集度	规模数量、聚集密度、人口规模及密度、建设规模及密度、经济规模及密度
		多样性	类型、规模、功能、文化、环境、生态、地域
		文化关联度	文化交流、地缘环境（水运、交通）、血缘族缘、风俗习惯、语言、饮食、民族
		作用协调性	文化交流、经济交流、交通作用、功能特征

表格来源：作者自制

3.2.3 传统村落的价值解析

1）历史价值

村落范围内发生过的一系列人类活动，是事实存在的过往和流传至今的遗珍，构成村落的历史价值，综合体现在：第一，我国优秀的传统文化最深远绵长的根脉就在传统村落中；第二，传统村落是我国农耕文明留下的最大遗产，体现了我国各个历史时期不同地域人们的物质生产和生活方式，是某一时代的延续或珍贵的历史记录；第三，传统村落辖区内保留着集中成片的中国优秀古建筑、近现代建筑，是乡土文化和乡土建筑的载体，是我国历史上各地区、各民族聚居地的典型代表；第四，传统村落的其他物质遗存是对我国历代文献所记载史实的重要佐证资料和物质补充（图3-4、图3-5）。

2）文化艺术价值

传统村落作为中国农耕文明史最重要的物质载体之一，保存着中华民族的精神家园，具有重要的文化艺术价值，综合体现在：第一，传统村落最直接地体现了中华文化的民间情感、民族气质和文化多样性；第二，传统村落是传统社会最基本的单元，我国的非物质文化遗产和传统文化在村落中得到了较好的传承和延续；第三，传统村落在其保留的大量的乡土建筑营建、建筑装饰上体现了世代居民的智慧与实践，其中蕴含着丰富的民间艺术瑰宝，是

图3-4　湖南省岳阳市岳阳县张谷英村　　　　　　图3-5　张谷英村传统建筑群

图片来源：作者自摄

难能可贵的民居艺术展示馆；第四，传统村落不但保留有传统景观、传统建筑，还有大量的其他形式的艺术品（图3-6、图3-7）。

图3-6　西藏自治区昌都市传统民居室内装饰　　　　图3-7　西藏自治区典型藏东地区民居

图片来源：赵盈盈.藏东民居建筑装饰艺术研究[D].南京：南方工业大学，2012

3）景观环境价值

"天人合一"的思想，促成了村落格局和风貌与山水环境和谐相融的生态景观，其价值综合体现在：首先，由于文化差异及自然环境的不同，传统村落形成了各具特色的景观意象和文化特征；同时，以传统村落的农业种植地为载体的田园风光及周围的大自然，相连的树木、房屋等共同组成了具有地方作物特色的农业景观；此外，传统村落呈现出了中国传统的人居环境观（图3-8）。

图3-8　风景如画的传统村落

图片来源：作者自摄

4)情感价值

乡土文化诠释着乡情、宗亲、民族情感、民族精神，其价值综合体现在：首先，传统村落蕴含着丰富和绵延的集体记忆，即乡愁；其次，在特定区域或民族聚居区形成了与环境相融合的带有独特地域性质的生活习俗、文化传统、方言、饮食习惯等，并且不断发展演变，至今仍发挥着作用；最后，宗教和民间信仰是与人类社会发展伴生的一种文化现象，本质上是人的精神寄托，我国各地村落普遍存在着宗教和其他民间信仰。

5）科学技术价值

科学技术价值评估主要关注传统村落中能够直接反映古人的科学知识和技术创造的可量化的价值指标，其价值综合体现在：第一，传统村落的选址以及规划营建与自然环境、地域背景、村民的生产生活方式密切相关；第二，传统村落乡土建筑的设计、选材在适应地理环境、适应当地风土人情和习俗、满足生存需要等方面显示出无比的机巧；第三，传统村落节约、合理利用资源的科学技术。

6）社会经济价值

传统村落作为最小的经济活动基本单元，能否将居民留住，并通过产业结构提升推动村落持续发展是评价其社会经济价值的重要标准之一，具体体现在：首先，传统村落作为一种文化资源，可以被转化为文化旅游的内生动力；与此同时，具有村落特色的村规民约制度是维护本村社会秩序和村风民俗，历来也是研究和观察我国乡土社会的重要样本；最后，为保留村民数量，需要积极完善生活基础设施，治理农村环境。

3.3 价值综合评估的关键技术

3.3.1 国内既有价值评估的主要方法及实践

传统村落价值综合评估的目标是通过价值评估来全面系统地认识传统村落自身的综合价值，避免具有保护价值的对象在未来的发展中遭到破坏和改变，也要实现村落对现代社会的适应性发展，保障优秀文化的传承和村落的可持续发展。总体来看，既有的技术方法或技术工具基本可以支撑传统村落价值评估的研究，因此，传统村落价值评估的重点不是技术方法的创新，而是利用现有技术方法，选择有效的软件工具，建立一套能够实现价值综合评估目标的，糅合了定量法、定性法的价值综合评估方法。

1）我国历史文化名城及村镇保护评估体系及评价体系

国家历史文化名城、中国历史文化名镇名村、中国传统村落是我国历史保护相关领域中的最高荣誉称号。这些荣誉称号的申报工作，涉及对历史资源的价值评估。2000年后逐步出台的对应性政策文件等已成为我国目前历史文化名城名镇名村评定的基本依据，成为保护规划和保护管理的重要依据。

（1）国家历史文化名城保护评估标准

2010年，住房和城乡建设部、国家文物局印发了《国家历史文化名城保护评估标准》和《国家历史文化名城保护评估基础数据表》，成为此后各地申报国家历史文化名城的重要指导性文件和评价标准。评估范畴包括保存文物的丰富度和完整度、城市传统格局和风貌、城市历史文化价值与特色。评估内容包括物质遗存数量、古城格局、历史风貌、历史环境、历史价值、艺术和科学价值以及名城保护与社会经济发展的关系等11项。该评估标准是专项的保护评估，评估方法为定量、定性相结合。

（2）中国历史文化名镇（村）评价指标体系

2002年9月建设部印发《关于全国历史文化名镇（名村）申报评选工作的通知》，启动了国家层面的历史文化名镇名村评选工作。《通知》规定了评选范围及基本条件，同时制定了《全国历史文化名镇（名村）评价标准》。2003年建设部、国家文物局印发了《中国历史文化名镇（村）评选办法》。评选办法是指基本条件和评价标准，涵盖了历史价值与风貌特色、原状保存程度、现状规模和村镇规划等内容。与《全国历史文化名镇（名村）评价标准》相比，历史价值与风貌特色得到深化、细化。但由于其没有定量评估标准，2004年，建设部和国家文物局公布了《中国历史文化名镇（名村）评价指标体系（试行）》，作为之后历史文化名镇名村评定工作的依据。2010年，住房和城乡建设部、国家文物局对《中国历史文化名镇（名村）评价指标体系》进行了调整优化。

（3）中国传统村落评价指标体系（试行）

2012年8月下旬，住房和城乡建设部等部门下发了《传统村落评价认定指标体系（试行）》的通知，填报内容作为第一批中国传统村落评定的基本材料和重要依据。它采用三部两级方式，分为村落传统建筑评价指标体系、村落选址格局评价指标体系和非物质文化遗产评价指标体系三部分，每一部分又包含定量和定性评价。

（4）保护评估体系总结

目前，保护评估体系及标准具有以下特征：

其一，这三个评估体系的评估内容和评价标准，基本以评估对象的历史文化价值为主，其他内容较少，属于典型目标导向的应用性评估。其二，保护评估体系及标准中，历史价值的关注度最高，内容最为全面。其三，国家历史文化名城保护评估范畴基本集中在城市的历史文化价值和特色；《中国历史文化名镇（名村）评价指标体系》在历史价值评估的基础上，增加了保护管理的评估内容；《传统村落评价认定指标体系（试行）》则是结合村落活态传承的目标，增加了非物质文化遗产评价的内容，涉及的价值范畴相对丰富。其四，三个评估体系及标准全部采用定量与定性结合的评估方法，而定量评估全部采用因子打分法。

保护评估体系及标准的主要问题是：

其一，以上保护评估体系及标准中，生态景观价值、社会经济价值的要素及评估有所提及，但内容非常有限，对其他价值范畴的属性表达也不够完整全面，均未包含情感价值的要素及评估。其二，评价指标与评价因子的选取强调与管理体制、保护目标和地方实际相结合，但因子对应的内容既有层次交叉，也有逻辑交叉，显然也没有考虑系统性。其三，现有实践管理中，对村落价值的规划管理工作是以保护为主要目标、管理为核心任务的，而与保护密切相关、相互促进的发展利用评价严重不足。特别是都没有包含价值综合评估，而这是目前评估体系的显著缺陷和实践管理的迫切需求，也是传统村落价值评估的重点研究内容（表3-2、表3-3）。

2）综合性评估学术研究成果

（1）评估内容

目前，关于价值评估的内容以单一学科、单一领域或单一行业为主，多为建筑美学、历史学、地理学、旅游学科或某些行业的综合性评估。总体看，评估内容较少涉及村庄社会经济价值、综合发展潜力等方面。关于价值体系综合评估的研究非常缺乏，更没有形成一套完

我国历史文化名城、村镇保护评估体系及标准的价值特征属性分析　　　表3-2

第二层序 (价值范畴)	第三层序(特征属性)	《传统村落评价认定指标体系(试行)》 (2012年)	《中国历史文化名镇(名村)评价指标体系》(2010年)	《国家历史文化名城保护评估标准》
文化艺术价值	久远度	建筑久远度、村落建址久远度		历史遗存久远度
	真实性		村落格局、文物保护单位和历史建筑的比例	
	完整性	建筑完整性、建筑细部完整性、环境要素保存情况及完整度	环境要素完整性，历史格局、形态、街巷完整性，聚落完整性	历史文化街区比例、历史街巷保存情况、地域历史环境、古城格局、城市风貌、历史街区风貌
	稀有性	文物保护单位等级、非物质文化遗产级别		
	丰富度	传统建筑面积、环境要素种类、非物质文化遗产种类	文物等级与数量、历史建筑数量和规模	文物保护单位及其他不可移动文物，历史建筑的等级、数量及保存情况，非物质文化遗产等级、数量，历史文化街区规模
	历史地位或作用		反映重要职能或作用的历史建筑保存状况	城市历史地位和作用，重大事件或工程，民族特色
景观环境价值	建筑美学	建筑造型、结构、材料、装饰		城市格局、建筑风貌、景观特色等方面的艺术表达
	传统工艺技艺	传统技艺、工艺、工具		
	非物质文化遗产	非物质文化遗产		
	乡村景观风貌			
	自然生态系统功能			
	自然灾害抵御能力			
	与生态的协调性	村落与周边环境的协调性、与田园风光的共生关系，非物质文化遗产与周边环境依存程度		
社会经济价值、科学技术价值	村落选址格局	村落选址规划		城市选址、建设、军事防卫、与自然环境的协调性、典型代表性
	环境利用改造			
	建筑、生产生活及工程营造工艺			工程设施、工商业发展等方面的技术工艺或科学理念
	考古作用	考古科学		
	典型性或代表性			

续表

第二层序 (价值范畴)	第三层序(特征属性) 《传统村落评价认定指标体系(试行)》 (2012年)	《中国历史文化名镇(名村)评价指标体系》(2010年)	《国家历史文化名城保护评估标准》
情感价值	生活延续性	非物质文化遗产传承时间、传承活动规模及传承人活态性、传承人；工艺、组织活动等与村庄的依赖性	原住居民比例，非物质文化遗产等级、数量、类型	城市保护与城市空间布局、产业经济、社会经济的协调性
	经济收入水平			
	管理制度(包括保护、发展措施)		保护规划、修复管理措施、保护保障机制	
	乡村产业			
	职能与影响		村镇历史地位或作用、重大事件或名人的影响	城市影响力
	社会经济适应性——基础设施水平或完善度			
	社会经济适应性——公共设施水平或完善度			
	发展资源及可持续性			
	内聚性及文化认同性			
	宗教信仰			
	宗教伦理			

表格来源：作者自制

我国历史文化名城、村镇保护评估体系及标准的价值范畴覆盖度分析　　表3-3

第二层序 (价值范畴)	第三层序 (特征属性)	《传统村落评价认定指标体系(试行)》(2012年)	《中国历史文化名镇(名村)评价指标体系》(2010年)	《国家历史文化名城保护评估标准》
历史价值	久远度	√		√
	真实性		√	
	完整性	√	√	√
	稀有性	√		
	丰富度	√	√	√
	历史地位或作用			
文化艺术价值	建筑美学	√		√
	传统工艺技艺	√		
	非物质文化遗产	√		

续表

第二层序（价值范畴）	第三层序（特征属性）	《传统村落评价认定指标体系（试行）》（2012年）	《中国历史文化名镇（名村）评价指标体系》（2010年）	《国家历史文化名城保护评估标准》
景观环境价值	乡村景观风貌			
	自然生态系统功能			
	自然灾害抵御能力			
	与生态的协调性	√		
科学技术价值	村落选址格局	√		√
	环境利用改造			
	建筑、生产生活及工程营造工艺			√
	考古作用	√		
	典型性或代表性			
社会经济价值	生活延续性	√	√	√
	经济收入水平			
	管理制度（包括保护、发展措施）		√	
	乡村产业			
	职能与影响		√	√
	社会经济适应性——基础设施水平或完善度			
	社会经济适应性——公共设施水平或完善度			
	发展资源及可持续性			
情感价值	内聚性及文化认同性			
	宗教信仰			
	宗教伦理			

表格来源：作者自制

整的传统村落价值综合评估的方法、框架等研究成果。

（2）综合评估（评价）方法

关于综合评估（评价）的技术方法非常丰富，包括定性分析论证法、理论模型计算法、文献归纳提炼法、数据库统计评估法、实践归纳分析法、示范案例校核法等。目前最常用的和比较有效的评估方法主要有因子分析法、模糊综合评判法、层次分析法等。

（3）村落评估结果分类

王云才将村落分为保护性村落、遗产性村落、特色村落；赵勇等将村落按照保护状况分为四类：保存状况最好、保存状况相对较好、保存状况不乐观和保存状况堪忧。

3）目前遗产价值评估的主要方法

（1）早期以定性评估为主，逐步引用定量法。

（2）借助评估指标体系的专家打分法。

（3）其他常用评估方法：基于GIS平台的历史建筑价值综合评估体系[3]、意愿调查评估法（CVM，也叫条件价值评估法）等。

4）通用评估技术手段适用性分析

（1）定量法

概念解析：定量法指的是采用定量的方法来对资料或信息进行分析、比较从而得出有价值的结论，它依据统计数据建立数学模型，并用数学模型计算出分析对象的各项指标及其数值。定量研究是对事物进行量的分析和研究，侧重于揭示数字描述下的各种本质问题。主要分为三类：以数理理论为基础的方法、以统计分析为主的方法、重现决策[4]支持的方法。

适用对象：适用于客观的、独立于研究者之外的某种客观存在物，可以被分割成几个部分，通过对各组成部分的分析能够获得整体的认识。

优点：运用大量数学知识，结果更为科学、准确、简洁、直观，在一定程度上能够消除人们的偏见和主观意识，应用效果好。

缺点：定量法操作起来往往有一定的困难，有些关联因子难以量化，会带有主观色彩，影响量化的准确度。

（2）定性法

概念解析：定性研究方法是由访问、观察、案例研究等多种方法组成，目的在于描述、解释事物、事件、现象、人物并更好地理解所研究问题的研究方法[5]。定性研究不使用统计模型，不做回归分析，可以理解为它是基于事物种类或者质的差别而不是程度的差别的研究。定性研究也可以是经验式的实证研究，分为两个层次：一是没有或缺乏数量分析的纯定性研究，结论往往具有概括性和思辨色彩；二是建立在定量分析的基础上的更高层次的定性研究，也就是通过大量的数据分析并结合理论、经验得出结论的定性研究。

适用对象：主要适用于那些没有或不具备完整的历史资料和数据的研究对象。

优点：定性研究对整体的观点进行研究，将研究对象和因子看作一个整体，采取多方面搜集资料的方法，以发现所有的研究角度和资料，形成全面系统的认识。

缺点：定性研究方法在较多环节存在主观性和不确定性，只是对所研究事物相对准确的认识，而不是绝对的"真实有效"。此外，因为定性研究更偏重于对"质"的研究和了解，对事物的"程度"和变化的描述在不同的人看来会有不同的理解，研究结果在实际使用中无法直接用于排序和推广。

（3）综合法

综合法是一种综合运用定量法、定性法的综合研究方法。可以理解为从定量法到定性法这一连续的研究方法的集合，也就是说既运用定量法对某些内容进行量化分析，也要运用定性法对研究对象有一个系统、全面、深入和相对准确的认知和阐述，同时找到定量研究与定性研究相互转化的一些关键性要素和节点。

另外，对于大量的定量研究，有必要进行系统的分析、提炼，形成一些定性研究结论，这样综合运用定量和定性方法才能有效地对研究对象形成相对准确而可信的研究成果。

3.3.2 价值综合评估的方法及原则

1）评估原则

（1）传统村落价值评估体系是一个逻辑严谨、系统完整的评估体系，要坚持完善性原则。

（2）传统村落既具有历史文化价值属性，也具有一般村落的属性，要坚持多元化原则。

（3）可行性原则。体现在三个方面：一是评估要素因子的可获得性，二是评估过程的可实施性，三是评估成果的可用性。

2）评估方法的选择

本研究选取了因子分析法。因子分析法就是用少数几个因子去描述许多指标或要素之间的联系，即将相关比较密切的几个变量归在同一类中，每一类变量就成为一个公因子，以较少的几个公因子反映原数据的大部分信息。

因子分析法的基本原理、步骤如下：

设有 N 个样本，p 个指标因子，$X=(X_1, X_2, \cdots, X_p)$ 为可观测的随机向量，要寻找的公因子为 $F=(F_1, F_2, \cdots, F_m)$，则模型 $X=AF+e$ 称为因子模型。矩阵 $A=a_{ij}$ 称为因子载荷矩阵。找出公因子就是采用某种方法找出因子载荷矩阵 A。

因子分析法的基本原理、步骤：

（1）首先，对样本数据 $X=(x_{ij})_{n\times p}$ 进行数据标准化，消除量纲的影响。
（2）求样本相关系数矩阵 $R=(r_{ij})_{p\times p}$ 及相关系数矩阵 R 的特征值，计算特征值贡献率。
（3）确定公因子。传统村落价值评估中的公因子可以理解为对价值特征属性的划分检验以及每项特征属性对相应价值的影响程度。
（4）采用主成分法求因子载荷矩阵 $A=(a_{ij})_{p\times m}$。
（5）对因子载荷矩阵采用方差最大化法进行变换，最终获得指标因子得分系数矩阵，进而确定传统村落（样本）每项价值的得分及排序。

3.3.3 子系统（分项价值）评估

1）子系统建立

按照价值体系对应的六大价值范畴（6V体系），分别对每一项价值范畴进行独立评估，形成"历史价值、文化艺术价值、景观环境价值、科学技术价值、社会经济价值、情感价值"6个独立的子评估系统。

子评估系统的建立具体如下：首先，按照每个价值范畴项，提取分项表现因子，对每个因子赋值，再把每个村落的因子对应于分项因子标准值进行标准化处理（去量纲），然后进行每个村落的得分统计，可以直接得出每个村落的分项价值的得分和排序，根据得分和排序，可以非常直观地看到每个村落的分项价值水平。将每个村落的6个分项价值（6V）的得分累加，则可以直接得到每个村落的综合价值水平。对综合价值水平进行分析，为我国传统村落的分类保护利用提供基础（表3-4）。

6V体系各指标因子选取表　　　　表3-4

历史价值（共18项）	村落建成年代、建筑年代、文保单位数量、非物质文化遗产总数、历史建筑数量、古树名木数量、历史环境要素总数、历史街巷数量、历史街巷长度、保护范围总面积、核心保护范围面积、保护性建筑面积、核心区历史建筑和文保单位面积、自然景观特征、村落选址和格局、空间形态、重大历史事件、历史名人
社会经济价值（共25项）	原住民数量、村落人口保有率、60岁以下人口比例、户籍人口数量、村庄常住人口数量、房屋使用率、村庄集体年收入、村民人均年收入、村落产业类型、乡村旅游开展、村规民约制度、村里各项建设是否需要办理乡村建设规划许可、对农民住房建设有管理要求、劳动人口数量或比例、村庄面积、自来水是否入户、污水处理方式、是否有环卫或垃圾收集设施、垃圾填埋或焚烧、公共照明、通信或网络（宽带）、生活燃料使用、有无文体设施、村庄客运交通、村内距离县道以上公路的距离

续表

景观环境价值（共13项）	乡土建筑特征、村落选址和格局特征、村落空间形态、田园风光及农业景观、自然景观特征、自然山水环境资源、自然资源情况、村落产业、空气清洁度、人均耕地面积、水体环境质量、村庄植被覆盖情况、上一年村内种植树木数量
文化艺术价值（共12项）	乡土建筑美学特征、建筑院落美学形制、历史建筑数量、非物质文化遗产项目类型数量、非物质文化遗产级别、非遗传承人、民族多元、艺术传承情况、活动场所、宗族姓氏集聚特征、民俗节庆、方言体系（不含口音）
情感价值（共6项）	文化归属感、少数民族、地域文化特征、宗教信仰或其他民间崇拜、主要宗族姓氏、宗族物质遗存
科学技术价值（共6项）	村落选址和格局、空间形态、规划和营建、与环境协调技术和资源科学利用、乡土建筑特征、建筑材料

表格来源：作者自制

2）公因子及指标因子贡献率评估

在上述研究的基础上，借助数学计算方法，建立价值范畴—特征属性—表现要素（集）之间的数学关系，分别测算每个子系统中指标因子对分项价值特征属性的作用和影响，识别出敏感因子和非敏感因子，敏感因子可以直接作为规划、管理、政策制定等的关键控制要素。

根据分项价值评估的结果，可得出每个指标因子在分项价值中的贡献度，贡献度越高，意味着其变化对相应价值的影响越大。如果把贡献度（模型名称）转化为敏感度，指标因子会转化为规划要素，可以直接变现出其实践指导意义，即指标因子的敏感度越高，表明在村落保护中的作用越大，越应该对重点保护内容的确定、利用发展作用的影响以及规划管理政策制定等方面高度关注，指标因子的敏感度（表3-5、表3-6）分析对我国传统村落保护发展制度的完善具有直接应用意义。

子系统（分项价值）规划要素敏感度分析排序表1　　　　表3-5

敏感度排序	历史价值	社会经济价值	景观环境价值
1	核心保护范围面积	60岁以下人口比例	空气清洁度
2	核心区历史建筑和文保单位面积	户籍人口数量	田园风光及农业景观
3	历史环境要素总数	村庄常住人口数量	水体环境质量
4	古树名木总数	原住民数量	村落产业
5	历史街巷数量	村民人均年收入	自然山水环境资源
6	历史名人	村庄集体年收入	自然资源情况
7	保护范围总面积	有无文体设施	
8		村庄客运交通	
9		自来水是否入户	

注：敏感因子原则上取分项价值评估中排位前1/3的指标因子，并结合对评估模型的合理修正

表格来源：作者自制

子系统（分项价值）规划要素敏感度分析排序表2　　　　表3-6

敏感度排序	文化艺术价值	科学技术价值	情感价值
1	民俗节庆	空间形态	宗教信仰或其他民间崇拜

续表

敏感度排序	文化艺术价值	科学技术价值	情感价值
2	传承情况	村落选址和格局	主要宗族姓氏
3	乡土建筑特征	规划和营建	宗族物质遗存
4	建筑院落形制		

注：敏感因子原则上取分项价值评估中排位前1/3的指标因子，并结合对评估模型的合理修正。科学技术价值和情感价值评估中，由于数据库信息的限制，目前指标选取较少，实践中数据有保障，敏感度指标因子会更加客观、丰富

表格来源：作者自制

3) 价值综合评估及"价值轮"结构

在以上两步的基础上，可以推导出六大价值各自对综合价值的贡献率，由此发现我国村落综合价值的构成规律，找到结构特征，形成传统村落的综合"价值轮"，以此为基础，可以开展任一目标导向下的单项价值评估，避免各单项价值评估的片面性或系统性不平衡，维系各项价值之间的协调（图3-9）。

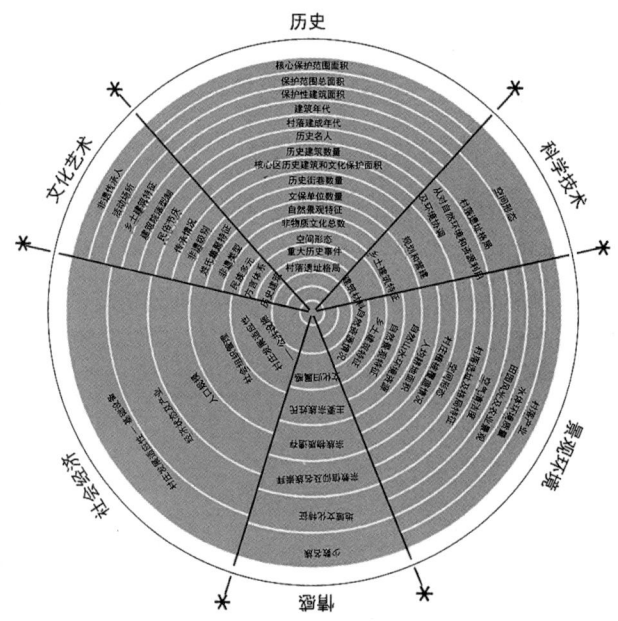

图3-9 基于理论概念的"价值轮"均衡结构示意图

图片来源：作者自绘

3.3.4 价值综合评估结论及实践意义

1) 综合评估结论

（1）基于价值的村落分类

最终，我们把村落分为四类：

第一类——良好类。此类村落大约占26.8%，特点是各项价值的得分普遍高于样本的平均水平，相对比较均衡，这一类多分布在经济比较发达的地区。另一个突出的现象是此类

村落中的景观环境价值普遍较高。还有一个值得高度关注的现象：即使在良好类内，6V全部高于平均水平的村落也仅寥寥数个。

第二类——一般类。此类村落大约占55.2%，其各项价值表现没有明显的规律性，良莠不齐，大部分属于不好不坏的状态。其中社会经济价值、科学技术价值尤其不显著。

第三类——困境类。此类村落大约占17.9%，其综合价值得分明显低于平均水平，普遍分布在经济相对欠发达地区。值得关注的情况有两种：一是"双低"现象，即在综合价值得分较低的同时，历史价值、社会经济价值"过低"，对村落历史文化的保护和今后的发展都形成了严重的障碍。二是"双低失衡"现象，即在"双低"的同时，部分村落出现某一项价值得分"超高"，在本已非常不乐观的状态下，表现出严重失衡。

第四类——濒危类。专指历史价值过低的一类村落，占样本数量的10.4%。这类村落中反映历史文化资源和价值的指标，绝大部分明显低于前三类，而反映社会、经济、人口、地理环境等的指标则没有显著规律。

（2）不同类型村落指标的关联性

针对每一类村落的各项定量评估指标进行平均值统计，呈现出两种特征。

一组是与价值综合水平有显著正向关系的指标，包括村落建成时间长度、文保单位数量、历史街巷数量、历史街巷长度、历史建筑数量、全部保护性建筑面积、古树名木总数、全村户籍人口、全村常住人口、房屋使用率、村庄集体年收入、村民人均年收入、劳动人口的比例共13项指标。

另一部分定量评估指标则与价值综合水平呈非正向关系，共10项，分别是：最早建筑建成时长、非物质文化遗产总数、保护范围总面积、核心保护范围面积、核心保护区历史建筑和文保单位用地面积、村落人口保有率、60岁以下人口比例、村庄面积、村子距最近县道以上公路的距离、人均耕地。

（3）分类指标体系

结合以上各项研究以及传统村落保护、利用及发展的综合目标，为实现分类管理目标，建立了分类指标体系。该指标体系的应用侧重于两个部分，即历史文化保护和村落利用与发展支撑，主要指导适应性保护、合理利用和针对管理，以下是应用技术参考（表3-7）。

传统村落分类指标参考对照表　　　　表3-7

序号	指标属性	指标名称	分类参考值				备注
			良好类	一般类	困境类	濒危类	
1	强制性	各级文物保护单位数量	≥10处	≥5处	5处以下	5处以下	正向关系指标
2		历史建筑数量	≥50栋（间）	≥50栋（间）	50栋（间）以下	50栋（间）以下	正向关系指标
3		历史街巷数量	≥5条	≥5条	5条以下	5条以下	正向关系指标
4		历史街巷长度	≥4000m	≥3000m	≥2000m	2000m以下	正向关系指标
5		核心保护范围面积	≥3hm²	≥2hm²	≥1hm²	0.5hm²以下	正向关系指标
6		全部保护性建筑面积	≥3500m²	3500m²以下	3500m²以下	3500m²以下	正向关系指标

续表

序号	指标属性	指标名称	分类参考值				备注
			良好类	一般类	困境类	濒危类	
6	强制性	全部保护性建筑质量	≥70%完整、安全、主体无破损	≥60%完整、安全、主体无破损	≥50%完整、安全、主体无破损	完整、安全、主体无破损不足50%	
7		全村户籍人口	≥450人	≥200人	≥150人	150人以下	正向关系指标
8		全村常住人口	≥450人	≥200人	≥150人	150人以下	正向关系指标
9		房屋使用率	≥80%	≥70%	≥65%	65%以下	正向关系指标
10		村民人均年收入（元）	当年全国社会保障农村扶贫标准4倍以上	当年全国社会保障农村扶贫标准3倍以上	当年全国社会保障农村扶贫标准2倍以上	当年全国社会保障农村扶贫标准2倍以下	正向关系指标
11		劳动人口数量比例	≥50%	≥40%	≥40%	40%以下	正向关系指标
12		村落人口保有率	≥80%	≥70%	≥50%	50%以下	正向关系指标
13	弹性	村庄集体年收入	≥50万元	50万元以下	50万元以下	50万元以下	正向关系指标
14		保护范围总面积	≥10hm²	≥5hm²	5hm²以下	5hm²以下	非正向关系指标
15		核心保护区历史建筑和文保单位用地面积	≥0.8hm²	≥0.5hm²	≥0.5hm²	0.5hm²以下	非正向关系指标
		各级非物质文化遗产	≥3项	≥3项	≥3项		非正向关系指标
16		60岁以下人口比例	≥60%	≥60%	≥60%	60%以下	非正向关系指标
17		村庄面积	≥10hm²	≥10hm²	≥10hm²	10hm²以下	非正向关系指标
18		污水处理	有设施并达标	部分有设施且部分达标	无设施	不限制	数据评估指标
19		垃圾处理	有设施并达标	部分有设施且部分达标	无设施	不限制	数据评估指标
20		排水设置	有设施并达标	部分有设施且部分达标	无设施	不限制	数据评估指标

表格来源：作者自制

（4）基于价值综合评估的传统村落保护、利用、发展的对策建议

第一点：坚持双价值协调、三价值平衡的原则。传统村落的保护必须建立在历史和社会经济双价值基本稳定的基础上，坚持历史—社会经济—景观环境三价值平衡的原则。

第二点：因村制宜、分类管理。第一类村落要加强经验总结和推广，找到更加适合我国传统村落保护利用和发展的有效途径，再通过政府引导和政策推动，发挥带动作用，并最终形成机制性保障和制度。第二类要解决具体问题，进一步细化此类村落的保护、利用或发展方式，在现行制度的基础上制定"类型性"适用对策和"区域性"技术指南。第三类村落，

首先要改变严重失衡状态，在着力保护历史文化资源的同时完成"短板"补长，特别是社会经济价值"救命短板"的补长，使村落逐步达到平衡状态，恢复自身发展能力，进入良性循环状态。第四类应谨慎核查。

第三点：坚持景观环境友好的传统村落保护发展路径。未来在传统村落保护、利用及发展的途径中，应充分利用景观环境优势，促进这一价值的资源转化和社会经济作用转化，构建村落保护和发展的外部环境保障，走出一条基于生态环境友好的传统村落保护、利用新路径。

第四点：价值综合体系应不断完善。我们选择的评估方法对新价值范畴的评估同样有效，可以不断丰富价值体系中的价值范畴内容，实时性地开展"综合价值评估"，并通过评估结果动态回应我国传统村落保护、利用和发展过程中的问题，提出保护规划完善方向以及管理政策建议等。

第五点：应建设与完善数据库。目前的数据尚缺乏丰富性和系统性，距离我国传统村落保护、利用、发展有一定差距。针对价值综合评估的信息也需要进一步完善。应加快建立传统村落保护利用工作的系统性数据库，迎接未来的大数据管理时代，形成科学的传统村落基础数据调查模板，为我国农村历史文化保护、利用及发展奠定科学化、规范化的基础。

2）实践意义

（1）传统村落价值评估体系建立的这样一套价值评估技术方法是较具有针对性的，如果得到数据补充，评估结果对实践应用的直接指导意义将大大增强。

（2）本次研究采用样本选择方式，加上适应性良好的"因子分析法"，评估结果的合理性、有效性可以满足。

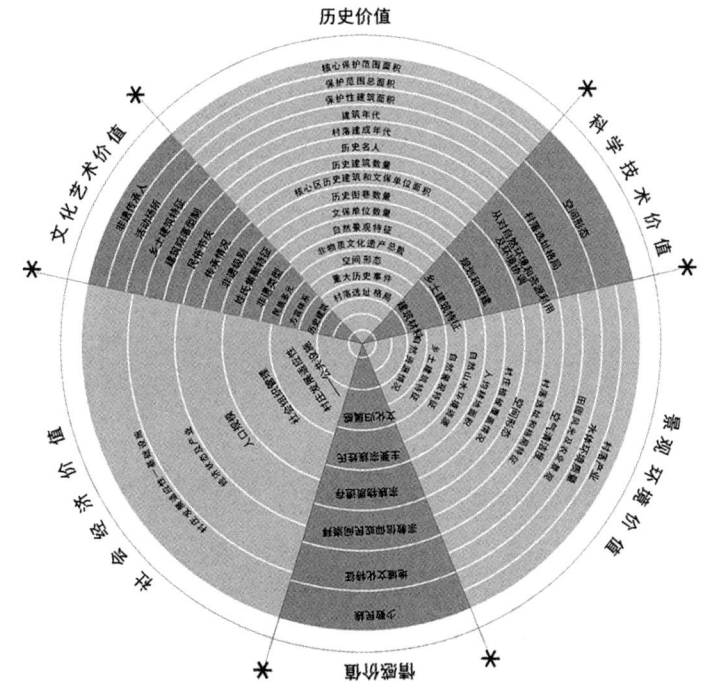

图3-10　基于实践评估的"价值轮"非均衡结构示意图

图片来源：作者自绘

（3）建立"三主三辅"的"价值轮"非均衡结构。"三主"为历史价值、社会经济价值和景观环境价值。"三辅"为科学价值、文化艺术价值和情感价值。"价值轮"呈现出了村落价值综合体系的结构，诠释了每项价值及指标的实践意义，避免了各单项价值评估的片面性或系统性不平衡，维系了各项价值之间的协调，真正建立了价值综合评估系统，实现了我国现有价值评估从单一价值（多价值集合）评估向价值综合评估的跨越。

"价值轮"中扇面大小代表分项价值在综合价值中的重要程度。扇面中每个指标由内向外，代表其对分项价值的贡献程度逐步增大（图3-10）。

参考文献

[1] 任济东.中国明清古村落建筑艺术研究：以皖南、晋东南古村落为例[J].阅江学刊，2014，6(02)：140-145.

[2] 张帆，传统村落与历史文化名城的价值关联比较研究：以山西浑源与神溪村为例[J].中国名城，2017(110)：78-84.

[3] 郑晓华，沈洁，马菀艺.基于GIS平台的历史建筑价值综合评估体系的构建与应用：以南京三条营历史文化街区保护规划》为例[J].现代城市研究，2011(4)：19-23.

[4] 洪芳.定性研究和定量研究的比较分析[J].南方论刊，2013(12)：52-53.

[5] 张梦中，马克·霍.定性研究方法总论[J].中国行政管理，2001(11)：39-42.

第4章
传统村落的生态系统

传统村落生态系统是一个以人类活动为主导的自养型自然—社会—经济复合农业生态系统[1]，在传统村落形成之时就已形成一种典型的以人为核心、以庭院建筑物为主体、以村落周围环境和自然资源为基础的半人工、半自然和半开放的村落生态系统[2]。在村落生态系统结构中，村落与林草、水体、畜牧、农田等生态系统的明显区别在于它具有突出的景观和复杂的人文特征。它们之间进行复杂的物质循环和能量流动。村落通常包含农田、林草、水体、畜牧生态系统。村落与城市最显著的区别在于它与土地具有密切的联系。

4.1 传统村落生态系统现状

4.1.1 传统村落生态环境现状及问题

传统村落是在广大乡村地区形成的人口居住村落。人们的农耕劳作与起居生活依附于土地和山、水、林、牧等自然资源，所以，我国传统村落的选址都是对自然要素做出的综合选择，传统村落普遍拥有丰富的自然资源及宝贵的历史文化资源。不同的自然环境孕育着形态不同的传统村落，同时，自然环境的差异也影响到传统村落的建筑布局、形式和村民的生活习惯、民风民俗。

随着信息技术的发展与科学技术的进步，传统村落与外界的联系愈加紧密，在现代社会的冲击下，过去的作息与耕作方式被打破，随之而来的是更多的环境污染与破坏。生活水平的提高使得人均碳排放量提高，以居民点为单位的污染物排量也随之提高。现代农业的发展、农药化肥的过度使用使得农业污染变得更为不可控，同时，以农田为源头的水源经过层层汇流，最终给河流湖泊带来了更大的污染。人类活动能力与强度随着工具的发展而愈加强大，同时给同在一个生态环境中的其他生物更少的生存空间，随着原生林的破坏、动植物生存环境的破坏与恶化，生态系统的生物链与生态多样性遭到破坏。

4.1.2 传统村落生态系统研究的意义

在自然环境方面，大部分传统村落凭借着天然的自然环境优势，极大程度地保留了丰富的历史文化遗珍。而对于村落而言，良好的生态环境是它们赖以生存的根本。面对这一现状，针对农村土地面临的资源与环境问题、土地利用与管理问题、水文与生态问题、村落物理环境问题等进行探讨，以期能为传统村落的生态保护规划提出合理的建议。

1）落实区域生态系统的要求

构建区域生态安全格局作为实现传统村落所在区域生态安全的基本保障和重要途径，能够有效化解生态保护与经济发展的矛盾，其成果可直接用于传统村落空间结构优化与生态保护建设，为传统村落空间结构优化布局提供了定量化的研究先例。

生态廊道是指不同于周围景观基质的线状或带状景观要素，是具有保护生物多样性、过滤污染物、防止水土流失、防风固沙、调控洪水等生态服务功能的廊道类型。而生态斑块是景观格局的基本组成单元，是指不同于周围背景的、相对均质的非线性区域。自然界中的各种等级系统普遍存在时间和空间的斑块化。它反映了系统内部和系统间的相似性或相异性，明确区域生态传统范围内的生态廊道和生态斑块是为了对内部的生态景观基础进行了解与掌握，对传统村落现有的生态景观基础进行发掘和利用开发，使传统村落生态格局系统化。

落实区域生态系统格局对生态廊道和生态斑块的建设要求，明确区域生态系统规划中涉及的绿色生态城区内的重要生态空间名称。重要生态空间往往包含特殊的、具有生态价值的物质空间组合。因此，在绿色生态城区内的重要生态空间是生态系统规划中的重点，在生态廊道和生态斑块的建设过程中应该优先考虑重点生态空间，这将有利于捕捉区域生态系统的重点研究对象。提出各类生态空间的保护范围和建设引导要求。保护范围的确定是为了区分出生态保护区和非生态保护区的界限，生态保护区范围内的工程建设必须要受到限制，对传统村落的修复性建设应该符合生态规划原则，不允许破坏村落中现存的或者潜在的生态廊道、生态斑块。建设过程要依赖于传统村落保护建设的建设标准要求。

2）构建区域生态系统格局

提出传统村落所在区域的生态廊道结构、各生态廊道名称以及生态廊道两侧绿化带的控制宽度。生态廊道不仅应该由乡土物种组成，而且通常应该具有层次丰富的群落结构。保持生态廊道的连通性，是区域生态系统稳定性、生物多样性的重要保障。

提出传统村落所在区域的生态斑块的名称，明确生态斑块的位置及应控制的面积。生态斑块的位置应通过现场调研确定，斑块的位置可以影响区域内生态廊道的布置以及整体的生态系统布局。生态斑块面积可通过现场调研或者利用遥感技术、GIS技术、GPS技术等手段确定，生态斑块的大小不仅影响物种的分布和生产力水平，而且影响能量和养分的分布。一般来说，斑块面积越大，物种多样性越高。因此，在区域内尽量将微小斑块进行拼合以形成面积大的斑块，可以提高斑块内部的物种多样性。

3）协调传统村落与区域生态安全格局的关系

传统村落作为区域景观生态系统中的村庄斑块，与周边环境具有较大的景观异质性。尤其在村庄，将更多地影响周边生态环境。传统村落为了满足发展需求而开展的道路及其他基础设施的建设，要尽可能减少对环境的影响，尤其要避免与构建区域生态安全格局相关的重要的生态廊道和生态斑块节点相冲突。

4.2 传统村落生态环境评价

4.2.1 传统村落土地适宜性评价

土地的适宜性用于评定土地对于某种用途是否适宜以及适宜程度的高低。它是进行土地决策和科学编制土地利用规划的基本依据。土地适宜性评价是依据土地的自然属性和社会经济属性以及特定土地用途对应特殊土地质量的要求,对土地资源针对特定土地用途的适宜性及适宜性程度进行评价和等级划分的过程。

1)耕地适宜性综合评价模型

耕地适宜性是指土地适用于种植农作物的适宜性程度。耕地适宜性评价是评定用于农作物种植的土地适宜性程度的过程。

(1)评价单元划分

采用栅格法将评价对象按照0.5m×0.5m的网格大小进行矢量转栅格和评价单元划分,运用ArcGIS将所有的评价因素叠加后生成的图斑即为评价单元,这样可以确保评价结果的准确程度和客观度。

(2)评价因子的选择

综合考虑评价因子的主导性、限制性、差异性及获取资料的可操作性等原则,选择土壤资源(土壤质地、土壤有机质含量、土层厚度)、地形条件(高程、坡度、坡向)、灌排情况(排水条件、灌溉水源保证情况)三大方面作为其耕地适宜性评价的评价指标,并根据三大因素建立传统村落的耕地适宜性评价指标体系(图4-1,表4-1)。

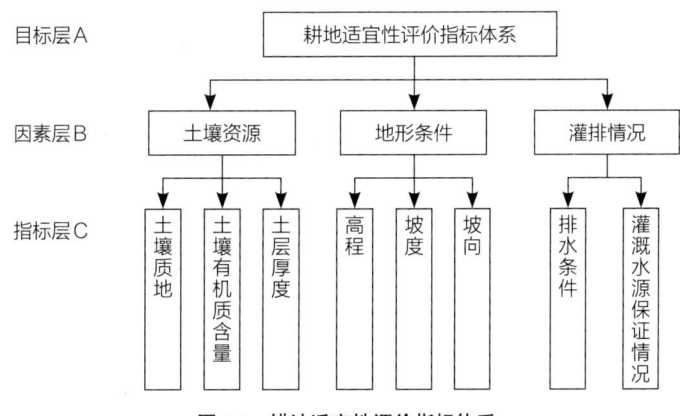

图4-1 耕地适宜性评价指标体系

图片来源:作者自绘

传统村落耕地适宜性评价指标体系　　　　　　　　表4-1

标准层	准则层	指标层
耕地适应性综合指数	土壤资源	土壤质地
		土壤有机质含量
		土层厚度
	地形条件	高程
		坡度
		坡向
	灌排情况	排水条件
		灌溉水源保证情况

表格来源:作者自制

（3）确定权重值

①建立耕地适宜性综合指数层次结构模型

在深入分析传统村落耕地利用情况的基础上，以村落耕地适宜性综合指数为总目标，将与耕地适宜性评价有关的土壤资源、地形条件以及灌排情况三个因素作为要素层，同时以土壤质地、土层厚度、土壤有机质含量、坡度、高程、坡向、灌溉水源保证情况和排水条件为指标层，自上而下地建立传统村落耕地适宜性评价指标体系的层次结构图。

②构建两两判断矩阵

从村落耕地适宜性评价的总目标出发，根据判断矩阵的重要性标度的数值和含义，向有经验的土地适宜性评价方面的专家进行反复询问并填写同层次的两个要素哪一个更重要，且重要程度是多少，得出判断矩阵。

根据专家填写的判断矩阵，计算出单层次的最大特征根 λ_{max} 和其相对应的特征向量 $W=(w_1, w_2, \cdots, w_m)$。然后，利用一致性指标 CI、随机一致性指标 RI 和一致性比率 CR 做出一致性检验。经专家填写和计算，最终确定村落耕地适宜性评价的各判断矩阵的单层次权重值。

③计算总排序权向量并做一致性检验

基于上述步骤，对村落的耕地适宜性评价指标体系进行层次总排序并做一致性检验，最终根据耕地适宜性评价指标体系，建立其评价指标权重表。

（4）评价因子等级划分

耕地适宜性评价指标体系中对各参评因子进行等级划分是一项重要工作。其基础是实地调研和搜集的资料数据，并参考与之有关的论文，总结前人的经验，咨询土地利用相关的专家，访问当地政府与土地利用有关的科技人员，进行各评价因子的等级划分。根据耕地适宜性评价指标体系中各参评因子的实际情况，按照上述等级划分的方法，对其赋予相应的分值。

2）建设用地适宜性综合评价模型

建设用地适宜性是指在一个特定的区域内，根据土地的自然、社会、经济等要素和相关的约束条件，将农用地或未利用地转为建设用地的可供性及其最有效利用方式。建设用地适宜性评价是以特定区域内所有土地资源为研究对象，评价将土地资源用作某种特定建设用地的利用方式是否适宜的过程。

（1）评价因子的选取

建设用地适宜性不仅包含客观的土地潜力的大小，还包含主观的使用者对建设用地的满意程度。因此，对建设用地适宜性进行评价时，应从主、客观两方面选择起限制性作用的评价指标，选择自然条件、社会经济条件、公共设施条件和建筑物指标四大客观因素参与建设用地适宜性评价（表4-2）。建设用地直接与生产生活等建设活动息息相关，需要选取使用者的体验和感受作为其村庄建设评价的重要因素，因此可选取村民对建设用地的满意度。

（2）确定权重值

①建立建设用地适宜性综合指数层次结构模型

从村落建设用地适宜性综合指数这一总目标出发，将与建设用地适宜性评价有关的自然条件、社会经济条件、公共设施条件、建筑物指标、民众满意度五大因素作为层次结构图中的要素层，同时以高程、坡度、坡向、植被覆盖率、人均建设用地、公共设施完备情况、距村级道路的距离、路网密度、建筑容积率、建筑间距以及村民舒适度等作为指标层，自上而下地建立传统村落建设用地适宜性评价指标体系的层次结构图（表4-3）。

传统村落建设用地适宜性评价指标体系　　　　　　　　　　　　表4-2

标准层	准则层	指标层
耕地适应性综合指数	自然条件	高程
		坡度
		坡向
		植被覆盖率
	社会经济条件	人均建设用地
	公共设施条件	公共设施完备情况
		距村级道路的距离
		路网密度
	与建筑相关指标	建筑容积率
		建筑间距
	民众满意度	村民舒适度

表格来源：作者自制

② 构建两两判断矩阵

从村落的建设用地适宜性评价总目标出发，根据判断矩阵的重要性标度的数值和含义，向有经验的建设用地适宜性评价方面的专家进行反复询问，并填写同层次的两个要素哪一个更重要，且重要程度是多少，得出判断矩阵。

③ 计算层次单排序并做一致性检验

根据专家填写的判断矩阵，计算出单层次的最大特征根 λ_{max} 和其相对应的特征向量 $W=(w_1, w_2, \cdots, w_m)$。然后，利用一致性指标 CI、随机一致性指标 RI 和一致性比率 CR 做出一致性检验。经专家填写和计算，最终确定传统村落建设用地适宜性评价各判断矩阵的单层次权重值。

④ 计算总排序权向量并做一致性检验

同理，基于上述步骤，对传统村落的建设用地适宜性评价指标体系进行层次总排序的权向量计算，并做一次性检验，最终根据村落的建设用地适宜性评价指标体系和各评价指标的权重值，建立其建设用地适宜性评价指标权重表。

（3）评价因子等级划分（表4-3）

传统村落建设用地适宜性评价指标等级划分及赋值　　　　　　　　表4-3

目标层	因素层	指标层		Ⅰ级	Ⅱ级	Ⅲ级	Ⅳ级
建设用地适应性综合指数	自然条件	高程	分级				
			分值				
		坡度	分级				
			分值				

续表

目标层	因素层	指标层		Ⅰ级	Ⅱ级	Ⅲ级	Ⅳ级
建设用地适应性综合指数	自然条件	坡向（正北方向为0°，顺时针计）	分级				
			分值				
		植被覆盖率	分级				
			分值				
	社会经济条件	人均建设用地	分级				
			分值				
	公共设施条件	公共设施完备情况	分级				
			分值				
		距村级道路的距离	分级				
			分值				
		路网密度	分级				
			分值				
	建筑物指标	建筑容积率	分级				
			分值				
		建筑间距	分级				
			分值				
	民众满意度	村民舒适度	分级				
			分值				

表格来源：作者自制

3）土地生态适宜性综合评价模型

土地生态适宜性是指由土地的水文、地理、地形、地质、生物等特征所决定的土地对特定、持续的用途的固有适应性程度[3]。根据不同的土地利用类型的生态学需求，明确研究区域内生态要素的承载力、现状、发展潜力及趋势和区域发展的制约因素，并给出土地质量能够满足生态学需求程度上的评价和地域分布，提出相应的生态开发措施，建立土地利用适宜生态发展模式。

（1）评价因子的选取

参考国内外的相关研究成果和经验，并通过研究者与相关专家以及政府技术人员的交流和探讨，选取以自然因素为主，社会经济因素为辅的评价因素对村落的土地生态适宜性进行评价。最终确定为地形条件、生物资源、水资源、人为干扰因素四个方面的评价因子，选取高程、坡度、坡向、植被覆盖率、生物丰富度、距坑塘水面距离、交通线影响以及农村居民点影响等8个起主导作用、相对独立且相对稳定的影响因子，建立传统村落土地生态适宜性评价指标体系（表4-4）。

（2）评价模型的构建

传统村落土地生态适宜性评价模型的构建步骤：首先基于AHP法确定评价指标体系中各评价指标的权重，再根据各单因子的无量纲化值采用加权求和的方法来构建传统村落土地

传统村落土地生态适宜性评价指标体系　　　　　表4-4

标准层	准则层	指标层
土地生态适宜性综合指标	地形条件	高程
		坡度
		坡向
	生物资源	植被覆盖率
		生物丰富度
	水资源	距坑塘水面距离
	人为干扰	交通影响
		农村居民点影响

表格来源：作者自制

生态适宜性综合评价模型。

（3）评价因子等级划分

根据各参评因子的实际情况，按照上述等级划分的方法，对其赋予相应的分值。传统村落土地生态适宜性评价指标等级划分及赋值情况见表4-5。

传统村落土地生态适宜性评价指标等级划分及赋值　　　　　表4-5

目标层	因素层	指标层		Ⅰ级	Ⅱ级	Ⅲ级	Ⅳ级
土地生态适宜性综合指标	自然条件	高程	分级				
			分值				
		坡度	分级				
			分值				
		坡向（正北方向为0°，顺时针计）	分级				
			分值				
	生物资源	植被覆盖率	分级				
			分值				
		生物丰富度	分级				
			分值				
	水资源	距坑塘水面距离	分级				
			分值				
	人为因素	交通线影响	分级				
			分值				
		农村居民点影响	分级				
			分值				

表格来源：作者自制

（4）评价结果与分析

结合土地生态适宜性综合指数分析图，对传统村落进行土地生态适宜性等级划分，将其划分成高度适宜区、中度适宜区、勉强适宜区以及不适宜区四个分区。根据传统村落土地生态适宜性各单因子的得分，采用加权求和得到多因子综合分析，参考专家意见，确定土地生态适宜性等级的临界值，最终得出传统村落土地生态适宜性评价分区图。

4）案例应用——以怀化市高椅村为例

高椅村选取的主要评价指标为：地形坡度、地面坡向、水资源区位、交通区位、现状土地利用类型，以上皆是对当地土地利用方式影响较为显著的评价指标（图4-2~图4-4，表4-6~表4-10）。

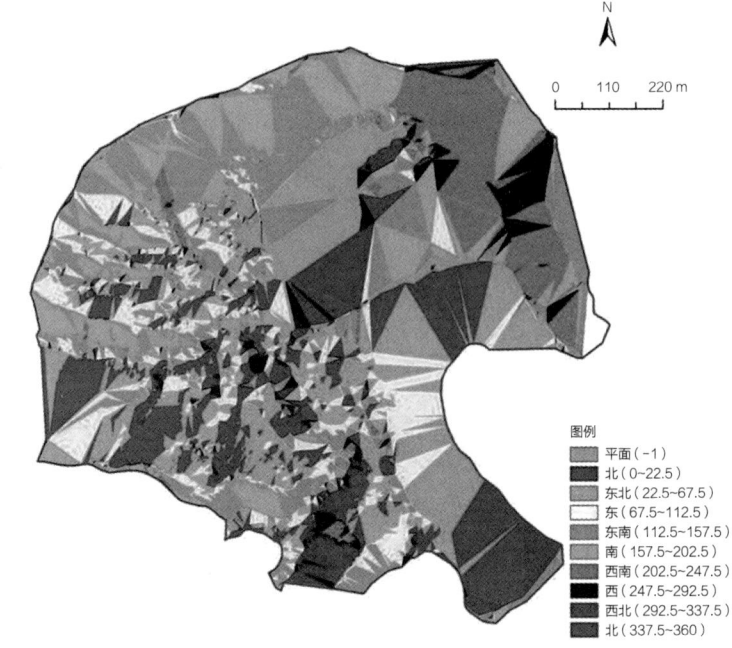

图4-2 高椅村坡向分析图（平坦坡面没有方向，赋值-1）

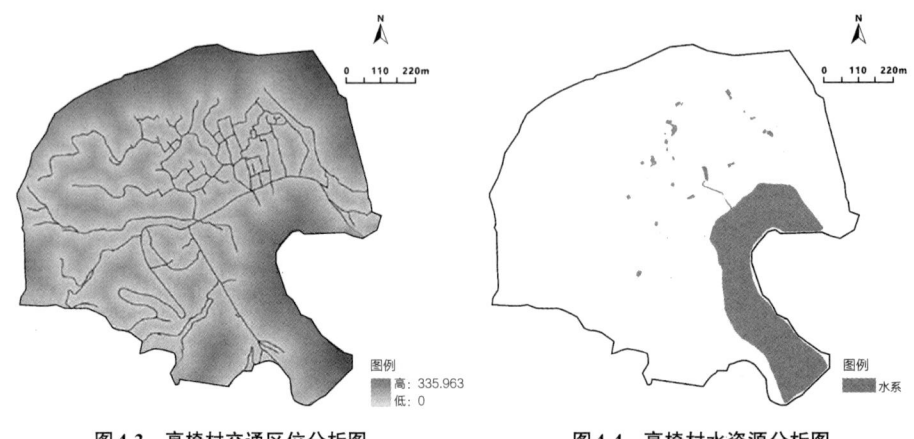

图4-3 高椅村交通区位分析图　　　图4-4 高椅村水资源分析图

图片来源：作者自绘

地形坡度：村落居民点的地面坡度过大，将一定程度上限制建筑物的分布及道路交通走向，坡度的增大，将会使建筑施工难度也随之增加，可能随之而来的还有填挖所需的护坡以及防塌方所产生的成本。按照土地建设的适宜性程度，依据《城市规划原理》（第四版），将坡度分为四类。

地形坡度评价标准 表 4-6

评价因子	分类	分数
地面坡度	> 25°	1
	15°~25°	3
	8°~15°	6
	0~8°	10

表格来源：作者依据《城市规划原理》（第四版）改绘

地面坡向：依据现状的实际情况对坡向进行适宜性分析，建筑朝向的影响因素有自然采光与通风状况。为保持较好的室内自然通风与采光，研究区夏季主导风向与建筑物朝向的夹角宜在30°与60°之间。

以传统村落高椅村（距怀化市东南80km、会同县东北48km处）的小流域景观安全格局分析为例，通过选取不同的评价指标因子，建立常规土地适宜性评价模型，采用专家打分法与层次分析法，对不同影响因子赋权重值，在此基础上利用ArcGIS空间分析模块，进行加权分析，最终得到常规土地适宜性分区图。

研究区夏季主导风向为东南风，对原始地面坡向进行分析得出，研究区朝南、东南、西南方向占较多面积，而朝东北、北、西北方向则占较少面积。

依据怀化地区的气候特征，地面坡向的评价等级划分见表4-7。

地面坡向评价标准 表 4-7

评价因子	分类	建筑朝向影响程度	分数
地面坡向	北向	不适宜朝向	10
	西北向、东北向	较适宜朝向	6
	东向、西向	适宜朝向	3
	南向、东南向、西南向	最佳建筑朝向	1

表格来源：作者自制

交通区位：在村落的发展导向作用上，交通区位是极重要的影响因素，人口、相关的生产力及村落总是会向交通较为开敞的空间聚集。因此，在考虑乡道所产生的空间距离影响的基础上，对交通区位评价标准进行划分，确定了针对交通区位影响因子的不同的土地建设适宜度。

交通区位评价标准 表 4-8

评价因子	分类	影响程度	分数
交通区位	距离道路>100m	交通区位较差	1
	距离道路50~100m	交通区位较好	3
	距离道路20~50m	交通区位一般	6
	距离道路<20m	交通区位最优	10

表格来源：作者自制

现状土地利用类型适宜性评价标准　　　　　　　　　　　　　　　表4-9

评价因子	分类	影响程度	分数
现状土地利用类型	水域	对保障水域水质具有重要的意义	1
	林地、水田	具有生态环境保护价值及经济作物价值	3
	旱地	为一般菜地，可考虑开发利用	6
	草地	经济价值与生态环境保护价值一般，可考虑开发	
	农村居民点、道路	与研究区内居民日常生产生活密切相关	10
	裸地	建设开发对环境影响较小，某些处于待开发状态	

表格来源：作者自制

水资源区位：传统村落具有依水而居、临水而生的特征，靠近水资源的地区居民聚集度、经济发展程度、村落建设等具有较高的水平，因此，以水资源距离为依据建立水资源区位适宜性评价（见表4-10、图4-5）。

水资源区位适宜性评价标准　　　　　　　　　　　　　　　表4-10

评价因子	分类	分数
水资源区位	欧式距离>100m	1
	欧式距离100~50m	3
	欧式距离50~20m	6
	欧式距离<20m	10

表格来源：作者自制

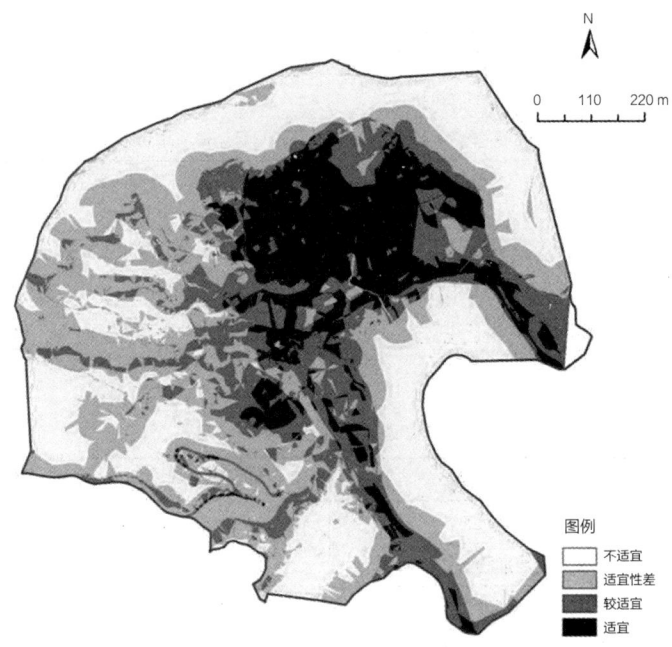

图4-5　高椅村土地适应性评价分析图
图片来源：作者自绘

依据上述常规土地适宜性评价层次结构模型建立权重判断矩阵：咨询土地适宜性评价方面相关专家，对指标进行两两比较，按照指标重要程度，得到判断矩阵（表4-11）。

常规土地适宜性评价指标权重判断矩阵　　　　　　　　表4-11

	地形坡度	地面坡向	水资源区位	交通区位	现状土地利用类型
地形坡度	1	1	1	1	1/2
地面坡向	1	1	1	1/2	1/3
水资源区位	1	1	1	1/2	1
交通区位	1	2	2	1	1
现状土地利用类型	2	3	1	1	1

表格来源：作者自制

根据层次结构模型判断矩阵数据，计算判断矩阵的一致性，得到该判断矩阵的一致性系数为0.0357，一致性系数小于0.1，因此该权重判断矩阵的各因子间两两重要性设置合理。根据以上分析，计算各因子的权重值，得到高椅村常规土地适宜性评价体系中各个因子间的相对权重（表4-12）。

高椅村常规土地适宜性评价因子权重　　　　　　　　表4-12

评价目标	评价指标	权重值
高椅村常规土地适宜性	地形坡度	0.1669
	地面坡向	0.1334
	水资源区位	0.1693
	交通区位	0.2525
	现状土地利用类型	0.2779

表格来源：作者自制

依据公式对研究区进行土地适宜性评价分值的计算，并采用自然间断点分级法综合分级。参照《城乡用地评定标准》CJJ 132—2009提出的土地适宜性评价的原则和方法以及研究区实际情况，将研究区土地适宜性划分为四个级别，见表4-13。

评价不同等级建设适宜性的主要特征　　　　　　　　表4-13

等级类别	类别名称	用地特征				
		场地稳定性	场地建设适宜性	工程措施要求	人的活动影响	生态价值
1	适宜建设用地	稳定	适宜	不需要或稍微处理	可忽略不计	一般生态价值区
2	可建设用地	稳定性较差	较适宜	需简单处理	一般影响	
3	不宜建设用地	稳定性差	适宜性差	特殊处理	一般控制	重要生态价值区
4	不可建设用地	不稳定	不适宜	无法处理	严格控制	特殊生态价值区

表格来源：作者自制

在土地适宜性评价分析过程中，首先建立常规的土地适宜性分析评价模型，采用专家打分法与层次分析法，建立多个影响因子的判断矩阵，综合分析得到不同评价指标的权重值，依据每个影响因子的评价标准进行赋值，与评价指标的权重值进行加权叠加计算，按照上表所示等级类别的评判标准，对得到的加权叠加总分值进行划分，最终得到分析结果。将高椅村按照土地适宜性评价划分为适宜建设用地、可建设用地、不宜建设用地和不可建设用地四个等级。

4.2.2 传统村落景观安全格局优化

生态安全格局优化需要多学科的综合、多角度的分析和多种实现手段的结合。一般建立在对不同景观类型、景观空间格局、景观过程以及功能之间关系的深入理解的基础上，首先找到景观格局对过程的影响方式，建立数量关系，其次利用景观生态学的原理集成数学模型，优化土地利用，多层次、多角度、多学科地进行区域生态安全格局优化。

1) 最小累积阻力模型

首先，进行源的确定；其次，采用最小累积阻力模型（MCR）建立阻力面；最后，根据阻力面来判别安全格局。根据阻力面进行空间分析，可以判别缓冲区、源间连接、辐射道和战略点。通过对源、缓冲区、源间连接、辐射道及战略点的分析，达到维护和控制生态过程的目的。采用层次分析法确定权重并叠加，获得常规的土地适宜性评价分析。将最小累积阻力模型影响性分析与常规土地适宜性评价影响因子相结合，综合专家打分法与层次分析法，确定权重并叠加，获得基于景观安全格局的土地适宜性评价分析，并将上述各种存在的和潜在的景观结构组分叠加组合，就形成了安全水平上的生物保护安全格局。

2) 传统村落景观安全格局优化方法

根据传统村落所在区域的生态服务重要性和生态环境敏感性评价结果，识别区域生态安全格局的"源地"；采用最小累积阻力模型测算源地间景观要素流通的相对阻力，建立生态源地扩张阻力面；进而识别缓冲区、源间连接、辐射道及生态战略节点等其他生态安全格局组分，构建区域生态安全格局。

（1）生态源地识别。依据研究区主要生态系统服务功能与生态敏感性特征状况，结合数据可获取性、客观性等原则，选取相关指标进行生态服务重要性及生态环境敏感性评价，以识别生态保护源地。

（2）建立最小累积阻力面。基于GIS中的成本距离（cost-distance）模块，采用最小累积阻力模型，通过计算生态源地到其他景观单元所耗费的累积距离，测算其向外扩张过程中各种景观要素流、生态流扩散的最小阻力值，进而判断景观单元与源地之间的连通性和可达性。依据研究区主要生态环境特征，选取地形位指数、土地利用类型、土壤侵蚀强度等三个因子作为阻力因子，分别设置相对阻力值，并基于以层次分析法确定的权重，加权求和计算生态源地向外扩张的累积耗费阻力。

（3）生态安全格局的构建。在生态源地扩张阻力面建立的基础上，通过分析其阻力曲线与空间分布特征，识别生态源地缓冲区、源间连接、辐射道及关键生态战略节点等其他生态安全格局组分，构建传统村落生态安全格局。

4.2.3 传统村落非点源污染分析

传统村落非点源污染分析一般先选取覆盖传统村落的Landsat4-5 TM遥感数据，对其进行拼合、空间矫正等预处理，并按照研究边界进行裁剪，得到研究区近地合成卫星影像；

利用ERDAS IMAGINE软件进行直方图均衡化和主成分变换等图像增强处理，便于图像分析与解译；采用最大似然法进行监督分类，将研究区土地利用类型区分为林地、草地、耕地、建设用地和水域五类，得到研究区土地利用图，并在此基础上利用Fragstats 3.3软件计算各子流域范围内的土地景观格局指数[4]。

1）土地利用指标

选取的土地利用指标有：林地、耕地、建设用地面积百分比，土地利用程度综合指数（L_a）及土地利用相对合理指数（R）。L_a反映一定区域内土地利用程度的高低，在很大程度上代表人类活动的强度，其计算公式为：

$$L_a = 100 \times \sum_{j=1}^{n} A_j \times C_j \quad L_a \in [100, 400] \qquad (4-1)$$

式中：L_a为土地利用程度综合指数；A_j表示第j级的土地利用程度分级指标；C_j表示第j级的土地利用程度分级面积百分比。

R主要反映了在一定区域内土地利用的合理程度，在此基础上，主要从地区水土保持的角度出发，考虑坡度对各种土地利用方式的影响，其计算方法为：

$$R = \left(\sum_{j=1}^{n} \sum_{i=1}^{m} L_i \times S_i \right) \Big/ n \qquad (4-2)$$

式中：R为土地利用相对合理指数；L_i表示在某一坡度段第i种景观类型所占百分比；S_i表示该坡度段对第i种土地利用的适宜程度，其值变化在0~1之间，1表示最适宜，0表示不适宜；m为景观类型的总数目；n表示坡度的分级数。R值在0~1之间变化，从水土保持的角度看，R值大表示土地利用比较合理，有利于降低土壤侵蚀；当R值为1时，表示土地利用结构处于最佳状态，土壤侵蚀将达到最低限度。

2）景观格局指标

由于景观格局指数众多，且部分指数之间存在信息重复，因此，利用斯皮尔曼相关系数（Spearman）相关分析工具对景观格局指数进行筛选，保留不存在显著的相关关系（$P<0.05$）、相对独立的景观指标体系，并优先选择经文献研究证明对河流水质影响较大的景观变量。经斯皮尔曼相关分析筛选，选择的景观指标如下：斑块数量（NP）、蔓延度指数（CONTAG）、香农多样性指数（SHDI）、最大斑块指数（LPI）、聚集度（AI）、平均斑块面积（AREA_MN）。

利用SPSS 19.0软件中的斯皮尔曼相关分析工具，对研究区各子流域的土地利用、景观格局指数与相应断面水体污染物浓度数据进行相关性分析，以确定土地景观格局指数对河流水质参数的解释能力，用变量P（显著性概率）作为评判标准检验，P小于0.05被视为显著相关。

3）非点源污染空间分析

从环境科学的角度来看，非点源形式的农业污染具有分散性、不确定性、难以识别和难以量化等特点，因此，农业污染受自然因素影响较大，随机性强，监测困难，直接控制与管理成本高，缺乏可行性。农业污染往往表现为异地污染或跨境污染，难以溯源，污染者及其责任难以认定，剂量—反应关系复杂，污染损害难以量化，负外部性很强，这也给农业污染治理造成了重重障碍[5]。

景观源汇理论容纳了某一生态过程从污染源到迁徙途径以及最终汇入点的整个动态流动

的过程，主要探讨某一过程的流动性问题（图4-6）。在针对农业非点源污染进行优化控制的过程中，耕地可视为主要的"源"景观，而城镇和荒地由于没有地表植被，容易造成营养物质的流失，因此也划分为"源"景观，草地和林地由于植被覆盖比较好，对径流有滞留作用，因此被认为是"汇"景观。通过对不同景观的分区，对景观的"源""汇"进行不同的优化控制以达到对景观的优化控制，从而达到对农业非点源污染的优化控制目标。

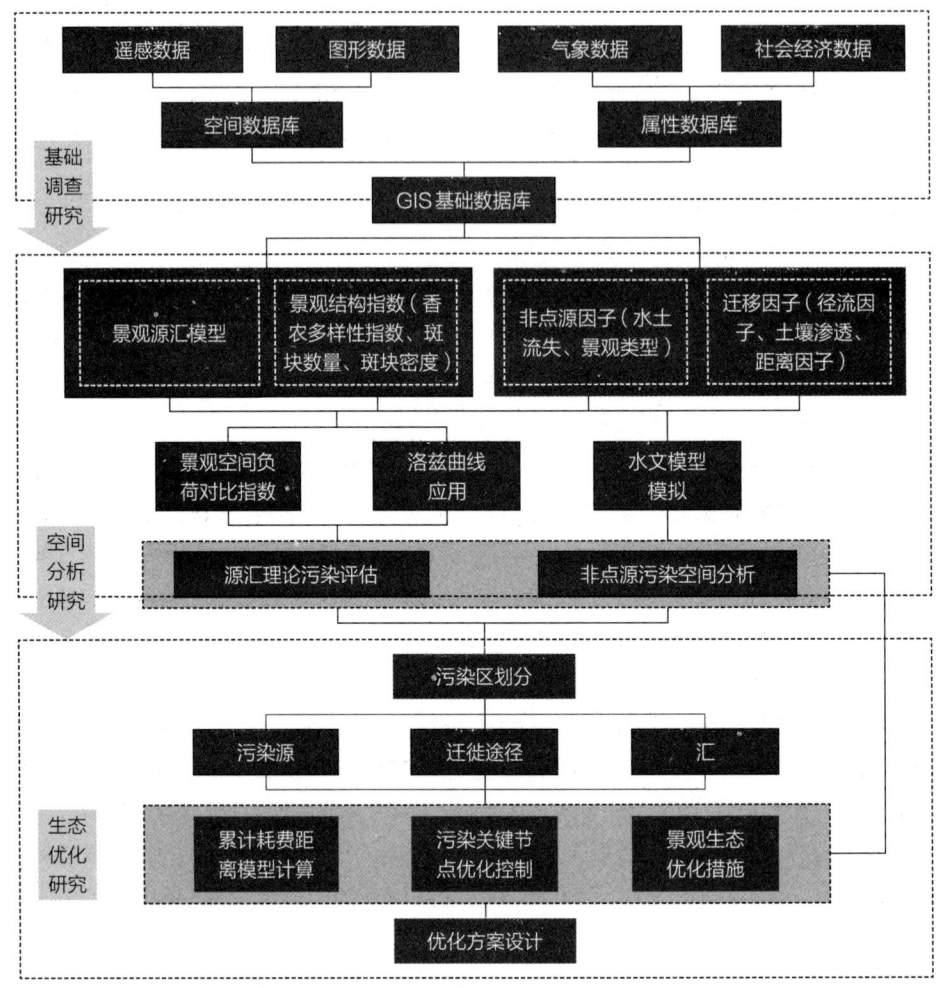

图4-6 非点源污染空间分析技术路线图

图片来源：邱君.中国农业污染治理的政策解析[D].北京：中国农业科学院，2007

4.2.4 传统村落生态承载力计算

1）生态承载力的概念

生态承载力的定义为："在一定时间、一定空间范围内，生态系统在自我调节以及人类的积极作用下健康、有序地发展，生态系统所能支持的资源消耗和环境纳污程度，以及社会经济发展强度和一定消费水平的人口数量。"概念包括三层含义：一是生态系统自我调节以及人类的积极作用；二是资源的消耗程度和环境的纳污能力；三是社会经济发展强度和人类消费所带来的压力。其中，前两层含义代表生态承载力的支持部分，第三层含义代表生态承载力的压力部分。如果支持部分大于压力部分，则生态系统不超载，属于健康、有序状态，反之，生态系统超载，属于不健康、无序状态[6]。

2）传统村落生态承载力核定

（1）传统村落生态承载力指标体系

针对传统村落的具体情况，通过环境生态承载力、旅游经济承载力、社会心理承载力、旅游资源空间承载力等分承载力对传统村落的旅游生态承载力展开研究（表4-14）。

传统村落生态承载力指标体系　　　　表4-14

目标	分承载力	二级分承载力	分承载力指标
旅游环境承载力	环境生态承载力	环境承载力	污水处理能力/(t/d)
			废弃物处理能力/(t/d)
			大气净化能力/(t/d)
		生态承载力	生态系统忍耐力/(人/m²)
	旅游资源空间承载力	景区承载力	景区面积最大负荷人数/人
		步道承载力	旅游步道最大负荷人数/人
	社会心理承载力	居民心理承载力	游客与居民交流频率/(人/d)
		游客心理承载力	单位面积游人密度/(人/m²)
			单位长度游人密度/(人/m)
	旅游经济承载力	旅游服务设施承载力	住宿床位数/床
			餐饮座位数/座
		旅游基础设施承载力	供水能力/(t/d)
			供电能力/(kW/h)
			交通运载能力/(人/d)

表格来源：作者自制

（2）传统村落生态承载力的计算模型

传统村落的旅游生态承载力按照木桶原理，取分承载力中的最小值为生态承载力的综合值。

① 环境生态承载力（EECC）

环境生态承载力以传统村落的环境生态状况作为基值，还要考虑到环境生态系统本身的净化吸收能力。旅游活动对环境生态系统的影响主要包括废水、废气、固废等物质的排放以及旅游活动对生态系统的影响，主要是对动植物生活习性的影响。对于废水、废气和固废而言，环境生态承载力取决于环境生态系统的净化能力、人工处理能力和游客产生污染物的数量。

针对废水、废气和固废等污染物的计算公式为：

$$EECC_1 = \min\left(\frac{N_i S + H_i}{p_i}\right) \quad (i=1, 2, 3, \cdots, n) \qquad (4-3)$$

式中：$EECC_1$表示环境生态承载力；N_i表示每天单位面积对第i种污染物的净化能力；S为村落面积；H_i表示每天人工对第i种污染物的处理能力；P_i表示每位游客每天产生第i种污染物的量。

针对旅游活动对动植物生活习性的影响，环境生态承载力计算公式为：

$$EECC_2 = \frac{S \times T}{d \times t} \qquad (4-4)$$

式中：$EECC_2$ 表示环境生态承载力；S 表示传统村落面积（m^2）；d 表示生态系统在忍耐力的范围内游客密度（人/m^2）；T 表示村落开放时间（h 或 min）；t 表示游客游览景区平均需要的时间（h 或 min）。

②旅游资源空间承载力（$TRCC$）

旅游资源空间承载力是指为保护旅游资源和环境特征而允许的游客数量，计算公式有两种：

a. 总量模型：在一个景点均匀分布的传统村落，有若干出入口，游客可在村落内自由活动。计算公式为：

$$\begin{aligned} D_m &= S/d \\ D_a &= D_m \times (T/t) \end{aligned} \qquad (4-5)$$

式中，D_m 是瞬时客流容量（人）；D_a 是日客流容量；S 是游览面积（m^2）；d 是游客在游览时对村落不产生影响的最佳密度（m^2/人）；t 是游客游览一次平均需要的时间；T 是每天有效的游览时间或传统村落开放的时间。

b. 流量—流速模型：一个传统村落以若干景点为节点，以游览路线为通道，景点和路线构成游览网络系统。计算公式为：

$$\begin{aligned} D_m &= L/d' \\ D_a &= (V \times T)/d' \end{aligned} \qquad (4-6)$$

式中，L 为传统村落内游览线路的总长度（m），d' 是不对游览线路产生影响的游客的合理间距（m/人）；D_m、D_a 含义同上，V 代表游客的平均游览速度（m/min）。

传统村落通常由若干景区组成，总体旅游资源环境承载力的计算不是各景区简单的加和，综合旅游资源环境承载力的计算公式为：

$$TRCC = \frac{\sum_{1}^{n} D_{mi} \times T}{t} \quad (i=1, 2, 3, \cdots, n) \qquad (4-7)$$

D_{mi} 为第 i 个景区的瞬时旅游资源环境承载力；T 为有效开放时间；t 为游客游览完整个村落所需的时间；n 为景区数。

③社会心理承载力（$SECC$）

社会心理承载力包含两个部分：游客心理承载力和居民心理承载力，其中游客心理承载力（$VECC$）的计算公式有两种情形：

a. 村落观景区计算模型，在景点的观景平台中，游客数量的计算公式为：

$$\begin{aligned} D_m' &= S/d_e \\ D_a' &= D \times (T/t) \end{aligned} \qquad (4-8)$$

式中，D_m' 是观景平台的瞬时客流容量（人）；D_a' 是日客流容量；S 是观景平台的游览面积（m^2）；d_e是游览时游客心理最佳密度（m^2/人）；t是游人游览观景平台平均需要的时间；T是每天有效的游览时间或观景平台开放的时间。

b.旅游步道计算模型，旅游步道中，游客数量的计算公式为：

$$D_m = L/d' \\ D_a = (V \times T)/d' \quad (4-9)$$

式中，L为游览区内游览线路的总长度（m）；d'是游览线路上游客心理合理间距（m/人）；D_m，D_a含义同上；V代表游客的平均游览速度（m/min）。

旅游区由若干个观景平台组成，旅游区游客心理承载力的计算公式为：

$$TECC = \frac{\sum_{1}^{n} D_{mi} \times T}{t} \quad (i=1,2,3,\cdots,n) \quad (4-10)$$

$VECC$为旅游区游客心理承载力；D_{mi}'为第i个观景平台的瞬时旅游资源环境承载力；T为有效开放时间；t为游客游览完整个旅游区所需的时间；n为观景平台数。

居民心理承载力的计算公式为：

$$PECC = F \quad (4-11)$$

式（4-11）中，F是居民每天与游客交流的频率。若居民区与旅游区合二为一，则F较大，即居民心理承载力较大；若居民区与旅游区基本分离，但作为其依托区，则F较小；若旅游区与居民区不关联，则居民心理承载力不会成为旅游环境承载力的制约因子。

④ 旅游经济承载力（$TECC$）

旅游经济承载力分为旅游基础设施承载力和旅游服务设施承载力，旅游经济承载力取决于分承载力指标中的最小值。

住宿设施承载力的计算公式为：

$$S_b = \frac{B \times T}{k_b \times t} \quad (4-12)$$

每天住宿设施承载力：

$$S_b' = B/K_b \quad (4-13)$$

式中，S_b表示旅游区住宿设施承载力；B为旅游区提供的床位数；K_b表示留宿率；T表示一段时间（通常取一年或一月）；t表示游客平均住宿天数。

餐饮设施承载力的计算公式为：

$$S_c = \frac{C \times T}{k_c \times t} \\ S_c' = \frac{C}{k_c} \quad (4-14)$$

式（4-14）中，S_c表示旅游区餐饮设施承载力；C为旅游区提供的餐饮点的座位数；K_c表示在旅游区用餐的游客占所有游客的比例；T表示餐饮设施开放时间；t表示游客平均用餐时间；S_c'表示每日餐饮设施承载力。

供水设施承载力 S_w 的计算公式为：

$$S_w = \frac{W \times T}{i}$$

$$S_w' = \frac{W}{i}$$

（4-15）

式（4-15）中，S_w 表示供水设施承载力，W 为旅游区供水设施总容量；T 为某时间段；i 为人均用水标准；S_w' 表示每日供水设施承载力。

供电设施承载力 S_e 的计算公式为：

$$S_e = \frac{E \times T}{P_e}$$

$$S_e' = \frac{E}{P_e}$$

（4-16）

式（4-16）中，S_e 表示供电设施承载力；E 为旅游区供电设施总容量；T 为某时间段；P_e 为人均用电标准；S_e' 表示每日供电设施承载力。

交通设施承载力 S_t 的计算公式为：

$$S_t = \frac{T \sum_i^n (M \times N)}{t \times k_t}$$

（4-17）

式（4-17）中，M 为旅游区第 i 类交通工具的数量；N 为第 i 类交通工具可乘人数；T 为交通工具服务时间；t 为往返时间；K_t 为使用交通工具的游客占所有游客的比例。

参考文献

[1] 曹凑贵.生态学概论[M].北京：高等教育出版社，2002：17-42.

[2] 陈勇，陈国阶.对乡村聚落生态研究中若干基本概念的认识[J].农村生态环境，2002，8（1）：54-57.

[3] MCHARG I L.Design with nature[M].New York：Nature HIstory Press，1969.

[4] 焦胜，杨娜，彭楷，等.沩水流域土地景观格局对河流水质的影响[J].地理研究，2014（12）：2263-2274.

[5] 邱君.中国农业污染治理的政策解析[D].北京：中国农业科学院，2007.

[6] 顾康康.生态承载力的概念及其研究方法[J].生态环境学，2012，21（2）：389-396.

第5章

传统村落的产业发展

产业是传统村落健康发展的内在动力。村落民居、习俗文化、乡土农业等是传统村落的资源优势；产业发展是传统村落保护的持续动力。依托于优势资源培植特色产业，推进差异化发展，提升传统村落"造血"功能，构建传统村落自我生存、自我盈利、自我发展的能力，才能实现可持续发展。

传统村落的生产生活方式、空间分布等是经过历史演变逐渐形成的，蕴含着先人在适应自然环境的过程中的独特智慧，对当前传统村落产业发展方式的选择及产业规划设计极具借鉴价值。传统村落在文化遗产、产业结构特征等方面的价值特色和资源特征，正是传统村落与城市及一般农村在资源条件和经济基础方面的差异的集中体现。因此，对其价值特色的分析有利于传统村落的产业规划。

乡村特色产业一般属于乡村的主导产业，是实施一村一品、推进乡村经济发展的关键内容。针对乡村产业基础、发展条件、人力资源和就业水平等因素，整合乡村各类资源，从区域城乡统筹和乡村错位分工的角度，明确乡村特色产业。在特色产业发展引导中，通过专业化生产、前后向延伸、规模化建设等措施，挖潜特色产业经济。

针对现状进行传统村落产业发展模式的分类。结合对发展的基础条件与资源要素的分析及对已编制的传统村落产业发展规划的分析总结，列举出当前适宜传统村落的发展模式，并尝试构建产业发展模式指标评价体系，在综合部分传统村落实例验证的基础上，根据各发展模式的特征总结出了基于指标评价的发展模式选择策略。在评价体系的基础上建立传统村落的产业发展规划设计流程，从而实现对现有的产业发展规划设计流程的优化。

5.1 传统村落产业发展现状

当前，我国传统村落经济发展呈现出不均衡的态势。一方面，随着我国城镇化的加速推进，城镇化已成为社会发展的一个不可阻挡的趋势，在此背景下，很多农村面临着日益凋敝和衰败的局面，不少地区出现了农村空心化、农业土地闲置的现象。另一方面，传统村落的产业发展出现了休闲农业、旅游产业、文化创意产业等多种产业的共同发展，这些新产业的出现为传统村落经济社会的发展注入了新的活力。

本章将从传统村落产业经济结构，传统村落生产生活方式的分布关系，传统村落的农业生产、处理流通、消费系统，传统村落产业结构价值特色，传统村落产业规划编制概况，传统村落产业发展存在的问题这几个方面来对传统产业发展现状进行探讨。

5.1.1 传统村落产业经济结构

1）传统农业

从村落的起源形成来看，村落原本就是为了方便农业生产而产生的，传统村落是经过长期的历史演变遗存下来的，农业生产仍然是其重要的组成部分。由于经济发展水平、交通条件等因素的制约，传统村落的农业生产基本停留在传统的以个体生产为主的种植业、养殖业、副产品加工业等阶段。

2）传统手工业

传统村落手工业一开始是为满足村民的需求而生产的，只有小范围内的物质交换，随着商品经济的流通繁荣，巨大的市场需求刺激了手工业的发展，从事手工业可以比传统农耕获得更多的经济利益，使更多的人开始从事手工业。近来，旅游业的发展为传统手工业带来了良好的发展条件，手工艺品附加的文化、审美价值大大提升了手工艺品的经济价值，同时也提高了手工艺人的经济收入，有的村落更是围绕传统手工艺品形成了传统村落的特色产业。

3）劳务经济

传统村落大多位于偏远山区，经济发展的落后促使村民脱离村落前往经济发达的城市获取更多的经济收入从而形成劳务经济。劳务经济的主体基本为村落里的青壮年，由此造成当前传统村落空心化、人口老龄化问题严重，进而带来了其他社会问题。但不可否认，劳务经济确实极大提升了村民的经济收入，只有解决了村民的就业问题，才能克服劳务经济带来的弊端。

4）旅游业

随着乡村旅游的兴起，传统村落借助于自身丰富的物质与非物质文化遗产，使其旅游业也得到了快速发展。由于旅游业带来的经济收益在传统村落经济收入中占比较大，有的村落甚至以旅游业为其支柱产业，村民也从农民变成了旅游业服务人员。

5.1.2 传统村落产业结构的价值特色

传统村落的生产生活方式、空间分布等是经过历史的演变而逐渐形成的，蕴含着先人在适应自然环境的过程中的独特智慧，对当前传统村落产业发展方式的选择及产业规划设计极具借鉴价值。产业发展规划是综合考虑产业内的自然资源和社会经济基础的各个方面，在一定区域范围内对产业开发和布局、产业结构和组织调整进行整体布置和安排，并制定相关策略措施的系统过程[1]。因此，传统村落的产业规划需要对其资源条件和经济基础有充分的认识[2]。传统村落与城市及一般农村在资源条件和经济基础方面的差异也注定了它们不同的发展道路，而传统村落在文化遗产、产业结构特征等方面的价值特色和资源特征，是这种差异的集中体现。因此，对传统村落价值特色的分析显得尤为重要。

1）价值特色的定义

城市的特色和其他艺术的特点有着本质的不同，它具有物质生产的特性，是多层次的综合艺术，是物化了的艺术形式，城市的特色是在一定的自然地理环境和人在社会中的活动中产生的[3]。传统村落与城市在自然环境及居民生产、生活方式上形成了截然不同的特色，不同村落间自然环境和文化观念的不同也造成了不同形式的传统村落的产生。

传统村落的产业发展是建立在自身资源条件和产业发展环境基础上的，不同村落、不同时期的产业发展，对村落自身特色的利用形式不同。村落对自身特色的利用形式不同，形成了不同的产业结构，由此产生了不同特色的产业空间分布和村民生产生活方式。

综上，传统村落的价值特色为在传统村落的自然地理环境和村民社会活动中产生和遗存的传统建筑等物化的艺术形式、传统民俗文化等凝聚的文化特征和基于村落特色的市场利用形式产生的产业结构及其特征[4]。

2）传统村落产业结构的价值特色分析

（1）农业生产及文化保存价值

传统村落长期以来以农业为主要产业，从经济的角度看，传统村落农业的基本职能是为社会提供粮食和原料。农业生产具有季节性、周期性、地域性等特点，以家庭为单位的农业生产使农民在历代劳作中获得经验传承，对于土地的了解无疑是最全面的。因此，传统村落不失为发展农业的理想之所。此外，村落发展的庭院经济、"稻鱼共生"种养业等经济模式及经验对于传统村落发展现代循环农业、生态农业具有重要的借鉴价值[5]。

从社会文化的角度看，村民在不断的耕作中获得的经验经由后代的传承，形成了一套适应该地区的耕作知识体系，用以指导村落全体成员的耕作，由此，村落的生产生活方式、内容就在历史循环的耕作中逐渐形成并传承、延续，借助村落这个载体，形成村落特有的农耕文化，保留至今。假如村落失去了农业生产空间及这种传承、延续的生产生活方式，农耕文化亦将不复存在。

（2）传统产业及文化延续价值

传统村落丰富多样的传统技艺是我国非物质文化遗产中的一块瑰宝。一些传统手工艺经由历代传承，形成了独特的文化内涵，反映了村落特有的文化气息，传统产业的生产生活方式及空间成为这种村落文化的载体。在现代技术的基础上传承并改进传统产业，延续这种手工艺传统，就是延续村落的传统产业文化。

（3）新兴产业利用价值

传统村落丰富的物质文化遗产和非物质文化遗产，在旅游业和文化产业快速发展的今天逐渐成为珍贵的产业资源。传统村落独特的选址和建筑艺术、大量留存的历史遗迹、多样的民俗文化，使得传统村落拥有了发展乡村旅游、休闲度假产业的先天优势。独特的资源优势是传统村落第一产业和第三产业结合发展的重要条件。

5.1.3 传统村落产业规划编制概况

1）相关规划依据文件

（1）《城乡规划法》

《城乡规划法》于2008年1月1日起开始施行，是我国关于城乡规划建设和管理的基本法律，也是一部体现科学发展和城乡统筹思想，提高统筹城乡发展水平，规范城乡规划行为，保护公共利益的重要法律。

（2）《村镇规划编制办法》

为规范我国村镇规划编制，提高村镇规划编制的质量，2000年2月，建设部颁布了《村镇规划编制办法》，该标准对村镇总体规划和建设规划的编制内容、成果和相关要求做出了详细的规定,对于传统村落规划的编制具有重要参考价值。

(3)《历史文化名城名镇名村保护规划编制要求》

《历史文化名城名镇名村保护规划编制要求》是为规范历史文化名城、名镇、名村保护规划的编制工作,提高规划的科学性而制定的。标准提出了历史文化名城、名镇、名村保护规划的基本任务,明确了保护内容,对历史文化遗产的展示利用也提出了要求。

(4)《传统村落保护发展规划编制基本要求》

为指导各地做好传统村落保护发展规划编制工作,住房和城乡建设部于2013年9月制定了《传统村落保护发展规划编制基本要求》。文件明确规定了传统村落保护发展规划需包含调查村落传统资源、建立传统村落档案、确定保护对象、划定保护范围并制定保护管理规定、提出传资源保护以及村落人居环境改善的措施等几大任务。

(5)《美丽乡村建设指南》

《美丽乡村建设指南》是在我国"美丽乡村"建设背景下由国家质检总局、国家标准委颁布的关于乡村建设的标准规范,于2015年6月1日起正式实施。标准涵盖了村庄规划、村庄建设、生态环境、经济发展、公共服务、乡风文明、基层组织、长效管理等9个部分。标准为开展美丽乡村建设提供了框架性、方向性技术指导,使美丽乡村建设有标可依,使乡村资源配置和公共服务有章可循,使美丽乡村建设有据可考。

2)传统村落产业规划编制现状

(1)规划编制完成情况

随着我国传统村落申报和保护工作的展开,各传统村落基本完成了保护发展规划和传统村落档案的编制和审查。由于部分传统村落同时也是中国历史文化名村,所以这些传统村落也编制了历史文化名村保护规划。此外,张谷英村等传统村落由于旅游业发展起步早、发展条件较好,更是编制了单独的旅游开发规划。

(2)产业发展规划编制情况

就传统村落产业发展规划编制情况来看,大多数村落的规划偏重于历史文化遗产的保护,产业发展规划占比小,村落的规划通常将产业发展规划纳为保护发展规划中的一部分,且大多数只针对旅游业的发展进行规划。传统村落产业发展规划编制的落后,一方面是由于相关规划侧重于历史遗产保护,不重视产业发展;另一方面是部分村落的基础配套设施等条件实在落后,还不具备发展相关产业的基础,因此村落规划以改善基础设施,提高村民生活水平为主。

(3)规划期限分析

从规划编制的期限上看,由于传统村落的保护工作从2012年才开始展开,针对传统村落的档案编制及规划设计也是近几年才展开的,规划的期限大多与《县城总体规划》等上层规划保持一致。

(4)产业发展定位分析

由于传统村落在旅游开发方面具有独特的资源优势,传统村落的产业发展定位普遍以第三产业,尤其是旅游业为主,少数传统村落的产业发展定位还辅以生态农业等第一产业。旅游发展的定位,则多集中在民俗文化体验、古建筑观赏、自然风光观赏、农家休闲度假等几个方面。

5.1.4 传统村落产业发展的现状问题

1) 传统村落发展的现状问题

当前，传统村落经济发展呈现出不均衡的态势。一方面，随着我国城镇化的加速推进，城镇化已成为社会发展的一个不可阻挡的趋势，在此背景下，很多村落面临着日益凋敝和衰败的局面。另一方面，伴随着乡村旅游的热潮，一些发展优势明显的传统村落积极发展旅游产业，带动了经济发展，但同时也带来了许多新的问题。通过对传统村落的调研及资料收集和分析，总结出了传统村落发展现状中存在的问题。

（1）经济发展落后，资金支持不足

我国传统村落多分布于经济发展落后的偏远地区，地方各级政府给予传统村落发展的资金支持非常有限。虽然部分传统村落申请获得了中央财政支持，但传统村落数量众多，村落发展任务艰巨，中央财政拨款落到每个村的资金也仅够用于环境改善和基础设施建设等，仅靠政府支持难以获得成规模、成体系的传统村落保护发展资金支持。资金支持不足严重制约了传统村落的发展。传统村落的发展不仅需要政府的支持，还需要市场及企业的参与。

（2）产业结构单一，不能形成有效的产业链

长期以来，受制于区位、地形、自然条件等因素的影响，大多数传统村落的经济生产仍停留在以家庭为单位的传统农业生产模式上，经济结构仍然是以农业为主，农业以种植业为主，同时，多种经营，特别是特色种植业、养殖业比重偏小。产业结构、产品结构单一，缺少农业龙头企业的带动，农业产业化程度低，难以适应市场多元化的要求。

在非农产业方面，少数传统村落发展了农副产品加工、村落旅游等非农产业，非农产业比重小，村民从非农产业中得到的收入仍然很低。大多数传统村落的主导产业均为农业，少数村落以旅游业为主导产业，且传统村落的旅游发展仅停留在简单的风景观光上，缺少与第一、二产业的结合发展，产业之间关联度不高。

（3）人力资源短缺，老龄化、空心化严重

近十几年来，在城镇化不断发展的大背景下，村落空心化问题已经成为全国农村当下面临的普遍问题。农村的生活环境、工作机会和公共服务等与城市的差距越来越大，造成大量农村人口离开原来相守的村落，不断向城市集聚[6]。人口逐步流失导致的老龄化、"空心化"现象越来越严重，人力资源严重短缺。传统村落的发展需要解决文化遗产保护、新农村建设、农民增收等一系列问题，需要大量人力，特别是当地村民的参与和经营[7]。

（4）开发性破坏严重，保护与发展处理不当

一方面，传统村落原有居住环境不能满足村民现代生活方式的需求，一些传统村落的居民在原址上"拆旧建新"，使众多传统村落建筑遭到"自主自建性破坏"，影响了传统村落的整体风貌。

另一方面，部分传统村落相关规划、管理部门对传统村落文化遗产保护的重要性认识不足，在传统村落的发展中，对一些极具地方特色的传统街巷和历史建筑进行拆除改造，破坏了其原有风貌格局。此外，许多村落新规划的村民住宅也没有遵循传统村落原有历史肌理，对村落的山水生态格局和乡土景观造成了破坏。

（5）忽视自身基础条件，盲目发展旅游业

由于旅游开发能够直接、高效地带动传统村落的经济发展，许多传统村落都将旅游业作

为村落发展首要考虑的产业。有的村落忽视自身区位、交通及基础设施等条件的不足，急切发展旅游业，造成旅游业发展后继乏力；有的为迎合游客的需求，举办大量"作秀式"的民风民俗表演，使得这些活动异化变质；有的抄袭其他地区旅游开发模式，甚至引进代表其他地区特色的旅游产品，造成自身特色缺失[7]。

2）传统村落产业发展规划编制存在的问题

（1）产业规划编制深度不够，缺少系统、完整的规划。编制完整的产业发展规划的村落较少，大多数只考虑旅游发展规划。在规划内容上，很多产业规划只对区域产业布局进行描述，缺乏具体实施措施，规划内容单一，作用有限。

（2）产业定位缺乏特殊性，发展模式趋同。传统村落产业发展规划缺乏对自身发展条件的深入分析，对于产业的定位没有体系化的深入分析。许多村落盲目发展旅游业，旅游发展模式也缺少特色。

（3）不注重区域间的产业协调发展，加剧了区域内部竞争。产业规划的趋同性问题严重，编制人员水平参差不齐，在制定产业规划时并非基于本地区的比较优势和竞争优势，违背科学发展观，造成区域间产业过度竞争，从而影响规划实施的效果。

（4）村落规划与产业规划脱节。大多数传统村落仅编制了村落发展规划而没有单独编制产业发展规划，或者仅将产业发展规划纳入村落发展规划中，且所占比重小。而村落规划侧重于村容村貌的整治和基础设施的完善，对村域空间的研究停留在静态的要素上，对产业规划的研究重视不够，忽视了村落自我更新的功能，使村落的可持续发展难以得到保证[8]。

5.2 传统村落产业发展模式

针对传统村落产业发展现状来探讨传统村落产业发展模式分类，在产业分类方法的选择上基本采用三次产业分类法，即第一产业、第二产业和第三产业。根据对发展基础条件与资源要素条件的分析，结合对已编制的传统村落产业发展规划的分析总结，并积极借鉴国内外优秀发展模式，总结出了当前适用于传统村落的发展模式，主要有现代农业型、林业开发型、畜牧水产养殖型、农副产品加工型、传统产业延续型、服务商贸型、观光游览型、休闲度假型、民俗文化体验型、文化创意型等10种。

5.2.1 传统村落产业发展分类的方法和原则

模式就是解决典型问题的方案，是得到了很好的研究的范例。发展模式是一种范式，是在制度约束下合理、有效地实现发展所走的路径及轨迹。传统村落发展模式的分类就是通过对村落自然环境、社会资源、经济发展现状等的调研，在传统村落产业发展基础条件及相关产业资源要素条件分析的基础上，把具有相似发展条件、发展规律和发展途径的传统村落进行分类总结。

1）分类方法

三次产业分类法是产业分类的一种重要方法。它根据产品（包括服务）的性质和生产过程的特点把产业划分为第一产业、第二产业和第三产业[9]。

通常认为，第一产业是广义的农业，包括农、林、牧、渔各业；第二产业是广义的工业，主要包括采掘业、加工制造业和建筑业；第三产业是广义的服务业，主要为流通和服务业。

目前，我国传统村落产业现状调研及产业发展规划编制在产业分类方法上基本都选择了三次产业分类法。因此，采取三次产业分类法，一方面有利于揭示传统村落各产业发展变化的规律，另一方面也有利于将研究成果应用于传统村落产业发展规划编制及实施的实际工作中。

2）分类的原则

有利于发挥传统村落资源特色优势的原则。传统村落承载的丰富的文化遗产使其拥有独特的资源优势，各传统村落发展的资源条件不尽相同。发展模式的分类要因地制宜，从传统村落发展的实际出发，探索适合不同类型传统村落的发展模式，充分发挥传统村落的资源特色优势。

有利于传统村落长远发展的原则。传统村落的发展不能只注重眼前利益，要把目光放长远。过去，一些村落的旅游发展过度商业化，大拆大建，严重破坏了传统生产生活空间；一些村落的村民普遍外出打工，发展劳务经济，导致了村落空心化和老人、儿童留守问题。发展模式的分类要摒弃这些不利于传统村落长远发展的模式[7]。

有利于传统村落生态环境保护的原则。传统村落发展模式的分类必须要考虑传统村落生态环境保护的问题。一些村落由于矿产资源采掘或工业污染造成生态环境破坏，最终不得不举村搬迁。这些产业的发展必须慎重对待，传统村落的发展不能以牺牲村落环境为代价。

有利于传统村落文化遗产保护的原则。传统村落发展模式分类还应体现对文化遗产的保护。一方面，要限制破坏村落风貌和历史文物的产业发展模式；另一方面，要鼓励文化创意产业等能够发扬和传承历史传统文化的产业发展模式。

与时俱进，顺应市场发展的原则。传统村落的发展模式不是一成不变的，发展模式的分类要顺应市场经济发展的需求，在适宜传统村落实际情况的前提下，积极借鉴国内外优秀的产业发展模式。

5.2.2 传统村落产业发展条件分析

通过对收集到的传统村落产业发展规划中影响传统村落产业发展的相关要素条件进行分析总结，根据各要素条件在产业发展中的作用将其分为发展基础条件和资源要素条件。

1）发展基础条件分析

发展基础条件是指在传统村落产业发展过程中起基础支撑作用的因素，是传统村落产业健康发展的保障。由于传统村落大多坐落在交通不发达的偏远地区，基础设施落后，村民生活条件差，许多村落甚至不具备产业发展的基本条件。传统村落产业要有所发展，就必须通过规划、政策、资金投入等手段改善其发展基础条件，解决产业发展的掣肘。将传统村落产业发展基础条件分为交通条件、基础设施、村庄安全、劳动力、财政支持等5个方面（表5-1）。

（1）交通条件

传统村落的交通状况很大程度上影响了村落的发展规模及发展速度。目前，传统村落的交通方式主要为公路交通，水路、铁路、航空等其他交通方式较少。过境交通方式、道路的等级、道路的质量都在很大程度上影响了村落的可达性及村民生产、生活的便利性。

传统村落发展基础条件分类 表5-1

类别	主要内容
交通条件	过境交通、道路等级、道路质量
基础设施	生产设施、生活设施、生态环境设施、服务设施
村庄安全	自然灾害、环境污染
劳动力	人口规模、年龄构成、教育程度
财政支持	政府资金、企业资金

表格来源：李海涛.湖南地区传统村落产业发展研究[D].长沙：湖南大学，2016

（2）基础设施

基础设施的建设关系到村民生活水平的提高，同时也是村落产业发展的基础。参照中国新农村建设的相关法规文件，将村落基础设施分为：农田水利等生产设施；水电能源等生活设施；山林、水体保护及景观绿化等生态环境设施；文教体卫及旅游配套等服务设施。基础设施的建设为产业发展提供了便利条件，其中旅游等第三产业的发展更是需要完善的配套服务设施。

（3）村庄安全

传统村落产业的健康发展，离不开对村庄安全的保障。目前，大多数传统村落都存在着或多或少的洪涝、山体滑坡、泥石流等自然灾害以及垃圾废物污染和水质污染，采取有力措施解决这些安全隐患和污染问题，保障村民的生命财产安全，保持村落干净整洁的生产、生活环境，无疑为传统村落的产业发展解决了后顾之忧。

（4）劳动力

传统村落的发展需要大量劳动力资源，特别是本地劳动力资源的投入。传统村落可利用劳动力的数量、年龄构成以及受教育程度都与传统村落的发展息息相关。现代农业、旅游服务业等产业尤其需要高素质劳动力的投入。

（5）财政支持

传统村落普遍经济发展落后，村民自身收入较低，无法推动村落的发展，因此需要大量的外来资金投入。政府的扶持、企业的入驻都能够为传统村落的发展提供资金支持。

2）资源要素条件分析

资源要素条件是指在传统村落产业发展过程中起决策导向作用的因素，是各类产业发展必须具备的资源前提，也是进行产业发展定位的重要依据。传统村落丰富的自然资源、优美的自然环境、独特的村落格局、珍贵的建筑艺术、悠久的传统民俗文化是传统村落区别于一般村落的特色体现，也是传统村落产业发展所具备的特有资源要素。这些资源要素对于传统村落的产业发展，尤其是第三产业的发展极为重要。

从三次产业分类的角度对影响传统村落第一、第二、第三产业发展的资源要素进行统计分类，将其分为第一产业资源、第二产业资源和第三产业资源（表5-2）。

（1）第一产业资源

影响传统村落农业种植、经济林种植、畜牧水产养殖等第一产业发展的资源要素条件主要包括自然条件、生产用地条件和农产品。

自然条件：自然条件是制约传统村落农业发展的首要条件，传统村落所在区域的气候、

传统村落资源要素条件分类　　　　　　　　　　表 5-2

类别	类别分项	主要内容
第一产业资源	自然条件	气候、水文、土壤质量
	生产用地条件	种植用地、养殖基地
	农产品	产品特色、产量、市场潜力
第二产业资源	生产原料	品质、便利性
	工业用地	面积、位置
	产品生产	产品特色、生态性、市场潜力
第三产业资源	区位资源	地理位置、周边资源
	景观资源	自然景观、农业风光、村落风貌、历史遗迹
	人文资源	民风民俗、历史影响、生活延续、传统技艺

表格来源：李海涛.湖南地区传统村落产业发展研究[D].长沙：湖南大学，2016

水文、土壤质量等自然条件是影响产品产量及质量的重要因素。

生产用地：生产用地不只是农田、耕地、林地这些种植用地，还包括河流、湖泊等用于水产养殖的水域以及其他养殖基地，它们是承载第一产业发展的基础，是发展农林种植、畜牧水产养殖的重要前提。可利用生产用地的规模面积、分布集中与否严重影响着农业的规模化生产。

农产品：村落现有农产品的产量大小是进行规模化生产需要考虑的重要因素，产品的特色及其市场竞争力则影响着产业的经济效益及未来发展潜力，产品有特色还能吸引游客，有助于休闲农业这种一、三产业结合的农业类型的发展。

（2）第二产业资源

传统村落的第二产业主要是农副产品加工及一些村落延续的传统产业，影响该类产业发展的资源要素条件主要包括生产原料、工业用地和产品生产。

生产原料：传统村落的第二产业一般依托于村落附近的动植物产品及其物料等生产原料进行加工制造，这些原料是进行产品加工的基础，其品质关系到加工产品的质量，其获得的便利性对于产业成本的控制也十分重要。

工业用地：工业建设用地是否充足关系到企业基地的建设。传统村落通常有村落风貌环境保护的要求，企业基地建设位置要避开核心保护区。一些村落通过保留传统产业前店后厂的加工作坊的形式解决，一些村落通过开辟新区的方式提供建设用地，有的分布较集中的村落则通过合作开发建设工业园区的形式解决建设用地不足的问题[10]。

产品生产：传统村落生态环境脆弱，产品生产过程中的生态性关系到产业能否持续、健康发展。加工产品的特色、市场潜力则关系到产业效益的提升及未来发展的潜力。

（3）第三产业资源

传统村落第三产业主要有商贸服务、旅游开发及文化创意等产业，影响传统村落第三产业发展的资源要素可概括为区位资源、景观资源和人文资源三类。

区位资源：区位的优劣对于区域发展的影响是显而易见的，经济学中的区位理论就将区位看作一种能够降低生产成本的资源。县城等区域经济中心周边的城郊型村落往往具有发展为区域中心提供相关配套服务产业的优势。村落周边资源条件也是村落发展的重要资源，可以发展为旅游景区配套服务的相关产业。

景观资源：旅游发展的最初形态就是旅游观光，原生态的自然景观、极富乡土特色的人工农业风光、体现地域特色的传统建筑风貌以及大量历史遗产、名胜古迹都是传统村落发展旅游观光及休闲度假等产业的资源优势。

人文资源：随着旅游发展的成熟，当前的旅游更加注重旅游地的文化体验。传统村落传承延续的民风民俗、生活生产方式及传统技艺给游客带来了独特的文化及互动体验，也给文化创意产业的发展提供了便利条件。

5.2.3 传统村落产业发展模式分类

通过上述对传统村落发展条件的分析，总结出了当前适用于传统村落的发展模式，主要有现代农业型、林业开发型、畜牧水产养殖型、农副产品加工型、传统产业延续型、服务商贸型、观光游览型、休闲度假型、民俗文化体验型、文化创意型等10种（表5-3）。

传统村落发展模式分类　　　　　　表5-3

产业类型	发展模式	基本特点	形式例举
第一产业	现代农业型	新技术、新理念、新经营	生态农业、休闲农业、观光农业、农业示范基地
	林业开发型	集约化、高效、生态生产	经济林生产、花卉苗木种植、林下经济
	畜牧水产养殖型	生态化、规模化、可持续养殖	无公害养殖基地
第二产业	农副产品加工型	农林产品附加值提升	制茶业、烤烟业
	传统产业延续型	技术创新，经营创新，激发活力	茶油生产、陶瓷制造
第三产业	服务商贸型	利用区位优势，发展为周边服务的产业	配套服务业、旅游核心服务区
	观光游览型	自然风光观赏、古建筑观赏，停留时间短	摄影写生基地、油菜花观光基地、古建筑观赏
	休闲度假型	休闲娱乐、康体养生功能为主，停留时间长，具有置业特征	农家乐、家庭农场、特色民宿、企业拓展基地、野外拓展基地、生态疗养中心
	民俗文化体验型	民俗体验、农事体验、注重特色	民俗节庆活动、农夫乐园、农耕活动体验、果蔬采摘
	文化创意型	高融合性、高文化内涵、高附加值	创意农产品、创意手工艺品

表格来源：李海涛.湖南地区传统村落产业发展研究[D].长沙：湖南大学，2016

现代农业型：传统农业由于其生产的低效性越来越不适应村落的发展。现代农业主要是在传统种植业的基础上，应用现代科学技术和科学管理方法，顺应有机、绿色消费理念，通过规模化提升、合作社组织、龙头企业带动等路径，实现农业的产业化发展。现代农业的种类有许多，有体现可持续发展理念的生态循环农业，有满足游客观光体验需求的休闲观光农业，还有以展示教育为目的的农业示范基地等多种类型。

林业开发型：现代林业通常依托于村落丰富的林地资源，提倡种植高效生态的特色经济林果和花卉苗木，利用林下土地资源和林荫优势推广先进适用的林下种养经济模式，促进集约化、生态化生产。

畜牧水产养殖型：推广畜禽生态化、规模化养殖，建设无公害养殖基地，一方面实现规模化发展，另一方面有利于美化村庄环境。水资源丰富的村庄，发展水产养殖业，推广生态养殖、水产良种和渔业科技。

农副产品加工型：依托于村落丰富的农副产品资源，发展农副产品加工、林产品加工等产业，对农业生产的动植物产品及其物料进行加工，提高农产品附加值。

传统产业延续型：通过对村落现有传统产业的技术创新、经营方式创新，重新激发传统产业的活力。一些村落的传统作坊生产是村域的支柱产业，条件许可的村落可引导家庭作坊式的传统产业进入工业园区，实现集约化发展，一方面可保障村民生活空间，另一方面可结合旅游发展生产特色旅游产品。

服务商贸型：旅游景区入口及周边的村落发展为景区游客提供便利的住宿、餐饮、商业等配套服务；位于区域中心的村落利用区位优势或良好的交通条件，发展商贸市场，形成区域内的农产品或其他产品的交易中心、服务中心。

观光游览型：传统村落的观光游览分为以秀美山水、农林业景观观光为主的自然风光观赏和以传统村落格局、古建筑艺术欣赏、历史遗迹寻访等为主的古建筑观赏。传统村落作为规模较小的旅游景点，游客停留时间往往较短，单独的观光游览不足以带动村落有效发展，如何与其他活动及产品结合，吸引游客驻留，是村落旅游发展要考虑的问题。

休闲度假型：休闲度假是以休闲娱乐、康体养生等功能为主的旅游发展模式，让身心放松是休闲度假旅游的基本要求。休闲度假旅游的产品形式多样，主要有农家乐、家庭农场、特色民宿、企业拓展、野外拓展、生态疗养等形式。随着休闲度假旅游发展的成熟，当前的休闲度假体验更加追求度假地的文化氛围和内涵。

民俗文化体验型：民俗文化体验主要以村落传统民俗及村民生产生活方式体验为核心。游客通过参与民俗活动、农事活动，亲身体验不同于游客平时生活方式的当地民众生活，从而达到良好的游玩效果。因此，民俗文化活动及农事活动的独特性非常重要。

文化创意型：依托于传统村落丰富的传统文化资源，运用新的设计理念，融合创意手工业、创意农业，实现产品的高融合性、高文化内涵和高附加值[11, 12]。

5.2.4 传统村落新产业发展模式

在新时代背景下，随着互联网技术应用的普及和人们消费理念的改变，我国传统村落的产业发展实践也出现了一些新的发展模式，为我国传统村落发展提供了一些新的启发。目前看来，主要有众筹农业、农村电商等模式，这些新出现的产业发展模式还处于探索阶段，其发展也面临着一些风险和挑战，因此，暂未列入适宜传统村落发展的产业模式分类及评价范围内，在此仅作列举，但随着"互联网＋"和农村信息化的快速发展，其后续发展仍值得研究与关注。

1）基于农产品订购的众筹农业

众筹农业这个概念最初是从美国引进的，简单地说，就是利用互联网和社交网络颠覆传统的农业生产流程，缩短农产品流通链，让消费者参与到农耕生产中，以销定量，进而推动订单农业的发展。

湖南邵阳隆回花瑶白水洞村目前正在采用这种发展模式。村庄以众筹的方式获取传统村落农业产业化生产中购买生产资料及设备所需资金,生产的产品(粮食为主)主要满足资金户的需求,多余产品则通过联系市场销售为村落获益,带动村落经济发展;众筹所获资金除满足产业化生产的资金需求外,还通过组织资金户旅游回馈村落,带动村落旅游及服务业的发展。可以看出,众筹农业通过各类产业的组合,形成产业链,有效地提升了产业发展效益。

值得一提的是,众筹农业的发起人并不一定是因为缺少启动资金,而是通过众筹让消费者参与进来,形成一个固定的消费群体,并迅速带动相关消费圈子,同时,这种互动方式也满足了参与者自娱自乐、自给自足、扩大社交、投资理财的需求。对于休闲农业与乡村旅游综合项目而言,可以拿出一些子项目对外众筹,这不失为一种融资、融智、融人气的好策略。

当然,众筹农业也存在着一定的风险。我国农业众筹尚处于起步和探索阶段,存在市场认知度低、运营成本高、农产品安全难以保障等问题,也存在生产、金融、信用等方面的风险。

2)农村电商

随着网络购物的普及,电子商务也开始向农村地区延伸发展。从2014年开始,国家的政策大力倾向于县域和农村电商市场。2015年10月,国务院表示,将在未来五年投入超过1400亿元人民币,力争到2020年实现宽带覆盖98%的行政村,并逐步实现无线宽带覆盖。同时部署加快发展农村电商、促进快递业发展的措施,向各类资本进一步开放国内快递市场。可见,农村电商的发展将显著带动仓储物流、运营服务、营销推广、视觉设计、人才培训等本地电子商务服务业的快速发展。

目前的农村电商主要涵盖农产品上行、消费品下行、农资O2O、农村金融等几个方面的内容。农产品上行就是把农村的农产品通过互联网订单的形式出售。消费品下行就是在网上购买村民生活所需消费品,如农村淘宝、赶街网、农村E邮,全国各地的各种村级服务站等基本都是从消费品下行切入的。农资O2O就是实现化肥、农机等农业生产消费品的消费者与生产商直接交易。农村金融则是农村贷款等方面的业务。

以湖南省永州市江永县的农村电商发展情况为例,目前,该地区许多农村都建立了电商村级服务站,但其农村电商基本上只有消费品下行这一种功能,农产品上行功能由于产品品牌包装、产品质量安全等方面的原因而并未实现。可见,农村电商的发展仍有许多问题需要解决。

5.3 传统村落产业发展模式指标评价体系

传统村落产业发展模式评价指标的选取主要采用统计分析法和专家咨询法,将发展模式指标评价体系分为发展基础指标评价和资源要素指标评价两部分内容。发展基础指标评价是针对影响传统村落产业发展的基础条件的评价,发展基础指标包括交通条件、基础设施、村庄安全、劳动力、财政支持;资源要素指标评价是针对影响传统村落产业发展的相关特色资源要素的评价,资源要素指标包括第一产业资源、第二产业资源、第三产业资源。因此,可以基于指标体系构建、指标权重设置、指标评分设置、评价结果的输出而得出产业发展模式的选择策略。

传统村落发展模式指标评价体系是指通过对影响传统村落产业发展的相关基础条件及资源要素指标进行评价,获得一定的评价结果,从而指导传统村落发展模式的定位以及产业发展规划的制定。

5.3.1 传统村落发展模式评价流程

传统村落发展模式指标体系的评价首先需要构建评价指标层次结构，并进行评价指标与各发展模式的关联性分析，然后确定各指标权重以及待评价村落各指标项的具体得分，从而得出评价结果，最后在评价结果及指标关联分析的基础上进行产业发展模式的选择。评价流程如图5-1所示。

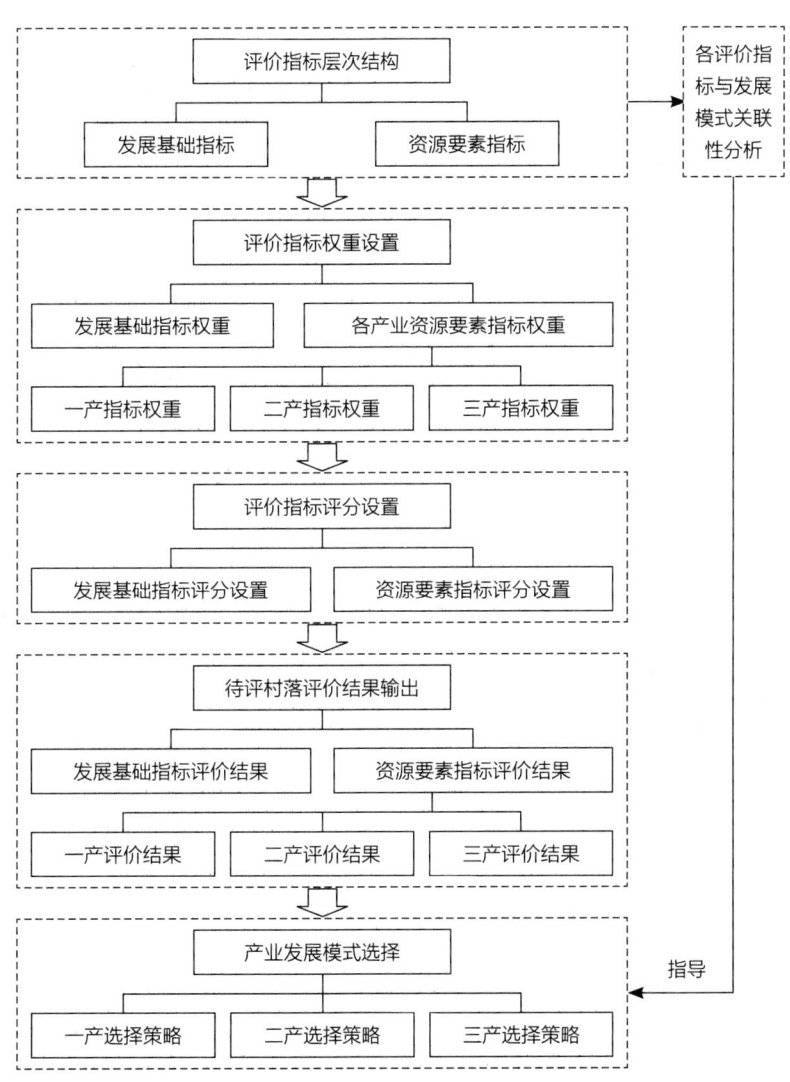

图 5-1　发展模式指标评价流程图

图片来源：李海涛.湖南地区传统村落产业发展研究[D].长沙：湖南大学，2016

5.3.2 传统村落产业发展模式指标体系构建

1）指标选取的方法

评价指标选取采用的方法通常是统计分析法和专家咨询法。统计分析法主要是对目前已有的传统村落产业发展规划中所选取的影响传统村落产业发展规划及定位的相关指标进行统计分析，选择那些使用频度高、影响较大、与产业发展模式关联性强、能够反映产业规划侧重点的指标。专家咨询法是通过咨询参与传统村落产业发展规划的相关专家，对评价指标进行合理调整与补充。

通过对传统村落产业发展条件的分析以及对传统村落的发展基础和资源要素条件的归纳，传统村落的发展模式指标评价体系可分为发展基础指标评价和资源要素指标评价两部分内容。

2）评价指标的构成

（1）发展基础指标评价

发展基础指标评价是针对影响传统村落产业发展的基础条件的评价，旨在衡量传统村落产业发展基础如何，是否具备产业发展的基本条件。发展基础指标是每一类发展模式都必须考虑的指标。传统村落发展基础指标层级结构如图5-2所示。

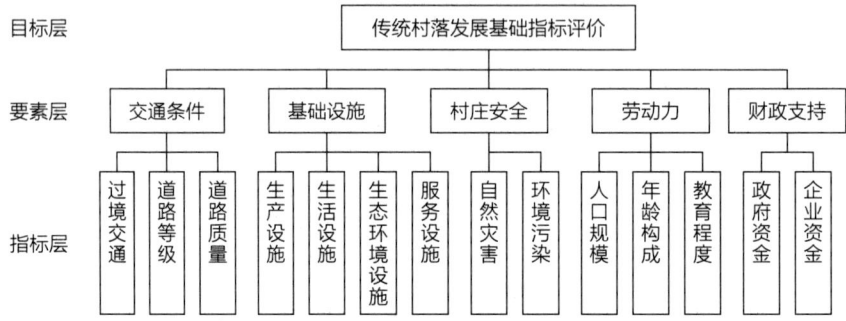

图5-2　传统村落发展基础指标评价体系

图片来源：李海涛.湖南地区传统村落产业发展研究[D].长沙：湖南大学，2016

（2）资源要素指标评价

资源要素指标评价是针对影响传统村落产业发展的相关特色资源要素的评价，决定着传统村落的产业发展方向及产业未来发展潜力，不同的产业类型对应不同的资源要素指标，各类产业资源要素指标的评价结果反映了传统村落在发展对应的三类产业方面的潜力。传统村落资源要素指标层级结构如图5-3所示。

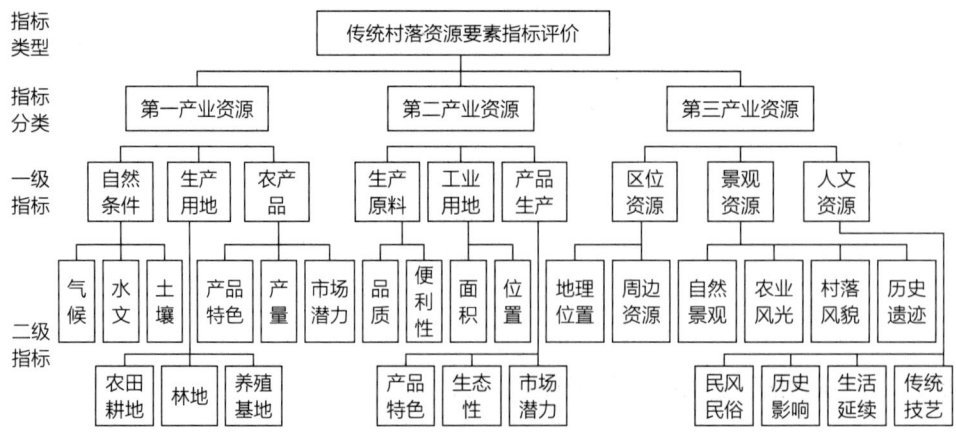

图5-3　传统村落资源要素指标评价体系

图片来源：李海涛.湖南地区传统村落产业发展研究[D].长沙：湖南大学，2016

资源要素指标中，不同的发展模式与各评价指标之间的关联程度是不同的，有些产业发展模式根本不需要某类指标。各指标与不同产业发展模式之间关联性的分析如表5-4所示。

在产业发展规划的制定过程中，对具体村落的现状条件及村落发展面临的主要问题进行分析，充分挖掘村落的产业发展要素，综合上述两部分指标内容的评价，科学合理地进行产业发展模式定位及产业发展规划编制。

发展模式资源要素指标关联性分析　　　　　　表5-4

要素层	指标层	参评发展模式类型									
		第一产业			第二产业		第三产业				
		a	b	c	d	e	f	g	h	i	j
第一产业资源	自然条件	气候	√	√	√							
		水文	√	√	√							
		土壤	√	√	√							
	生产用地	农田耕地	√									
		林地		√								
		养殖基地			√							
	农产品	产品特色	√	√	√							
		产量	√	√	√							
		市场潜力	√	√	√							
第二产业资源	生产原料	品质				√	√					
		便利性				√	√					
	工业用地	面积				√	√					
		位置				√	√					
	产品生产	产品特色				√	√					
		生态性				√	√					
		市场潜力				√	√					
第三产业资源	区位资源	地理位置						√	√	√	√	√
		周边资源						√				
	景观资源	自然景观							√	√		
		农业风光							√			
		村落风貌							√			√
		历史遗迹							√			
	人文资源	民俗文化								√	√	√
		历史影响									√	
		生活延续								√	√	√
		传统技艺								√	√	√

注：a-现代农业型；b-林业开发型；c-畜牧水产养殖型；d-农副产品加工型；e-传统产业延续型；f-服务商贸型；g-观光游览型；h-休闲度假型；i-民俗文化体验型；j-文化创意型。

表格来源：李海涛. 湖南地区传统村落产业发展研究[D].长沙：湖南大学，2016

5.3.3 指标权重及评分设置

指标评价体系中指标权重系数主要通过专家问卷法结合层次分析法获得，即由传统村落产业发展规划相关企业及政府人员、规划专家等对传统村落发展中的各要素进行重要性评分后，利用层次分析法两两比较构建判断矩阵，最后计算得出[13, 14]。

1）指标权重问卷调查

首先对各指标权重进行专家问卷调查。指标权重问卷调查分为发展基础指标权重调查和资源要素指标权重调查两部分进行：发展基础指标权重调查旨在研究各发展基础指标对于村落产业发展的重要性；资源要素指标权重调查旨在研究三类产业资源要素指标对于对应的三类产业的重要性。各指标的重要程度以层次分析法所建议的量化方法为基准，采用5分制的评分方式，很重要为5分，达到较一般的重要水平为3分，不重要则为1分，而中间分值2分、4分反映的是一种折中，不在量化中出现。以一级指标为例，问卷调查结果如表5-5所示。

一级指标问卷调查结果　　　　　　　　　　　　表5-5

指标类别	一级指标	平均分
发展基础指标	交通条件	3.93
	基础设施	4.15
	村庄安全	3.8
	劳动力	3.67
	财政支持	4.2
一产资源指标	自然条件	3.73
	生产用地	3.93
	农产品	4.03
二产资源指标	生产原料	3.83
	工业用地	3.95
	产品生产	4.1
三产资源指标	区位资源	3.75
	景观资源	4.15
	人文资源	3.98

表格来源：李海涛.湖南地区传统村落产业发展研究[D].长沙：湖南大学，2016

2）指标权重结果输出

（1）构造判断矩阵

表5-5所得的结果为各一级指标的重要性分值，而层次分析法需采用指标的相对比较值，故需要将各指标的重要性分值转化为相对比较值。为了完成这个转换，根据指标分值分布情况设计了一个转换规则，具体见表5-6。

之后，对各指标进行两两相对比较，构成判断矩阵。以发展基础指标的一级指标为例，其指标判断矩阵如表5-7所示。

相对比较值的转换规则　　　　　　　　　　　　　表5-6

相对比较值（C_{ij}）	定义
1	i和j的分值之差在0.15以内，且i大于j
2	i和j的分值之差在0.15~0.3之间，且i大于j
3	i和j的分值之差在0.3~0.45之间，且i大于j
4	i和j的分值之差在0.45~0.6之间，且i大于j
5	i和j的分值之差在0.6~0.75之间，且i大于j
6	i和j的分值之差在0.75~0.9之间，且i大于j
7	i和j的分值之差在0.9~1.05之间，且i大于j
8	i和j的分值之差在1.05~1.2之间，且i大于j
9	i和j的分值之差大于1.2，且i大于j
倒数	当i小于j

表格来源：李海涛.湖南地区传统村落产业发展研究[D].长沙：湖南大学，2016

发展基础指标的判断矩阵　　　　　　　　　　　　表5-7

指标名称	交通条件	基础设施	村庄安全	劳动力	财政支持	权重系数
交通条件	1	1/2	1	3	1/3	0.1473
基础设施	2	1	3	4	1	0.3194
村庄安全	1	1/3	1	1	1/3	0.1090
劳动力	1/3	1/4	1	1	1/4	0.0780
财政支持	3	1	3	4	1	0.3464

表格来源：李海涛.湖南地区传统村落产业发展研究[D].长沙：湖南大学，2016

运用方根计算法对上述发展基础指标的判断矩阵进行计算，可以得出一级指标的权重向量集为：

$$W = \{0.1473, 0.3194, 0.1090, 0.0780, 0.3464\}$$

由一级指标的权重系数分布可知，财政支持指标所占比重最大，而劳动力指标和村庄安全指标所占比重较小。

（2）一致性检验[14]

根据AHP原理，任何一个判断矩阵都应该满足以下公式：

$$C_{ij} = C_{ik}/C_{jk} \tag{5-1}$$

通常用随机一致性比率CR来检验判断矩阵的一致性，CR<0.10则认为判断矩阵通过一致性检验，否则须调整判断矩阵，直至通过一致性检验。CR的计算公式如下：

$$CR = CI/RI \tag{5-2}$$

式中：RI——平均随机一致性指标，具体取值见表3.8。

CI——一致性指标，计算公式如下：

$$CI = \frac{\lambda_{\max} - n}{n-1} \tag{5-3}$$

式中：$\lambda_{\max}$——判断矩阵的最大特征根；n——判断矩阵的阶数。

多阶判断矩阵的 RI 值　　　　　　　　　　　　　　　　　表 5-8

阶数	1	2	3	4	5	6	7	8	9
RI	0	0	0.58	0.9	1.12	1.24	1.32	1.41	1.45

表格来源：李海涛.湖南地区传统村落产业发展研究[D].长沙：湖南大学，2016

对上述一级指标判断矩阵进行一致性检验，根据公式：

$$\lambda_{\max} = \frac{1}{n}\sum_{i=1}^{n}\left[\frac{\sum_{j=1}^{n}a_{ij}w_j}{w_j}\right] \quad (5\text{-}4)$$

求得判断矩阵特征向量最大值 $\lambda_{\max}=5.1021$。

$$CI = \frac{\lambda_{\max}-n}{n-1} = \frac{5.1021-5}{5-1} = 0.0255 \quad (5\text{-}5)$$

$$CR = \frac{CI}{RI} = \frac{0.0255}{1.12} = 0.0228 < 0.1 \quad (5\text{-}6)$$

此判断矩阵通过一致性检验。所得权重集可以反映各指标的重要程度，权重分配合理[15]。

①指标权重统计

同理，运用上述方法得出其他指标的权重。发展基础条件指标评价由于评价的是传统村落是否具备产业发展的基本条件，因此发展基础条件指标权重表是唯一的（表5-9）。而资源要素指标评价中，由于三类产业资源要素指标对应三类产业发展分别设置权重，因此三类产业资源要素指标对应三个指标权重（表5-10）。

发展基础指标权重表　　　　　　　　　　　　　　　　　表 5-9

一级指标	二级指标	一级指标权重	二级指标权重
交通条件	过境交通	0.1425	0.4434
	道路等级		0.1692
	道路质量		0.3874
基础设施	生产设施	0.3505	0.1082
	生活设施		0.4328
	生态环境设施		0.1530
	服务设施		0.3060
村庄安全	自然灾害	0.0888	0.5000
	环境污染		0.5000
劳动力	人口规模	0.0547	0.0974
	年龄构成		0.3331
	教育程度		0.5695
财政支持	政府资金	0.3635	0.5000
	企业资金		0.5000

表格来源：李海涛.湖南地区传统村落产业发展研究[D].长沙：湖南大学，2016

各产业资源要素指标对应产业权重表　　　　　　　　　　　　　表5-10

权重类型	一级指标	二级指标	一级指标权重	二级指标权重
一产指标权重	自然条件	气候	0.1692	0.3331
		水文		0.0974
		土壤		0.5695
	生产用地	农田耕地	0.3874	0.5499
		林地		0.2402
		养殖基地		0.2098
	农产品	产品特色	0.4434	0.3333
		产量		0.3333
		市场潜力		0.3333
二产指标权重	生产原料	品质	0.2599	0.5000
		便利性		0.5000
	工业用地	面积	0.3275	0.6667
		位置		0.3333
	产品生产	产品特色	0.4126	0.4615
		生态性		0.0769
		市场潜力		0.4615
三产指标权重	区位资源	地理位置	0.1220	0.6667
		周边资源		0.3333
	景观资源	自然景观	0.5584	0.2166
		农业风光		0.1083
		村落风貌		0.4794
		历史遗迹		0.1957
	人文资源	民俗文化	0.3196	0.4941
		历史影响		0.1056
		生活延续		0.0929
		传统技艺		0.3075

表格来源：李海涛.湖南地区传统村落产业发展研究[D].长沙：湖南大学，2016

由上面两个通过专家问卷法得出来的权重统计表可以看出，发展基础指标中对产业发展影响较大的是基础设施和财政支持两项，前者关乎村民生活水平和村庄对外服务接待能力，后者关系到各类发展设施及产业投入运行的动力，因此权重均较高。

就资源要素指标来看，一产资源要素更为注重产品特色对产业发展的影响，主要因为大部分传统村落均有一定的一产用地资源，要发挥自身竞争优势，只能通过提升产品来实现。二产资源要素除了产品极为重要外，工业用地指标也占据一定比重，主要因为传统村落有传统建筑等遗产保护要求，周边农田、山林等用地也受到保护，因而可供企业基地利用的建设用地就非常少，所以用地资源对于第二产业的发展也较为重要。而三产资源要素中景观资源是最为重要的因素，一方面，旅游的发展首先是从观光游览开始的，另一方面，除了观光游览外，休闲度假等旅游模式对景观资源的要求也较高。

②指标评分设置

获得各评价指标的权重后，就需要进一步获得传统村落各评价指标的具体得分。由于部分评价指标的蕴藏信息呈现出模糊性的特征，其优劣评判受考评者主观因素影响较大，因此采用模糊数学十分制计分法将指标评价分为5个等级：优秀、良好、一般、合格、差，以此为基础设计传统村落评价指标模糊评分调查表（表5-11），向各村落规划设计专家及相关管理人员进行调查。

传统村落评价指标模糊评分调查表　　　　　　　　表5-11

指标类别	一级指标	二级指标	评价等级（分值S）				
			优秀 ($10 \geq S > 8$)	良好 ($8 \geq S > 6$)	一般 ($6 \geq S > 4$)	较差 ($4 \geq S > 2$)	很差 ($2 \geq S \geq 0$)
发展基础指标	交通条件	过境交通	不少于2条道路，有其他交通	2条道路，交通较便利	1条道路，交通尚可	1条道路，交通不便	无交通
		道路等级	国道	省道	县道	乡道	无等级
		道路质量	新修	较好	尚可	欠佳	很差
	基础设施	生产设施	齐全，新	齐全	较全	欠缺	无
		生活设施	齐全，便利	齐全，较便利	满足基本需求	落后，不便	很差
		生态环境设施	齐全，分布合理	齐全	较全	欠缺	无，环境很差
		服务设施	齐全，便利，较新	较齐全	满足基本需求	欠缺	无
	村庄安全	自然灾害	无任何安全隐患	灾害少，防治有效	防治措施待加强	缺乏防治措施	严重，无防治措施
		环境污染	环境优美	基本无污染	少，一般	污染较多	严重，环境很差
	劳动力	人口规模	≥1000	600~1000	200~600	<200	仅留守老人、儿童
		年龄构成	以青壮年为主	青壮年较多	老龄人口10%左右	老龄化严重	基本无青壮年
		教育程度	高学历人才多	基本达初中以上	小学、初中学历为主	受教育程度低，存在文盲	文盲严重
	财政支持	政府资金	国家及地方支持	地方支持，投入大	投入一般	不重视，投入少	无政府投入
		企业资金	多家企业，资金雄厚	外来企业，资金多	村民自办企业	小型企业，资金少	无企业
资源要素指标	第一产业资源	自然条件	气候	气候优越	较好	一般	较差	很差
			水文	水质优秀	较好	水质一般	较差	水质很差
			土壤	土质肥沃	利于生产	尚可	较贫瘠	无法生产
		生产用地	农田耕地	成片分布易达，可规模生产	较多，相对集中	偏少，不够集中	缺乏，较分散	用地少，分布散，距离遥远

续表

指标类别	一级指标	二级指标	评价等级（分值S）				
			优秀 (10≥S>8)	良好 (8≥S>6)	一般 (6≥S>4)	较差 (4≥S>2)	很差 (2≥S≥0)
资源要素指标	第一产业资源	生产用地-林地	成片分布，可规模种植	用地多，相对集中	偏少，不够集中	林地欠缺，较分散	用地少，分布散，距离遥远
		生产用地-养殖基地	成片养殖，交通便利	较多，分布较集中	散养，不够集中	较分散	无集中养殖地，分布散
		农产品-产品特色	极富特色，名优稀特	周边少，吸引较强	特色一般	特色不明显	无特色
		农产品-产量	适合大规模生产	产量较丰富	一般	产量偏小	无法规模生产
		农产品-市场潜力	需求极高，极富价值	需求较大，效益高	需求一般	需求少，效益低	无需求
	第二产业资源	生产原料-品质	优秀	较好	一般	偏低	差
		生产原料-便利性	十分便利	较方便	一般	不便	难以获取
		工业用地-面积	用地充足，面积大	较多	用地偏少	用地紧缺	无多余建设用地
		工业用地-位置	远离核心保护区，交通便利	位置尚佳，交通较好	一般	位置不佳，可达性差	村落内部，影响周边
		产品生产-产品特色	极富特色，名优稀特	周边少，吸引较强	特色一般	特色不明显	无特色
		产品生产-生态性	对环境无影响	影响小	一般	影响较大	破坏环境
		产品生产-市场潜力	需求极高，极富价值	需求较大，效益高	需求一般	需求少，效益低	无需求
	第三产业资源	区位资源-地理位置	处在或紧邻区域中心	靠近区域中心，景点连线上	地段一般	较偏	偏远
		区位资源-周边资源	丰富，距离近	较丰富	一般	较少	无
		景观资源-自然景观	景点多，景观优美	较丰富	一般	较少	景观差
		景观资源-农业风光	丰富多样，观赏性强	丰富，风景较好	一般	少，缺乏特色	无
		景观资源-村落格局	完整保留选址格局、建筑风貌	保留较好，有特色	部分保留	破坏较大	破坏严重
		景观资源-历史遗迹	丰富多样	较多	一般	少量	无
		人文资源-民俗文化	多样，特色鲜明	较丰富，有特色	一般	偏少，特色不明显	较少，缺乏特色
		人文资源-历史影响	事件多，影响大	影响较大	一般	较少	无
		人文资源-生活延续	原汁原味，有特色	传承较好	部分传承	保留较少	生产生活改变巨大
		人文资源-传统技艺	传承发展，富有特色	传承较好	部分传承	偏少，特色不明显	无

表格来源：李海涛.湖南地区传统村落产业发展研究[D].长沙：湖南大学，2016

5.3.4 评价结果及产业发展模式选择策略

上述的发展基础指标评价是对村落产业发展基础的整体评价，资源要素指标评价是对一、二、三产各项指标在村落发展相应的一、二、三产业适宜度上的整体评价，三大产业具体发展模式的选择还需根据各发展模式特征及村落具体评价结果综合考虑。笔者在综合了部分具体传统村落实例验证的基础上，根据各发展模式的特征总结出了基于指标评价的发展模式选择策略（表5-12）。

传统村落发展模式选择策略分析　　　　　　　　表5-12

产业类型	选择策略要点
综合选择	1.产业大类的选择，根据三大产业各自的资源要素综合总评分，可评价各自的发展适宜程度。设定一产或二产资源要素综合总评分≥6分时，判定为适合发展一产或二产，三产由于所有资源要素与各发展模式不完全相关，故降低其分值标准；设定三产资源要素综合总评分≥5分时，判定为适合发展第三产业；当指标综合评分超过7分时，认为该传统村落极具发展相应产业的价值
	2.上述5分、6分只是一个经验值，评价时不必拘泥于该具体数值，根据具体情况，左右微小变动亦可，由此大致判断村落适宜发展哪类产业，哪一类不适宜发展，哪一类极具发展价值
	3.多种发展模式的选择宜进行优化组合。如适合发展一、三产业，发展策略上，可以先发展花卉苗木等观光农业，提升村落环境景观，再进一步发展旅游业
	4.发展模式的最终选择还应综合考虑相关政策、上位规划、村民意愿等因素
第一产业发展模式	一产中的"生产用地"指标涵盖农田、林地、养殖基地，分别是现代农业、林业开发、畜牧水产养殖三类产业发展的重要前提，一产发展模式选择需重点考虑相应生产用地的得分评价
第二产业发展模式	第二产业的发展模式主要为农副产品加工及传统产业延续。从权重上看，"工业用地"及"产品生产"两项指标均很重要，农副产品加工对企业建设用地的依赖较大，而传统产业一般都保留有加工作坊，由于富有特色，还可结合第三产业发展，因此产品特征相对更为重要
第三产业发展模式	1.服务商贸模式对区位资源的要求极高，对其他两类资源则要求不高，故设定"区位资源"指标评分≥7或其下"地理位置"指标≥8时，认为适宜发展该类产业
	2.观光游览型产业对景观资源的要求较高，故设定"景观资源"指标评分≥7分时，认为适宜发展该类产业
	3.休闲度假集休闲娱乐、康体养生等活动于一体，需要良好的景观资源条件，也追求度假地的文化氛围及活动体验，因此，设定"景观资源"及"人文资源"二者得分之和≥12分时，认为适宜发展休闲度假发展模式
	4.民俗文化体验需要较好的人文资源条件，故设定"人文资源"指标得分≥6分时，适宜此发展模式
	5.文化创意产业要求极高的文化要素，且对传统技艺、传统文化产品的需求高，因此设定"人文资源"指标得分≥7分时，适宜文化创意产业的发展
	6.鉴于传统村落第三产业单独一种发展模式发展效果不显著的现状，三产模式选择时，若条件适合，宜多种模式协同发展

表格来源：李海涛.湖南地区传统村落产业发展研究[D].长沙：湖南大学，2016

5.4 基于产业发展模式指标评价体系的产业发展规划

从当前传统村落已编制的相关规划来看，传统村落的产业发展规划主要包括产业发展现状及发展条件分析、产业发展目标和定位、产业空间布局、重点产业设计等内容。本章在发展模式指标评价体系的基础上构建传统村落的产业发展规划设计流程，主要从产业发展条件分析、产业发展定位和产业发展规划设计要点三个方面对现有的产业发展规划设计流程进行优化。

5.4.1 传统村落现有产业发展规划设计方法

1）传统村落产业发展规划概述

产业发展规划是综合考虑产业内的自然资源和社会经济基础的各个方面，在一定区域范围内对产业开发和布局、产业结构和组织调整进行整体布置和安排，并制定相关策略、措施的系统过程。传统村落的产业发展与城市及一般农村不同，传统村落具有独特的建筑艺术和文化遗产等资源优势，是一般农村无法比拟的。因此，传统村落的产业发展规划必须综合考虑传统村落自身发展条件及产业发展现状等因素，进行全面的、长远的规划。

然而，长期以来，由于传统村落文化遗产保护工作的急迫性和突出性，传统村落的产业发展规划一直处于从属地位，没有得到应有的重视。当前的传统村落规划主要是保护发展规划、村庄整治规划、美丽乡村建设规划这几种类型，这些村庄规划多将产业发展规划列为发展规划子项下的一项，产业发展规划所占比重小。规划设计方法也存在一些问题，往往村落有什么样的资源就发展什么样的产业，缺少对资源要素系统性、科学性的分析。

2）现有产业发展规划内容及设计流程

（1）传统村落产业发展规划内容

对于传统村落产业发展规划的内容，《传统村落保护发展规划编制基本要求》只做出了"分析传统村落的发展环境、保护与发展条件的优劣势，提出村落发展定位及发展途径的建议"几项要求，较为粗略；《美丽乡村建设指南》则相对较细致，其规划内容还涵盖了生产设施、生产用地的布局，对三类产业发展的基本要求及发展模式更是做出了细致的要求及建议。

从当前已编制的传统村落相关规划来看，传统村落的产业发展规划主要包括产业发展现状及发展条件分析、产业发展目标和定位、产业空间布局、重点产业设计等内容。

产业发展现状及发展条件分析：传统村落的产业发展是以村落现状产业及各种资源要素为基础的发展，因此产业发展规划首先需要分析村落的产业发展现状及发展环境和资源条件。产业发展现状主要分析村民经济收入来源、现有产业类型及其分布情况等，由此判断现有产业的发展效果、发展潜力和存在的问题。发展条件分析主要为村落产业发展环境分析和资源要素分析，由此分析传统村落产业的发展基础。发展环境分析包括村落的区位交通、面积、人口、基础设施、周边环境等方面；资源要素分析包括村落自身的自然资源、人文资源等，其中人文资源一般是传统村落的传统建筑、历史遗迹等物质文化遗产和民俗文化、传统技艺等非物质文化遗产，由于其价值巨大，且涉及村落保护的内容，通常单独进行价值评估，这在一般的村庄规划中是没有的。

产业发展目标和定位：产业发展的定位主要基于区域功能分析的总体结论性意见，对规划区的产业发展，从产业细分门类的视角进行深入的讨论和规划，根据自身具有的综合优势和独特优势、所处的经济发展阶段以及各产业的运行特点，合理地进行产业发展布局，确定规划区要发展的产业门类、产业结构、产业组织、产业布局及产业目标，描绘规划区的产业蓝图[5]。

传统村落的产业发展定位是产业发展规划的核心部分，传统村落的产业发展定位要综合分析村落自身发展优势，考虑村民的发展意愿，协同周边产业，衔接上位规划要求，从而分析村落发展各类产业的优劣势，选择最适合传统村落的发展方向和产业类型，其后的产业空间布局和重点产业设计都要围绕产业定位来展开。

值得一提的是，传统村落产业发展定位和发展模式的选择应避免"唯GDP论"，村落经济要发展，GDP的增长是必要的，但不能一味以GDP为目标。发展旅游确实可以使村落经济收入增长快、见效时间短，但不顾村落发展条件的旅游开发，从长远看，其影响力可能会衰减，不一定适合，而农业的发展虽然回报时间长，但农业是村落的根本，也是乡土特色的突出体现，若因发展旅游业而废弃了传统农业，那么，一方面产业结构的非常规变化必定会影响社会和经济的稳定，另一方面，村落本身丧失了原始的乡土特色，旅游资源的原真性也会遭到破坏，所以，发展农业从长远看不失为传统村落的有利选择[16]。

产业空间布局：传统村落的产业空间布局主要是各具体产业在村落空间上的分布，是村落发展规划与空间规划的有效结合[17]。传统村落产业空间布局要根据现有产业分布现状，以发挥各产业优势，最大限度地利用空间资源，促进各产业统筹发展为目标，合理配置空间资源，优化各产业的空间分布，促进产业发展。传统村落的产业空间布局还要考虑与村落核心保护区的关系。加工类第二产业需要建设厂房等生产设施，若布置在村落内部必然对村落风貌造成破坏，这类产业的布局要避开村落核心保护区；旅游业的布局需要合理设置配套设施、游客线路和游客体验区域，处理好与村落之间的关系；而农业产业空间的合理分布一方面能够方便村民的生产，另一方面能够美化村落环境。

重点产业设计：传统村落的重点产业是对村落发展具有战略性影响的产业，能够有效推动村落经济发展，重点产业一般也是传统村落的主导产业或特色产业。重点产业在产业发展定位时就已经确定，但其产品内容、具体空间分布、发展时序、实施策略等具体内容仍需详细设计，尤其是旅游发展规划的设计还需对客源定位、旅游产品开发、设施布置、线路组织等内容进行详细规划设计，保证规划的顺利实施。

（2）现有规划设计流程

现有的传统村落产业发展规划设计流程如图5-4所示。

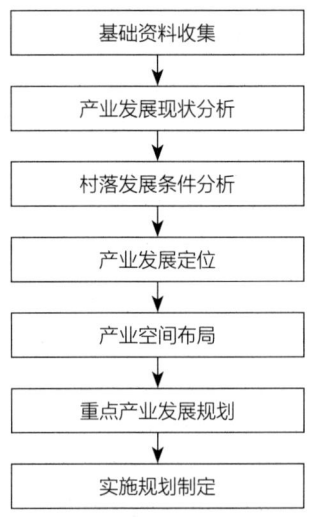

图5-4　传统村落现有产业发展规划设计流程

图片来源：李海涛.湖南地区传统村落产业发展研究[D].长沙：湖南大学，2016

3）现有产业发展规划设计方法的不足

通过对已编制的传统村落产业发展规划和上述规划设计流程的分析，可以看出传统村落现有产业发展规划设计流程存在一些不足之处，主要体现在发展条件的分析和产业发展定位上。首先，产业发展现状的分析大多是对产业现状的描述，少数规划分析了现状产业存在的问题，但基本没有对现有产品特色、未来发展潜力等方面的分析。其次，村落发展条件的分析从整体上看缺乏系统的分析方法，多数规划仅对村落的各类资源进行简单描述，少数规划采用SWOT分析法，但SWOT分析法只是一个描述性的模型，而产业的发展定位往往具有不确定性，定量分析和逻辑分析的缺乏导致SWOT分析法不能为传统村落发展定位提供明确的策略建议，且SWOT分析法虽然在总体战略上简洁明了，但在具体操作上却不够明确，因此并不适合村落发展条件的分析。再次，关于传统村落文化遗产价值的评估多停留在保护价值的分析上，对其利用基本都采用旅游展示的方式，缺少创新。最后，对于产业发展的定位，由于对村落自身发展条件的分析不够系统深入，产业发展的定位趋同，往往只要有旅游资源就发展旅游产业，而没有考虑旅游资源发展的价值有多大[9]。

5.4.2 基于指标评价体系的产业发展规划设计方法

鉴于现有传统村落产业发展规划设计流程存在着上述不足，可以尝试在发展模式指标评价体系的基础上构建传统村落的产业发展规划设计流程，主要从产业发展条件分析、产业发展定位和产业发展规划设计要点三个方面对现有的产业发展规划设计流程进行优化。

1）产业发展条件分析

基于指标评价体系的传统村落产业发展规划设计方法将产业现状分析和村落文化遗产的价值分析也一并纳入产业发展条件分析中，将现状产业和文化遗产视为传统村落的产业资源要素，利用发展模式指标评价模型对传统村落的这些发展条件指标进行系统分析，这样就解决了现有产业发展规划设计流程发展条件分析缺乏系统性的问题。

从具体操作来看，将规划对象——传统村落的产业发展条件分析分为发展基础指标评价和资源要素指标评价两部分，得出各自的评价结果。发展基础指标评价结果体现了该村落的产业发展环境和发展基础，资源要素指标评价结果则体现了该村落发展各类产业的资源优势和发展潜力。

2）产业发展定位

产业发展定位主要是在产业类别和具体发展模式方面的选择。基于指标评价体系的产业发展规划设计流程是在影响传统村落产业发展的相关资源要素指标评价的基础上进行的发展模式筛选，而资源要素又是影响产业发展定位的关键因素，在资源要素指标评价的基础上进行产业发展模式的选择是合理且具有价值的。根据村落资源要素指标的评价结果，结合上一章的产业发展模式选择策略，对村落的具体产业发展类别做出科学、合理的选择，从而解决现有产业发展规划设计流程中产业发展定位随意性的问题。

发展模式的选择方面，每个传统村落的发展基础不同，有的传统村落可能适合好几种发展模式，此时，具体发展模式的选择可从产业升级的角度来考虑。传统村落产业升级就是通过技术创新和管理制度创新，对村落不同类型的产业进行优化组合，打破单一的产业结构，延伸产业链，促进产业结构优化[12]。当前传统村落典型的产业组合模式主要有：农业与旅游结合，产生集农业生产、观光、农事体验等功能于一体的观光休闲农业[18]；农业与加工业结合,产生农产品生产、加工一体化的加工农业;传统手工业与旅游结合,促进手工艺品的销售,而富有文化内涵的手工艺品又能够吸引游客,二者相互促进[18]。

3)产业发展规划设计要点

不同类型发展模式的产业发展规划的侧重点是不同的,而发展模式指标评价体系的权重系数能够体现这种差异性。发展模式指标评价完成之后的村落发展基础指标评价结果和资源要素指标评价结果使我们对传统村落的各项发展条件指标优劣情况有了直观的印象。结合发展基础指标的权重,可以得出对于村落产业发展重要程度高的各发展基础指标的实际情况,在进行产业规划设计的时候,则需重点提出针对那些重要程度高、现实情况差的指标要素的改善措施,保障产业良好的发展环境;结合资源要素指标的权重,则可以得出对于村落各类产业发展模式重要程度高的各资源指标的情况,产业规划设计则可以针对传统村落在这些重要指标方面的不足提出相应的规划策略,促进产业健康发展。

在这些产业发展重要指标分析的基础上形成的产业发展规划设计要点,是符合传统村落实际情况和发展诉求的,必然能够有效指导传统村落产业发展规划的编制和实施。

4)基于指标评价体系的产业发展规划设计流程

总的来说,基于指标评价体系的产业发展规划设计是在现有产业发展规划设计流程的基础上进行的产业发展条件分析、产业发展定位和产业发展规划三个层面的优化设计。其规划设计流程如图5-5所示。

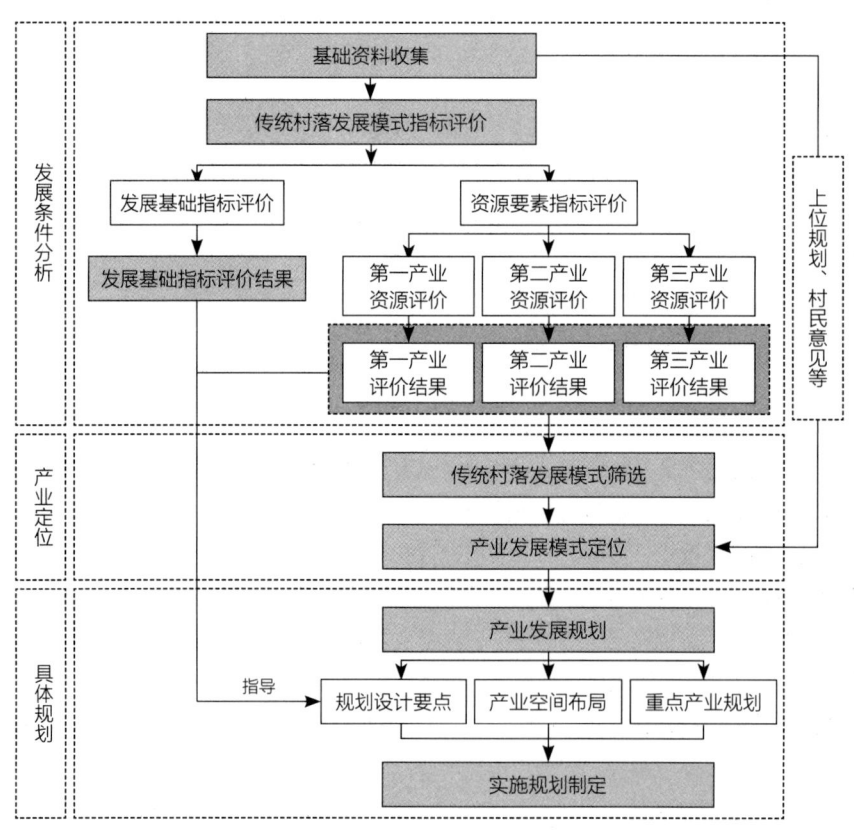

图5-5 基于发展模式指标评价的产业发展规划设计流程

图片来源:李海涛.湖南地区传统村落产业发展研究[D].长沙:湖南大学,2016

参考文献

[1] 宋胜洲，郑春梅，高鹤文.产业经济学原理[M].北京：清华大学出版社，2012.

[2] 陈文晖，鲁静.产业规划研究与案例分析[M].北京：社会科学文献出版社，2010.

[3] 王景慧.历史文化名城保护理论与规划[M].上海：同济大学出版社，1999.

[4] 刘沛林.古村落：和谐的人聚空间[M].上海：三联书店，1997.

[5] 蔡孝箴.城市经济学[M].天津：南开大学出版社，1998.

[6] 肖正华.传统村落的保护发展难在哪儿[N].中国文化报，2015-06-27(001).

[7] 廖婧.陕西省传统村落生态发展模式及对策研究[D].西安：西安建筑科技大学，2015.

[8] 蒋纹.村庄产业发展模式的空间布局研究[J].浙江建筑，2012，29(10)：5-9.

[9] 蓝庆新.区域产业规划方法与案例研究[M].北京：知识产权出版社，2011.

[10] 韦伯.工业区位论[M].北京：商务印书馆，1997.

[11] 段友文，王禾奕.论古村落传统文化资源与创意产业的深度融合：以山西省万荣县阎景村为例[J].山西大学学报(哲学社会科学版)，2014，37(1).

[12] 刘春腊，刘沛林.北京山区沟域经济建设背景下的古村落保护与开发研究[J].经济地理，2011，31(11)：1827-1833.

[13] 胡田翠，鲁峰.古村落旅游可持续发展评价指标体系构建研究[J].现代经济：现代物业中旬刊，2007(10)：36-38.

[14] 周志雄，汪本学.基于新农村建设背景的古村落产业结构调整路径：以俞源旅游业发展战略为例[J].上饶师范学院学报，2007，27(5)：34-38.

[15] 汪清蓉，李凡.古村落综合价值的定量评价方法及实证研究：以大旗头古村为例[J].旅游学刊，2006，21(1)：19-24.

[16] 靳亦冰，王军.陕北旱作农业区传统村落发展模式与民居营建研究[J].建筑与文化，2011(8)：90-92.

[17] 郑赟.广州小洲村文化创意产业对其村落传统公共空间的影响研究[D].广州：华南理工大学，2012.

[18] 肖磊.古村落文化产业发展研究：以山东朱家峪为个案[D].济南：山东大学，2009.

第6章
传统村落的社会组织

6.1 传统村落社会组织的特征与构成

6.1.1 传统村落社会组织特征

1）传统村落社会组织的定义

研究传统村落的社会组织关系，首先要明确"社会组织"的概念。作为一个社会学概念，它是公共关系的主体，是人们为了有效地达成特定目标，遵从共识、契约、风俗、法律建构起来的共同体。它与社会其他成员，在特定领域有较为清晰的边界，社会组织中的成员，相互之间有明确的权利、责任与分工，并相互关联，形成一个具有功能的社会结构。

社会学的既有研究中，王康在1988年主编的《社会学词典》中[1]认为，社会组织包含两种含义，"一是指人们有一定目的，依一定的组织形式和原则，通过一系列的活动，执行特定的社会职能，达到特定的社会目的的独立群体；二是指社会从无序到有序的一种状态和过程。"1990年出版的《中国大百科全书》社会学卷中[2]，对社会组织的解释是，"人们为实现特定目标而建立的共同活动的群体，也称作次级社会群体"。2004年由刘兴豪主编的《农村社会学》中对于传统农村组织的解释为[3]：传统农村社会以自给自足的自然经济为基础，农户常以户为单位进行简单的农业生产，日常生活中的绝大多数事务通过农民间的个人联系或者通过邻里亲友等初级群体，依赖于习俗和道德力量解决生产生活中的问题。

传统村落的研究中，对"社会组织"有不同的阐释。1999年，袁亚愚在《新修乡村社会学》一书中[4]，将社会组织定义为"人们通过特定的社会关系与社会结合方式而形成的高于群体的社会共同体，是组成此种共同体的人们所采用的社会活动方式"。韩明谟在2001年出版《农村社会学》一书中[5]，将其进行了广义和狭义上的区分，广义的社会组织，是指"社会上存在的一切活动的共同体，包括家庭、家族、秘密团体、兴趣团体、工厂、机关、学校、军队等"；而狭义的社会组织，是指"执行一定的社会职能，完成特定的社会目标，有计划的组合起来的群体；它不包括初级社会群体，是比初级社会群体更复杂、更高级的社会组织方式"。

在此基础上，可以认为，传统村落中的社会组织可以阐释为："村落内部，依托于血缘、地缘、业缘关系，遵循村落内部传统人际关系、传统习俗、经济利益的社会共同体，旨在协同村落内部矛盾，组织公共活动，开展公共建设，应对公共危机。"

在传统村落社会组织的研究中，我们必须客观、理性、科学地认知其社会关系的变化，认知到现代行政管理、公共管理、经济关系，以及其他社会组织对传统村落的介入。传统村落从所处的物质环境到社会、经济环境都已经经历了巨大的变化，不是一个封闭的、与世隔绝的"共同体"。因此，我们在研究传统村落社会组织时，应该充分意识到，既要尊重发掘传统社会关系对村落发展的作用，也要充分意识到，新的社会组织关系对村落发展可能产生的潜在影响。

2）传统村落社会关系的血缘性

血缘，是指拥有共同祖先的人们之间的关联。血缘群体是通过生养关系传承，通过婚姻关系拓展的社会群体。马克思说："家庭起初是唯一的社会关系。"传统村落社会是一个血缘社会，即以血缘的等级与亲疏组织起来的的社会关系。

"血缘是身份社会的基础，由它所决定的社会地位是不容个人选择的。"[6] 传统村落，通常依托相对稳定的血缘关系组成，表现为一个，或者数个姓氏的农户聚族而居。单姓或多姓村的现象，是农业社会相对稳定的社会生活状态的反映。农业生产协作，需要掌握一定的农业技术，需要技术的传承；需要大量的劳动力，协作劳动，兴修水利，改造地理环境，使其适于农业生产的需求。单个人力难以承担相应的工作，没有长期的地域经验积累也无法适应农业社会的生产需求。

在人类由游牧到定居的转变过程中，伴随着农业生产的发展，乡村聚落的结构及其聚落内的人员也逐渐稳定下来。没有大的自然灾害及战争的影响，人们不会再轻易离开家园四处游荡，人口聚居与土地之间的关系日渐紧密。春种秋收冬藏，日出而作日入而息，在稳定的人地关系上，进一步形成了稳定的"时令—土地—社会"这样一个社会与时空共同作用的复合体。

我国传统乡村社会，其本质是父系社会网络关系。每个人是这个社会网络构成中的一个节点，是一个血缘关系相对稳定，结构相对清晰的社会结构，其时间的延续性也相对稳定；也正因这些特征，其等级、权利、责任相对明确，基于血缘的社会组织自我治理的能力也相对较强。这些社会因素会映射到空间的组织结构上，形成基于血缘关系的建筑群落。

这种血缘关系的空间关系，不仅存在于传统聚落之中，也存在于传统聚落的建筑单体之中。不同空间因其舒适度上的差异，文化上的不同含义具有不同的等级，这种空间上的等级与血缘上的等级关系相对应。因此，在中国传统聚落中，空间结构常常能体现内部居住者的关联，呈现他们的社会活动规律与血缘上的代际与亲疏关系。

3）传统村落社会关系的地缘性

地缘，是指基于同村、同乡等共同生活环境建构起来的社会关系。在传统社会中，交通不便，迁徙较难，农耕生活又把家族家庭牵系在大地之上，因此人与土地的关联更加密切[7]。较现代社会而言，地缘关系在人际关系中扮演更为重要的作用。

传统社会中，地缘关系是血缘、亲缘关系的重要补充。共同生活在一片土地上，尽管不存在血缘上的亲缘，仍然有盘丝错结的社会关联，大家共享一片土地上的社会关系及其相应资源，彼此之间的社会关系，除了血缘关系之外，仍有很大一部分的重合。这种重合，使得人们在彼此间的社会交往中有所依凭也有所顾忌，提高了人们社会协作的频度与质量，有助于建立起以地缘为基础的社会关系。

这种地缘纽带，通常是以童年、青年阶段共同生活在一个地方，或者有大量亲属共同居住在一个地点为基础建立的。在家乡，地缘关系弱于血缘关系，在社会问题的处理上，血缘关系更占优势。一旦离开大家共同的家乡，地缘关系的价值迅速凸显，历史中一些大型的移民潮流"闯关东""走西口"等，传统的血缘社会被弱化，从而形成了以杂姓聚居的地缘关系社会。传统聚落中的"会馆"，比如山陕会馆、梧州会馆、徽州会馆等，就是以地域为纽带建构起来的，彰显地域特色，处理同乡事务的机构。

4）传统村落社会关系的差序格局

差序格局，最早由费孝通先生在《乡土中国》一书中提出。

差序格局较好地阐释了血缘、地缘纽带之间的关联与差异。在传统村落社会中，人际关系的亲疏远近，犹如水面上泛开的涟晕一样，延伸开去，圈圈相套，形成一个以自我为中心的同心圆结构。

这个结构中，距离圆心越近，与本人的关联越亲密；随着与中心距离逐渐拉远，社会关系也逐渐淡漠。在2007年，罗家德在"中国人的信任游戏"一文中所阐释的，这个同心圆结构可以解读为"自我—血缘—地缘"的渐变规律（图6-1）。

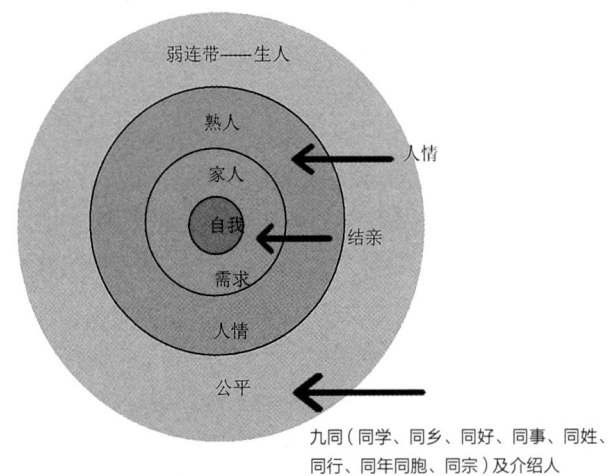

图6-1 差序格局图解

图片来源：罗家德.中国人的信任游戏[J].商界（中国商业评论），2007（2）：79-82

差序格局揭示的，并不是固定的社会关系，而是一种大致有序的社会结构。在具体的案例中，不同的场景中，血缘—地缘关系交错，呈现更为复杂多元的社会结构。这种社会结构不会直接、快速地映射到空间结构中，只有当某种复合的社会关系逐渐形成，并日渐稳定时，它才会逐渐清晰明了。

差序格局揭示的是一种普遍性规律，无论城乡，人们的社会关系都将呈现以自身为中心，像涟漪一般逐渐拓张的社会结构。只是在传统农业社会中，人们和土地的关系更加紧密，人们包围在一圈圈结构相对清晰的血缘关联之中；地缘关系也相对稳定，"血缘—地缘"的复合关系也相对明了。在现代城市生活中，快速的迁徙与流动，使得人们脱离了血缘关系的束缚，也难以建立长久的地缘联系，人们之间由职业关系网络维系，血缘—地缘的影响力逐渐淡漠，取而代之的是业缘之间的关联，社会组织渐渐转型（图6-2）。

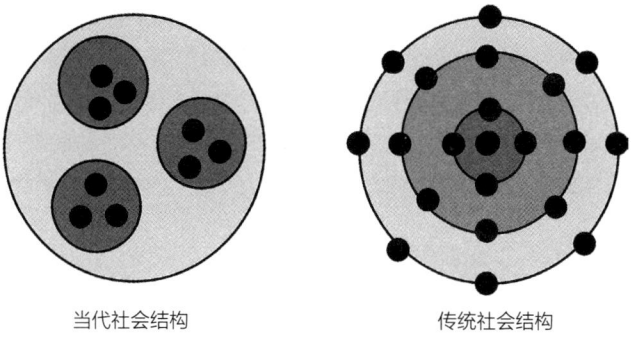

当代社会结构　　　　　　　传统社会结构

图6-2 中西方人际关系与社会结构的比较

图片来源：宣晓伟."关系本位"和"差序格局"：传统中国的社会结构和治理模式：现代化转型视野下的中央和地方关系研究之十六[J].中国发展观察，2015，(11)：56-59

6.1.2 传统村落社会组织关系的结构

按照不同的组织法则与社会基础，传统村落的社会组织关系可以有多种可能。在传统社会当中，社会结构相对稳定，较为清晰；在当代社会、经济条件下，传统村落中的社会关系也在发生变化，不是固定的，一尘不变的组织架构。我们要认识到，传统村落作为传统社会关系的映射，在当代发展过程中，其物质结构必然受到多元的挑战，且受到多种社会力量的推动或制约。

在传统村落，生成村落空间结构的社会基础已经发生了变化，新的社会关系逐渐取代了传统的社会关系，以血缘关系为基础的社会管理与社会组织，逐渐被行政管理、村民自治、经济导向取代，主次关系已经在发生变化。当下，传统村落里的社会组织关系，不是传统关系的延续，而是新兴社会组织与空间结构再匹配的挑战。不能对此有清晰的认知，就很难适应当代的发展，应答传统村落当代的发展挑战。

如前所述，传统村落在当代的发展过程里，包含传统社会组织的延续，当代社会组织如何发挥新的主导作用两个方面的问题，这两个方面应对着两套相对独立，但相互关联的社会组织体系。厘清不同系统之间的关联，建构相互之间的关系，有助于充分发挥社会组织的力量，推动传统村落的发展（图6-3）。

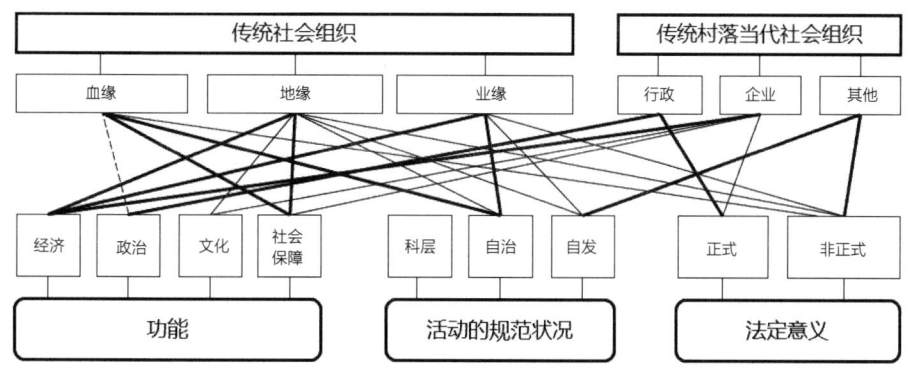

图6-3 传统村落社会组织的类型及关联

图片来源：作者自绘

就社会组织的功能而言，可以分为经济组织、政治组织、文化组织、社会保障组织几种类型。经济组织，旨在为传统村落经济发展起指导和服务作用。政治组织，包含党组织、政权组织、群团组织等类型，主要指导传统村落内的政治活动，进行权力分配和调整。文化组织，包含教育组织、科技组织、文化组织、卫生组织以及宗教组织等类型，以满足传统村落的文化需求。社会保障组织，包含敬老院、福利院等机构，为传统村落里的特殊人群提供基本生活保障。

按活动的规范度状况，可以分为科层组织、自治组织、自发组织三个类型。科层组织是一种理性化的管理组织结构，即实行职务分等，权威分层和权限分级的组织，通常是指当地的行政管理机构。自治组织，是城市和农村，按居民的居住地区建立起来的居民委员会或者村民委员会，是城市居民或农村村民自我管理、自我教育、自我服务的组织。自发组织，是组织内成员自行组织发动形成的自我管理系统。如家族活动、红白事活动，组织成立和活动没有规范，成员关系松散，围绕精英或年长者活动。

按是否具有法定意义为标准，包含正式与非正式组织两类。正式组织，如农村的党组织、村民自治组织、群团组织及宗教组织等，即自身或者上级是依法成立的，并有正式的章程和完善的制度，经过正式的途径创设的。非正式组织，如农村宗族、战友、同学、棋牌俱乐部等，是历史地或自发地形成的，建立在血缘、地缘、业缘、情缘和利缘的基础上。这些组织的成员关系松散，活动要求不明确和不严格，由利益、情感、兴趣或约定而产生非正式关系。

6.1.3 传统村落社会组织关系的组成

传统村落社会组织的组成，是一个多元且复杂的关系。

传统村落的社会组织包含传统社会组织在现存空间结构中的映射，以及现代空间设计、管控、治理对传统空间结构的挑战（图6-4）。

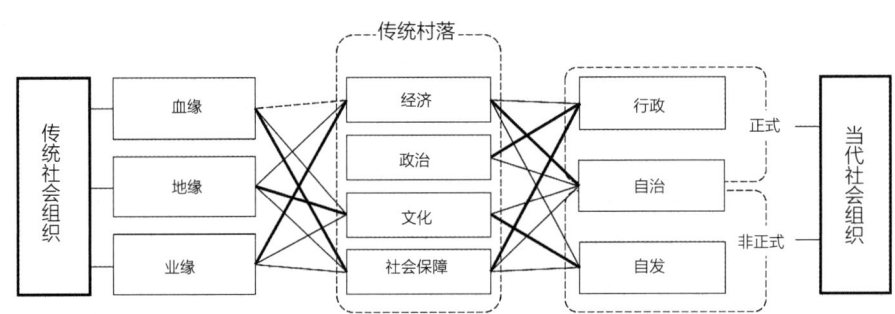

图6-4 传统村落与当代社会组织共同致力村落发展

图片来源：作者自绘

除此，传统村落的相应社会组织 包含两套不同的组织体系，既包含自下而上的村民自治，也包含自上而下的由省到市到县最终到乡政府的行政干预治理。这两套体系的结合点是乡政府（图6-5）。

传统村落发展过程中，基于宗族血源性和邻里地缘性的自组织自治模式，逐渐转换为以村民自治为主，行政指导与支持为辅的模式。当前的传统村落组织管理，要考虑传统社会自组织模式在空间中的映射，通过传统聚落空间特色的保留与强化，使其成为传统社会组织空

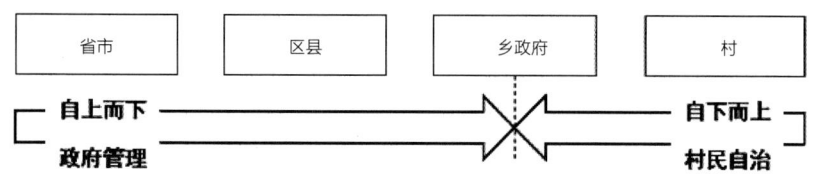

图6-5 传统村落社会组织体系示意图
图片来源：作者自绘

间化的佐证；推动现代空间治理介入传统村落的发展，使其成为历史文化资源、自然生态资源向产业转型、乡村振兴资源的转换。

6.2 传统村落社会组织的演变

6.2.1 土地制度的变化与传统村落社会组织

土地制度制定的主要是土地所有权与使用权的规则体系，与传统村落中的两大组成元素：人、地相关，背后所反映的是农村的人与人、人与地的社会经济关系，既人口与资源、人口与经济发展的关系。土地制度的变化贯彻传统村落生产发展的始终，与其社会组织的发展密不可分。

多年来，为完善土地制度，我国颁布多项政策、法规来推进土地管理制度，其发展变化可分为三个阶段，每一阶段的目的特征及带来的农村社会组织的变化如下表6-1。（1）1949—1952年是农民土地所有制阶段；（2）1953—1978年是合作和集体经营阶段；（3）1978年之后是家庭承包经营阶段[8]。

农村土地制度发展历时性变化及其社会组织发展变化　　　　表6-1

阶段	时间		特征	影响
第一阶段：农民土地所有制阶段	1949—1953年		废除封建剥削的地主阶级土地所有制，实行农民的土地所有制	实现农民的土地所有制，促进了农村经济的恢复和发展
第二阶段：合作和集体经营阶段	1953—1978年	1953—1956年	初级社阶段。农民将土地等主要生产资料作股入社，允许社员留有少量的自留地，由合作社实行统一经营	农民土地所有权与经营权初步分离
		1956—1958年	高级社阶段。土地报酬被取消，土地的所有权与经营权统一归于合作社	农户家庭经营主体地位被农业基层经营组织与基本经营单位取代
		1959—1978年	人民公社阶段。土地经营权、所有权以及宅基地的所有权从个体农民手中转到集体手中	形成国家行政权力和农村社会权力高度统一的基层政权形式
第三阶段：家庭承包经营阶段	1978年至今	1978—1983年	人民公社制度结束和家庭联产承包责任制确立的过渡时期。明确了"包产到户"的社会主义性质；规定城市的土地属于国家所有；农村和城市郊区的土地，除由法律规定属于国家所有的以外，属于集体所有	实行了20多年的人民公社开始解体。恢复原来的乡、镇、村体制

续表

阶段	时间		特征	影响
第三阶段：家庭承包经营阶段	1978年至今	1984—1991年	稳定和发展时期。稳定和完善联产承包责任制，延长土地承包期；土地的使用权可以依照法律的规定转让	土地的使用权可以依照法律规定转让，强化农村人地关系
		1992—1999年	稳定和深化时期。稳定和深化家庭承包经营制度成为这一时期传统村落土地政策的主题，必须将其纳入法制的轨道	农村土地承包关系长期稳定，人地关系稳定，社会组织关系更加密切
		2000年至今	完善和法制化时期。坚决落实最严格的耕地保护制度，切实保护基本农田，保护农民的土地承包经营权；加强宅基地规划和管理，大力节约村庄建设用地强化	土地管理制度空前强化，长期稳定以家庭承包经营为基础、统分结合的双层经营体制

表格来源：刘广栋，程久苗. 1949年以来中国农村土地制度变迁的理论和实践[J]. 中国农村观察，2007（02）：7

土地制度是农村建设的重要制度，它的变迁，必然导致了农村社会组织关系的变化，传统村落更是如此。当然，传统村落社会组织关系的变化不像土地制度一样，随着政府政策的下达而突变，而是在传统村落土地制度变革所带来双重变化下逐步完成，即由下及上的农民生产生活方式变化、由上及下的农村基层管理构成变化。在这样双重影响下，传统村落的社会组织呈现出二元双向互动性的关系结构（图6-6）。

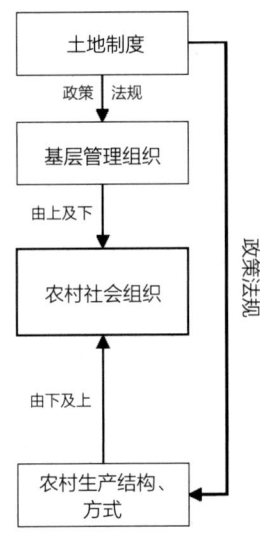

图6-6 土地制度与传统村落社会组织关系示意图
图片来源：作者自绘

6.2.2 发展政策的变化与传统村落社会组织

农村社会组织的发展变化与国家政策变化息息相关，本节主要针对农村人和土地这两个传统村落的基本元素的相关政策变化进行分析。

1）农村基层组织的发展变化

农村社会组织存在的重要目的之一是保证农村社会日常公共活动的顺利开展进行，开展农事农忙活动、宗族祭祀庆典、防护村庄安全等，是维护农村社会按照大多数村民意愿运营的管理机构。所以从某种程度上说，农村社会组织与其基层组织关系密不可分。在农村，基层组织关系因为时代变迁，其名称与功能、组织形式等都会有变化（表6-2）。

（1）民国以前，农村的社会组织关系大多依靠血缘、地缘而建立，乡绅、族长等当地权威人士在农村社会组织的运营中起到了重要作用，也是朝廷指令下达农村的桥梁，当时农村社会基层组织着重于管理赋税。

（2）民国至新中国成立前，政府对于农村的管理加强，增加基层政府部门，管理权力上收，党政权力开始介入其中。此时民政共同管理乡村，在中国共产党的带领下组成农民协会，破封建、斗地主，组成为贫苦农民争取平等地位、自身利益的政治联盟。

（3）新中国成立后又可以分为两大时期。一是改革开放前，实行高度集中的计划经济制度，此时的农村由党组织作为基层组织进行管理，国家权力完全渗透和控制农村，农村其他社会组织发展暂时受限。二是改革开放后，国家确立了市场经济的主体地位，并随着改革的渐进而对农村下放部分可控权力，除土地等领域的垄断性控制之外，给予了农村其他社会组织一定的发展空间。

农村土地制度发展历时性变化及其社会组织发展变化　　　　　　表6-2

时期		基层社会组织	作用	领袖	选举方式
民国以前	秦	乡亭制		乡三老	民选
	北宋	乡约制		约正	民选
	南宋	社仓制		乡绅富民	民选
	元代	都图制	着重管理征税		政府控制
	明朝	里社制	户籍管理	里长、社长	民选，朝廷控制
	清朝	里社制	着重管理征税	里长、社长	民选，朝廷控制
民国时期	初期	城镇乡			政府控制
	南京政府时期	县、区、社、闾			政府控制
新中国成立后	1949—1958	乡人民政府		乡长	政府控制
	1958—1982	人民公社		公社管理委员会	政府控制
	1982—至今	乡镇人民政府			政府控制

表格来源：作者自制

2）农村土地管理政策的变化

为保护农民的土地财产权，坚决维护农民土地承包权的整治态度，提高农民的社会归属感，国家推行了一系列农村耕地保护、宅基地、土地征收、集体建设用地的政策与制度，将土地制度与社会保障制度结合起来，具体内容见表6-3~表6-6。

农村耕地保护政策的历时性变化　　　　　　表6-3

1958年	要根据地方条件把现有农耕面积逐步减少，用以种牧草和植树造林，对植被和土壤肥力进行了保护
1962年	1.生产队所有的土地，不经过县级以上人民委员会的审查和批准，任何单位和个人都不得占用。基本建设必须尽可能地不占用或者少占用；

续表

1962年	2.在不破坏水土保持、山林和草原的前提下,生产队有权在本队范围内,开垦荒地、经营荒山和一切可利用的资源
1982年	1.农业部成立了土地管理局,专门负责传统村落土地的管理(此时的城市土地由建设部管理); 2.农村非农产业乡镇企业已有了较快发展,因此出现了无序占用耕地的现象,但耕地减少的问题并不突出
1986年	1.《土地管理法》实施,我国的耕地保护开始进入了法制化阶段; 2.确立了"土地用途管制"这一核心制度,将土地分为农用地、建设用地和未使用地三类,并严格限制农用地转为建设用地
1994年	国务院发布《基本农田保护条例》,对基本农田的划分、保护和监督等问题做了规定,进一步明确了我国耕地保护的目标
1997年	1.《刑法》增设了"破坏耕地罪""非法批抵罪""非法转让土地罪"等三项罪名,使我国耕地保护制度进一步严格; 2.中央明确指出,要在我国建立世界上最严格的耕地保护制度。土地利用年度管理的方式加强了耕地保护,也使土地利用计划成为宏观调控的一个重要手段
1999年	开始执行新的《土地管理法》,规定了"国家实行占用耕地补偿制度"(按占多少,垦多少的原则)
2000年	1.耕地保护政策有了一定的松动; 2.地方政府出于眼前利益的驱动,短短几年间全国出现了大量的开发区,用地效率极低
2004年	国务院指出:"实行最严格的土地管理制度,是由我国人多地少的国情决定的。"
2008年	1.明确提出要坚持最严格的耕地保护制度,坚持守住十八亿亩耕地红线,实行最严格的节约用地制度,从严控制城乡建设用地总规模; 2.在土地流转过程中,要坚持"不得改变土地集体所有性质和土地用途,不得损害农民土地承包权益"
2012年	《关于提升耕地保护水平全面加强耕地质量建设与管理的通知》提出从优质耕地管控、耕地质量等级提升、把好补充耕地质量关等几个方面加强耕地质量建设和管理
2013年	提出"要通过土壤改良培肥等耕地内在质量建设,力争到2020年,耕地基础地力提高0.5个等级,土壤有机质含量提高0.5个百分点",明确了耕地质量保护具体目标和时间表
2016年	提出"以改善土壤环境质量为核心,以保障农产品质量和人居环境安全为出发点",是系统开展污染治理的重要部署

表格来源:作者自制

农村宅基地制度的历时性变化　　　　表6-4

1950年	没收官僚资本归人民所有,有步骤地将封建半封建的土地所有制改变为农民的土地所有制,保护国家的公共财产和合作社的财产,保护工人、农民、小资产阶级和民族资产阶级的经济利益及其私有财产,发展新民主主义的人民经济,稳步地变农业国为工业国
1954年	1.《宪法》进一步明确规定,国家依照法律保护农民的土地所有权;国家保护公民的合法收入、储蓄、房屋和各种生活资料的所有权;国家依照法律保护公民的私有财产的继承权; 2.以法律的形式宣布农村宅基地和房屋均属于农民私有财产,并允许宅基地及房屋自由流转,规定宅基地及房屋有居住、买卖、出租、典当、赠与等完全自由权,任何人不得侵占
1956年	规定:社员原有的坟地和房屋地基不必入社。这表明在高级社阶段,宅基地仍未收归集体所有
1962年	1.宅基地的产权性质变成了集体所有,并且宅基地流转也被禁止。宅基地上的房屋归农民私有,可以自由买卖或出租; 2.这是人民公社化以来第一次厘清传统村落经济关系,也是此后宅基地产权关系变化的基础

续表

1982年	1. 针对农民建房、社队企业和事业单位建设用地问题，要求各地做好村镇建设用地规范，严格遵循用地审批程序，控制建设用地面积； 2. 农村和城市郊区的土地，除由法律规定属于国家所有的以外，属于集体所有；宅基地和自留地、自留山，也属于集体所有；任何组织或者个人不得侵占、买卖、出租或以其他形式非法转让土地
1990年	国务院要求各地正确引导农民节约、合理使用土地兴建住宅，严格控制占用耕地，并抓好宅基地有偿使用的试点工作
1993年	1. 农村宅基地有偿使用费和传统村落宅基地超占费，被作为农民不合理负担项目予以取消； 2. 农民的住宅不得向城市居民出售，也不得批准城市居民占用农民集体土地建宅，有关部门不得为违法建造和购买的住宅发放土地证和房产证
2004年	1. 规定农民建房国土部门只收取土地登记工本费5元（国家特质证书为20元），农民建房占用耕地的，不缴耕地开垦费； 2. 再次禁止城镇居民在农村购置宅基地。严禁城镇居民在传统村落购置宅基地，严禁为城镇居民在农村购买和违法建造的住宅发放土地使用证； 3. 单纯的宅基地流转被绝对禁止，地上有房产的宅基地的流转则被限定在一个十分有限的范围内
2007年	国务院重申了农村住宅用地只能分配给本村的村民，城市居民不得到农村购买宅基地、农民住宅或"小产权房"

表格来源：作者自制

农村土地征收制度的历时性变化 表6-5

1950年	1. 规定了土地没收和征收的范围； 2. 国家收回由农民耕种的国有土地或征用私人土地时，应给农民以适当的安置，并对其损失予以补偿
1953年	对土地征用的用途、原则、程序、补偿标准及安置办法等都做出了规定
1958年	1. 提出征用土地的补偿费，由当地人民委员会会同用地单位和被征用土地者共同评定； 2. 但这一阶段由于受到"左"倾思想的影响，对被征地群众利益考虑较少，甚至出现了不发补偿费的现象，征地过程的协商性基本上已经消失了
1973年	要求各地区和各部门在基本建设征用土地的过程中，严格执行征地审批制度
1982年	1. 国务院公布了《国家建设征用土地条例》关于征用土地补偿费，条例规定了土地补偿费、青苗及地上附着物补偿、劳动安置补偿费三种形式的补偿标准； 2. 政策的深度、广度、内容均有大幅度增加
1986年	制定的《土地管理法》采纳了1982年《国家建设征用土地条例》中关于征地的大部分规定，并将其上升为法律
1998年	1. 修订的《土地管理法》，将过去的分级限额审批制度，改为依据土地利用规划的审批制度； 2. 征用基本农田、基本农田以外的耕地超过35公顷、其他土地超过70公顷的情况由国务院批准；征用以外的土地的情况由省、自治区、直辖市人民政府批准，并报国务院审批
2004年	1. 再次修订的《土地管理法》重新界定了征收与征用这两个概念； 2. 国务院通过的《关于深化改革严格土地管理的决定》，在完善征地补偿安置制度上做了一些创新：在征地补偿方面提出了确保被征地农民生活水平不降低的精神
2006年	1. 被征地农民的社会保障费用，按有关规定纳入征地补偿安置费用，不足部分由当地政府从国有土地有偿使用收入中解决，社会保障不落实的不得批准征地； 2. 土地出让中价款必须首先足额支付土地补偿费、安置补助费、地上附着物和青苗补偿费、拆迁补偿费等，以及补助被征地农民社会保障所需资金的不足
2007年	征收集体所有的土地，除依法足额支付原有各项补偿费用外，应"安排被征地农民的社会保障费用，保障被征地农民的生活，维护被征地农民的合法权益"

续表

2014年	中共中央办公厅、国务院办公厅《关于传统村落土地征收、集体经营性建设用地入市、宅基地制度改革试点工作的意见》(中办发〔2014〕71号)
2015年	1.中共中央办公厅、国务院办公厅印发《深化传统村落改革综合性实施方案》提出传统村落征地制度改革的基本思路，呈现出中央层面不断深入推进征地制度改革的系列过程； 2.以征地范围、征地审批、征地程序、征地补偿、征地安置、收益分配、纠纷裁决、监督检查、法律责任为关键要素的征地制度框架已基本形成，并且随着全面深化改革的不断推进，进一步得到完善

表格来源：作者自制

农民集体建设用地制度的历时性变化　　　　　　　　表6-6

1950年	1.地主兼营的工商业及其直接用于经营工商业的土地和财产，不得没收；为维持农村修桥、补路、茶亭、义渡等公益事业所必须的小量土地，得按原有习惯予以保留，不加分配； 2.土地改革时对于传统村落小量的工商业用地（私人所有）和公共公益事业用地，政府并未没收或征收，仍然维持原来的占有和使用关系
1958年	1.人民公社时期，农村建设用地开始被收归集体所有； 2.由于人民公社时期传统村落经济发展水平低下，社队企业、农民建房和公共公益事业等集体建设用地实行免费使用
1982年	1.村镇建房，应当在村镇规划的统一指导下，有计划地进行；农村社队企业建设用地，必须严格控制；由省级社队企业主管部门根据不同行业和生产规模，分别规定用地限额，报省级人民政府批准后实行； 2.但由于当时的土地管理机构不健全，这些规定没有得到很好地执行
1987年	1.《村镇建房用地管理条例》被《土地管理法》取代。《土地管理法》继续强调原有关集体建设用地规划和用地审批等条例，还规定了乡镇办企业建设使用村农民集体土地，应当给被用地单位以适当补偿，并妥善安置农民的生产和生活； 2.至于村办企业、农村公共公益事业建设使用集体土地的，是否需要支付相应补偿，该法未做明确规定
1998年	1.农村集体建设用地制度出现了重大调整：农村集体建设用地被纳入土地利用年度计划管理，并规定农民集体土地不能进入城镇建设用地一级市场
2004年	1.农民集体所有的土地得使用权不得出让、转让或者出租用于非农建设； 2.强化了国家对建设用地市场的垄断地位，也使当前现实中大量的农村集体建设用地流转处在了灰色地带

表格来源：陈锡文，赵阳，陈剑波.中国农村制度变迁60年[M].北京：人民出版社，2009

影响传统村落发展的政策还有很多方面，如粮食政策、人口政策等，但对于传统村落社会组织关系影响最直接的还是有关土地建设方面的政策。耕地保护制度、土地征收制度、传统村落宅基地制度和传统村落集体建设用地制度，都对传统村落社会组织关系的转变产生着潜移默化的导向性。尤其是传统村落宅基地政策的变迁，更是对传统村落公共空间和传统村落自建产生着直接影响，从而逐步导致传统村落社会组织结构的变化。

6.2.3 传统村落经济发展对传统村落社会组织的影响

经济基础、生产方式、消费结构等，对传统村落社会组织均有较明显的影响。这些影响，也将映射于传统村落的空间组织，进而改变传统村落的人居模式与空间结构。本小节拟对各种社会、经济组织的变化进行梳理。

1）农民收入总量的变化

随着社会经济的发展，农民的收入渠道增多，从农业转向农业非农业混合，从而收入也随之增加。由表6-7、图6-7、图6-8可知，从1980年到2012年，农民收入总量增多，虽然消费支出越来越大，但净收入依然呈稳步上升趋势。房建方面，农村人均住宅面积逐渐增多，为追求舒适的居住环境，其中钢筋混凝土结构房屋增长率较快，其总量也逐渐赶超砖木结构建筑。从一定程度上反映了传统村落中传统建筑形式正在逐渐被农民摒弃，农民对于生活质量的追求与保护传统村落建筑形式之间的矛盾急需解决。

1980—2012年农民收入总量变化统计表　　　　表6-7

年份	全国总人口/万人	乡村人口/万人	乡村户数/万个	农村人均住房面积/m²	其中：砖木结构面积/m²	钢筋混凝土面积/m²	平均每人新建房屋面积/m²	其中：砖木结构面积/m²	钢筋混凝土面积/m²	农民人均纯收入/元	农民人均生活消费支出/元
1980	98705	81096	17672.7	9.4						191	162
1985	105851	84419.7	19076.5	14.7						398	317
1990	114333	89590.3	22237.2	17.8						686	585
1996	122389	91940.9	23437.7	21.7	11.7	4.4	1	0.4	0.5	1926	1572
2000	126743	92819.7	24148.7	24.8	13.6	6.2	0.9	0.4	0.5	2282	1714
2005	130756	94907.5	25222.6	29.7	14.1	11.2	0.8	0.3	0.5	3370	2749
2006	131448	94813.3	26802.3	30.7	14.6	11.8	0.8	0.3	0.5	3731	3072
2007	132129	25434.9	25434.9	31.6	14.8	12.5	1	0.3	0.6	4327	3536
2008	132802	25663.5	25663.5	32.4	14.9	13.4	1	0.3	0.7	4999	4054
2009	133450	25975.7	25975.7	33.6	15.1	14.5	1.2	0.3	0.9	5435	4464
2010	134091	26384.6	26384.6	34.1	15.2	15.1	0.8	0.2	0.6	6272	4945
2011	134916	26606.9	26606.9	36.2	15.9	16.5	1.3	0.3	0.9	7394	5892
2012	135922	26802.3	26802.3	37.1	16.3	17.1	1	0.2	0.7	8389	6667

表格来源：中华人民共和国国家统计局

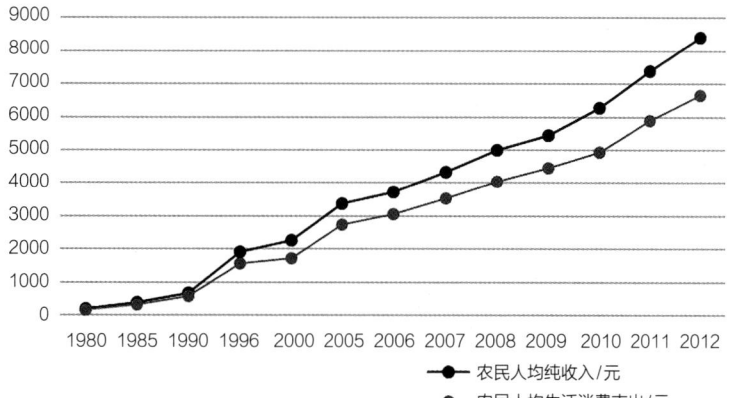

图6-7　农民收入与支出对照图

图片来源：作者自绘

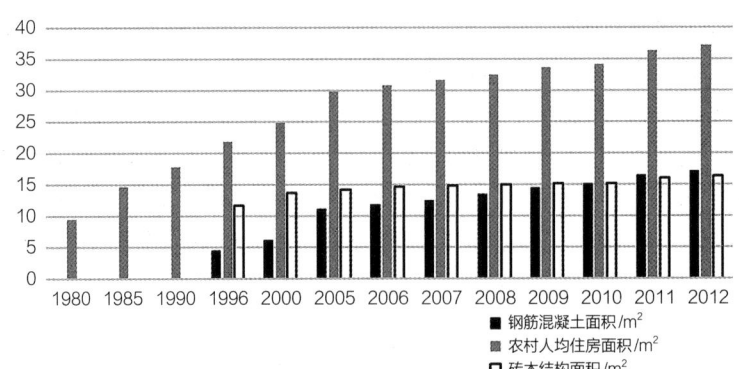

图6-8　农村人居住房面积及其分类

图片来源：作者自绘

2）农民收入结构的变化

十一届三中全会以后，农村社会发生重大变化，农村所有制及产业结构的变化，按照农民所从事的职业类型、使用生产资料的方式和对所使用生产资料的权利可将农村社会分层划分为农业劳动阶层、农民工、雇工、农民知识分子阶层、个体劳动者和个体工商户阶层、私营企业主阶层、乡镇企业管理阶层、农村管理者阶层[9]。农村社会阶层的划分反映了出农民收入结构的变化，反映出劳动者职业逐渐转变为非劳动者的职业转移变化；农村人口的生产生活方式多样化；农村人口的经济社会地位的消长状态明显，总体来讲是农村社会的积极发展。但是也不可避免地带来了农民地域转移这一变化，农民的非农民化、人口的地域转移过程对于传统村落社会人员结构产生了直接影响，并且这一转化过程将是动态和长期的。

3）打工经济的影响

在我国城市化进程的影响下，农村掀起打工热潮，大量青壮年劳动力外流，农民总体收入提高的同时也带来了诸多社会问题，如留守儿童、空巢老人、空心村等，使得传统村落在城市化进程中逐渐萎缩，在城乡体系中逐渐边缘化。

（1）留守儿童问题。农村大量青壮年劳动力外流，迫于在外生存压力及教育户籍问题，形成了农村留守儿童现象。其多与祖父母共同居住，绝大部分儿都可接受义务教育，但受教育状况较差。

（2）空巢老人问题。青壮年劳力外流，老人因身体健康较差、生产能力较弱、学习能力衰退等原因多留在农村。留守老人需承担农村农业事务、留守儿童抚养教育等任务，负担重，缺乏照顾，精神文化生活匮乏。

（3）空心村问题。空心村问题主要体现在农村空间、人口、文化等方面。大量房屋空置且占据村庄空间形态上的聚居中心，新建房屋多依靠村庄内部交通要道建立，且风格材料受外界影响较大，在空间布局上呈现空心化现象；大量青年劳力外流，人口数量上呈现空心化现象；人口流失带来的农村文化缺乏传承与创新，农村文化逐渐消失的空心化现象。

打工热潮给传统村落带来经济收入的同时，也改变了传统村落人口结构构成、空间布局、建筑风貌等内容。村落内部家庭结构变化，家庭规模逐渐缩小，以血缘为联系的家族管理力度逐渐降低。村落文化活动举办无人，传统建造文化随着工业化的发展受到重创，传统村落建造艺人后继无人。

4）小结

随着传统村落收入总量的上升、农民收入结构中各部分比例的变化，以及20世纪90年代以来打工经济的兴起，传统村落社会组织关系也在随之进行着相应的调整。其中，正式组织关系是由政府明确进行调整的，而非正式性组织是在农民的生活中自发进行调整的。但无论方式如何，传统村落社会组织关系都是随着传统村落各方面的情况进行着机动调整。传统村落社会的这种自组织模式，对传统村落公共空间、传统村落自建都有影响，具体的影响将会在后文中进行详细阐述。

6.3 传统村落社会组织与传统村落住宅自建

6.3.1 传统村落住宅自建模式

传统的中国农村社会，存在着宗族组织、乡绅主导的村社结构。在清代以前，由于经费上的原因，官不下县，国家的行政机构不深入县级以下的单位，传统村落的事务主要由传统村落的自治组织来管理。清末民初之后，国家政权不断下移。传统村落事务的管理逐渐由国家的行政机构来承担，而乡民的自组织能力渐渐丧失。由于经济上的原因，这种管理无法囊括传统村落生活的方方面面。农民建房中的一些问题，除了宅基地的管理外，其他几乎无暇顾及。近两年来，一些地方开始了村民选举、村民自治的尝试，这些举措使现今的农村社会关系在摆脱了传统血缘关系之后，从崭新的意义上恢复了村民的自组织能力。

由于国家政权无法深入农村生活的每一个细节，村民自组织能力丧失后，农村的多规民约也失去了约束力，农民对资源的占用（例如基地、水源等）失去了一定的约束，大规模有组织地建房已不再可能。过去那种以家族关系为纽带而建成的大规模的屋场再也不可能出现了，农民的建造活动陷入了一种相对无序与混乱之中。在移民建镇的例子中，虽然有政府规划部门的参与，但农民——真正有关的人在各个阶段却没有应有的咨询，农民不能完全参与环境的规划。"落脚点不是根据生态学的条件，而更多是根据希望能达到的统一的意识形态条件做出选择。"[10]因此，总有一些生活上的细节问题，得不到完善的解决，给农民生活带来不便。

"每个区域都必须依据自己的历史渊源和自己的文化特征做出考虑。"[9]只有用农民自己的手段，按他们自己的规律才能建成他们自己适应的住宅。由于"本土的潜在技艺与资源被低估，因此有必要再做评估"。

1）传统村落住宅自建中的组织关系

住房自建"和人类起源一样古老"，是人们为适应外部环境，改善住房现状，"以家庭为决策单元，不受外界特定指令控制，自主决策房屋的选址、形式、投资的行为或结果"[11]。建构房屋对于一家人来说非常重要，要花费大量的人力、物力、财力。通过调研得知，花兰村村民的家庭构成是小家庭模式，一般孩子成人后便要分家，另立新房。当地农民建房的组织方式是互助自建。以家庭为核心，基于地缘、血缘关系的自助建设组织方式基本延续，使得农村住宅处于小规模不断更新的变化当中[12]。"差序格局"是互助自建的基础。传统村落的家族观念在现当代依然存在，以自己为中心，社会关系层层外推，如同石子投入水中引起的波纹，越推越远，越推越薄，构成一个由生育与婚姻所结成的关系网络。在差序格局的基础上，关系越近，给予帮助越多，不但有劳力上的帮助，甚至有经济上的支持。

传统农村自宅营建是在差序格局前提下的一种农民互助自建。在这种血缘与地缘关系下，存在着一种人情交换，在多次参与施工的过程中同样增进了彼此之间的交流，也促进了技术的传播。一个纯粹的农民往往掌握着很多施工经验，在调研的过程中，很多村民对于建房都能表达出自己的观点，提出一些建房的知识，这些信息基本都是在自己的亲身实践中慢慢掌握的。

2）传统村落住宅自建中的换工模式

在我国农村中广泛地存在着一种村民互助的生产关系模式，即"换工模式"。随着经济的快速发展，农村社会中以血缘、地缘关系为支撑的农业生产关系的性质也随之变化：一方面，古老的、以劳力调剂为目的的换工劳动仍然存在，另一方面，在市场经济介入后，自由雇佣劳动有了较大的发展。刘克祥认为换工劳动一般只限于村内近邻之中，在劳力调配上，也是在双方家庭劳力和经营规模大体相当时，容易形成对等的劳动交换。然而，基于以上两点的劳力调配容易产生冲突，因此往往达不到换工的预期目的。

自由雇佣劳动有了较大的发展后，传统的换工劳动受到冲击，逐渐为雇佣劳动所代替。杨华在《农村人情的性质及其变化》中这样描述："在湖南农村调查中我们了解到，几年前建房子是请'自己人'来帮忙，不用支付工钱，只管伙食。最近人们都普遍将所有的事情包给施工队，而不再请'自己人'帮忙。市场价格进入后，人们越来越计较人情中的机会成本，从而使农村往日的互助、换工等日常人情逐渐被市场所取代，农村社会关系日渐淡化。"

6.3.2 当代传统村落住宅自建的主要类型

我国民居研究的分类主要是根据地域进行划分，其中有"以气候、地形、文化、人口、区域等的差异作为研究划分的标准，也有以建筑自身的形式、构造特征、空间、材料为依据的分类"。

在上述分类之外，基于居民住宅的自建形式，可以依据自建活动的形式按以下条件进行研究分类。

自建住宅的建设形式主要可以分为以下几种："（1）自筹自建：居民自己投资、投料、投工，新建或扩建住宅；（2）民建公助：以居民自己投资、投料、投工为主，人民政府或职工所在单位在征地、资金、材料、运输、施工等方面给予适当帮助，新建或扩建住宅；（3）互助自建：居民互相帮助，共同投资、投料、投工，新建或扩建住宅；（4）所在地人民政府同意的其他形式。"其中城镇居民的住宅建造形式为：以"民建公助"为主，多种建设形式并存；传统村落居民的住宅建设主要为"自筹自建"。

不同的地区，不同的社会与经济发展阶段，不同收入的群体，住宅自建有不同的内涵，社会参与的方式不同，专业人员的介入模式也有明显差异。依据社会参与方式可将住宅的自建划分为两个不同的阶段来认识（表6-16）：传统社会的住宅自建和现代社会的住宅自建。传统社会，居民和工匠共同劳动建造住宅，住宅建造是日常生活的一部分；现代社会里，住宅自建既是中产阶级个性化居住的实现途径，也是贫困人口获得栖身之所的可行办法。

住宅自建的基本特征与构成　　　　表6-16

时代	农业背景下的自建	工业背景下的自建		
发展背景	"住宅自建"并非新概念，而是住宅商品化之前的普遍模式	降低外来人口进入城市的门槛的策略，回应住宅价格高涨的措施	个性化居住的实现途径	充分调动社会资源，解决灾后重建资金紧、周期短等问题的方法
特征描述	资本主义前期房屋尚未商品化时的住宅生产方式。在经济以及交通条件的制约下，血缘、地缘背景下的"换工""互助"习俗所支撑的互助自建住宅模式，是基于乡土社会、自然条件的营造方式	在商品社会里，对住宅"去商品化"的尝试，是居者有其屋的诉求	一种DIY模式的住宅商品消费行为，既涉及住宅的经济性问题，也兼顾工业化背景下，住宅个性化发展的问题	首先是在资金、资源贫乏的条件下，灾区快速重建的策略，后期发展中，将逐渐强化为对地域建筑文化延续的一种手段
法规约束程度	受乡规、民俗约束，不受现代建筑法规约束	一定程度上受到现代建筑法规的约束	建造受到现代建筑法规的严格约束	一定程度上受到现代建筑法规的约束
材料	当地材料	个人为主	建筑师参与，展示个人旨趣	建筑师主导，当地群众参与
参与者	村民、工匠	个人为主	建筑师参与，展示个人旨趣	建筑师主导，当地群众参与
区位	传统村落	城市边缘	不确定，散落各处	受灾地段，交通不便地段

表格来源：卢健松，彭丽谦，汪洋.当代住宅自建的类型与特征[J].华中建筑，2014，32(06)：147-151

6.4 传统村落社会组织与传统村落营建技术传承

6.4.1 传统营建技术的传播与流转规律

传统村落中民居的建造展现出人与自然的和谐，这不仅与当代社会文化、等级制度、审美情趣相关，其营建过程的特点、营建技术的传承也存在一定的影响。传统民居的营建，是业主有目的的改善自身生存环境的行为和过程，在这一过程中，业主利用地缘、亲缘关系雇佣工匠，业主与工匠共同承担"设计师"的职责进行民居设计、修改、建造。传统营建技术的传承是"师徒制"的教学方式，营建过程就是"徒弟"的学习课堂，没有教材、学制安排，呈现"师傅"言传身教和"徒弟"勤学勤练，因材施教的特点。传统民间劳动人民多目不识丁，常将劳作与娱乐相结合，以歌谣口口相传的形式进行传播，传统营建技术也不例外（如下歌谣）。

深山采来沉香木，鲁班祖师造新厅。
择定黄道吉庆日，起木发兴做不停。
大木老司来做工，画好图样定屋形。
石匠老师定礴石，阴阳定向遇吉星。
清吉良辰来拼木，多少工夫料排成。
黄道吉日开柱眼，竹匠柱头箍得紧。

竖柱喜遇黄道日，上梁巧逢紫微星。
梁上重梁斗叠斗，四面花窗映花明。
屋顶盖落滚栋瓦，地砌玉砖斗七星。
四面搭起禽兽头，墙头嵌镜发光明。
九曲游廊团圈走，平地着板太和珍。
玲珑花窗腾落闷，窗下书架摆现成。
前后锁落门对门，开门关门凤凰声。
前有亭栽栖风竹，后石池养化龙色。
兴造房屋开风水，财聚小康振家声。

诗歌来源：《楠溪江中游乡土建筑》

6.4.2 工匠与邻里参与过程中的技术分工模式

众所周知，传统民居无须特殊的建筑师设计，是集体智慧的成果。以湖南红石林镇花兰村木构自宅为例，分析湘西传统木构建筑营建形成的固定模式。一般户主在风水先生的带领下看好宅基地并确定规模、伐木时间。由经验比较丰富的木匠——被称之为"掌墨师傅"（"掌墨"就是设计房屋所有的结构，为构件画墨线[13]）的人带领帮工备料，择吉日现场安装。与城市建房不同的是，掌墨师傅不仅是房子的设计者，也是组织管理者。建构过程包括：择址、木料加工、起屋架、起主梁、上梁架枋、架檩条、架椽条、上瓦、做墙板、铺地板等。择址是修建自宅的第一步，户主会在风水先生的帮助下选择宅基地。

掌墨师傅据场地的具体情况和户主的属相和八字测算主人的凶吉运势，跟户主商议住宅平面布局，确定排架形式，建筑朝向和建房过程中的架地脚，起屋架，上梁等几个关键时间点。

确定建房规模后，掌墨师傅将一根长度为6~7m的竹竿当作建房的标准。这根竹竿，被称之为"仰篙"，是用来控制排扇尺寸的工具，用于记录排扇纵向剖面尺寸的关系。掌墨师傅用鲁班尺在"仰篙"上画墨线标记每一个构件的位置及尺寸，从柱础开始标记直至主梁，具体到每个榫槽的位置和大小。"仰篙"在木构件制作及在施工中充当图纸：在施工现场，"仰篙"充当排扇的放线依据，方便排扇构件组装，同时它标记了横向穿枋的位置和尺寸，便于横向穿枋的安装组合。

在风水先生测算好的日子，掌墨师傅率领众人合力起屋架：打地脚、固定磉墩，并将事先组装好的排架立起，用斜撑临时固定。起排架需要消耗大量人力，通常需要二三十人一起协作，才能顺利完成（图6-9）。

上主梁作为土家族建房的重要环节，无论户主还是掌墨师傅都很重视：主梁上完，便意味着房屋基本结构完成了一大半。掌墨师傅会在事先选好的黄道吉日组织工人来上大梁。歌谣中也提到了上主梁的重要性："一不下棋、二不喝酒"，要给主东上梁。整个过程展现了当地特有的建房习俗，丰富的仪式也在祈盼房屋坚固，家人平安。场面热闹非凡。

上梁架枋是建房的大木作的最后环节，在掌墨师傅的指挥下，将梁枋连接排架，会用木槌辅助作业，使构件到达指定位置。完成上述关键步骤后，接下来便是铺设椽条、盖瓦、筑墙板、铺木板，最后装门窗、栏杆等，完成施工过程。很多民居并非一次建好，由于经济等方面的原因，户主会逐步完善房屋的规模。

图6-9　众人合力起屋架

图片来源：张亮亮.红石林镇花兰村自建住宅适应性演化机制研究[D].长沙：湖南大学，2017

6.4.3 当代传统村落住宅自建的历时性演化

改革开放30年是农村面貌变化的重要转型期，可分为生存、生活、生态三个阶段。以家庭为核心的互助自建的方式是农宅渐进更新的组织保障。经济、技术、文化因素的复杂网络关系，是农宅形式发展的根本动力；材料更新、能源结构调整、设备设施发展、选址变化是农宅演变发展的直接原因；厨房、卫生间、楼梯间的出现与变化，是农宅空间变化的具体表现[14]。

1）材料的变化

材料的变化，不仅使房屋质量得到提升，而且极大地改善了农村居住的卫生条件。1985年前所建造的农村住宅延续了传统的建造方式：单层，主要以地方资源、本土植物、农副产品为建筑材料；手工建造，根据所在地域不同，有各自特殊的施工程序与工具（图6-10）。尽管简陋，这些建筑仍能充分地利用材料，结合适当的构造工艺，朴实地应答气候条件，创造良好的人居环境。1985年后，随着改革开放以及生产责任制的实施，农村经济的长足发展引发了第一次建房热潮。新建成的农宅，材料以砖木为主，单层为多，尺度较大，剖面形式如既往。1995年前后，第二次建房热潮中，农宅从单层向多层建筑过渡，两层以上的建筑较为常见，主要为砖混结构；由于生活观念、生活能源使用结构的变化，建筑选址、平面布局、剖面形式等都有较明显的改变。随着经济的发展，材料更新的大体趋势由廉价趋于贵重、由本土趋于现代、由临时趋于正式；砖木结构替代木结构，砖混结构替代砖木结构（图6-11）。以洞庭湖地区为例，屋顶、墙体材料的组合变化促成了具有地域特征又变化丰富的建筑形式[15]。在这个急剧变化的转型过程中，传统的建筑材料被淘汰；长时间沉淀积累的材料加工方法和构造、施工经验不再适用。尽管材料的质量与性能在改善，但在我国农村现有施工技术条件下，新材料因地制宜，简洁高效的处理经验尚未形成，对传统村落面貌产生了一些负面影响。建筑师参与农村建设，应正视材料更替的合理性，进而在我国农村当前的施工组织、施工技艺的限定条件下，结合新材料的性能特征，探讨新的构造方式。

2）能源结构的变化

经济与技术条件的改变，引发了农村能源利用结构的变化，其中生活能源消费结构的

（a）茅钩：将楼梯挂稳在松软茅屋边缘的工具；（b）参篾与渡针：穿透松软屋顶进行修补的工具

图6-10　洞庭湖周边地区修理茅草屋顶的专用工具

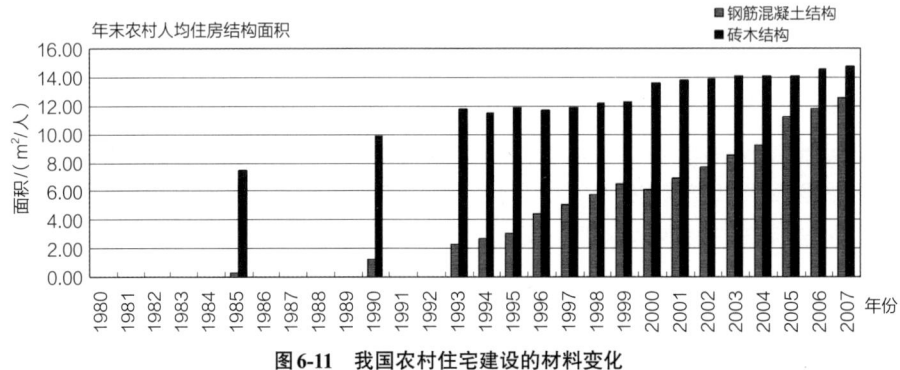

图6-11　我国农村住宅建设的材料变化

图片来源：卢健松，姜敏.1979—2009年农村住宅的变化：以湖南的调研为例[J].建筑学报，2009（10）：74-78

变化，对农村住宅形式的影响很大[16]。农村住宅中，厨房占据非常重要的地位，是生火做饭的场所，也是邻里闲谈的生活中心。房屋的布局与形式受厨房的影响比较明显；厨房的位置与形式，受灶具形式的影响较大；而灶具的形式由燃料决定。湘中地区，洞庭湖周边，1995年前建成的农村住房内，一般会有柴灶，煤炉使用也较常见，燃气的使用不多。柴灶体积大[17]，还需较大的空间以储存薪柴。这样，不但厨房空间大，厨房的后檐还需特别加长，房屋两端的山墙或偏屋须建有0.8m左右的屋檐用来庇护堆放的柴草。为节省造价，保持新建房屋室内洁净，1995年后洞庭湖地区农村新建楼房内不设厨房，保留原有厨房继续使用。近年来，农户养猪以饲料为主，不再煮猪食，大的锅灶无必要存在；煤、燃气的利用日渐普遍，燃料的变化、灶具的改善使得农村住宅中的厨房空间渐渐变小，并逐步和新建房屋融为一体。2008年在湖南耒阳、城步的农宅调研中发现，柴灶、火塘的使用日益减少，日常主要使用节能煤灶，罐装煤气、沼气的利用率也很高，厨房空间紧凑、体量小，不再是独立的、偏在一隅的屋子，而是集成到住房的设计当中。燃料的变化，灶具的更新影响到房屋布局、尺度的变化。对于农宅的设计，不仅要强调随时间而发生的变化，更要强调其变化的整体性[16]（图6-12、图6-13）。

3）设备设施的变化

与两次建房热潮呼应，一些电器与设备在农村住宅中得到应用。20世纪80年代中期，

(a) 湘中地区的传统柴灶　(b) 屋檐下存储柴草的空间　(c) 为了使用传统柴灶而保留的老屋厨房　(d) 城步扩建苗寨中有专门的厨房，使用节能煤炉，传统的火塘尽管依然设置，但只是偶尔使用，平时是藏在八仙桌的底下

（a）2000年，湖南宁乡油草铺；（b）2001年，湖南华容；（c）2002年，湖南宁乡油草铺；（d）2008年，湖南城步

图6-12　湖南各地不同地区、不同年代的燃料、灶具和厨房

图片来源：卢健松，姜敏.1979—2009年农村住宅的变化：以湖南的调研为例[J].建筑学报，2009（10）：74-78

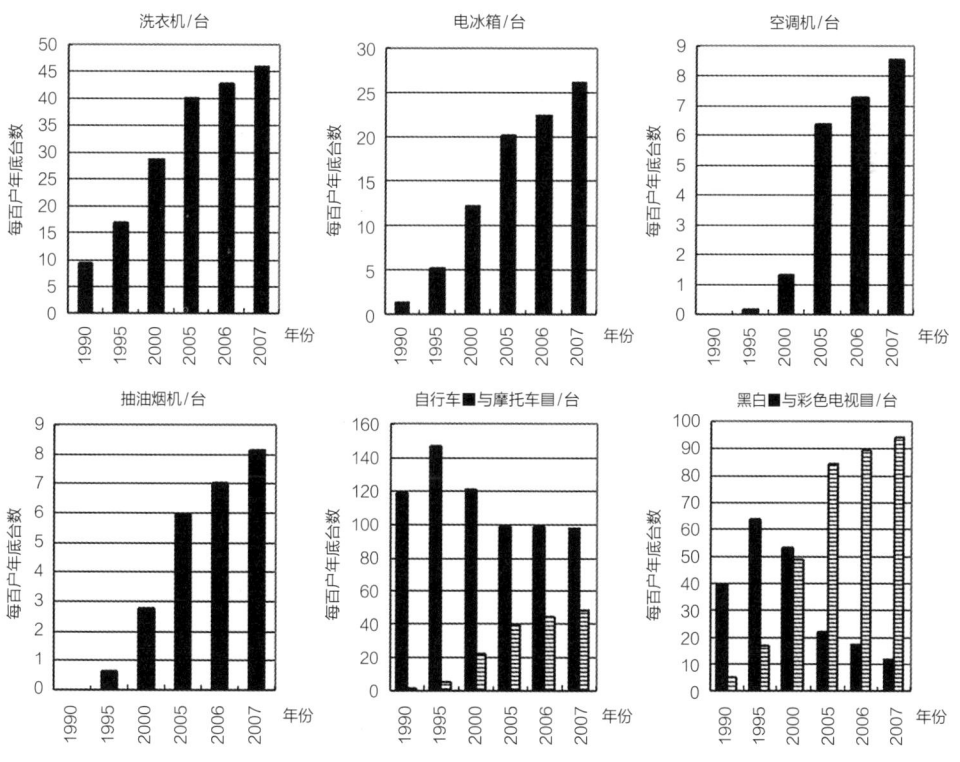

图6-13　我国农村家庭部分家用电器的变化

图片来源：卢健松，姜敏.1979—2009年农村住宅的变化：以湖南的调研为例[J].建筑学报，2009（10）：74-78

农村住宅开始通电，一些小型家用电器进入农家，由于农村住宅尺度相对较大，家电摆放对室内空间影响相对较小。20世纪90年代中期，房屋由一层变两层，楼梯的布局对建筑平面形式产生了较明显的影响；生活习惯与卫生习惯改善，室内卫生间、盥洗设备开始引入农村家庭；给水设施出现变化，机井、水塔、室内给水管线的布局对农宅设计产生影响（图6-14）。近几年，对文化生活的追求，屋顶上卫星天线的广泛出现，给农村住宅形式带来了新的变化。新农村的建设，不应盲目地追求特定风格，迷恋传统村落风貌，应分析一定地区

内经济条件—生活方式—设备设施—建筑形式之间的内在关联,进而探讨农村住宅可能的形式(图6-15)。

(a)瓦罐做水箱,2006年,湖南望城铜官;(b)阳台上的塑料水箱,2007年,湖南华容;(c)屋顶上的金属水箱、卫星天线,2009年,湖南耒阳小水

图6-14 不同年代水箱的做法变化

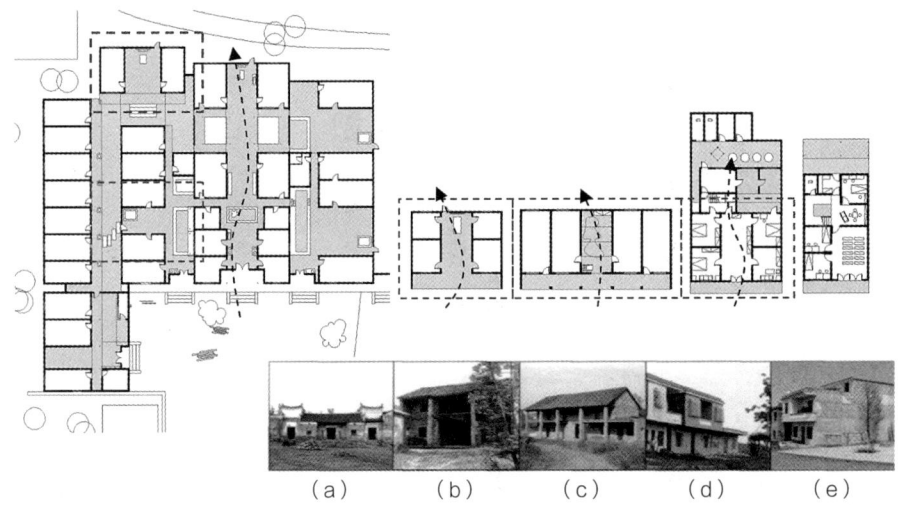

(a)1949年前;(b)大约为20世纪50年代;(c)大约为20世纪80年代;(d)20世纪90年代至今;
(e)20世纪90年代至今,临马路或小学两开间的房子

图6-15 一个村落内不同年代住宅形式的发展演变

图片来源:卢健松,姜敏.1979—2009年农村住宅的变化:以湖南的调研为例[J].建筑学报,2009(10):74-78

4)选址的变化

伴随着外围经济环境、交通环境以及生活观念、生产方式、人口规模、交通设施的变化,农村住宅的选址也发生了变化。由于居住观念、服务设施、土地制度的变化,人们不再固守原有宅基地,转而向交通便利、地势平坦的地区转移。这种选址变化的节奏,大体上与我国农村建房的两次热潮呼应[17],对房屋形式的影响也较为具体。以湖南为例,由于交通工具的更新、基础设施的改善,为了便于生活与生产,湘南地区居住于丘陵山坡上的苗族农民纷纷向地势低矮、平坦,便于行车的地方迁移;在湘中、湘北地区,传统的"散村"[18]模式也正在改变,农村住宅逐渐向干道两侧,公共场所附近聚集。为了充分利用和合理分配与道路相邻的界面,沿车行道布置的农村住宅更接近城镇住宅的形式,舍弃了一明两暗三开间的传统农宅布局,单开间、两开间房屋成为主要的住宅模式。由于是偶数开间,两开间的农

宅里堂屋偏于一侧，堂屋居中的传统平面布局被改变，整个房屋的内部格局得以更新，外观也随之变化（图6-16）。

图6-16　沿马路的双开间农民住宅

图片来源：卢健松，姜敏.1979—2009年农村住宅的变化：以湖南的调研为例[J].建筑学报，2009（10）：74-78

经过前文对传统村落自建房做作的分析研究，从社会关系的变革和物质技术的发展上考虑，自建房作为人类聚居的重要组成，必须从系统整体的角度来确定其设计方向，这就不能仅仅依靠一般居民，要坚持在居民参与的前提下，加强专业力量的介入。自建房作为我国人居环境的重要组成部分，理应逐步走向设计与管理的专业化。

6.4.4 营建歌谣在传统村落营建技艺传播中的作用

传统村落建筑的尺度、规模、营建过程都形成了一套固定的模式，通常需要掌墨师傅、小木工、泥瓦工和零工等各个工种协同合作。掌墨师傅负责整个施工过程，是设计师，也是施工员和监理。小木工辅助掌墨师傅，泥瓦工负责砌筑灶台以及铺瓦等，另外还需要二十多人帮工。营建组织方式是"互助自建"。基于血缘、地缘关系的差序格局是"互助自建"的基础。"歌谣文化"是当地营建过程中极具特色的文化现象。歌谣中有对主人的赞美，对工人的鼓劲以及对建造过程及工艺的描述和传唱。

1）建构技术传承

湘西自古封闭，在缺乏文字记载的时期，通过口诀歌谣记录营建技术与建房技术是一个不错的方式。每个建造阶段会有这个阶段独有的营建歌谣，营建歌谣中有对建造过程的描述。在起屋架阶段，掌墨师傅杀鸡避煞，在民间，"鸡"谐音"吉"，有吉祥之意，可辟邪。掌墨师傅念念有词："断天煞……"在上主梁阶段：上梁第一步是"掌墨师傅"杀鸡拜梁，为户主祛除煞气。歌谣中记录了"搭梁布""开梁口""画梁"（图6-17）、"上梁""抛梁粑粑"的上梁过程。在上梁架枋阶段，明确了梁枋的尺寸关系："横有一尺二寸宽，顺有一丈二尺长。"

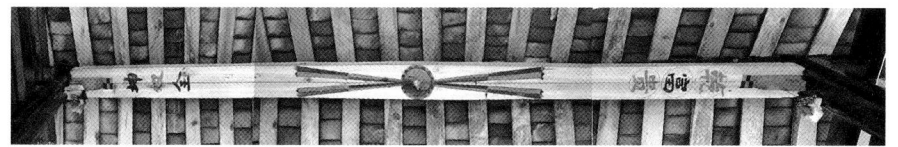

图6-17　画梁

图片来源：张亮亮.红石林镇花兰村自建住宅适应性演化机制研究[D].长沙：湖南大学，2017

2）串联社会关系

营建歌谣中有对主人的赞美,对工人的鼓劲以及对建造过程的描述。歌谣把建房中的艰难过程变得生活化、情趣化,掌墨师傅通过以歌谣为纽带的建房仪式把大家团结起来,给大家鼓劲,推动建房进程。建造现场人数众多,再加上观看的村民,整个场面非常热闹。

在上梁架枋环节,营建歌谣中出现了大量耳熟能详的历史人物,如秦叔宝、薛贵、鲁班等,激起了众人的兴趣,转移人们对技术难度的注意力。另外,鲁班作为汉族工匠的祖师爷,出现在土家族的文化里,说明汉族文化对土家族产生了影响。

歌谣记载了当地人们生产、生活的一个重要节点,并营造了一种喜气洋洋的狂欢气息。在缺乏文字记录的年代,这种营建歌谣口口相传,不仅记录了当地特有的建构文化特征,同时也是对建造过程和技术的传承。

红石林镇花兰村营建歌谣由花兰村张义仁和彭朝志两位木匠提供,不同的建造阶段有着不同的歌谣对应:

起屋架,根据木匠口述整理:讲此鸡,到此鸡;身穿五色花毛衣;日到山上找食吃;夜到鸡笼啼;本是好叫鸡。王母娘娘走到昆仑山上;捡了三个蛋,抱了三只鸡:第一只鸡,王母做叫鸡;第二只鸡,拿去无用处;第三只鸡,弟子恨煞气。断天煞,断地煞,断年煞、月煞、日煞。煞煞断高,煞煞断尽,吾奉太上老君句句如律令。天无忌,地无忌,永远无忌;弟子升上大吉大利;升三级,步步高升;升起……

起主梁,根据木匠口述整理:清早起、把脸洗;张哥请我喝酒去;吕洞宾喊我下棋去;一不下棋、二不喝酒;我要跟主东开梁口去;一步慢慢行;孔子听我命,二步来到阶檐前;两边对子写得真好看;左边写得荣华富贵万万年;三步大门架大门,左戴金,右戴银;穿金带宝出贵人;四步来到中堂山;红漆桌子摆中央;此梁摆到桌子上;大此梁一丈九尺九;小此梁一丈八尺八;两边写着乾坤二字;中间画着太极二眼;别人拿去无用处;主东拿去万代宝梁;手拿金斧、金戳慢慢走;主东请我开梁口;亲戚朋友您让开;我把主东请进来;请问主东要富,还是要贵;主人:富也要,贵也要;师傅:你要富,开个富,你要贵,开个贵;前途开个摇钱树;摇钱树,既保平,早落黄金晚落银;初一早上捡四两;初二早上捡半斤;初三初四不用捡;金银财宝自上门;先开东后开西;后檐落马笑嘻嘻;亲戚问我笑什么;恭喜主东状元回;你要贵,开个贵(凿槽)开个五男二女坐朝位;儿子出来考大学;女儿出来考清华;又有文、又有武;恭喜你文武双全;[搭梁布(红)]手拿一匹红;我跟主东撞青龙;左撞三道生贵子;右撞三道状元出;手拿一匹纱,黄龙背上压;手拿一匹蓝;黄龙背上穿;左撞三道生贵子;右撞三道状元公;(一边一个人,准备起梁)此木此木,听我嘱咐;千年不下位,万年不离主;梁升三级,步步高升;(主梁)升起……主东请了一位大好汉;挑如碾坊白如雪;打的粑粑扯好长;主东到南京请了张大嫂;北京请了一位李三娘;粑粑做的技术是真高强;别人拿去无用处;我们拿去庆中梁;亲戚朋友你让开;我把主东叫上来;请问主东……

一杯酒,添上添,天上有个鲁班仙;二杯酒,点下滴,地脉龙神点酒吃;三杯酒,点点头,代代儿孙做诸侯;四杯酒,我不点,我们拿来下竹竿……

两边先生真聪明;今天天色冷又冷;哪个不是和你讲输赢;我要和你拼到明早晨;我们要赶到和和平平;亲戚朋友听我言;我跟主东甩水果粑粑;老的越来越添福添寿;学生

起来考清华北大；小儿起来无灾无难……

上梁架枋根据木匠口述整理：前面修的嘈杂路；后面修的凤凰凳；条条通北京；行行出状元；这儿的龙脉远；来自四川峨眉山；西边先生你请听：讲此梁说此梁；此梁此梁是跟又长；此梁此梁长在何方；谁人看见他长；谁人看见他生；都有长的几丈大；都有长的几丈长；请西边讲讲根源；减银梯说银梯；言是鲁班造人梯；横有一尺二寸宽；顺有一丈二尺长；横有十二步来登梁；上一步坐仗噢；一字夜下还白袍；白袍归来薛仁贵；汗马之中立功劳；上二步系响当；开明皇帝是唐王；唐王一生多开朗；奉请薛贵打江山；上三步三元旱；仁义大哥秦叔宝；一身忠贞武艺好；天下朋友败不了；上四步，四季财；荣华富贵自然来；上五步，五子登科；上金出宝出贵人；上六步……

手攀一梲枋，一梲当宰相；手攀二梲枋，二龙抢宝当状元；手攀三梲枋，三星名言在中间；爬得快，发的快。亲戚朋友请让开，我把西边先生请上来；坐在梁上打一望，屋上是好看，好看是真好看；东边先生你请听；讲此梁说此梁；此梁此梁根又长；日光山上看见他长；地脉龙神看见他生；头有长的九抱大；尾有长的九丈长；头同拿起做中柱；二同拿起做瓜枋；三同不长不短；做万代宝梁；西边先生很聪明；正月春风扬扬；二月桃李花香；三月清明包谷种；四月犁下好插秧；五黄六月嫩叶抽长；七逢八月稻花香……

6.4.5 当代建筑师保护与传承传统村落营建技术策略

《曲阜宣言》中对传统建筑营建技术的保护与传承的重要性达成了共识，指出："使用和恢复传统材料及其加工行业、加工技术，坚持长期培养专业的文物古建筑保护修缮队伍，坚持对传统工艺、传统技术的传承与保护，是搞好文物古建保护修缮的先决条件。"

这就对于我们保护和传承传统建筑营建技术提出了诸多要求。需要从传统营建技术的多方面入手：大致分为成立相关讲究保护机构团体、尽快寻找保护传统营建工匠、更新传统营建技术传承机制、拓宽营建技术科研教学途径等四个方向。

1）成立相关讲究保护机构团体

随着国家对于中国传统文化的重视，传统建筑及营建技术的保护力度逐渐增大，传统营建技术多存在于民间传统工匠之中，主要从"师徒制"传承，因为学习年限长与工业化推进快之间的矛盾，想要用老路子保护传统营建技术比较困难。对此，需由政府自上而下建立官方保护机构，提供保护资金与对接平台，由专业技术人员对接民间传统工匠，了解传统营建技术的真实存留情况，以便开展科学的保护措施。更需要群众自下而上组成非官方的保护团队，利用广大人民群众的力量，在地发掘和保护传统工匠，宣传弘扬传统营建技术的重要性，在政府的支持下，以群众为保护事业的主体，在全社会的层面形成全面保护和学习传承传统营建技术的氛围。

2）尽快寻找保护传统营建工匠

民间传统工匠是传统营建技术的活载体，多依靠"实践总结、经验总结、原理把握、知识共享"的方法获得传统营建技术，所以保护营建技术的关键就是保护传承人群内化在身体和大脑中的不同知识形态[19]。这些工匠是中国传统营建的见证人，大多年事已高，他们所掌握的传统技艺、材料生产的方法也在随着社会的进步逐渐被取代，随着他们的逝去而消失殆尽。保护传统营建技术要从保护传统工匠这一源头开始，寻找民间散落各地的传统工匠，通过地缘关系、技术手法等进行认证，并在生活、经济上予以支持，尽快获取与他们已经融俱一身的营建知识，保护传统营建技术的蓝本。

3）更新传统营建技术传承机制

所谓活态传承不是单纯的保存原始特征，而是要保护、培育成长机制，保护文化群体的生命力延续与表达[20]。传统营建技术传承难主要因为有两点：一是"师徒制"的教学模式决定了大多知识经验依靠实践摸索中获得，很多传统工匠都是从学龄年纪接触，时间成本很高。二是在工业化发展较快的现代社会，人工费用远远高于材料成本，很多营建技术被简化替代，就业前景欠佳。为保护这一技术有效传承，需要更新师徒学习模式，在传统"师徒制"的基础上，通过其他科研机构适当增加课程讲解，缩短学习时间成本；根据社会需求提供相应工作职位，依据其手工成本给予合理的工作报酬。通过以上方法激活社会层面学习传承营建技术的活力，更新其培育成长机制。

4）拓宽营建技术科研教学途径

传统营建技术的所有知识形态急需提取并予以系统化处理，结合新型技术为传统营建技术注入活力，降低学习门槛及成本，提高大众影响力。可以从以下几点展开：（1）鼓励展开科研项目。鼓励各科研机构继续开展深化对于传统营建技术的研究，将其整体系统化、操作可视化、知识大众化，融合新型发展技术拓宽传统营建技术的展现与传播形式。（2）开设传统技术课程。在社会层面开展传统营建技术教学课堂，提高群众群体对于传统营建知识的了解程度，拓宽营建技术未来可发展途径。（3）开设社会教学课堂。在高校内部开设相关技术课程，寓教于学，丰富高校教学课程内容，激发青年学子对于传统营建技术的兴趣，为培养传统营建技术人才打基础。

参考文献

[1] 王康. 社会学词典[M]. 济南：山东人民出版社，1988.

[2] 中国大百科全书出版社. 中国大百科全书[M]. 北京：中国大百科全书出版社，1990.

[3] 刘豪兴. 农村社会学[M]. 北京：中国人民大学出版社，2004：235.

[4] 袁亚愚. 新修乡村社会学[M]. 四川：四川大学出版社，1999.

[5] 韩明谟. 农村社会学[M]. 北京：北京大学出版社，2001.

[6] 费孝通. 乡土中国[M]. 北京：北京大学出版社，2016.

[7] 桂华，余彪. 散射格局：地缘村落的构成与性质：基于一个移民湾子的考察[J]. 青年研究，2011（01）：44-54+95.

[8] 何秀荣，穆月英，米增渝. 中国农村政策要览[M]. 北京：高等教育出版社，2012.

[9] 陆学艺，张厚义. 农民的分化、问题及其对策[J]. 农业经济问题，1999(1)：16-21.

[10] 卢健松. 变迁中的乡村生活洞庭湖周边地区农民住宅的发展研究[D]. 长沙：湖南大学，2002. 转引自阿科恩. 阿尔及利亚社会主义乡村经验.

[11] 王竹，魏秦，贺勇. 从原生走向可持续发展：黄土高原绿色窑居的地区建筑学解析与建构[J]. 建筑学报，2004（3）：32-35.

[12] PUGH C. The theory and practice of housing sector development for developing countries, 1950-1999[J]. Housing studies, 2001, 16(4): 399-423.

[13] 周婷. 湘西土家族建筑演变的适应性机制研究：以永顺为例[D]. 长沙：湖南大学，

2014：160-195.
[14] 卢健松，姜敏.1979—2009年农村住宅的变化：以湖南的调研为例[J].建筑学报，2009(10)：74-78.
[15] 湖南省地方志编纂委员会.湖南省志·第十二卷·建设志城乡建设[M].长沙：湖南出版社，1997:541.
[16] 卢健松，姜敏.燃料·灶·农宅：洞庭湖地区农宅调查研究[J].中外建筑，2003(06)：54-57.
[17] 建筑工程部设计总局城市及乡村居住建筑调查资料汇编[G].北京:建筑工程出版社，1959：165-167.
[18] 任放,明清长江中游市镇经济所依托的自然及人文环境[J].历史地理，2003，19(6).
[19] 孙发成.活态保护视阈下传统手工艺人的知识体系及其传承[J].民族艺术，2022(01)：95-104.
[20] 高小康.非遗美学：传承、创意与互享[J].社会科学辑刊，2019(01)：177-185+2.

第7章
传统村落空间形态内涵

空间指的是在村落中"空"的区域，如街巷、宅院和村中广场等百姓活动能够触及的场所，"形态"一词在《辞海》中这样阐述："形状和态度，事物的外在表现形式。"东南大学段进教授在《城镇空间解析——太湖流域古镇空间结构与形态》一书中认为，空间形态按其本质内涵来看"是一种复杂的经济、社会现象和社会过程；是特定的地理环境和一定的社会历史发展阶段中，人类的各种活动与自然因素相互作用的综合结果；是人们通过各种方式认识、感知并反应城市总体的意向总结"[1]。

村落空间形态指在一定时期内村落生长发展的过程中所呈现出来的整体性的表现形式，是指一个村落的全面实体组成、实体环境以及各类活动的空间载体。分为有形和无形两部分：有形部分主要指村落的物质形态，包括村落的选址格局、街巷空间、院落空间等；无形指村落的社会、文化等各要素的空间分布形式，事实上，传统村落有形的物质空间是无形态的外在表象形式。由此可见，村落的空间形态是具有物质性和精神性双重属性的。

7.1 传统村落空间形态构成

传统村落具有丰富的历史、文化、经济、科学研究等价值，传统村落的空间形态的界定是传统村落保护及空间价值与特色研究的基础。因此，对传统村落空间形态进行界定对于村落寻根溯源和村落发展保护有着重要的意义。

7.1.1 传统村落空间形态的构成要素

传统村落空间形态的构成要素分为物质要素和非物质要素。

物质要素作为组成村落的实体形态，是社会经济、历史文化、建筑技术、自然环境等物质载体的投影，宏观上，物质要素包含两大类别——自然环境和建成环境。自然环境是村落选址建设并赖以生存发展的基础，村落自然环境要素主要包括河流、湖泊、田地、林地等。而建成环境是指村落中非自然形成的人造环境，村落建成环境要素包括建筑、院落、街巷、广场等。

非物质要素是指文化、宗教、风俗、观念等，是村落的社会结构以及村落的特性所在。空间形态则是物质要素与非物质要素集聚组合的外化和体现。

1）自然环境

自然环境包含了气候、地形、地貌、水系和自然资源等环境因素，对村落的生态、景观、人文等方面发挥着重要的作用。人类的局部活动受到自然环境形态的影响，在缓慢发展的过程中，以人为活动主体的村落与自然空间磨合成一个有机的整体，成为一个局部的自然—人类—生态系统，即村落生态体。村落一般具有独特的建筑形式，而这与相应的自然地理地貌有着不可分割的关系，在不同的环境演变中，形成了独特的建筑外观和表面肌理，体现出了明显的带有地方特色的景观特性。村落的选址大多遵从中国传统风水相地理论，而这些地方大多数都是远离城市的郊区，自然环境优越，对外交流少，因此就会形成属于当地约定的特定俗成的生活习性和宗教信仰等行为准则，也就是有着共同的文化基础。

2）街巷

街巷空间是传统村落形态的支撑、串联和分隔，街巷把各种空间构成因素有机地串联起来，是村落中不可或缺的线形结构和骨架。其街巷网络大致有鱼骨形（图7-1）和网形（图7-2）。鱼骨形的空间常存在于带状的村落中，此类村落有一条主要道路，连接着次要道路，此种路网结构主次分明，多为自然形成。网形的村落地势较为平坦，规模较大。其路网结构又可以分为十字形和井字形结构。

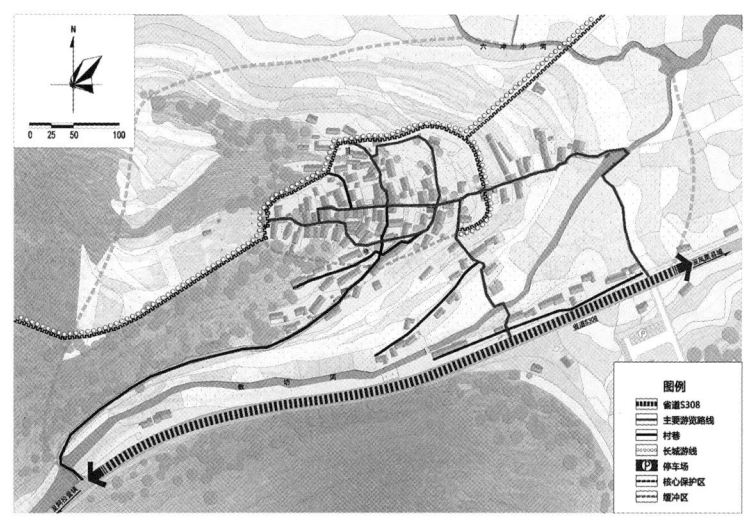

图7-1　鱼骨形街巷空间

图片来源：湖南省湘西土家族苗族自治州凤凰县都里乡拉毫村传统村落保护发展规划

3）建筑

村落中的民居是主要建筑群类，公共建筑一般较少，点状散布着祠堂、庙宇、牌坊等公共建筑。例如阮埔传统村落属于典型的明清岭南民居，其保存规模较大，古屋大多数是明、清时流行的镬耳屋。村落环水而居，护村河宽10m左右，具有交通、供水、防御等多种功能，梳式巷道格局，多为花岗石铺就，祠堂、牌坊、民居均依巷而建。

4）村落绿地

村落绿地按功能性要求可分为三类：生产型绿地、生活型绿地、生态型绿地。生产型绿地是自然或人工种植形成的具有一定规模的植物覆盖、虫鸟栖息的以绿化为主的区域（可以理解为没有建筑或建筑较少），一般有不同的种群、群落组成一个完整的自成体系的生态链，

图 7-2 网格形街巷空间

图片来源：汝城县马桥镇外沙村传统村落保护发展详细规划

从而可以自我生长、修复，实现物质循环和能量流动，不需要太多的人工养护。生活型绿地是人工种植的，带有一定观赏性和娱乐性的小范围内有植物的区域，如门前种的树、花坛以及草皮，可以提供休憩玩耍的场所。生态型绿地是指为村落绿化提供苗木、花草、种子的苗圃、花圃、草圃等圃地，能为村落绿化提供和培养大量苗木，直接影响村落绿化的质量和水平，改善村落环境，同时也可以供游人玩赏，丰富人们的生活。

5）公共空间

传统村落的空间形态除了自然环境以及以建筑为基础的"面状"空间和以街巷为代表的"线状"空间外，还存在"点状"空间，例如广场、桥头、村口、水边、街巷节点等。这些点状的公共空间丰富了村庄的空间形态，是传统村落空间中最灵活多变的构成要素，是村落物质环境建设的中心内容。

7.1.2 传统村落空间形态的影响因素

1）自然地理环境因素

（1）水文因素

水文因素对于村落的空间形态有着重要的影响。在生活功能上，水体可以影响村落的布局和选址，带动村落的发展，同时对于村落的防火、防涝、泄洪能起到重要的作用。在景观功能上，我国江南地区有很多村落内部河网密集，从而在整体上形成了一种独特的江南水乡空间布局形态。

（2）气候因素

气候条件主要指太阳辐射、风向、温度、湿度以及降水等。在不同的地域，气候条件的不同所造成的结果是形成一些不同的小气候形态，它对于村落的道路走向、民居的建筑群体布局、户型的设计等都会带来显著的差异。

（3）地形地貌因素

地形地貌对村落的规划布局、道路走向、线形以及建筑的组合布置、村落的轮廓形态等都有一定的影响。从地貌特征上可分为平原地区型、水网地区型、丘陵山区型等。

2)经济技术因素

(1)经济状况

在传统农业社会,"靠地吃饭"的产业结构模式、小农经济的自给自足和相互协作等因素形成了一种相对紧凑的村落布局,而民居规模大小更是农耕经济财富的物质化显现。位于交通线上的村落,活跃的商品经济促使过境道路逐渐演化成商业街的同时,也在改变着村落的空间形态[2]。

(2)科学技术

科学技术的发展使生产力水平和生产方式发生变化,进而引发聚落空间的演变。不仅如此,科学技术的发展还通过交通、通信技术和营建技术等方面直接或间接地影响聚落的空间形态[2]。

3)社会文化因素

(1)社会组织关系

聚落空间的形成与发展是社会生活的需要,也是社会生活的反映。在中国的广大农村,这种以血缘为基础的家族与宗族关系网络构成了基本的聚居组织单位,它不仅是基本的生活、生产单位,而且也是一个以血缘为纽带的共同体,并深层次地影响着从民居到整个村落的空间组织方式及其构成形态。工业化以后,城市化和商品经济的发展使社会关系发生巨大的变化,宗族的影响力和调控能力总体上趋向弱化,血缘网络逐渐被地缘、业缘所取代,从而引起村落物质空间的变化[2]。

(2)文化观念

聚居群体的文化传统往往会对聚落空间的组织与发展产生深刻的影响,并在此基础上形成聚落空间的文化特色[2]。棠樾牌坊群,位于安徽省歙县郑村镇棠樾村东大道上,为明清时期古徽州建筑艺术的代表作。棠樾的七连座牌坊群不仅体现了徽州文化和程朱理学的"忠、孝、节、义"伦理道德的概貌,也包括了内涵极为丰富的"以人为本"的人文历史,同时亦是徽商纵横商界三百余年的重要见证。棠樾牌坊群的结构布局都采用严格的中轴对称手法,给人以稳重感,在视觉的焦点处加以强调。牌坊群两侧保留了永久农田,四周没有构造物,远眺牌坊群,七座牌坊仿佛从农田"拔地而起",显得格外突出。

4)政治政策因素

(1)政治制度

所谓政治制度,是指社会政治领域中要求政治实体遵守的各类准则或规范。政治制度对聚落空间形态的影响是显而易见的。在奴隶社会和封建社会,聚落与聚落之间、聚落内部住屋之间不仅出现了等级分化,更重要的是西周王族的宗法制经过不断演变,到宋元时期转化成了平民组织,即平民阶层的宗族组织得到了完善,宗族制度也由以政治功能为主转换为以社会功能为主。"内向性""秩序性"和"生物性",这便是宗族制度在传统村落空间形态上的映射[2]。乡村振兴是习近平同志于2017年10月18日在党的十九大报告中提出的战略。农业、农村、农民问题是关系到国计民生的根本性问题,必须始终把解决好"三农"问题作为全党工作的重中之重,实施乡村振兴战略。这对于村落的发展来说,既是机遇,也是挑战。大量的便利便民设施投入村落,使得村落的面貌焕然一新,在保持地区独特性的同时也融入了现代建设的思想,但由于村落本身的落后性与封闭性,如何能够恰当地融入城市生活,也是亟待解决的问题。

（2）政策法规

政策法规主要是指影响聚落发展的各项宏观政策与行业建设法规等。其中，宏观政策是政府干预的一种手段，它影响着村落的发展方向[2]。

7.1.3 传统村落空间形态界定方法

现有研究多为传统研究方法，包括村落文献和史料的收集与整理，实地调研考察以及比较分析法等，其学科原理以建筑类型学、城市形态学和历史地理学为代表，偏重于形态的"表层型"表达和村落演变规律的描述。随着学科的融合与新技术的发展，一些新的研究方法和手段被广泛引入，如数理模型和统计学方法、空间句法以及RS和GIS技术，这些定量分析方法加强了村落研究的科学性和说服力，定量地分析聚落空间结构形态，揭示人类社会与空间形态的互动关联，使得村落空间研究更加准确和系统化。

1) 基于空间统计学的传统村落分布特征

（1）数据来源

研究的基础数据为湖南省723个传统村落，分为两个层次：一是国家公布的湖南省第一、二、三批中国传统村落名录，共计91个；二是2012年4月中国传统村落调查与认定工作开展以来，湖南省各市州拟申报中国传统村落的村落共计632个[3]。根据《湖南省传统村落保护发展规划2015—2030》，后者拟作为省级传统村落，为保证研究样本数，该部分村落也纳入统计分析范畴。

耕地数据来自于2013年湖南省土地利用数据，在ArcGIS中采用最大面积原则栅格化处理，生成湖南省耕地空间分布图。湖南全省地形地貌数据来自于"中国地区SRTM-DEM数据集"，数据分辨率为90m[3]。经济及社会发展数据包括湖南全省各市、县的城市化、人均GDP、人口、公路网密度等，均来源于《湖南省统计年鉴2014》。

（2）数据处理方法

①核密度估算

核密度估算用于计算要素在其周围邻域中的密度，计算公式为：

$$\hat{f}(x) = \frac{1}{nh}\sum_{i=1}^{n}k\left(\frac{x-x_i}{h}\right) \quad (7-1)$$

式中：k称为核函数；$h>0$，为带宽；$(x-x_i)$表示估值点x到事件x_i处的距离。

②不均衡性分析

不均衡指数反映了研究对象在不同区域内分布的均衡程度，根据洛伦兹曲线（Lorenz curve）形成，其公式为：

$$S = \frac{\sum_{i=1}^{n}Y_i - 50(n+1)}{100n - 50(n+1)} \quad (7-2)$$

式中：n为区域的个数；Y_i为研究对象在整体中所占比重从大到小排序后第i位的累计百分比值。不均衡指数S介于0和1之间，如果研究对象平均分布在各区域中，则$S=0$；若研究对象全部集中在一个区域中，则$S=1$。

③以湖南省为研究对象，借助ArcGIS等技术手段，重点归纳总结传统村落分布的影响因素，并与传统村落的地理空间分布进行叠加分析，揭示湖南省传统村落分布的边缘化

表现特征[3]。

（3）研究思路

具体研究思路如下：

①利用Google Earth获取传统村落的地理坐标，借助ArcGIS10.0在矢量化的湖南省地图上进行标定，录入各传统村落属性，形成湖南省传统村落数据和空间分布基础图[3]。

②收集三大系统影响因素相关信息及数据录入ArcGIS，建立相关影响因素数据库[3]。

③结合影响因素，以县域为单元，利用统计分析、分布不均衡性分析以及ArcGIS中的核密度估算、缓冲区分析、重分类、叠置分析中的交集分析等方法对湖南省进行各影响因子的核心区、边缘区评价。

④对传统村落分布与影响因素的核心‐边缘区评价结果进行关联性分析，揭示传统村落分布的几大边缘化特征。

2）基于空间句法的传统村落空间形态特征界定方法

（1）凸空间法

凸状是指在欧式集合中，物体的每一对点及其连线都在该物体中，则这个物体是凸状的。凸空间法是将空间简化为一个个片状空间，空间句法要求用最少且最大的凸状空间覆盖整个空间系统，然后连接每个凸空间的关系，转换为拓扑关系图解，由此为句法测度奠定基础[4]。

（2）轴线法

轴线法是运动流线，将道路网络根据一定规则，保持凸空间的连接关系不变，用最长且最少的轴线穿过所有的凸空间，将其转换成轴线图。进行拓扑分析时，这些轴线被转换成拓扑图中的节点，线表示轴线与轴线（道路与道路）的连接关系。轴线分析能否有效地表达运动流线，取决于视觉轴线和运动流线的吻合程度，在传统聚落具有实体边界的街道网络中，二者能够很好地吻合，因此轴线分析更适用于传统村落或者城市中的传统街区的研究[4]。

（3）线段法

线段法是空间句法团队对轴线法的改进，线段法在轴线法的基础上，将轴线在交叉点处打断，即一条轴线可能包含多个街道段。此外，线段法考虑"角度"这一几何特征，以角度变化来计算线段的深度值，将线段和与之相连线段的角度变化赋值给该线段，得到一个不小于0、不大于1的深度值。后续研究表明，线段模型能捕捉由几何形态变化带来的组构模式变化，得到更为紧凑、明确的组构核心，并且在较大尺度的研究中，可以通过不同出行半径的选择，找到不同层级的空间核心。

（4）视域分析法

当一个空间呈现出非线性特征时，视域可以被看作是由通过空间中特定的一点的水平线切面形成的[4]。运用视域分析法时，需要在空间中选择一定数量且处于关键位置的特征点，求出所有特征点的视域，再根据视域间的交接关系进行空间句法运算[4]。

3）空间句法主要变量

（1）连接度（connectivity）

表示可与之连接的空间数。连接度表示这条轴线与其他轴线的相交次数，数字越大说明这条轴线的可达性越好，通过别的轴线进入这条轴线的可能性也就越高。

（2）控制度（control value）

表示某一空间对与之相交的空间的控制程度，反映了该空间对其周围空间的影响程度，控制值越高,其他空间越依赖本空间进出。在数值上等于与单元空间相交的所有单元空间的连接值的倒数之和。

(3)深度值(depth)

一种层级的概念,深度越高的区域,道路的层级越多。它是一个相对的概念,用来衡量某条轴线在特定系统中空间转换的程度,在拓扑中即是空间本身的可达性,数值越低,可达性越高。

(4)整合度(integration)

整合度是在深度基础上发展出来的一项数值,衡量某空间到其他所有空间的全局相对便捷值,数值越大表示空间位置越便捷,越容易成为公众聚集之地,是聚落中的重要功能区域。

(5)可理解度(intelligibility)

用于描述局部变量与整体变量之间的相关度,可衡量从一个空间所看到的局部空间结构是否有助于建立起整个空间系统结构[4]。空间中连接值越高的区域,其集成度越高,则其可理解性就越好。

4)传统村落空间边界形态的量化方法

运用浦欣成在《传统乡村聚落二维平面整体形态的量化方法研究》中提出的村落边界形态的量化方法,对聚落边界闭合图形的长宽比及形状指数的数据进行综合比较,对聚落形态的分类进行量化界定。其方法如下:

(1)确定村落边界线

获取村落CAD总图,描绘建筑物整体外轮廓,忽略道路、农田、水体要素,使所有独立或连体的构筑物都形成完整的闭合多段线[5]。绘制村落大边界,将所有建筑物包含在内,对各边缘建筑单体的转角顶点进行"跨越"式连接,连接的最长距离为30m。

(2)得到村落平面形态的长宽比 λ

综合考虑建筑单体的主导朝向与聚落整体的关系,在村落边界线绘制外接矩形,得到长宽比[5]。长宽比是聚落边界图形的长轴与短轴的比值,表征着聚落边界的狭长程度,即带状特征的强烈程度。

(3)计算村落边界形状指数

$$S = \frac{p}{(1.5\lambda - \sqrt{\lambda} + 1.5)}\sqrt{\frac{\lambda}{A\pi}} \qquad (7-3)$$

式中:S指聚落边界形状指数;P为聚落边界周长;A为面积;λ为长宽比[5]。

当$S \geq 2$时,为指状聚落。其中,当$\lambda < 1.5$时,为具有团状倾向的指状聚落;当$\lambda \geq 2$时,为有带状倾向的指状聚落。

当$S < 2$,$\lambda < 1.5$时,为团状聚落。

当$S < 2$,$1.5 \leq \lambda < 2$时,为有带状倾向的团状聚落。

当$S < 2$,$\lambda \geq 2$时,为带状聚落。

7.2 传统村落空间形态及布局现状辨识

我国村落具有丰富的历史、文化、经济、科学研究等价值体系,不同历史时代和不同地域、不同民族所形成的传统村落,承载着不同时期、地域、民族的文化信息,而传统村落的空间形态作为时代生活方式在物质空间上的投影,是其社会经济、意识观念、伦理道德、审美情趣、行为方式和社会心理等在地域空间上的折射。因此,研究传统村落空间形态对于村落的整体把握与后期的发展保护有着重要的意义。

7.2.1 基于空间统计学的分布辨识

基于空间统计学原理,在空间句法研究方法的基础上,通过对影响传统村落分布特征的因素的分析,来研究传统村落的宏观形态布局。该分析主要解释我国传统村落在空间布局上的特点,以探究传统村落宏观格局上的布局特征。

主要针对湖南省境内14个市州的传统村落边缘化特征的分析以及影响湖南省传统村落分布特征的因素(包括地形、交通、社会经济因素)的分析,总结传统村落空间形态的普遍特征,并进一步提出基于空间句法的传统村落空间形态保护与发展的策略,并以此来保护传统村落空间的形态,延续传统村落的社会、历史、文化文脉。经过研究发现,湖南省传统村落分布有以下特征:

1)湖南省传统村落分布不均衡,主要分布于南部和西部地区

根据湖南省14个市州各方面的差异,将湖南省分为湘北、湘南、湘中、湘东、湘西五大地理区域。湘北包括岳阳和常德;湘南包括衡阳、郴州和永州;湘中包括娄底、邵阳和益阳;湘东包括长沙、株洲和湘潭;湘西包括湘西土家族苗族自治州、怀化和张家界。湖南省传统村落主要集中在全省122个县(市、区)中的88个县,衡量传统村落分布的均衡状况,n=88,根据式(7-1)得出,其不均衡指数S=0.603,表明湖南省传统村落分布不均衡,主要分布于南部和西部地区[6]。

2)湖南传统村落呈现的"边缘化"分布趋势

(1)边缘化特征界定

按照核心—边缘理论,可将农业资源丰富、交通便利、经济活动强度较高、人口密度较大等条件优越的地区视为核心区,将条件较差的地区视为边缘区。将传统村落与上述因素的空间分布图进行叠加,若传统村落集中分布在核心区,则呈现出中心聚集特征,传统村落集中分布在边缘区,则呈现出边缘化特征[3]。

(2)边缘化特征的影响因素

传统村落产生于农耕文明时期,是一种相对稳定的自组织系统,结合影响传统村落生产、生活、流通三大系统的主要因素,以其所在县域为统计单元,进行核心区与边缘区评价。生产系统是指满足人们基本物质需求的因素,主要包括耕地、地形地貌、河流水系等;生活系统是指满足人们居住、安全、贸易等需求的因素,农耕文明阶段,传统村落多为自给自足的内向经济,受外部影响较少,随着经济和交通方式的改变,传统村落的外向联系增强,生活系统因素转变为地区GDP、城市化水平、三大产业等;流通系统是人们对外沟通、能量和物质交换的承载方式,主要包括交通干线、公路密度等因素[3]。

(3)边缘化特征的评价标准

传统村落分布的边缘化特征评价标准分为两部分。一是传统村落影响因素分布的核心—边缘区评价,评价指标包括两个层次:3个一级指标为生产系统、生活系统、流通系统;8个二级指标包括人均耕地面积、海拔高度、距河道距离、人均GDP、三大产业产值、城市化率、公路密度、交通干线数量。二是传统村落分布的边缘化特征的评价,在影响因素

分布的核心—边缘区评价的基础上，以分布在核心区和边缘区的传统村落数量占比来确定传统村落分布是否具有边缘化特征[3]。具体评价标准见表7-1。

传统村落分布边缘化特征的评价标准　　　　表7-1

	生产系统		生活系统				流通系统	
影响因素一级评价指标	耕地/hm²	地形地貌	GDP/元	产业比重	城市化率	河流水系	公路密度	交通干线
影响因素二级评价指标	人均耕地面积	海拔高度/m	各县人均GDP	各县第二、三产业占比/%	各县城市化率/%	距河道距离/km	各县公路密度/(km/100km²)	各县交通干线数量/条
核心区评价标准	高于全省平均水平	200m以下	高于全省平均水平	高于平均值、标准差之和	高于全省平均水平	20km以内	高于全省平均水平	高于全省平均水平
边缘区评价标准	低于全省平均水平	200m以上	低于全省平均水平	低于平均值、标准差之和	低于全省平均水平	20km以外	低于全省平均水平	低于全省平均水平
传统村落分布的边缘化特征评价	分布在核心区的传统村落数量大于50%为中心聚集特征，分布在边缘区的数量大于50%为边缘化特征。传统村落数量占比越大，特征越明显							
边缘化具体特征	农业资源边缘化							
	经济边缘化							
	空间边缘化							
	交通边缘化							

表格来源：焦胜，郑志明，徐峰，等.传统村落分布的"边缘化"特征：以湖南省为例[J].地理研究，2016

（4）湖南省传统村落主要影响因素分析

① 地形因素

利用ArcGIS10.1将湖南省传统村落空间分布图与地形高程图进行叠加，可知湖南省传统村落主要分布在南部和西部山区[6]。南部是由大庾、骑田、萌渚、都庞和越城诸岭组成的五岭山脉，也称为南岭山脉。山脉大体为东西向，海拔大都在1000m以上。西部有雪峰、武陵山脉，跨地广阔，山势雄伟，成为湖南省东、西自然景观的分野，北段海拔500~1500m，南段海拔1000~1500m。在南部和西部相对独立的环境里，形成了相对险要的地形，使外界对传统村落的影响较小，干扰较少，为传统村落的形成和发展提供了重要的基础[6]。

② 交通因素

尽管湖南的公路等交通并不落后，但是由于地形条件的影响，西部和南部山区的交通发展较为滞后[6]。通过统计2014年湖南省统计信息网以及各市州政府官方网站公布的各市州公路里程数，整理出2014年湖南省各市州公路里程，并计算出公路密度（表7-2）。

由表7-2可得，湖南西部的湘西自治州和怀化的公路密度分别排在倒数第二位和倒数第一位，南部的郴州是全省倒数三位。西部和南部的公路密度较小，交通可达性较差，受外界干扰较少，与外界的联系也受到限制，形成了相对偏僻、独立的区域环境。传统村落在这种相对封闭、独立的区域环境中高密度集中分布，长期以来对外交通可达性差，与外界联系强度较弱，外来文化入侵的概率和频率较小，因而形成和保留了极具区域文化特色的乡村聚落[6]。

2014年湖南省各市州公路里程及公路密度　　　　表7-2

市州	里程/km	面积/km²	公路密度/(km/100km²)
娄底市	14798.846	8118	182.3
湘潭市	7843.736	5045	155.48
衡阳市	20733.63	15310	135.43
岳阳市	20280.179	15019	135.03
长沙市	15936.265	11816	134.87
益阳市	15873.597	12320	128.84
常德市	22432.949	18190	123.33
株洲市	13794.27	11262	122.49
邵阳市	21949.108	20829	105.38

表格来源：2014年湖南省统计年鉴

③社会经济因素

受到地形和交通等因素的共同影响，湖南的西部和南部的经济发展在一定程度上受到限制。相对于地形平坦、交通便利的地区，该区域的经济较落后[6]。通过湖南省统计信息网公布的2014年湖南省各市州GDP（表7-3）可知，湖南西部的湘西自治州和怀化的GDP分别排在倒数第二位和倒数第三位。南部的郴州和永州的GDP为1872.58亿元和1301.45亿元，处于全省的第六位和第八位。

2014年湖南省各市州GDP/亿元　　　　表7-3

市州	地区生产总值	第一产业	第二产业	第三产业	人均地区生产总值
长沙市	7824.81	311.9	4241.25	3271.66	107683
岳阳市	2669.34	288.15	1438.06	943.13	47862
常德市	2514.15	337.89	1197.88	978.38	43215
衡阳市	2396.55	359.24	1119.88	917.43	32934
株洲市	2161.01	166.87	1280.19	713.96	54741
郴州市	1872.58	178.88	1063.26	630.44	39999
湘潭市	1570.56	127.71	894.96	547.89	55968

表格来源：2014年湖南省统计年鉴

由此可知，相对落后的社会经济发展水平、相对较弱的开发强度和相对较稳定的人地关系，在某种程度上使得该地区传统村落较为完整地保存下来[6]。

（5）湖南传统村落呈现"边缘化"特征

①湖南传统村落分布呈现远离城市的空间边缘化

统计湖南省高于全省平均城市化率（湖南省2013年全省平均城市化率为47.96%）地区的传统村落数量为95个，占总数的13.1%，主要集中在中部、北部的长株潭、岳阳、常德等地；低于湖南省平均城市化率地区的传统村落数量为628个，占总数86.9%，主要集中在西部、南部[3]。

同时选取湖南省人口规模在20万以上的城市，利用ArcGIS软件中的空间分析工具进行核密度估算，选择带宽为4km形成湖南省主要城市分布核密度图，选择带宽为2km生成传统村落分布核密度图，并与城市核密度图进行叠加，结果表明，城市作用强度较小、距离大城市较远的湖南省西部、南部地区传统村落数量较多，传统村落分布呈现远离城市的空间边缘化特征[3]。

②传统村落分布的农业资源边缘化特征

耕地是传统村落主要的农业资源，选取湖南省土地利用中的水田、旱地两种耕地类型，形成湖南省耕地分布图，并对其与传统村落分布进行叠合分析[3]。从整体分布结果来看，传统村落大多分布在耕地较少的区域，人均耕地面积低于全省平均水平（湖南省2013年人均耕地面积为0.06hm^2）的地区主要集中在湖南省西部、南部，传统村落数量为569个，占总数的78.7%；人均耕地面积高于全省平均水平的地区主要集中在湖南省中部、北部，传统村落数量为154个，占总数的21.3%[3]。

参照《中国综合地图集》，海拔高度小于200m的地区为平原，大于200m的为丘陵和山地。使用湖南DEM海拔高程数据，利用ArcGIS10.0形成高程分析图，并将其与传统村落分布叠合分析。海拔高度在200m以上地区分布在湖南省的西部、南部，该区域传统村落数量为558个，占总数的77.2%；海拔高度在200m以下的地区集中在湖南省中部、北部，该区域传统村落数量为165个，占总数的22.8%。

综上，传统村落主要分布在耕地资源较少、地形地貌受限的地区，传统村落分布的农业资源边缘化特征明显[3]。

③传统村落分布的经济边缘化特征

地区经济水平常以国民生产总值GDP或人均GDP为衡量标准。

人均GDP高的区域主要集中在湖南省中部、北部，其中人均GDP高于全省平均水平的地区（湖南省2013年人均GDP为36763元）的传统村落数量为64个，占总数的8.9%；人均GDP低于全省平均水平的地区主要集中在湖南省西部、南部（郴州市部分地区除外），传统村落数量为669个，占总数的92.5%。按人均GDP中位值（湖南省2013年人均GDP中位值为25251元）统计，低于该标准的县有54个，仍主要集中在湖南省西部、南部（郴州市部分地区除外），传统村落数量为544个，占总数的75.2%。其中，郴州市呈现出人均GDP高但传统村落数量较多的特征。一方面是由于该地区具有典型的湘南山地地形地貌特征，利于传统村落的保护，传统村落数量较多；另一方面，相较于湘南其他地区，该市紧邻珠三角经济圈，有京港澳高速、京广高铁等国家级重要交通干线经过，便于承接珠三角产业转移，经济发展迅速，人均GDP高于湘南其他地区。

一般而言，第二、三产业占比较高的地区经济发展较好，龙花楼等认为如果某一县市的第一、二、三产业中某一产业在GDP中所占的百分比超过全体样本的平均值与标准差之和，则该产业无疑在地方经济发展中占据主导地位。

故统计第二、三产业占比处于主导地位的县的传统村落数量，分析传统村落数量与经济发展水平的关系。全省第二产业占比平均值为43.96%，标准差为14.39%，超过两者之和的县为工业主导发展县，有20个，传统村落数量为88个，占总数的12.17%（图7-3a）。

全省第三产业占比平均值为37.98%，标准差为12.21%，超过两者之和的县为服务业主导发展县，有12个，传统村落数量为123个，占总数的17.01%（图7-3b）。综上，人均GDP越高、经济发展越好的县，传统村落数量相对越少，传统村落分布的经济边缘化特征明显。

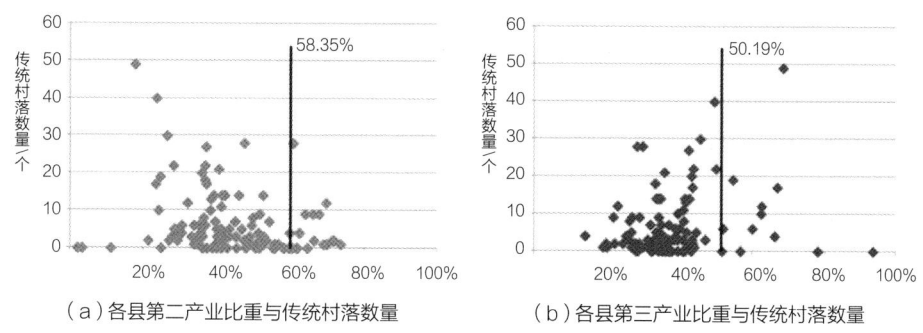

图7-3 湖南省各县二、三产比重与传统村落数量关系

图片来源：焦胜，郑志明，徐峰，等.传统村落分布的"边缘化"特征：以湖南省为例[J].地理研究，2016

④传统村落分布的交通边缘化特征

水系是早期村落与外界联系的主要通道之一，传统村落多邻近河流水系之处选址[3]。湖南的主要河流为湘水、资水、沅水、澧水及其支流，将湖南省河流水系与传统村落空间分布进行关联分析，从空间分布来看，水系的上游地区传统村落数量较多，主要分布在沅江支流酉水、武水、巫水、渠水，湘江支流舂陵水、耒水等河流两侧。而水系发达的下游地区传统村落数量较少，如澧水、湘江、沅江三水下游几乎无传统村落。同时，主河道两侧20km范围内传统村落数量为120个，占总数的16.6%；20km范围以外区域的传统村落数量为603个，占总数的82.4%。

一个地区的公路里程、公路密度与该区域的经济水平有着必然联系，也是传统村落向现代村落转化的助推器，对传统村落分布具有较大影响[3]。高于全省平均公路密度的地区（湖南省2013年平均公路密度为110.82km/100km^2）主要集中在中部、北部，传统村落数量为142个，占总数的19.6%；低于全省平均公路密度的地区主要集中在西部、南部，传统村落数量为581个，占总数的80.4%。从湖南各市州公路密度来看，郴州市、湘西苗族自治州和怀化市排在全省最后三位，但三个市州的传统村落数量为434个，占总数的60%。

当前我国主要的客货流动通道仍是高速公路、国道、铁路等交通干线，将湖南省交通干线与传统村落分布叠加[3]，其中高于全省平均水平的地区（2013年湖南省各县交通干线平均数量为3.07条）集中在中部、北部，有京港澳高速、京广铁路、京广高铁等多条交通干线穿过，通勤便利，传统村落数量为167个，占总数的23.1%。低于全省平均水平的地区集中在西部、南部，传统村落数量为556个，占总数的76.9%。

综上，湖南省远离主河道的地区及公路密度低、交通干线较少的地区，传统村落数量较多，传统村落分布的交通边缘化特征明显[3]。

（6）传统村落分布"边缘化"特征形成机理分析

传统村落是农业社会主要的人类聚居形式，最早聚集于资源、交通等的优势区域（核心区）。随着农业人口数量激增，人口逐渐向资源、交通等的非优区扩散，传统村落呈现出均匀分布特征[3]。但随着经济的发展、道路交通建设的提速，城市化进程加快，加速了核心区的传统村落向现代村落的转变。相比较而言，边缘区传统村落数量减少速度较慢，导致了传统村落分布的边缘化，具体形成机理如下：

①农业产业化及经济发展加快了传统村落分布的边缘化

很多农村地区通过拆村并点、集中居住等模式，满足农业产业化、机械化耕作，设施集中共享的需要，导致大量传统村落被拆除。另外，大量现代建筑的新建和改建，导致了该地区传统村落风貌和特色的消失。

②城市化推动了传统村落分布的边缘化

城市化水平高的地区传统村落消亡速度加快，一方面由于城镇规模不断扩大、城镇空间向外拓展蔓延，导致城镇周边地区传统村落整体消亡；另一方面，乡村人口大量向城镇转移，出现了较多空心村，导致传统村落衰败、减少。

③交通便捷化间接促进了传统村落分布的边缘化

便捷的交通加快了城乡物质要素的流动，推动了经济的发展，同时也加速了乡村人口向城市的流动，推进了城市化进程，从而间接促进了核心区传统村落数量的减少和传统村落分布边缘化特征的形成。如湖南中部的长沙、株洲、湘潭三市的县的交通干线数量都超过6条，该地区GDP总量居全省前三，城市化水平超过55%，但传统村落数量总数不足20个。

7.2.2 基于空间句法的空间形态辨识

空间句法是由英国伦敦大学的比尔·希列尔首先提出的，是以"图论"（Graph Theory）为基础的定量分析，用来描述某些事物之间的某种特定关系，用点代表事物，用连接两点的线表示相应两个事物间具有这种关系。空间句法是基于几何拓扑学的空间逻辑关系研究理论，通过定量描述聚落空间结构形态，揭示人类社会与空间形态的互动关联。

在传统村落微观空间形态研究中，主要运用空间句法对传统村落空间的连接度、调和平均数深度、整合度、平均深度、总深度、强度、节点数等进行分析，可以探究传统村落在空间形态上的空间整体连接度和整合度，以探究其交通的便捷性和可达性，同时利用中心活动场地的整合度，表明其公共空间的交流场所在传统村落空间中的地位。利用以上要素，可分析传统村落空间布局的特点及各功能的活力，以探究传统村落微观形态上的保护与改造要点。

1）研究对象——湖南省崇木凼村

崇木凼村位于湖南省西南部隆回县境内虎形山乡东南部，这里主要居住着花瑶民族——瑶族独特的一支，并完整地保存了花瑶原生态的生活环境和花瑶民俗文化。因当地村民自古崇拜古树为"神"，有祭祀"树神"的习俗，故取名崇木凼。整个村落赖以依存的自然山水环境真实地保存至今。2012年，崇木凼村入围首批中国传统村落，2013年，崇木凼村入选湖南省第四批历史文化名村。

（1）自然环境

崇木凼村位于湖南省邵阳市隆回县虎形山瑶族乡，东邻新邵县，西连洞口县，南接武冈市，北依溆浦县，距隆回县城145km。

崇木凼内，沟壑纵横，高低悬殊，气候较为复杂，垂直变化显著，具有立体气候的特征。村内森林植被保存完好，生物多样性水平高，属中亚热带常绿阔叶林带，且古树名木数量较多，具有重要的生态、科研、学术和观光游憩价值。

（2）历史人文

隆回"花瑶"是瑶族中古老的一支，因其女子个个着装艳丽如花而被誉为"花瑶"。崇木凼村民于清朝末期定居瑶山，在崇山峻岭中隐居，过着封闭式的农耕狩猎生活，至今有400年的历史。崇木凼村承袭着先祖古朴、纯真、亲和与奔放的民俗、民风，村民们在这里开田、造林、建房、种果，延续着先祖的生存状态和生活方式。

（3）村落风貌

崇木凼村依附于得天独厚的自然山水环境，对外呈现出一种较为封闭的防御式格局，而对内形成了开放且具有向心性的格局。村内中央位置的古树林保存完整，并在其附近的场坪形成了村民聚会活动的开放中心场所。村落各住宅组群以古树林为中心，依山傍水地聚居而成。村落内至今完整保留着传统的木构干栏式、穿斗式屋架建筑157栋，形成了别具特色的花瑶村寨景观。村落建筑组群位于山谷地带或者沿山坡聚居生长，形成了与自然融为一体的有机生长的典型特征，景观节点和广场空间非常明显。

2）崇木凼村空间形态分析

崇木凼村现分为老村组团和承接景区的新建建筑组团（图7-4），空间格局分析主要针对老村进行。运用空间句法的Depthmap软件生成崇木凼村轴线图（图7-5），共生成234根轴线，以南北向轴线为主，东西向轴线为辅。这主要是受到当地的自然环境、地形地貌和河流的影响，崇木凼村形成了以古树林为中心展开的空间格局（图7-6）[8]。

从崇木凼村轴线连接度图（图7-7）来看，由于空间轴线的不同赋值所形成的不同色谱层级显示，整个聚落的结构中心位于古树林北部，是各住宅组团的连接核心[8]。而该村落与外部的主要联系道路位于村落南部的一条南北向轴线上，显示了该村落对外的封闭性和防御性。而整体来说，崇木凼村连接度图中轴线色调以浅色为主，表明该村落整体的连接度不强。

由崇木凼村整合度图（图7-8）可以看出，古树林以北地区空间的整合度值最高，并逐渐向周边地区递减[8]。整合度最高值出现在北部较大住宅组群的连接空间上，说明此处是村域内便捷性最高的地带。而越往村域的边界地带走，整合度越低，表示此类地区的可达

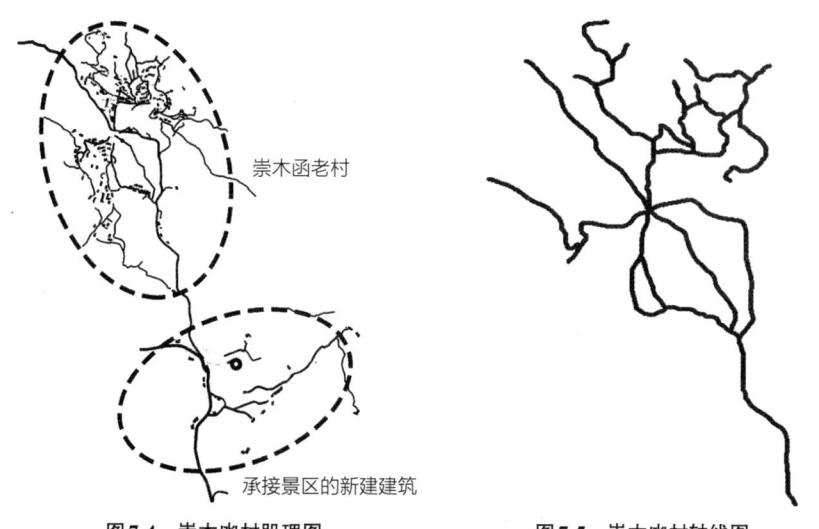

图7-4　崇木凼村肌理图　　　　　图7-5　崇木凼村轴线图

图片来源：改绘自彭茜.基于空间句法的湖南地区农村住宅组群空间形态研究[D].长沙：湖南大学，2015

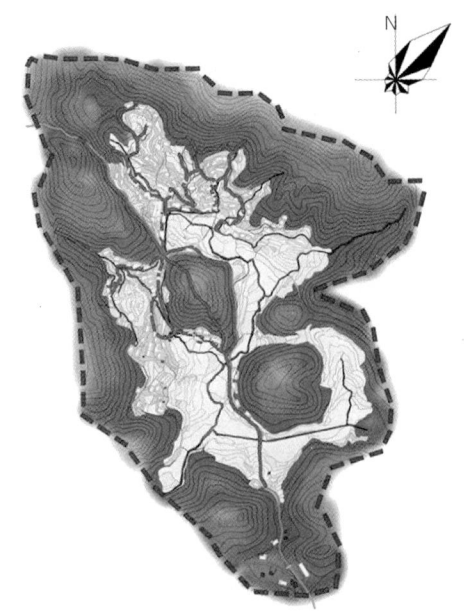

图 7-6 崇木凼村轴线-地形叠图

图片来源：改绘自彭茜.基于空间句法的湖南地区农村住宅组群空间形态研究[D].长沙：湖南大学，2015

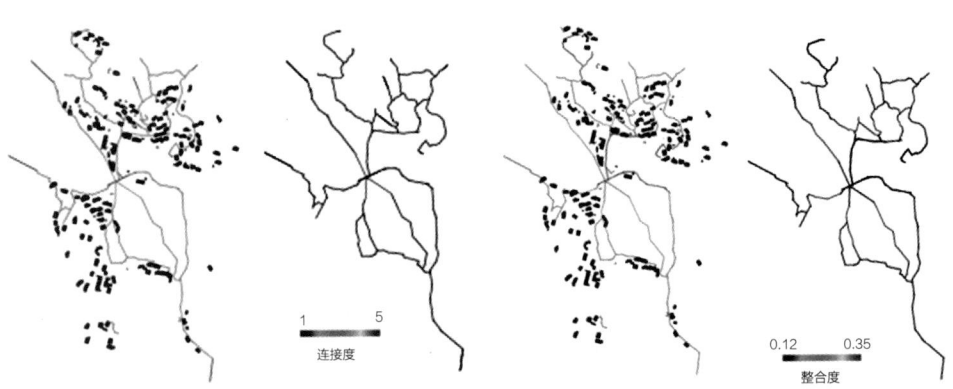

图 7-7 崇木凼村轴线连接度图　　　　**图 7-8 崇木凼村整合度图**

图片来源：彭茜.基于空间句法的湖南地区农村住宅组群空间形态研究[D].长沙：湖南大学，2015

性最低。西南部出现的灰线区域表示该区域住宅组群空间的交通可达性很低，交通便捷性有待提高。

崇木凼村古树林以北是其主要节日"讨僚皈"节举行纪念活动的场地，因此各处散布的组团都与该处相连。这也可以看出传统村落虽然分散而且交通不发达，但其中心活动空间的整合度和便捷性很高。

分析崇木凼村的调和平均数深度（图7-9），北部组群地区的深色系颜色表示该区域的便捷性是相对高的。越往边缘地带走，色系逐渐变为冷色系，表明这些区域的隐蔽性更强[8]。当轴线深度值大于2时，建筑开始呈组团式分布；随深度增加，聚落北部的建筑呈现出较为密集的组群分布形式。而建筑组团的调和平均数深度值向南部逐渐降低，说明该区域的可达性降低。深度值大于4的区域，街巷轴向长度都比较短，表示短而曲折的轴线构成空间更有利于将零散的建筑聚集起来，且该区域内轴线的交叉点相对比较多，空间层次丰富。

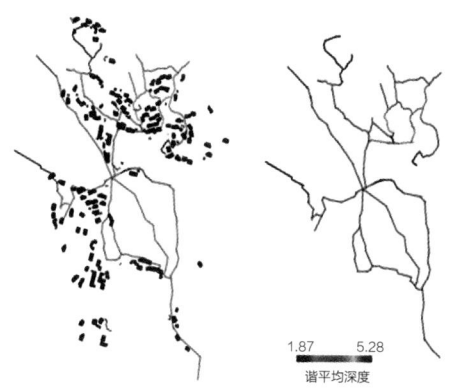

图7-9 崇木凼村调和平均数深度图

图片来源：彭茜.基于空间句法的湖南地区农村住宅组群空间形态研究[D].长沙：湖南大学，2015

3）崇木凼村空间形态特征

结合上述拓扑关系图和崇木凼村的空间句法特征值分析（表7-4），发现崇木凼村的空间核心位置为古树林北部的广场。北部的住宅组群空间的便捷性比较高，而南部住宅组群的便捷性相对较低。结合崇木凼村住宅组群肌理图来看，南部住宅组群也有一定的建筑量分布[8]。因此，该区域的街巷空间交通可达性有待提高。崇木凼村本身是个规模不大的村落，空间布局对外呈现出一定的隐蔽性。从连接值和平均深度的平均值来看，聚落内部空间的可达性和便捷性都不高。两大住宅组群空间大致以古树林为中心向心性分布。而2个住宅组群的生长走势均呈现西北—东南走向，主要受地形地貌的影响。

崇木凼村的空间句法特征值表　　　　　　　　　　　　　　表7-4

特征名称Attribute	最小值	平均值	最大值
连接度 connectivity	1	2.128205	5
调和平均数深度 harmonic mean depth	1.87292	3.193093	5.281441
整合度 intergration	0.129545	0.226758	0.350666
平均深度 mean depth	16.18455	25.88298	42.103
总深度 total depth	3771	6030.735	9810
强度 intensity	0.140466	0.229744	0.328905
节点数 node count	234		

表格来源：彭茜.基于空间句法的湖南地区农村住宅组群空间形态研究[D].长沙：湖南大学，2015

4）崇木凼村空间形态的成因

结合各项调研资料和空间句法的定量性空间形态的分析，我们可以得出崇木凼村的空间形态是一种依赖自然、尊重自然、与自然融为一体的有机生长形态。分析其原因有以下几点：

（1）为了躲避战乱而形成内向型布局

崇木凼村民的祖先为躲避战乱和追杀而迁徙于此，过着"刀耕火种"式的农耕生活。他们利用环绕村落的大山这一保护屏障形成了天然的防御体系。聚落布局具有对外的封闭性。而村落内部山林环绕，具有极强的隐蔽性。独特的历史背景和民族特性决定了崇木凼村住宅组群空间内向型的布局模式特点。

（2）地形地貌致使其分散成两片状布局

崇木凼村地处三面环山的山坳，因此，其主要空间格局就是依山脚的两条冲沟而形成。村落空间布局顺应地形地势和山林环境，在古树林的南北两侧分别形成了一定规模的建筑组团，与自然和谐共生，是聚落空间有机生长的典型。

（3）古树崇拜将两片组团紧密相连

崇木凼村民以花瑶族为主，他们均为膜拜古树的虔诚信徒。千百年来，世世代代继承着"砍树宁肯砍人"的护树传统。位于村落中心的古树林及其北部的广场是村落最大的公共空间，也是村落的精神中心，这个中心将两侧被地形分割的组团紧紧联系在一起，彰显了崇木凼村的深厚信仰。

崇木凼村作为传统村落之一，其空间格局特征一定程度上代表了部分处于偏远位置的内向型村落：空间整体的连接度和整合度不高，表明其交通的便捷性和可达性不高，但是中心活动场地的高整合度表明了其公共空间的交流场所的显著地位。整个村落对内具有较强的聚集力，对外呈现出一种防御性和隐蔽性的特点。

7.2.3 基于空间边界形态的量化方法的形态辨识

浦欣成在《传统乡村聚落二维平面整体形态的量化方法研究》中详细探讨了村落边界形态的量化方法，他将村落边界形态归为团状、带状和指状三大类，后一种是前两种的混合态，故村落平面形态的最基本形式为团状和带状[5]。

运用传统村落空间边界形态的量化方法对湖南省传统村落空间形态格局进行研究，探究传统村落边界形态的类型与典型特征。

7.2.4 传统村落边界形态类型

著名人文地理学家金其铭在《中国农村聚落地理学》一书中将我国传统聚落形态分为集村和散村两大类，其中集村可分为团状、带状、环状三类，散村可分为规则型和不规则型两类[9]。吴勇在《山地城镇空间结构演变》中，将山地城镇形态类型分为团块状布局结构、带状布局结构、放射状布局结构、组团布局结构等四种基本抽象类型[10]。

由于我国暂时缺乏针对湖南省传统村落的形态分类研究，在参考前人研究的基础上重点借鉴金其铭和吴勇的分类标准。一方面，金其铭对于农村聚落形态的分类具有普适性，另一方面，吴勇将山地城市界定为城镇选址并修建于山坡和丘陵的复杂地形之上，城镇各项使用功能是在起伏不平的地形上来组织和形成的，而湖南省大部分传统村落处于山地、丘陵地区。

因此，我们将湖南省传统村落边界形态分为团块状、带状、组团状、散列状、散点状五类，其中团块状、带状和组团状属于集村，散点状和散列状属于散村。对基本抽象类型适当加大约束条件，还原细分为多种相对具象的类型，则具有带状特征的结构形态可分为线形、环形、树枝形等变异形态，组团状可分为线状串联组团、环形组团、星座形组团等。

7.2.5 传统村落边界形态案例

1）集村空间布局类型

（1）团块状空间布局

团块状村落包括集中团块与分散团块两种类型，村落空间多呈片状集中发展。团块状类型布局结构紧凑集中，一般比较规整，村落多分布于地势较平坦、村庄建设受地形限制较小的地区，在平原及初期发展的丘陵或山地地区常见[10]。在此次研究中，湖南省湘西土家族苗族自治州凤凰县舒家塘村是团块状传统村落的典型代表之一。

该村落坐北朝南，背枕双凤山，山势向东西延伸呈半月状环抱城堡，古城堡内的建筑能完好保存至今，与这些军事屯堡的防卫分不开。城堡前是池塘，小溪自东向西穿塘而过。城堡依山而建，北高南低，平面布局合理，主街道为"T"字形，与寨内巷道连接成三横、三纵的街道格局，大小街巷通道网状交叉于村内。村落由主街作为主要发展轴，河道环绕村落，总体发展呈现出沿主街道及河流向外扩展的趋势[11]（图7-10）。

图7-10　舒家塘村空间格局

图片来源：作者自绘

（2）带状空间布局

传统村落空间格局会受地形等高线、河道走向、道路延伸方向等影响形成带状空间布局模式。带状布局的村落往往呈现出狭长的分布特征，通常为带形、环形和树枝形三种。带形村落大多位于地形地貌无水平分割或水平分割不明显的条形谷地、岭脊部位或江河边的丘陵、坡坎等地，多为团块状演化而来[10]。

何家田村位于湖南省新晃侗族自治县方家屯乡，最初形成村落于明代。何家田受河流南北两侧山脉影响，总体呈带状空间布局，但在山脉的阻隔下又形成了何家田组与岩板田组两大组团，其中，何家田组形成了"两山、两溪、一寨，山水、田园、侗乡"的空间格局（图7-11），岩板田组形成了"侗乡、一村、两寨，三山、两溪、一园"的传统村落格局（图7-12）。

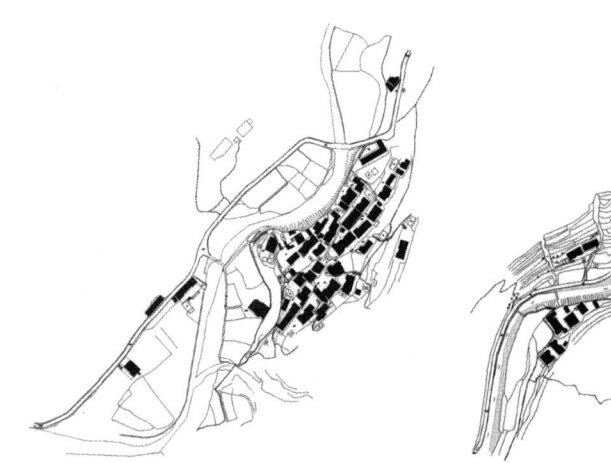
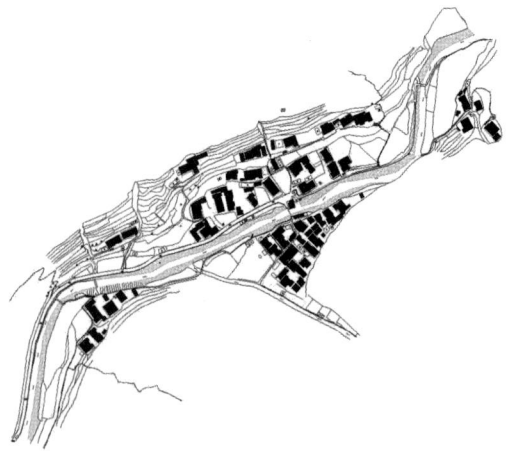

图7-11 何家田组空间格局
图片来源：作者自绘

图7-12 岩板田组空间格局
图片来源：作者自绘

（3）组团状空间布局

组团状是山地地形下常见的布局类型，村落由若干片相互分隔的用地构成，常为多种独立小地形、综合体、复合地形。各组团部分可能是上述的任何一种形态。由于各组团的形态、环境差异较大，因此，组团状空间有利于创造丰富多变的环境。按组团结构的空间表征，可分为线状串联式、环形和星座形三种具象类型[10]。

兰溪村位于湖南省永州市江永县桃川镇，至今保留有明清时代的民居近百栋，形成了别具特色的瑶寨景观。村落依靠天然屏障，形成了山峰环抱、一水绕村的理想聚居的风水宝地（图7-13）。

图7-13 兰溪村空间格局
图片来源：湖南省江永县兰溪瑶族村历史文化名村保护规划

同时，兰溪村为各姓杂居聚落，各姓民居以祠堂为中心展开，街巷分明，形成了以血缘、地缘为关系纽带的聚居形式。整个村落在地形与人文双重因素的作用下形成了由数个组团共同组成的大村落格局，虽历千年，但聚落位置基本不变，内部格局基本保存完好。

2）散村空间布局类型

（1）散列状空间布局

在地形极端复杂的地区，往往受到山地及水系地形的限制，无法大面积集中建设村落，由此，建筑由若干栋组合而成，并呈散列状空间布局，常常形成沿等高线或河流的散列状空间布局模式。此种布局模式的典型案例为湖南省邵阳市绥宁县乐安铺苗族侗族乡的天堂村。

天堂村处于丘陵、山林地带。天堂村有四个传统的吊脚楼建筑群，形似风水中的"左青龙、右白虎、前朱雀、后玄武"。其空间布局完美地体现了中国传统的理想风水观，是一处背山面水、龙脉蜿蜒的风水宝地。东面的天堂村吊脚楼建筑群背依龙宝山，东有半冲溪，西有侗人寨为辅。南面的况家冲吊脚楼建筑群背依凤形山，左邻田地，右依老伍背山，前引况家溪而建。西面的李家湾吊脚楼建筑群背依小塘米，前引天堂界溪而建，东有蛤蟆坡、白虎头，西有天堂界原始次生林为辅。北面的彭家冲吊脚楼建筑群背依观音山，前引洋溪河而建，左、右护山分别为楠竹山和瑶池山（图7-14）。

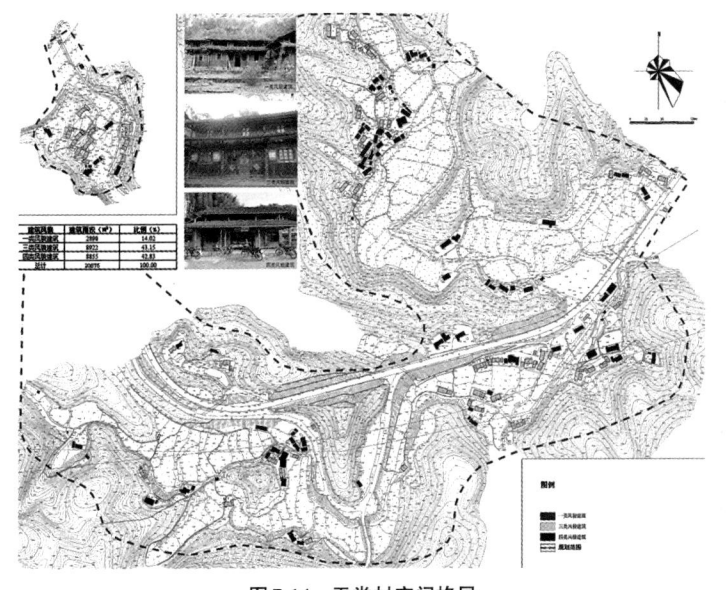

图7-14 天堂村空间格局

图片来源：绥宁县乐安铺苗族侗族乡天堂村传统村落保护发展规划

（2）散点状空间布局

散点状空间布局形式是在地形更为复杂地区，在散列状的基础上，建筑以散点式（多为一栋或几栋建筑）散落于村落空间内，建筑之间缺少明显的联系且缺乏明确的空间感，空间路网及格局缺少一定的联系，村落分布面积往往较大。

崇木凼村位于湖南省西南部隆回县境内虎形山乡东南部，是散点式布局的散村代表。崇木凼村位于隆回县西北部地势最高地带，海拔高度在500~1600m之间。村内山峦起伏、沟壑纵横、高低悬殊、地貌多样，极其复杂的地形使得村落难以获得平坦的建设用地，村落整体分布范围较大，南部村落建筑多以单栋及多栋形式散点状分布，且南部村落在空间上与北部村落距离较远。此外，北部村落虽较为集中，但村落整体形态极不规则，建筑彼此之间缺少联系，空间较为分散（图7-15）。

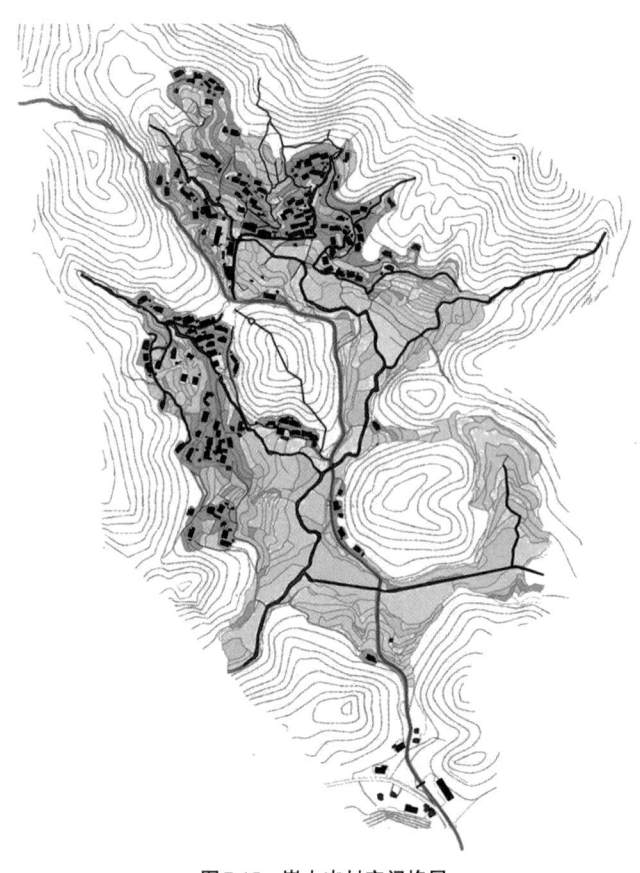

图7-15 崇木凼村空间格局

图片来源：作者自绘

7.3 传统村落空间价值评估体系

村落空间格局研究的重要内容之一是对传统村落空间格局保护和利用价值进行研究，判定该传统村落的当前状况与发展潜力、历史文化价值，为传统村落的保护与开发提供科学依据[12]。

7.3.1 传统村落空间格局的价值

1）历史价值

传统村落空间格局的历史价值是指将传统村落作为一个整体单元，将村落内的历史文化遗存作为过去某一重要事件、与重要人物密切相关以及某一个重要发展阶段的物证。

2）文化价值

传统村落是不同地域乡土文化的载体，不同区域都形成了自己独特的文化，传统村落就成了一个独特的载体，这些非物质要素所构成的文化都在其空间格局中体现和留存。

3）科学价值

在经济、地理、自然等因素的交错作用下，传统村落空间格局在漫长的形成发展过程中产生了一种别致有序的景观。

4）艺术价值

传统村落的空间布局艺术成就非常惊人，在传统村落的空间格局中，往往应用了古人智慧的风水观与山水观，村落选址与建造布局均暗合一定的天地人文观念，在空间艺术上集古人规划理念之大成。

5）旅游价值

村落最明显的特征就是提供居民生产生活的空间，村落的空间布局成为整个旅游活动的重要载体，是游客旅游体验、休闲娱乐的重要基础。

6）开发利用价值

保护和开发利用是一项涉及经济、社会、文化等诸多领域的系统工程，传统村落空间格局会受到诸多外部客观条件的影响和制约。

7.3.2 评估方法筛选与评估步骤

价值评价的过程中形成了五种主要的技术方法：层次分析法、量化评估法、质化评价法、综合分析法、专家咨询法。将传统村落空间格局价值分为若干层次，构成传统村落空间价值评价的模型树，即把传统村落空间格局价值分解为历史价值、文化价值、科学价值、艺术价值、旅游价值和开发利用价值，并对这些评价项目继续进行分层，建立传统村落空间格局价值评价体系。采用质化评价法选取各层评价因子，并利用量化评价法确定各自的权重及评分标准，在评价指标体系的实际运用中，建立传统村落空间格局价值评价模型。

7.3.3 评估指标确定与权重分析

1）评估指标确定

基于前文所总结的传统村落空间格局的概念及价值，通过研究中国传统村落空间格局价值评价体系相关案例，结合中国传统村落调研的材料分析，选取传统村落空间格局的6个价值作为评价项目，并对这些评价项目继续进行分层，通过评价指标对传统村落空间格局的价值进行评价[12]。

2）评估权重分析

评估权重的分析，采用专家意见法对各因子进行权重赋值。向城乡规划学、建筑学、历史学、生态学及考古学等领域的专家、学者发放咨询问卷，且进行有效回收。选取不同行业的专家、学者，根据其自身的知识架构和实践经验对各评价因子所占权重做出经验判断，并据此建立评分矩阵，进而得出各评价因子所占权重。权重的赋值按照分层原则进行，每项主因子的次因子作为一个整体分别赋值，总分100分。

7.3.4 传统村落空间价值评估模型

建立传统村落空间格局价值评价指标体系层次结构模型，共3层结构，6个评价项目、21个评价指标（表7-5）。

传统村落空间格局价值评估模型　　　　　表 7-5

评价项目	评价指标	分值标准及释义	满分
历史价值（15分）	年代久远程度	通过对传统村落的资料分析发现，传统村落所保留的建筑的年代久远程度相差较多。基于木结构不易保存的特性，元代以前的建筑比较少，明、清、民国时期的建筑比较丰富。一般来说，传统村落建筑的珍稀程度随建造年代的变化而变化，年代越久，价值越高	4
	重大历史事件或人物	传统村落的历史文化价值还体现在与重大历史事件或历史名人的关联程度上，与其关联程度越高，历史文化价值越高。另外，名人故居的存在也可作为评价的参考依据	4
	历史环境要素	历史环境要素是村落空间格局的基本表现单元，河道、商业街、楼阁、城门、码头、古树、景观小品及其他历史环境要素，以自身的存在阐述着村落空间的发展与变化，也是传统村落空间格局保护的基本要素	7
文化价值（5分）	非物质文化遗产保护传承程度	非物质文化反映村落的历史文化积淀，与有形的物质文化一起构筑了传统村落价值。在评价指标体系中，传承时间、传承活动规模和传承人指标均有设置，由于文化是"活态"的，不能自我保存，必须以人作为载体进行传承。对于此项指标，可以采用活动规模、时间和传承人等综合反映非物质文化遗产的保护传承程度	5
艺术价值（18分）	与自然适应程度	评价传统村落与自然的适应程度，评价村落的建造和布局是否与当地的自然环境相适应	5
	建筑艺术精美程度	按村落历史建筑及细部的特色进行评分，包括建筑细部、建筑材料、建筑风格	2
	地方布局特色	村落的选址和建筑布局是否体现了传统的风水观或防卫观念，是否具有浓烈的地方特色	7
	景观奇特程度	主要是指其在村落的物质空间、文化空间和社会空间上区别于其他村落的特色。和其他村落差异越大，其价值越突出	4
科学价值（41分）	传统街巷格局保存现状	街巷空间是决定村落风貌的主要因素，在现行评价指标和预警指标中，都对传统的街巷空间较为重视。本指标体现了街巷结构的完整性，在历史街巷数量基本无变化的情况下，街巷总长度的变化也在一定程度上反映了街巷连续性的保持程度，通过两者的综合数据分析，判断传统街巷格局的完好度	9
	传统村落空间形态现状	保护范围内保存完整的历史街巷和广场数量、历史街巷总长度等可以反映传统村落空间的保存完好度。保存完整既是街巷和广场尺度比例基本无变化，又包括了街巷空间的连续性。当传统村落的历史街巷数量保持在一定程度时，才能保持整个街巷结构的完整性	10
	公共空间保存现状	在传统村落中，公共节点空间如公共活动场地、院坝等空间是传统村落的活力所在，也是整体空间格局的重要构成部分，因此，必须避免节点空间被破坏或打断，保证整体风貌的完整性	6
	传统建筑保存质量现状	本指标反映传统村落中传统建筑的保存状况。要保持传统村落风貌的完整性，作为核心组成部分的传统建筑必须要保证有一定的规模，才能形成一种传统的环境氛围，营造出传统村落的氛围，给人以回归的感受。如果这项指标变化过大，将会直接影响传统村落整体风貌的保持	6
	传统建筑保存风貌现状	传统建筑的风貌不断发生变化，原因风貌文化遗产遭到破坏。传统建筑因年代久远而损毁，部分甚至已经消失、变样，建筑外墙被大面积破坏，甚至只剩遗址	4

续表

评价项目	评价指标	分值标准及释义	满分
科学价值（41分）	新增建筑项目状况	本指标旨在控制传统村落内整体风貌的和谐度。随着农村生活条件的不断改善，居民有意提高自己的居住环境水平，然而，传统建筑的居住环境大多都是面积较小，过于拥挤的，给居民的生活带来不便。新建建筑的出现如果没有经过合理的设计与规划，往往会与传统村落的形态和风貌不协调，而这种情况的出现是非常不可逆的	4
	教育价值	关于传统村落空间的科研价值，我们用其文物保护单位的级别来进行评价	2
开发利用价值（11分）	区位条件	主要是指其所处的地理位置和可达性以及与周边村落的互补或竞合关系。传统村落彼此间的资源互补或竞合使传统村落之间可以互相提升自身价值，而互为替代的传统村落之间则容易引起竞争	5
	村落原住居民现状	指标反映了历史文化村镇保护区生活延续性的保持程度。在改善居住环境的要求和改造资金缺乏这一矛盾下，当地居民往往选择外迁，导致传统村落的生活气息日渐淡薄，保护主体的缺位使得无人居住的老房屋年久失修的情况开始出现，因此，保证原住民的数量、比例，对村镇外部空间的保护有很大作用。传统村落保护范围内本地居民占全部人口的比例也反映了本地居民与外来经商务工人员的比例关系。当外来人口增多时，势必会租用本地居民的房屋，而随着保护主体的转换，由于租房者的保护意识较弱，传统村落的保护工作就很难到位	3
	人居环境现状	人居环境的改善主要从基础设施、公共服务设施等方面入手，因此，可以通过调研和分析基础设施的普及状况反映出来	3
旅游价值（10分）	资源的丰富程度	对村落资源的丰富程度进行分级	4
	村落旅游发展现状	本指标反映的是传统村落的旅游开发程度和游客饱和程度。随着传统村落的评价与认定，旅游业的发展也迎来了新的契机，处于旅游开发初期的村落的年度游客增长率往往大于开发成熟的村落，保持适度的人均占地面积，占路长度维持在一定水平，对长远的旅游开发将起到积极的促进作用	2
	旅游地的环境容量	环境容量是指在保证村落可持续发展的条件下，传统村落的空间规模能连续维持利用的最高水平	4

表格来源：董文静.重庆地区传统村落空间格局动态监测指标体系研究[D].重庆：重庆大学，2015

7.4 传统村落空间格局适应性

传统村落常常是一定地区和一定类型与特色文化的空间实物载体，代表着一定地区的居住者的思想文化、地区的社会经济条件等，但是传统村落的空间格局适应传统生活空间，形成了较为狭小的道路系统、散乱的公共空间等，与现代社会生活的需求有一定差距。这需要在当前的社会发展中逐步通过规划设计改造手段使得传统村落空间格局适应新时代的要求，改善传统村落居民生活空间。

传统村落空间格局适应性研究是为了促进传统村落空间格局保留传统特色，总结归纳传统村落在空间布局方式上的经验，进而提出保护和利用传统村落空间格局的具体方案和策略，以达到传统村落空间格局的适应性需求[12]。

7.4.1 空间格局布局的借鉴作用

1）用地格局借鉴

（1）顺应自然，顺应地势

许多传统村落在选址和营建中，尽量利用自然环境和自然水系脉络特点，依山就势，沿水而居，谋求与环境的融合协调，体现出了一种人地和谐的整体空间观。

传统村落空间布局的五种类型，无论是集村还是散村，所共有的最大特点之一便是顺应自然，顺应地势。在传统村落布局中，通常选取地势较为平坦的地方选址建村，减少对原有山地的开挖及修整，同时，村落多依托于河流水系，形成自然与村落的和谐共存。

（2）讲求人文，利用山水

受中国传统风水学、儒释道各家思想的影响，中国传统村落的选址与布局通常十分重视风水观念及山水格局，在布局上讲究天人合一的空间模式，多数村落均具有一定的风水观，通常在山水围合形成的冲积地块选址建村，既符合背山面水的风水观，又契合"高毋近旱而水用足，低毋近水而沟防省"的规划观。

（3）独具特色，一村一品

传统村落往往是村落聚居者的宗教信仰、道德观念、思想意识与地形地貌、山水田园的结合，体现着居住者与建造者的生活理念，因此，传统村落在建设布局及建筑设计上往往极具地方特色与民族特色，很难找到两个一模一样的村落格局与建设营造形式，这与当下城市规划与建设中千城一面的现象形成了巨大反差。

（4）重视环境，天人合一

环境容量是指区域环境可容许的生态扩张限度，是人对一定范围内山水承载能力的认识，是山水文化的体现。我国古代尊崇"不孝有三，无后为大"，认为没有子孙后代是最为不孝的事。因此，在村落选址上往往会考虑环境容量，为子孙后代的发展考虑。两千年前我国古人就认识到在一定的环境中，人口过多或无限增长可能会带来弊病，主张聚落规模应与土地和自然环境平衡。

这种生态平衡，互相制约的发展方式也保证了多数传统村落能够延续百年甚至千年，保留了村落原生格局与空间形态。

2）道路格局借鉴

传统村落道路格局是传统村落的骨架，也是传统村落空间布局的一大特色，与现代规划设计中通常采用的大路面，追求平直道路的设计手法不同，传统村落道路布局顺应自然地势，较少改变原有自然环境。

传统村落内部道路尺度及布局的形成受到居民出行及生活习惯的影响，其尺度是以马车、手推车、人行等为依据而形成的，道路宽窄适应生活空间需求，等级适合村庄交通通行。此外，传统村落道路系统功能多样，可以满足村落居民生活的各项需求，如交通功能、生活功能、排水功能、通风功能等。

在当前的村落及保护规划中，应结合现有道路分级系统引导传统村落道路格局规划，梳理各级路网，利用现有路网完善传统村落中的交通性干道与生活性支路，此外，道路系统应当延续原有道路空间格局，保护村落原有道路空间，在不改变、不破坏村落整体风貌及形态的前提下适当扩宽现有路面，适应现代生活。同时，可在原有道路上铺装相似材质的材料，进行路面硬化，改善居民出行条件。

3）公共空间格局借鉴

村落是以村民的生产生活为主体而世代繁衍发展的，在长期的发展中，在当地的自然条件、历史文脉、社会经济等多种因素的综合作用下，形成了独一无二的公共空间形态。因此，村落发展离不开村民们的生产生活。在传统村落中，公共空间往往是村民集会、交流或劳作的空间，也是村落邻里关系提升、邻里交往的空间。但在传统村落中，交往空间往往是基于村民活动而自动形成的，呈现出一定的自发性，同时缺少明确的边界，与周边村落空间的融合度很高。村落中的广场、街巷空间以及村落周边的山林、水源、田地等为村民的各类活动提供了场所，形成了自然的公共空间，如村民世代耕作的田地，每天取水的山泉、古井，村落中间或村口的一棵古树等，这些原生态的公共空间满足了村民交往的需求，同时避免了现代规划手法中过度割裂的公共空间，实现了公共空间与居住空间的融合。

由此可见，对村落的保护也是对与村民生产生活息息相关的公共空间的保护，反之，公共空间的有效利用与活力提升，也为村落文化传承与发展增添了活力。

在传统村落规划中，应当重视村落公共空间的重塑，尊重原有公共空间形态及文化，在原有公共空间的基础上进行空间优化、边界界定，最大程度保留传统村落古朴醇厚的特点与韵味，保留原住居民的生活习惯和交往空间，塑造能契合当地村民公共生活需求、反映村落地域文化特色的公共空间。通过传统村落公共空间的优化改善村落物质环境、传承村落历史文脉、丰富村民公共生活、重塑村民的文化认同感和归属感。

4）景观格局借鉴

传统村落景观是人们生活智慧的结晶，它完美融合了人类文化和自然环境，是具有经济、历史、文化等属性的景观综合体。传统村落景观由自然景观与人文景观组成。因地理位置的差异，乡村可分为山地型、平原型、山麓河谷型，因而产生不同类型的村落景观。地形地貌形成了乡村景观的基本空间特征，对于村镇聚落景观的影响十分明显。中国传统村落的选址和民居的建设都是与自然的地形地貌有机融合，互相因借、互相衬托的，地理特征突出，景观风貌丰富多样。并且即使同一个地域的单体建筑形式也大同小异，与特定的地形地貌相结合，便形成了各式各样、千姿百态的建筑群，极大丰富了村镇聚落整体的景观变化。

传统村落的景观在规划布局时应当注重保留其"可识别性"与"可印象性"，保护传统村落的景观特色，例如江南景观"青石板、石拱桥、小桥流水、街桥廊井、菱虾荷鱼、词酒书茗"留给世人的印象性与识别性。在规划布局时应将传统村落的文化、地形、原有空间相结合，使村落的景观系统独具特色。

此外，传统村落的景观格局为现代景观规划提供了许多借鉴，其景观系统取材自然而又融于自然的原生态特征，景观与自然共生的理念，顺势而为、依山就水的景观营造手法都是在现代规划设计及传统村落景观保护与规划中需要着重考虑的因素。

5）建筑组合格局借鉴

传统村落的形成往往呈现出单姓聚居或多姓聚居的形式，不同的聚居形式形成不同的建筑组合空间，进而影响传统村落的空间格局。

单姓聚居村落往往表现出强烈的聚集性和秩序性。在单姓聚居村落中常有宗祠这样一种方位和精神方面的中心，表现出很强的内聚性，村落成员生活与劳作都在一个中心明确的地域范围内进行。此外，在单姓聚居的传统村落中，具有一定地位的成员所居屋舍的规制会被纳入既定的秩序中，进而形成极具序列感与空间感的建筑组合格局与空间格局。

多姓聚居的村落多因地缘关系形成聚居，分为单姓强势型和多姓势均力敌型。村落内各姓往往分散聚集，单姓的居民建筑往往聚集布局，其内部也相应产生宗族组织的某些特征，但这种宗族性在整个地缘型村落中已不再具有统领整个村落的权威作用。多姓村落大多不似单姓聚居村落那样，其布局结构基本上不再有与宗法社会意识同构的层级结构。大多数村落都选择相对平坦的地方定居，村内道路平直，街巷规整，这样的布局有利于形成特定的居住社群、邻里、街坊和村落。由于宗族组织的弱化，村落布局不再按照以祠堂作为中心的团块方式进行。或者，村落中的其他公共建筑取代了祠堂的地位而成为中心场所，比如社屋晒场、各类庙宇、戏台等，但这些中心场所并不构成对于住宅的控制作用。

在传统村落规划中，应当重视传统村落的宗族文化、姓氏差别，在建筑布局上要考虑传统村落原有建筑空间格局的影响因素及考虑要点，将传统建筑空间组合的文化内涵与特征融入新的规划中，满足村民对自身固有文化的认同。在建筑设计上要保留传统建筑的特点，将传统建筑文化与特色要点融入新的建筑设计，控制建筑风貌，避免出现过于突兀与不相融合的建筑风格。

7.4.2 空间格局保护及利用策略

1）保持传统空间形态，完善原有功能的模式

适用于村落空间格局保存完整，历史遗存丰富，真实性价值高的村落，要保护原有街区或传统村落的格局、轮廓线。对于传统街巷中的建筑形式、特点、体量、色彩、建筑比例要保持原有风格不变，同时，要注意保护村落视域的完整性。而对于村落中不能满足现代生活要求的设施应进行完善，规划以环境质量改善和功能整合为主，对于质量不高的历史建筑以修缮为主。

2）保持传统空间形态，局部功能更新的模式

适用于村落空间格局保存完整，历史遗存丰富，真实性价值高但是发展受限，历史建筑质量普遍不高的村落，应保护其村落的传统空间格局，对村落的功能进行调整，进行现代化基础设施的建设，改变其原有功能，对居住功能进行变更，如将沿街巷的民居改建为商业用房，一些特别具有历史意义的建筑改建为博物馆、民俗馆等，增强村落的活力，对质量不高的历史建筑可以拆除[12]。

3）保持传统空间形态，内部功能置换的模式

适用于村落空间格局保存比较完整，历史遗存较少，发展受限的村落，新建建筑应遵循村落的传统格局，依照村落原有的肌理进行规划，以具有可持续发展条件的产业对限制村落发展的产业进行功能置换。

4）延续传统空间形态，重塑内部功能的模式

对于新建村落也要以传统村落的空间肌理、院落组合形式以及尺度关系等为依据进行规划设计，营造以新建筑为主但具有传统氛围、布局完整的村落。新建村落应当对传统村落的自然历史文化遗存的典范进行保护和利用，对传统乡建元素坚持批判继承，而不是简单低级的模仿，现代建筑元素和技术的引进一定要本着适应地方的原则，不盲目推崇，同时也要满足乡村社会生活和人的需求。

7.4.3 传统村落空间格局保护方法分析

关于传统村落空间格局保护，选取湖南大学建筑设计院所完成的崇木凼村传统村落保护规划作为研究案例。在崇木凼村的规划中，调研了该村落的特色文化，保护了原有空间格局及建筑组合形式，完善、优化了村落景观系统与公共空间格局，改进了村落现有道路交通结构与系统，改善了村民出行条件。

为保护前文所述崇木凼村空间格局，确定了保护历史环境，保护地域特色，保护发展中的合理利用、永续利用三大开发保护原则，保护和传承自然、历史文化资源，保护和恢复自然人文特色、生态环境和历史文化环境。充分挖掘其文化内涵，使其成为展示花瑶历史文化、聚落文化与传统民俗风情的传统村落。

在规划中确立了保护与发展总体框架，建立了自然风貌、传统村落、聚居区域传统建筑三个保护层次，对村落内文化遗产和非物质文化遗产提出了原则性保护要求，以控制村落新建建筑高度及建筑风貌，保证村落传统格局不受破坏。

1）保护范围划定

（1）核心保护区

将大部分有保护价值的传统风貌建筑群集中连片划入核心保护区，以保护聚落本体环境为主。按照建筑基址向外延伸20m划定，具体区划边界以《村落保护区划图》为准，约19.31hm^2。

保护内容：古树林东北面的瑶寨、古树林、对歌岗等。

（2）建设控制地带

以控制周边区域新农村建设为主，主要包括聚居区周边既有及规划未来村落发展建设用地和农田。保护聚落所依附的自然生态环境，即沿聚居地及周边农田、道路等，向外延伸50m划定。具体区划边界以《村落保护区划图》为准，区域面积约76.52hm^2。

范围：村落内农田、古树林西面的瑶寨、古树林东南面的两座山体、已建设的游客服务中心地块。

（3）风貌协调区

以保护聚居地所依附的自然山水格局为主的生态环境，包括山体覆绿情况，水体和水体的污染控制及保护以及后续建设过程中一切环境影响因素。具体区划边界以《村落保护区划图》为准（图7-16、图7-17），面积共计约84.02hm^2。

范围：建设控制地带以外的范围。

2）土地利用规划

根据保护与发展并行的原则，通过对土地使用的合理调整，更好地保护与塑造具有花瑶特色的村落风貌，发展文化及旅游事业，改善居民生活环境。规划遵照科学、合理、可操作相结合的原则，完善各项设施配套，做到村落内新旧功能互补，调整完善村落的空间布局，注入活力，恢复村落原有传统风貌。

规划在原有用地上根据划定的保护范围进行用地布局，将用地类型分为居住用地，商业用地，政务、学校、卫生站综合用地，节庆活动广场，游客服务中心用地（包含停车场），耕地，林地，未来安置发展用地，道路，水域等。合理调整村落内各种用地的利用，以达到生态、社会、经济的和谐发展。

图7-16 规划前建筑分布图

图片来源：湖南省隆回县虎形山崇木凼景区控制性详细规划

3）道路交通规划

分析村落现状道路交通空间布局的问题，探究村落内部交通需求及村落发展旅游接待业务所需求的道路交通空间及容量，修复现有道路系统，运用整体性、便捷性、用地节约性原则，促进交通与整个村落相配套、相衔接，将之融于整个村落的游览交通体系之中；方便村民入户，提供便利、快捷的交通路线及到达方式，尽量不设断头路，免走回头路；布局合理的道路密度，宽度适度，避免过大铺装、过宽道路，造成对自然环境、生态资源的浪费，聚居区内道路均采用碎石路面，部分硬化，保证居民出行的同时，还原生态环境空间。

4）建筑保护要求

核心保护区内，所有建筑本身与环境均要按《文物保护法》的要求进行保护，不允许随意改变原有状况、面貌及环境。如需进行必要的修缮，必须按《文物保护法》的规定原样修复，并严格按审核手续进行。该区域内现有的影响原有风貌的建筑物、构筑物必须坚决拆除，且保证满足消防要求。

建设控制地带内，建筑物总高度应控制在3层以下，凡保留的传统民居建筑应加强维修，无须保护的建筑应逐步拆除，新建建筑应采取当地传统的全木构建筑风格，建构筑物外饰应鼓励使用生态环保材料，不宜使用瓷砖饰面，建筑色彩强调与青山碧水的生态环境相互统一，相互协调。

风貌协调区内，其建筑内容应根据文物保护要求进行建设，体量宜小不宜大，最大建筑总高度应控制在3层以下。

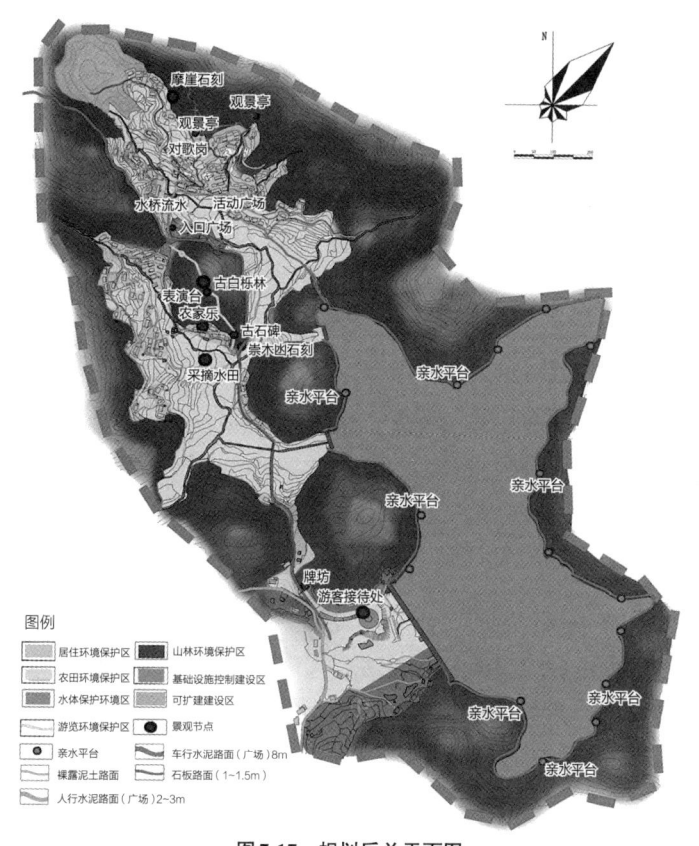

图7-17 规划后总平面图

图片来源：湖南省隆回县虎形山崇木凼景区控制性详细规划

参考文献

[1] 段进.城镇空间解析：太湖流域古镇空间结构与形态[M].北京：中国建筑工业出版社，2002.

[2] 何峰.湘南汉族传统村落空间形态演变机制与适应性研究[D].长沙：湖南大学，2012.

[3] 焦胜，郑志明，徐峰，等.传统村落分布的"边缘化"特征：以湖南省为例[J].地理研究，2016(08)：1525-1534.

[4] 张晓瑞，程志刚，白艳.空间句法研究进展与展望[J].地理与地理信息科学，2014，30(3)：82-87.

[5] 浦欣成.传统乡村聚落二维平面整体形态的量化方法研究[D].杭州：浙江大学，2012.

[6] 李伯华，尹莎，刘沛林，等.湖南省传统村落空间分布特征及影响因素分析[J].经济地理，2015(2)：189-194.

[7] 苑思楠.城市街道网络空间形态定量分析[D].天津：天津大学，2012.

[8] 彭茜.基于空间句法的湖南地区农村住宅组群空间形态研究[D].长沙：湖南大学，2015.

[9] 金其铭.中国农村聚落地理学[M].南京：江苏科学技术出版社，1989.

[10] 吴勇.山地城镇空间结构演变研究[D].重庆：重庆大学，2012.

[11] 罗艳波.湘西古村落景观形态保护与更新策略研究[D].长沙：湖南大学，2016.

[12] 董文静.重庆地区传统村落空间格局动态监测指标体系研究[D].重庆：重庆大学，2015.

第8章

传统村落建筑风貌

8.1 传统村落街巷空间

传统村落是人类发展历史文化中重要的物质和精神载体，除各类具有典型代表性的文化价值丰厚的古建筑外，街巷空间也承载着丰富的历史文化信息。后人对于村落历史风貌的整体感知，总是在街巷中的行走及活动中获得。因此，对于街巷空间的保护，也是传统村落建筑风貌保护的重要组成部分。

伴随着封闭里坊制的瓦解，城市中的街巷开始生长。其中，街与巷又有所区别——街相对于巷更具公共性，巷则更大程度上描绘了邻里生活的场景。

因为外部空间体系的形成有一定的自发性、随机性和不确定性等特性，传统村落中的街巷空间形态亦呈现出自由多样的特征，构成了村落独特的魅力，具有现代城市街巷所缺乏的人文内涵和风土特质。

现代化进程的推进使绝大部分地区的经济基础、生活模式、交通方式、生产类型发生巨变，对传统村落缓慢而稳定的生长模式造成了冲击，同时造成了街巷空间与交通流量需求、基础设施配置及村民生活环境的优化之间的矛盾。寻求矛盾所在，平衡传统村落的现代化发展与地域特色之间的关系，必能在充分保持街巷活力的同时创造出与时代合拍的街巷空间。

8.1.1 传统村落街巷空间生成要素

因特殊的地理、历史环境而形成的地域文化多样性，孕育并保存了一批具有不同形态结构、空间模式的传统村落，呈现为传统村落空间结构和民族文化上的差异，而任何空间形态体系的产生和发展都离不开主观与客观两方面的因素：当客观的自然环境因素起决定作用时，街巷空间形成不规则的有机增长型路网；当主观的社会人文环境因素占优势时，形成规整型路网；当两种因素共同起作用时，形成介于二者之间的综合型路网。

1）自然环境

（1）山体

不同的山体坡度和不同区域的山体地貌构成了千姿百态的山地地形。靠山的传统村落多选址于带状缓坡，道路网多呈树枝状（图8-1），主干道多与所处区域的等高线平行以利于行车。巷道与等高线保持基本垂直关系时，多处理成台阶，两侧建筑相应地做分台处理，极富防御性（图8-2）。

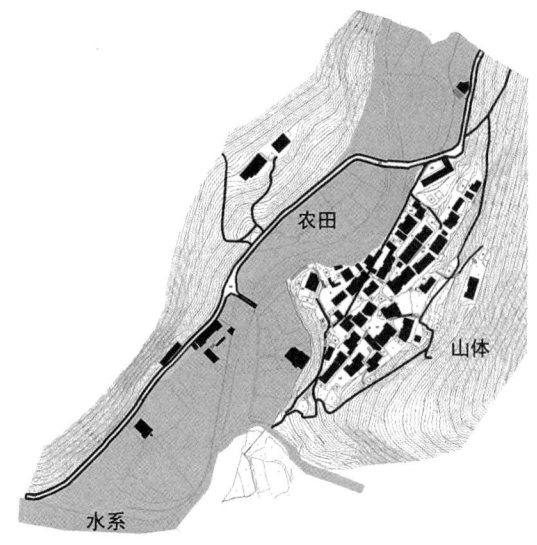

图8-1　何家田村街巷与山体关系图

图片来源：作者自绘

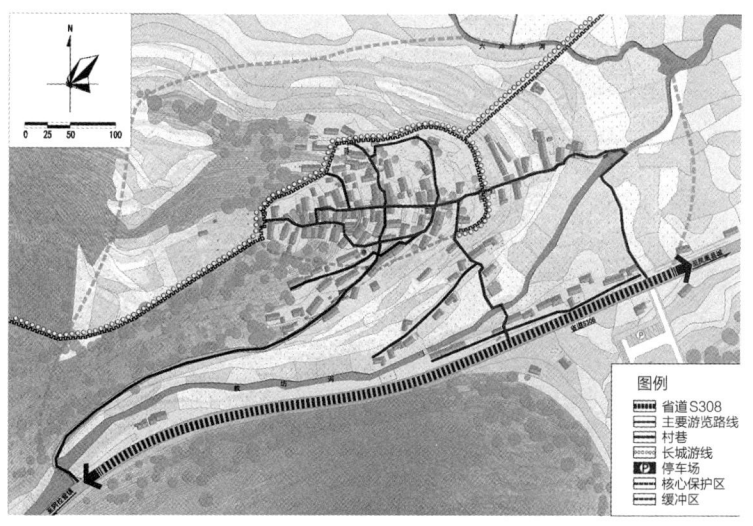

图8-2　拉毫村山体与街巷关系示意图

图片来源：湖南省湘西土家族苗族自治州凤凰县都里乡拉毫村传统村落保护发展规划

（2）水系

河水的冲积带来了农业发展的可能性，绝大部分传统村落受自然因素影响逐水而居，以解决生产、生活、防御、防火的问题。受到不同地貌的影响，有些村落夹河而建，呈带状分布（图8-3）；有些村落位于河道的交叉处，呈"十"字或"丁"字形布局（图8-4）；有些村落位于河道的尽端，呈"U"形布局；有些则布置在河道转弯围合出的区域内（图8-5）；还有的村落在岛上，四面环水，呈现出比较松散的状态。

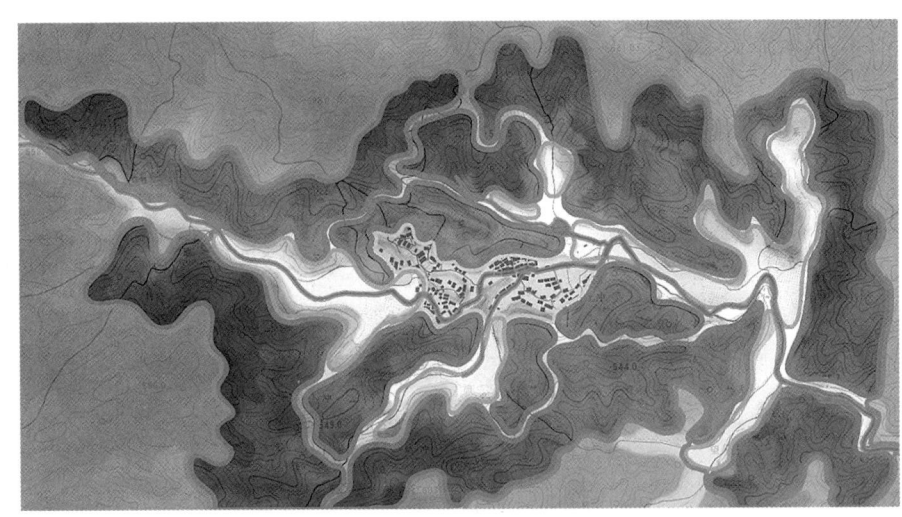

图8-3 芋头村

图片来源：湖南省通道县芋头村传统村落档案

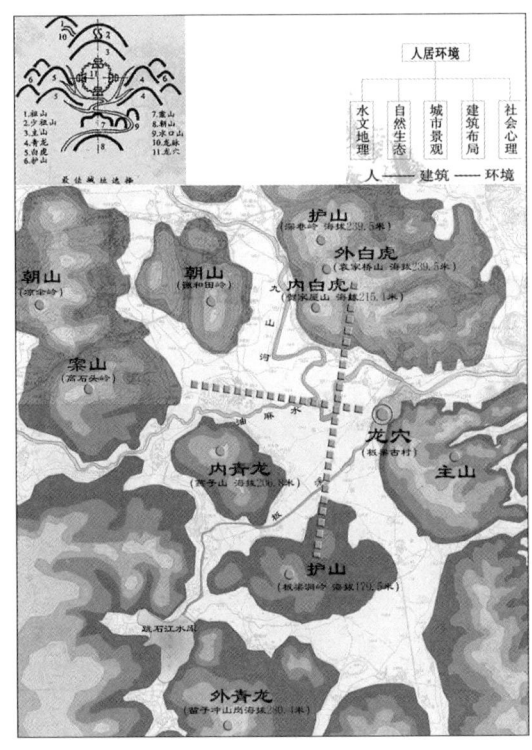

图8-4 板梁村

图片来源：湖南省永兴县板梁村传统村落保护发展规划

（3）气候

独特的地方气候对街巷空间形态的影响表现在街巷空间对当地气候的适应性上。南、北方在村落肌理、街巷空间形态上有显著的区别，有一部分是气候不同所造成的。例如南方低纬度地区夏季酷热、多雨、日照强，冬季阴天少阳光，建筑之间力求靠拢以借助建筑的阴影区来遮挡烈日暴晒，在这里，建筑实体与街巷院落空间之间的比例关系相对狭窄，如"天下

图 8-5 豪侠坪村
图片来源：麻阳县豪侠坪村传统村落保护发展规划

第一村"张谷英村的街巷四通八达，素有"晴不曝日、雨不湿鞋"之现象（图 8-6）；华北、东北地区为了获得尽可能多的日照而将建筑物之间的距离拉大的做法通常会形成大尺度的街巷空间。

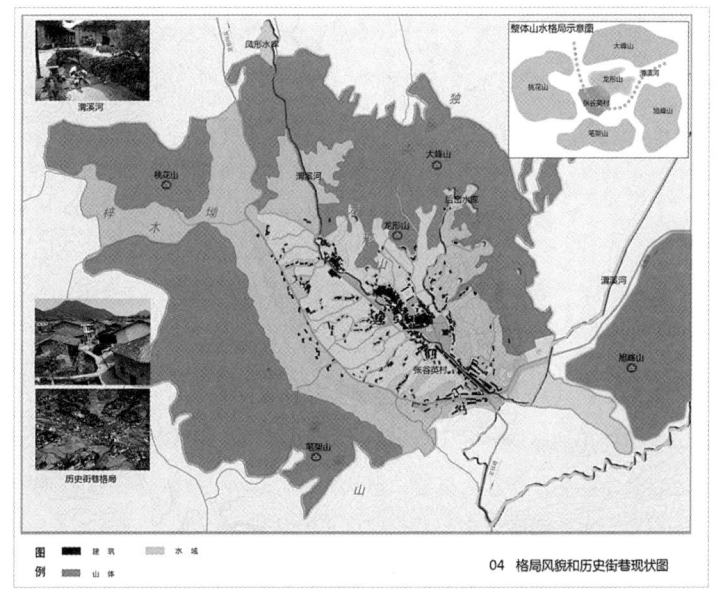

图 8-6 张谷英村
图片来源：湖南省岳阳县张谷英村传统村落保护发展规划

(4)地形地貌

从全国八大分区来看,全国范围内的传统村落空间分布呈现出"由西南、东南向东北、西北"减少的特征。西南地区传统村落分布最为集中,有733个,占全国传统村落的47%;而东北地区分布最少,仅有5个,占全国传统村落的0.3%。

2)社会人文环境

(1)礼制

在礼制思想的影响下,产生了规整的方格网街巷体系。

(2)审美观念

在曲径通幽的审美价值取向和安全防卫需求的影响下,形成了传统村落曲折迂回的街巷体系。

(3)宗教伦理

宗法等级制度作为一种封建伦理道德观念,主要体现在传统民居的形式上,如社屋的布置常常遵循"左祖右社"的礼制思想,而民居则在纵向上串联形成多"进"院落,越往后私密性越强,使建筑外缘形成的巷道围合感强,给人以"窄巷深弄"的空间感受。

(4)风水观念

风水学把"世界万物都蕴含着阴阳两种相反又能相互转换而存在的气"这种模式概括为"背靠山脉为屏,左右砂石秀色可餐,前置案山呼应相随,天心十道穴位均衡,正面临水环抱多情,南向而立富贵大吉"。传统村落选址多依山面水,负阴抱阳,村前有池塘、村后有山林,本身就构成了一个小的人工生态系统(图8-7)。同时,村落建设体现了与自然和谐统一的"天人合一"思想(图8-8)。

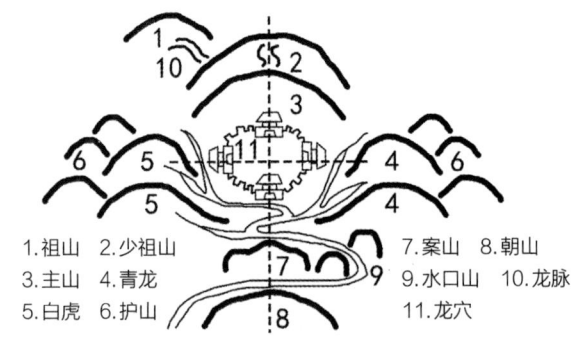

图8-7 古人选址中的风水观念

图片来源:季文媚.风水理念对中国传统建筑选址和布局的影响[J].合肥学院学报(自然科学版),2008(02):69-71

(5)经济

乡村聚落以自给自足的自然经济为主体形成了松散的、与自然紧密结合的空间形态。重要交通道路所经之处,商店、骡马店林立,兼营商业和运输业的农户较多。商业的聚集地往往位于村落中的主要街巷,商铺丰富了沿街立面形态,更给街巷空间带来了人气和活力。

(6)民族

民族文化的差异同样导致了建筑风格的差异。汉族村落多是砖墙青瓦的民居建筑,以合院或者前店后宅的形式为主,街巷空间多开阔;而少数民族因特殊的文化和地域自然条件,

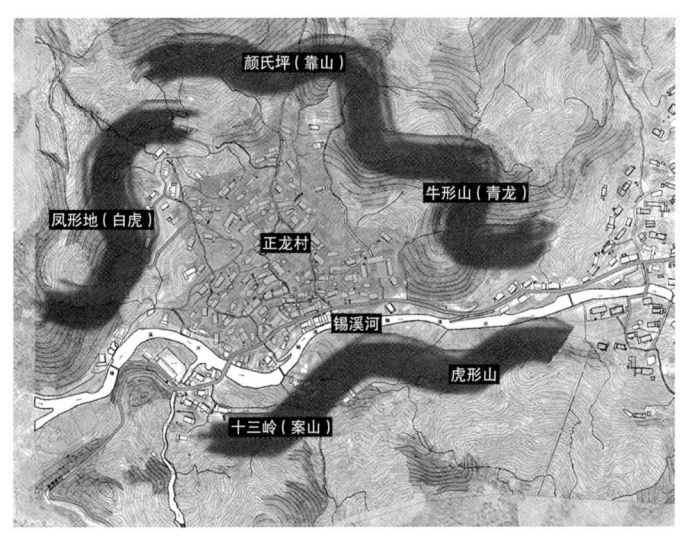

图 8-8　正龙村

图片来源：新化县正龙村传统村落保护发展规划

多为山地村落，为适应山地地形采用有机布局的方式，街巷空间亦大多狭窄、封闭性强，建筑之间的缝隙往往就是街巷。

8.1.2 街巷空间形态

1）传统村落街巷空间平面格局要素

（1）整体村落形态

带型村落：村落的形态为带形，多随地势、河流或主要街巷顺势延伸或环绕成带，自发形成。主要街巷沿等高线平行布置，次要街巷多垂直于等高线。

集中型村落：山地村落用地局促，居民对空间的利用几近饱和，体现了"集中节约、高效利用"的村落建设思想。可发展空间较小，村落面积不大。

网格型村落：多为大型传统村落的典型格局。而传统规划思想："匠人营国，方九里，旁三门，国中九经九轨，经涂九轨，左祖右社，前朝后市，市朝一夫"也体现在早期村落及街巷的整齐、统一、对称的形态格局（图8-9）。

核心一放射型村落：主要针对道路交叉点或具有引导性的公共节点所构成的核心性而言。其主街从各个方向汇聚到村落的核心，街巷空间明确（图8-10）。

（2）整体街巷形态

鱼骨型：有一条主要道路并联次要道路，路网结构主次分明（图8-11）。

网格型：此类村落地势平坦，规模大。路网结构可分为十字形结构和井字形结构。

核心一放射型：多为自然形成的村落，交点处多为公共空间。

不规则型：通常由几条街巷构成村落道路主街，然后从这几条主街背向生长出许多小街小巷，有的小街小巷彼此连通，成为次要道路（图8-12）。

综合型：几种类型组合而成。

（3）单体街巷形态

直线型：直线型街巷大多存在于地形相对平缓，经过规划所形成的村落中，网格状的街

图 8-9　外沙村

图片来源：汝城县马桥镇外沙村传统村落保护发展详细规划

图 8-10　腊元村

图片来源：宜章县白沙圩乡腊元村传统村落保护发展规划

巷使人明确地感到一种理性的秩序感和韵律感。

折线型：在村落自然形成的过程中，当街巷遇到建筑私有制而存在自身的角度、陡坡、山体等不规则地形时，同样需要出现折线来避让客观因素造成的不利地势。街巷空间不断地呈现出细微的收缩或放大，形成具有韵律感和节奏感的立面。

曲线型：常常是因势利导而形成的，如山地村落中弯曲的街巷，有的是因填埋河道而建成，有的是顺等高线建成。从视觉效果上来看，延伸的曲线是在运动方向上的稳定变化，给人带来舒适的感官体验（图8-13）。

2）传统村落街巷空间景观构成要素

（1）景观序列

建筑学作为一种多维艺术，兼具时间和空间的要素。由建筑物构成的连续的建筑群落在

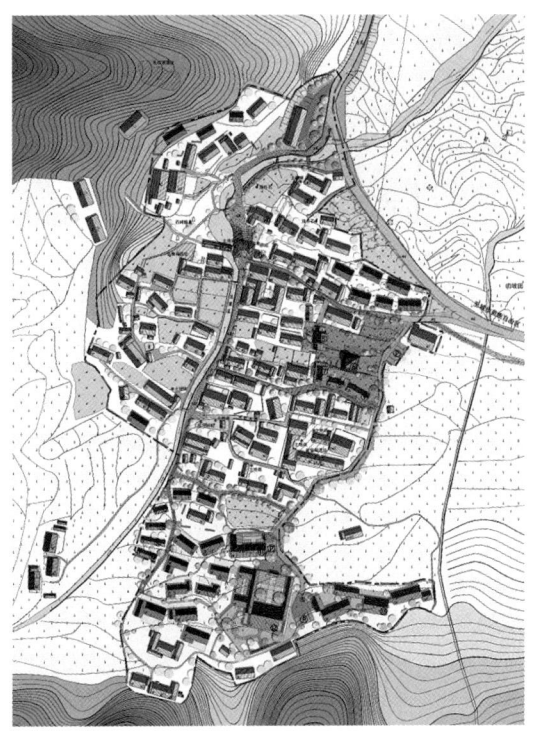

图 8-11　上堡村

图片来源：绥宁县上堡村传统村落保护发展规划

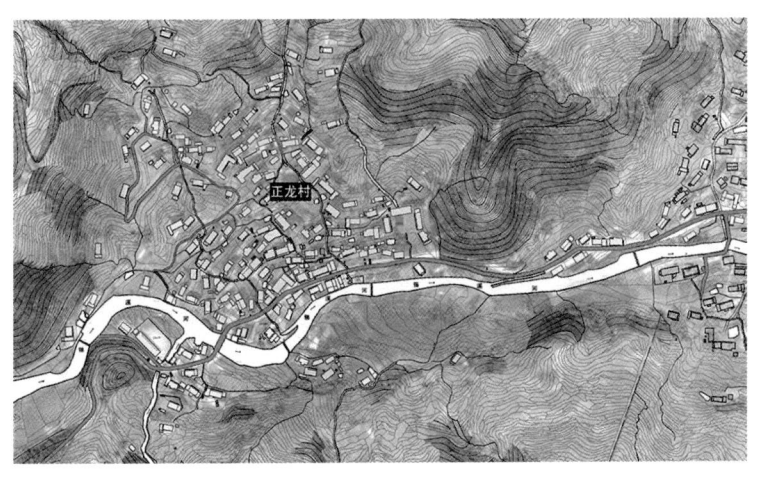

图 8-12　正龙村

图片来源：新化县正龙村传统村落保护发展规划

空间中应有结构的序列、功能的序列和审美的序列，有明确的开始和结束，并有需要一定时间间隔来体验的街巷形态。

规则型布局通常是以稳定的线性空间作为基础，把所有景观要素集中在主轴线上，既是人的视觉轴线、活动路径的轴线，也是给水排水等基础设施的线路。

不规则型布局的空间通常是以曲线的形态为基础，围合的界面所带来的景观通过一系列变化的构图给人带来感官上的刺激，如居民入口与门前街巷之间形成过渡空间，充分展示了

图 8-13 老家寨三种不同的单体街巷形态

图片来源：老家寨传统村落档案

景观序列中的进退秩序及视觉变化，营造了丰富的街景。

（2）景观元素

自然景观、人文景观共同为街巷空间赋予了生活的秩序，增强了街巷的自然性与文化性。

传统村落的建设优先选择自然环境条件完备、便于居民生活的区域，将自然元素纳入街巷景观系统，可丰富景观要素。例如临水的街巷拥有良好的景观侧界面，漫步其间，予人身心愉悦之感（图8-14）。

图 8-14 皇都村

图片来源：湖南省通道侗族自治县皇都村传统村落保护发展规划说明书

人文景观是街巷中传统文化的主要载体，其中又分为静态人文景观和动态人文景观。传统构筑物如店面、招牌、牌坊、门楼、碑亭、塔楼以及匾额、楹联、石刻等历史文化景观被归为静态人文景观（图8-15），而仪态万千的人及其活动是街巷空间中的动态人文景观。

图 8-15 不同类型的静态人文景观

图片来源：作者自摄

（3）景观节点

街巷的端部往往就是街巷的出入口，建筑式的出入口会形成空间和视觉的聚焦点，成为整个街巷空间景观序列的开始或者收束，例如捞车村的风雨桥。

街巷的中段属于序列的发展和高潮部分，使街巷空间形态多样、不单一，不同的空间层次有序过渡是此段空间、景观处理的最重要的原则。

传统村落街巷的交叉口具有多种不同类型，大致分为"十"字形交叉口、"T"形交叉口、"Y"形交叉口等。在"Y"形的交叉口，通常还会出现异形（如楔形）的建筑物以适应不同的肌理，容易给人带来极大的视觉冲击。

3）传统村落街巷空间形态的构成要素

（1）尺度与比例

传统村落街巷的比值（D/H），依据巷道等级的不同，其值在 0.5~3 之间，给人的心理感受是亲切宜人的空间氛围。传统村落的街巷空间往往让人感到身心愉悦，这主要得益于其以人为本的空间尺度和比例。

① 影响因素

不同功能的街巷空间尺度有所不同。商业和交通性街巷人流量大，并且要满足人和各类交通工具通行的需求，通常道路较宽阔，沿街建筑因商业店铺的需要尺度较大；而传统村落中最为主要的生活性街巷的流量以当地居民为主，只要能满足人的正常生活行为需要即可，因此尺度不需要过大。另外，某些传统村落需考虑防御性等特殊目的，也会对街巷的空间尺度产生极大的影响。此时的街巷尺度是对环境被动适应的客观结果，属于极其特殊的一种情况。

② 视觉效应

一般情况下，传统街巷的 D/H 值在 1~1.5 之间是适宜的，高度和宽度之间存在着匀称感；D/H 值在 0.5~2 之间的街巷空间也是合理的，有时为了在局部放大或者收束空间而形成有变化的观感和空间序列。湖南传统村落街巷空间的比例关系大多符合 D/H 值在 0.5~2 之间的范围。D/H 值大于 2，已偏向现代城市街巷；D/H 值大于 3，一般是现代城市交通性道路或广场的尺度，已没有了街巷空间的实际意义。

人们对线形外部空间尺度的主观感觉是在流动、对比中综合产生的，即便是单一直线形的街巷空间序列，也可以拥有富有层次的空间变化，主要体现在建筑侧界面的建筑细部构造上。

③ 心理效应

同理，D/H 值的不同，会带来以下心理效应上的差别：

生活性街巷 D/H 值多数在 0.5 左右，有压抑、静谧的感觉，但并无明显不适——立面上的轮廓线有节奏地起伏变化，空间抑扬顿挫，从而使人不断产生兴奋感；商业性街巷 D/H 值多为 1~2，两侧建筑物具有相似的立面语言，紧密排列，显得繁华热闹；D/H 达到 3 时，可以从天际看清沿街建筑的轮廓线，"百尺为形，千尺为势"，聚形成势，形成聚落整体意象。

（2）界面

从街巷横剖面来看，它是三面围合出的"U"形空间，构成这一围合界面的要素是街巷的顶界面、底界面和侧界面，它们的组合关系和比例决定了街巷空间的尺度和围合度，它们的材质、细部和形态构成了街巷景观特征。

①顶界面

顶界面是两个侧界面顶部边线所限定的天际范围，是最能反映村落周边自然条件的界面。在山地古村落中，顶界面多为天空、山体及街道两侧的古树树冠的轮廓线（图8-16）。

图8-16　不同类型的顶界面

图片来源：作者自摄

同时，在传统村落中，坡屋顶使人产生一种视野逐渐扩展的舒畅感。屋顶对街巷景观的影响来自两个方面：屋顶坡度的陡缓程度和房屋的高度。

②底界面

街巷的底界面指路面及其附属场地。由于人眼的水平视野比垂直视野大得多，向下的视野比向上的大，因此，底面能给人以更强烈的视觉感受。不同的底面处理可以用来限定空间、标示领域、增强识别感甚至改变尺度感（图8-17）。

图8-17　不同类型底界面的对比

图片来源：作者自摄

材料的质感及铺法是影响底界面效果的主要因素，传统村落中依据街道的宽窄、车马的多少决定铺地的形式，而且注重图案的构成，使街巷铺地同样可反映出尊卑主次关系，表达出肃穆、活泼等不同的气氛。

　　a.地方材料的选择，如卵石、青石、碎石等，其优点在于可与自然环境和建筑达到质感上的协调，利于雨水渗入地表、涵养水分、减少地面径流，但不利于现代交通工具的通行。

　　b.车流量大小，马车、行人对铺地材料、铺法的要求不同。

　　c.道路性质、重要程度也决定了其铺地等级，商业性街道以及村落中心场地往往采用条石、石板满铺，一般性街道则中间铺面板，两侧嵌碎石，兼作村落的排水系统（图8-18）。

③侧界面

街道的侧界面是行走在街道上的人们主要观察的对象，在水平方向形成强烈的韵律和节奏，加上传统建筑的屋顶形式多样，使这种变化呈现出多维度的样式。

图8-18 排水系统图
图片来源：作者自摄

墙体、临街商铺、入户门洞是构成侧界面的主要元素。单体建筑奠定了街巷的整体印象基调，商铺招牌、遮日幔、柜台等构筑物亦共同构成了界面意象。

生活性街巷在村落中最广泛地存在于所有街区，在层级上又分为街和巷，宽窄变化大，行人在街上很难看到侧界面全貌。

（3）场所

窄窄的街巷与丰富的街市生活共同构成了独具特色的整体街巷环境。传统的生活方式所自然形成的街巷空间有着丰富的节点，如桥、牌坊、井、码头、水埠头等构成了街坊空间中进行公共活动的积极空间。在这里，人们可休憩、交往、进行信息传达，生活的事件就在这些空间中发生，也是实现空间多义性的重要手段。

8.1.3 街巷空间形制

1）空间性质

街巷按功能属性可分为商业性街道、生活性街巷、交通性街巷、综合性街巷四种类型，它们具有共同属性和特征属性，不同性质的街道也具有不同程度的场所、路径、领域特征。

（1）商业性街巷：显著的边界特征，两端有明确的空间界定，表现出显著的领域属性；由一系列滞留、半滞留的空间串联起来的街巷，具有隐含的路径属性；街道功能的模糊性、多重性以及功能的叠合性。

（2）生活性街巷：在传统村落街巷空间中占据了最大的比例，基本形态是由两侧沿线分布的居住单元组合而成，表现出明确的边界特征及突出的领域属性；狭窄的线形空间决定了其流动性，通达性使其具有显著的路径属性。

（3）交通性街巷：具有明确的路径方向，场所感和领域特征不明显，在传统村落中单独出现。

（4）综合性街巷：多为交通性街巷和商业性街巷的复合体，拥有两者的空间属性特征。

2）特征要素

（1）主街

①与对外道路的关系——过境道路两旁、对外道路一边、对外道路尽端。

②与等高线的关系（主要针对山地地形）——平行、垂直、交叉；

a.平行：街巷与等高线平行布局时，村落顺应地形走向弯曲自然。节约了修建的成本，同时使街道空间产生变化，因此在山地村落中平行于等高线的街巷分布较广，长度最长。

b.垂直：街巷与等高线垂直布局，使村落平面形态和空间形态中出现了阶梯和坡道。此时，车行交通受到了限制，街道只能作为步行空间。

c.交叉：街巷与等高线成一定角度斜向相交，通过转折蜿蜒上升，与地形结合构成"之"字形态，减缓了由于坡度过陡给房屋建造和村民出行带来的困难（图8-19）。

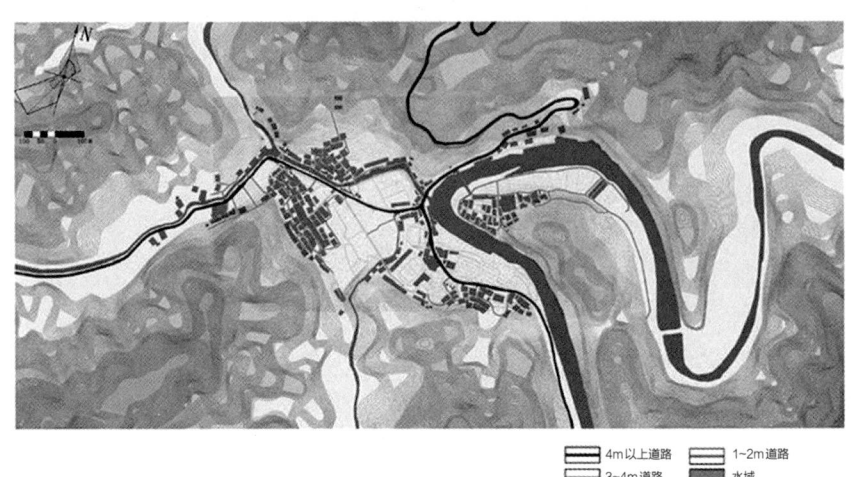

图8-19 皇都村道路层级示意图

图片来源：湖南省通道侗族自治县皇都村传统村落保护发展规划

（2）次街：联系街与街、街与巷。

（3）支巷：以生活、入户为主。

（4）节点

（1）交叉口

"十"字形（垂直贯通与垂直错位两种）：交通顺畅、视线通透。

"T"字形：居住性巷道与主要街道交接的主要类型，通常是一条街道将多条巷道串联的形式。这种形式容易形成视觉封闭的效果，场所感较强。

"Y"字形：这种交叉口处有各自不同走向的街巷组合。在远处观察时，视觉有一定的封闭感；随着距离缩短，视野变得开敞，景观效果多变。

五道口形：形成的空间引导性较差，容易让人迷失方向。

（2）广场——结合村口、街巷交叉口、标志性构筑物或自然物布置

集市广场：民间赶集活动是一种大型的社会活动，不仅是商品交易的场所，还是人们交流、获取信息等的场所。

休闲广场：在村落中，这些以宗祠、宗教庙宇、戏台、井台、石碾及古树等构建的聚落公共活动空间节点成为独具特色的整体性人文环境。这种节点可以看作街巷空间的放大，是一个区域的中心和缩影，成为区域的象征。

（3）村口——桥、水口、城门、广场、古树

8.2 传统村落建筑及组群组合

人们以各种形式聚集在一起，形成大大小小的聚落，不同聚落的规模、结构和元素不同，不同的人居环境显示不同形式的平面。从民居中衍生出来的建筑空间形态因地制宜，进而影响着传统建筑群组空间形态。群组以合院为单元，在纵横两个方向上形成多进、多路的院落，在平铺的大地上延展开来，又形成里坊与街坊。院、坊、城这样的三个空间层次宛如一种村落句法，向郊野、乡村辐射，衍生了里、集、堡、寨、村等类似于城市的空间形态。

8.2.1 传统村落建筑及组群影响因素

不同类型的村落处于不同的地理环境中，在一定的社会生产力水平与人类活动的影响下，形成的不同的产物。

1）自然与地域环境影响

传统的中国是一个农业大国，绝大部分的村落都以农业为主导，因此自然环境和地理条件是影响传统村落的重要因素。

在南方丘陵地区，平地较少，建筑联系紧密，一方面留出了更大的耕地面积，另一方面也满足了村落聚集内向的防御要求。而在地势平坦的中原地区，建筑组群大多形成一个四面发展的平面形态。北方地区气候干燥，建筑院落的平面布局较为开阔，而南方的湿润气候和较为狭窄的地形则形成了天井。

自然环境也影响着不同地区对建筑材料的使用。南方地区多丘陵和水系，盛产木材和石材，为传统建筑提供了丰富的建筑材料。东北地区的林业资源使得其建筑多为木结构。西北黄土高原受到干旱气候的影响，多用黄土等，形成了独特的窑洞建筑。

2）社会与人文环境影响

区域影响着人，人也影响着区域。如果说自然因素是影响村落的被动因素，那么社会人文因素则具有更大的主动性。民族谱系特征的分类见表8-1。

中国传统村落谱系特征　　　　表8-1

序号	片区名称	文化特征	气候地理特征	建筑特征
Ⅰ区	汉族片区	宗教文化、泛神崇拜、科举影响	丰富多样的农业景观，讲究风水	以合院为主，公共建筑多为宗祠、庙宇和文教建筑
Ⅱ区	民族片区	苗族人信奉巫术，牯藏节是苗族民间最大的祭祀活动	村落多在海拔较高的山区，狩猎是维持生存的必要手段	各个民族的表现不同，如苗族以吊脚楼、土坯房和石砌房等为主
Ⅲ区	民系片区	宗族对村落的主导作用极为明显，宗族对村落的影响的时间节点因地域不同而有差异	沿海，与海外交流；传统民居里也有西方建筑元素	住祠合一或住祠分离
Ⅳ区	混合片区	原住加外来人口的格局，文化会产生碰撞	主要沿用原来的文化风俗，文化融合困难	主要还是沿用原来的建筑形态

表格来源：罗德胤.中国传统村落谱系建立刍议[J].世界建筑，2014（06）：105-106

(1)传统风水

风水本为相地之术,对于传统村落的选址具有重要的意义。理想的选址是枕山、环水、面屏和向阳。遵循风水学的指导,传统村落在选址上顺坡就势,多利用自然环境来达到"天人合一"的目标,同时满足人们内心对吉祥安定的需求。

(2)宗族意识

血缘关系和宗族意识是中国传统社会的一个重要组成元素,维系着传统社会的稳定与和谐。如同封建社会的等级制度,宗族内部也按辈分有着自己的等级制。宗族内部以血脉为单位,由辈分高和威望高的成员来进行管理。例如位于湖南省永州地区的上甘棠村,全村10个家族各有一个族长,村里的重大事件由这些族长商议解决,村落内部的法规条约代代相传,成为独特的习俗。

(3)其他

其他社会人文环境因素,例如经济条件和历史环境等对传统村落也有着较大的影响。防御需求可以说是其中最独特的。土楼,是这一因素的极致体现。设置厚实的土墙与外部隔绝,通过各种设计来自给自足地满足内部人员的生活需求。

8.2.2 传统村落建筑

1)平面布局和类型

(1)平面布局

中国传统村落建筑按照其功能可分为居住建筑、文化建筑和商业建筑,还有一些有特色的构筑物,如古塔、亭、牌坊、古桥等。居住建筑以独栋和院落居多,其平面功能组成主要包括正屋、堂屋、横屋、院子、厅、街巷等。

正屋一般坐落在住宅的中轴线上,作为住宅的主体承担着家庭团聚和家庭会议场所的功能(图8-20)。堂屋则是正屋中最重要的房间,祭祀、婚丧、会客、娱乐和用餐等活动通常在堂屋中进行(图8-21)。

院者,周垣也[1]。院落是墙或屋所围成的空间,是民居的一个重要组成部分。院落常被划分为外庭院和内庭院,而内庭院在南方多表现为天井。

在大型住宅中,由于卧室光线较暗,厅成了人们日常生活起居的场所,是大型多进住宅中不可或缺的一部分(小型住宅中通常由堂屋承担厅的功能)。在少数大型多进住宅里,厅还可以起到祭祀的作用。

图8-20 龙溪村李家大院正屋　　图8-21 龙溪村穿堂

图片来源:李艳旗.湘南地区单一姓氏聚居传统村落建筑布局研究[D].长沙:湖南大学,2010

（2）平面类型

在中国传统村落的住宅建筑中，存在着多种多样的平面布置方法，凝结了千百年来普罗大众的智慧，结合了不同地区的人文环境，体现了不同地区的风土人情。其中最具代表性的布置形式有"一"字形、合院形和环形（如土楼等）。

①"一"字形

这种平面形式是最简单也最普遍的，是其他形式发展的基础，以中央明间为中心，布置为左右对称的形式。在大型住宅（五开间）的平面布置中，中央明间总是稍宽，凸显其重要地位，此种布置被认为是汉族住宅平面和立面的重要特征。

②合院形

"一"字形的布置向前扩展形成了合院形的布置。合院按照组合形式的不同可以分为一合院、二合院、三合院和四合院。合院可以作为基本的院落元素，通过纵向轴线串联和横向并列的方法相互组合，形成"庭院深深深几许"的复杂形态。

③环形（土楼）

土楼常见于福建地区，最早出现于13世纪的元代，其最突出的特点就是聚族而居，同时还有安保防御、冬暖夏凉、防风抗震、采光通风等功能。土楼的建造因地制宜，就地取材，风格与周围环境相得益彰，体现了人与自然和谐统一的朴素哲学精神。

土楼的形式可以分为方和圆两种（图8-22）。土楼与四合院不同，土楼可容纳200~700人，住户来自同一个宗族，后建的土楼在体量上小心地维护着先建土楼的地位，充分体现了宗族血缘强大的力量和朴素的先祖崇拜思想。相对于方形土楼，圆形的土楼有着无可比拟的优势[2]，如不存在采光"死角"，内院空间更大，圆形房间不存在差别，利于宗族和谐，施工简便，节省材料，符合风水思想等。

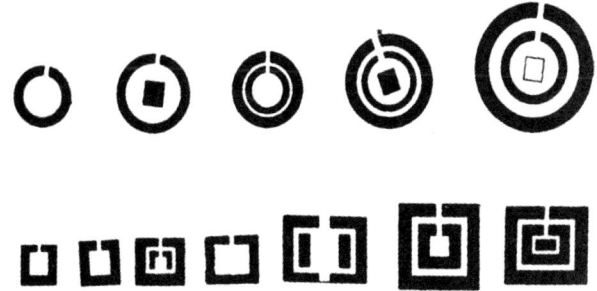

图8-22 土楼单体平面形式与尺度

图片来源：王伟，王建国，潘永询.空间隐含的秩序：土楼聚落形态与区域和民系的关联性研究[J].建筑师，2016（01）：95-103

平面上，土楼中间环形空间的中心为议事处，外圈为居住空间。立面上，一层规划为厨房，同时也可起到其他的作用，如保持二楼干燥，有利于整体的除湿，也充分利用了热能；二层规划为储粮仓，避免粮食接触地面而腐烂；三层以上为居室。

2）建筑技术特色

（1）结构构造设计

传统村落建筑采用的建筑材料基本上为石材、木材和土。石材是人类应用历史非常久远的材料之一，其易于取材，应用技术成熟（图8-23）。南方丘陵地区具有大量以花岗石和

图8-23 石头墙
图片来源：作者自摄

石灰石为主的石材，俗称青石，质地较脆的用作建筑的辅助材料，土地深处密度较大的多用作承重部分，也被用于制作石雕。多丘陵的地区一般也生长着品种繁多的树木，如樟木、松木、梓木、楠木、杉木等。樟木可防虫蛀且纤维密实，多用于雕刻。梓木和楠木较为珍贵，古时一般只有富贵人家用得起，被用作屋脊大梁。杉木材质轻、耐虫蛀、不易变形，适用于建筑构架、门窗、隔断等。泥土也是一种重要的古建筑材料，例如黄土高坡的窑洞与福建客家土楼。土楼也采用了南方地区常见的木结构，形成了外"土"内"木"的独特结构（图8-24）。外围的土墙为了防止洪涝灾害，会辅以基石砌筑。土墙结构并非全是泥土，为了提高它的强度，提升它的韧性，内部使用竹条、树枝等材料作为墙的"龙骨"。更值得一提的是，土墙并非一个独立结构，外部的土墙和内部的木结构成为一体，土墙既是围护结构，也是承重结构，内部的重量通过横梁传递给土墙，构成一个有机的整体。

传统村落的建筑在建筑结构方面受到气候和地形的影响比较大，呈现出比较明显的南北差异。在建筑的做法方面则受到材料和文化的影响比较大，具有地方特色。

木建筑是中国古代建筑中最常见的，在我国传统村落中大量存在。木建筑的主要结构形式有抬梁式和穿斗式两种，同时也存在伞架式和斜梁式及其他的结构形式。

中国传统建筑做法为三段式格局，自下而上分别为台基部分、墙身部分、屋面部分。台基基身的做法通常为层层夯土或夯土层与碎砖瓦石块相互重叠夯筑，这种做法可以有效阻止地下水的上升，同时基身高于室外地坪而产生的室内外高差可以阻止地面水进入室内，二者结合起来给室内提供了干爽的宜居环境。传统村落建筑的墙身部分种类较多，大都就地取材，因地制宜。依据墙身所用的材料大致可以分为碎石墙（图8-25）、土坯砖墙、砖墙和三合土墙等[3]。传统建筑的屋面部分历经几千年的演化，至今已自成体系。屋顶的造型多种多样，主要有庑殿、歇山、悬山、硬山、攒尖、盝顶、卷棚顶等形式。

（2）采光遮阳和通风防潮设计

湖南地区冬冷夏热，潮湿多雨，为了解决防晒防雨及通风防潮的问题，天井和吊脚楼的底层架空应运而生，成为湖南建筑中最具特色的地方。一般的传统建筑外墙厚实，没有什么窗户，天井便承担了主要的采光通风功能。天井引入的光线进入周围建筑中，天井的体量也与建筑物的大小成正比。多进式院落的天井排列在中轴线上，主建筑两侧若有附属建筑，也会形成一个较小的"虎眼天井"。底层架空对于山地多变的地形和四季分明的气候具有很强的适应能力，较好地解决了房屋在潮热气候地区的通风防潮问题。

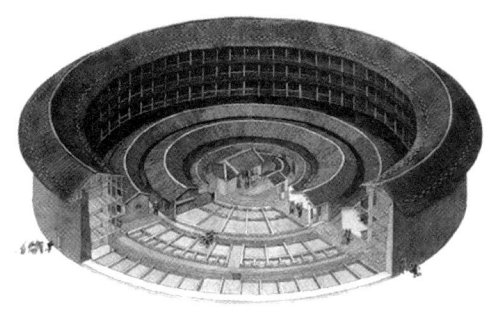

图 8-24 土楼剖透视示意图

图片来源：李乾朗.穿墙透壁：剖视中国经典古建筑.广西：广西师范大学出版社，2009

图 8-25 碎石墙

图片来源：作者自摄

（3）安全防御设计

传统村落建立之初考虑的因素多种多样，与历史的进程有一定的关系。若是兴建于和平时期，自然会把生产和生活作为最重要的两个因素来考虑，而在战争动乱时期，防御和安全会成为最重要的因素。防御型建筑是防御型村落的建筑技术特色，也是标志。

① 护城河或壕沟

安全防御能力的强弱通常与聚落的封闭程度成正比。在防御型聚落的选址中，最好是有理想的自然环境，如河流环绕。如果自然环境条件不尽如人意，往往会通过人为改造来使其趋于理想。

② 墙

墙通常被用作防御型村落的第二道屏障（图8-26）。厚实、高大且坚固的围墙不仅进一步增强了内部环境的封闭性，还可以通过设置瞭望塔楼、射击孔等将建筑防御和人为防御结合起来，是聚落防御的中坚力量。除了城墙、寨墙之外，民居的墙也具有防御的作用。

福建土楼是我国最具代表性的防御型民居。土楼的外墙上开的瞭望或射击窗口也是防御能力的一种重要体现（图8-27）。土楼的外窗往往采用梯形窗，向外的瞭望视角很大，同时窗口很小，有利于保护射手的安全以及射击外敌。

图 8-26 拉毫村南方长城城墙

图片来源：拉毫村传统村落文本

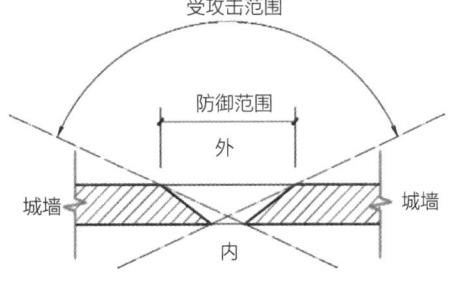

图 8-27 瞭望口视线分析图

图片来源：作者自绘

③ 望楼

望楼的主要作用是瞭望、守护，在防御体系中起到"点"的作用，多个望楼相互配合可以达到以"点"控"面"的效果[4]。望楼的功能和其建造地点有关，位于聚落外围通道的望楼被用来监测敌情，内部的望楼可以监控整个聚落的环境（图8-28）。

④类瓮城

瓮城是为了避免城门直接被敌人攻击而在城墙外侧再修建一道城墙所围成的一座防御性城郭（图8-29）。

图8-28　望楼

图片来源：作者自摄

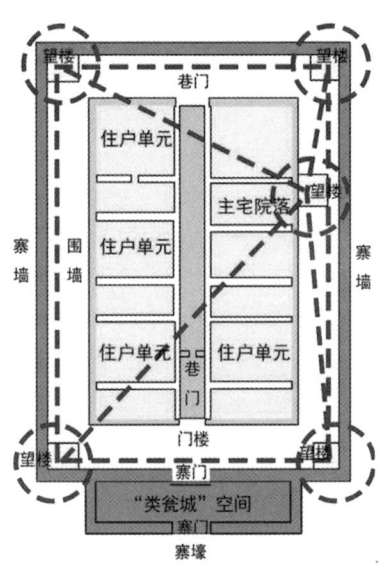

图8-29　望楼和类瓮城示意图

图片来源：陈小将.鄂北家族卫戍型聚落研究[D].武汉：华中科技大学，2013

3）建筑造型艺术特色

传统建筑造型的艺术特色大都体现在建筑装饰上，结合当地的材料，融入当地文化的影响，创造出了很多造型独特、制作精美的木作、石作、瓦作等。

（1）木作

传统木作分为大木作和小木作。大木作作为房屋结构的支撑，构架起整个建筑的体量。而传统的小木作，在门窗、隔扇（图8-30a）和天花、藻井（图8-30b）等中都有体现。梁架主要的作用是承重。在北方地区，梁架多为笔直的形象。而在南方地区，天气炎热，殿堂遵循"彻上明造"的原则，不设顶棚，架构暴露于外，一目了然。结合当地的传统木构技术，工匠们将梁架稍微弯曲，形如月亮，这样的梁架称为"月梁"。门的装饰有一套完整的方法和体系。在门的下部、中部和上部设槛，在门心板上钉住门枢和门铰，被称为"辅首衔环"或"兽头铜环"。天花的作用有三：一挡灰尘，又称作"承尘"，二起保暖隔热的作用；三作装饰用。藻井则在天花的中部升起，有方形、圆形和八角形。

 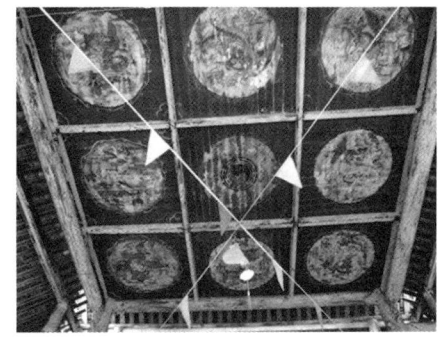

（a）雕花窗　　　　　　　　　　　　（b）天花和藻井

图8-30　传统建筑中的小木作

图片来源：邵阳市东山村传统村落档案

（2）瓦作

传统建筑中的瓦作多种多样，在屋顶和山墙以及地面中体现得尤为明显。大多数传统建筑的地面做法采用素土地面。有些地区盛产石材，居民便利用青石板来铺地，既起到了防潮的作用，雕刻之后的石板也十分美观。而有些地区将烧制的瓦片与泥土整齐排列，做成地板，草籽落入其中，自然生长。瓦爿墙是浙东一带极富地方特色的传统建筑墙体，由传统的草、泥、木、石、砖、瓷等堆砌而成。古代的人们利用一切能够利用的材料，结合大自然馈赠的泥土，建构出了保暖而有独特肌理的瓦墙面。封火山墙是传统建筑中的一大特色（图8-31a）。古时人们聚集在一起，比邻而建，建筑密度大，为了防止火灾的蔓延累及邻居，人们便把山墙高高建起。传统民居中的屋顶多表现为双坡悬山顶或硬山式屋顶，材料多为小青瓦（图8-31b）。这种建造技艺简洁朴素，给人以亲切感。

（a）封火山墙　　　　　　（b）屋顶和墙面的艺术装饰

图8-31　传统建筑中的瓦作

图片来源：作者自摄

（3）石作

柱础是安放在柱脚下，形状与柱形相同（圆柱用圆基，方柱用方基）的基础（图8-32a）。其既能传递荷载又能起装饰作用，还能防止木柱受潮腐蚀。抱鼓石起源于门枕石[3]，原本是放在大门的轴下垫起门轴的石头，而传统思想认为鼓有吉祥和喜庆的内涵，常加一块鼓形石墩放在门枕石的前方，后来逐渐演变成了起装饰作用的抱鼓石。石雕中有用来装饰的石狮子，以独立的姿态成了大门前守护的象征，也有结合了吉祥图案的地漏，用以排水（图8-32b）。

（a）石柱础　　　　　　　　　　　（b）抱鼓石上的狮子

图8-32　传统建筑中的石作

图片来源：作者自摄

（4）彩画作

彩画多见于建筑构件，如梁上为了祈求避免火灾而绘的水生植物及在额枋和构架梁上的青绿色涂装等[3]。除此之外，房屋的檐口处也是能经常见到画作的地方。彩画的主题、色彩和图案随房主的审美而变化，与整体建筑相结合，形成民居自己的特色。

8.2.3 传统村落组群组合

1）组群结构方式

我国传统村落的形态各不相同，但它们的形成大都与当地自然地理条件、传统的风水理念与以血缘关系为支撑的宗族相关。它们的组群组合方式可分为三类：适应山地散落型、自然生长扩散型、顺应水体蜿蜒型。

（1）适应山地散落型

这种类型的村落多存于山地、丘陵区域。因为地理环境的影响，山脚形成了适合农业生产的平缓地带，供人们在此居住和开展农业生产。逐渐地，每一家每一户都顺应山谷的走势建造房屋，组成了一个个小组团，一个个小山村就此形成。由于环境相对闭塞，往往会形成独特的文化和习俗。图8-33所示为芋头村，村子分为上寨、中寨、下寨，三个组团形成一个顺应山谷走向的大聚落（图8-33）。

（2）自然生长扩散型

自然生长的村落一般由血缘与宗族关系历代相传，由一户人家及其后代不断生成纵横旁支，最后形成聚落。整体布局受到风水和宗族结构的影响，一般以中轴线为尊，于其上设置重要建筑和长辈的起居室，旁系向两侧扩展。龙溪村李家大院就是典型的自然生长扩散型的聚落（图8-34）。以最初的宗祠建筑等为中心，子孙后代先沿纵向扩张，再沿横向扩散，按照"房份"的分支，划分为上、下两院，两院分别以各自的正堂屋为核心进行布局，同时上、下院的堂屋同处于聚落的中轴线上。建筑的布局体现出了古代中国对家族血缘的尊崇和对等级制度的遵守[5]。

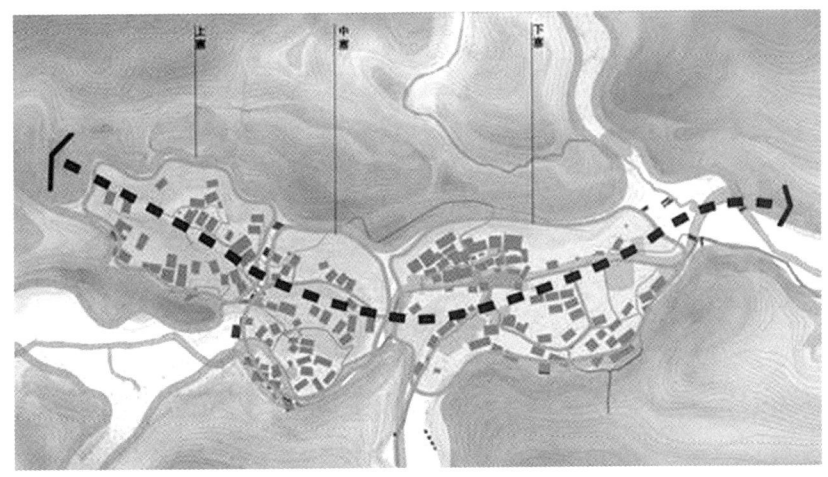

图 8-33 顺应山地散落型平面示意图

图片来源：湖南省通道侗族自治县芋头村传统村落档案

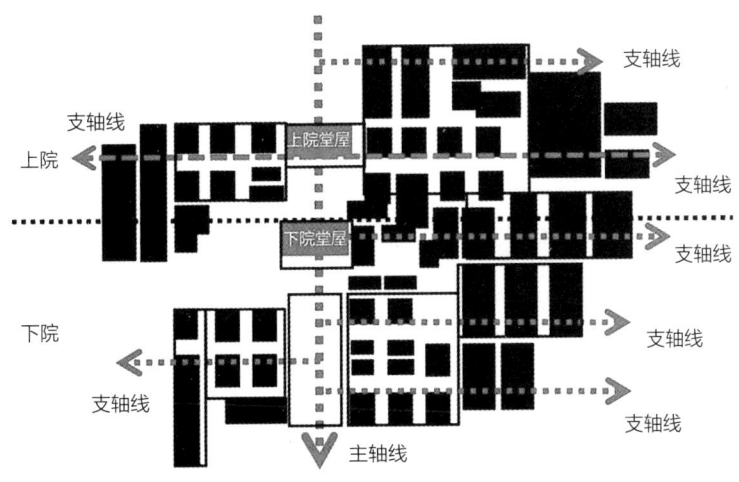

图 8-34 自然生长扩散型平面扩散示意图

图片来源：改绘自林莎莎.郴州汝城县明清时期宗祠研究[D].长沙：湖南大学，2010

（3）顺应水体蜿蜒型

顺应水体蜿蜒型是临水村落的基本类型，建筑群体沿着水道布置，对应风水上的"水抱"思想。水是水乡最为重要的环境要素，水道越密集，交通就越方便，人口也越集中。同时，重要的建筑也是顺着水体布置的。基本上，越重要的建筑，越靠近水体，重要建筑的后方才是民居等次要建筑，体现了传统临水村落对水的尊崇。以番禺三善水乡为例，其中的宗祠、商铺和民居等建筑都是围绕着水道两侧分布的。

2）空间格局类型

（1）天人合一居家型

"天人合一"的思想观念最早是由庄子提出的，被后人发展为哲学体系，其认为人和自然应该达到和谐统一的状态。这种深入人心的传统思想自然在传统村落的空间格局上有所体现，例如位于湖南省境内的芋头村。芋头村在空间格局上有明显的中心点，以崖上鼓楼、芦笙鼓楼和田中鼓楼为代表，其他建筑沿等高线形成向心组团布局，因地制宜，灵活布置，使得自然风光与人造景观浑然一体，完美地呈现了"天人合一"的理念。

（2）安全防卫防御型

除了生活的需要，防御的需求也是人类群居的理由之一。一个人和单个房屋的防御能力有限，由此产生聚落，体现了内向型的防御型思想。防御型的空间格局分布大都与险要的地理环境或是人工防御设施有关，如湖南省境内的凤凰县营盘寨，是古凤凰区域性防御系统的前线据点（图8-35）。主要布局依托于层叠的群山形成的天然屏障，并设置城墙"圈而围之"，街道主次分明，形成了易守难攻的局面。

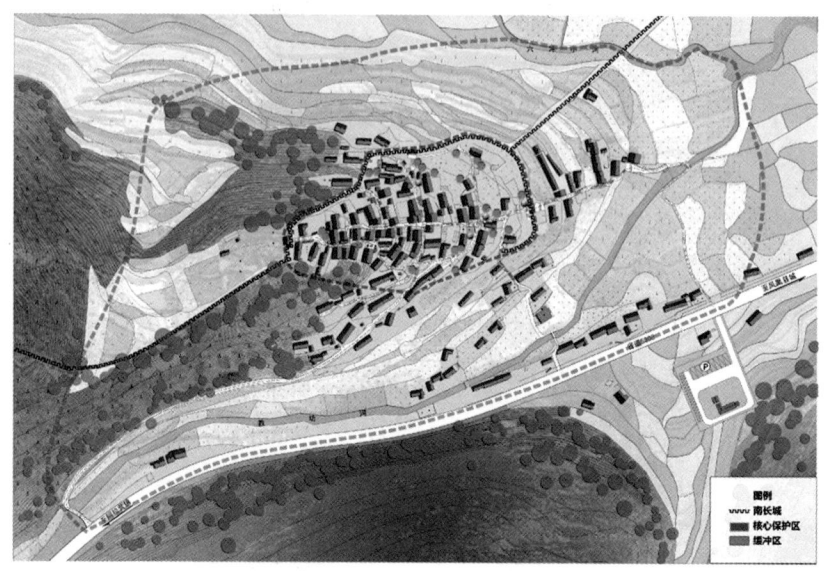

图8-35 安全防御型平面

图片来源：湖南省湘西土家族苗族自治州凤凰县都里乡拉毫村传统村落保护发展规划

（3）商业繁盛贸易型

商业贸易要繁盛，必须依靠便利的交通，而在现代社会之前，最便利的交通就是河流了。因此，水乡聚落经常形成繁盛的贸易中心，大多成了当时的工商业核心城镇，或专门经营某种商品的贸易城镇。空间格局上，为了满足商品交易和流通的需求，其布局依水体线形分布，商业建筑沿河而建，民居建在其后，形成下店上宅或前店后宅的模式[6]（图8-36）。

3）公共空间组合方式

传统村落的公共空间通常有广场和田地等，可以为普通村民提供交流的场所。半公共空间有戏台、祠堂等，属于群落内居民的公共活动中心。半私密空间最具代表性的是庭院，关系比较亲密的人可以在此互相交流。而居室就是私密空间了。公共空间、半公共空间、半私密空间和私密空间通过街巷相连接，形成了一个社交空间网络。

（1）中轴对称式

顺应建筑群落规整的对称式结构进行分布的中轴对称式公共空间布局体现了传统文化中的对称思想[7]。例如位于湖南省的龙溪村李家大院的公共空间，以游亭串联几栋横向的堂屋形成了一条纵向的穿堂弄，成为村落里的公共空间（图8-37a）。

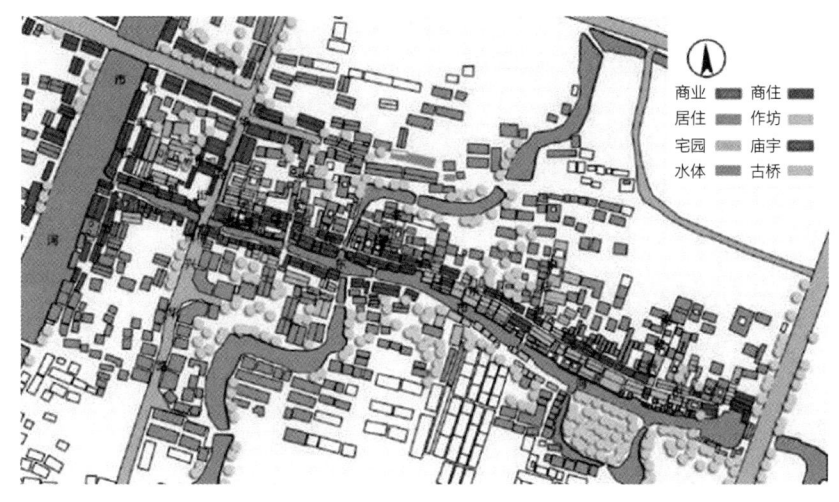

图 8-36　商业繁盛贸易型——乌镇东栅总体格局图

图片来源：叶先知.岭南水乡与江南水乡传统聚落空间形态特征比较研究[D].广州：华南理工大学，2011

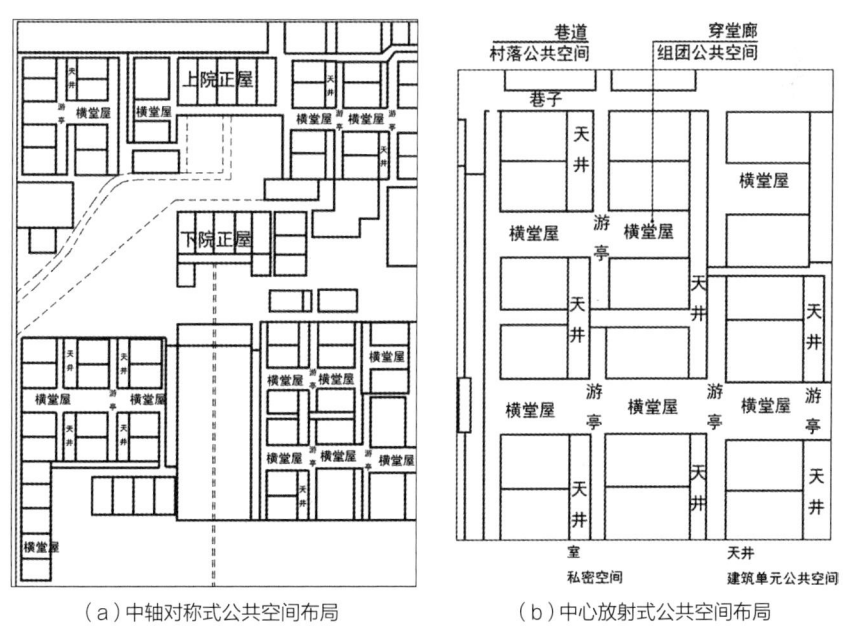

（a）中轴对称式公共空间布局　　　　　（b）中心放射式公共空间布局

图 8-37　传统村落的公共空间组合方式

图片来源：李艳旗.湘南地区单一姓氏聚居传统村落建筑布局研究[D].长沙：湖南大学，2010

（2）中心放射式

传统村落中，重要的建筑以祭祀场所，如祭祀祖先的祠堂和祭祀天地的广场等为主，其往往成为公共空间分布的中心，建筑单体以环形围合成组群（图8-37b），向四面八方发散开来，迎合传统文化中的"内聚"和"向心"的理念（图8-38）。

（3）分散对景式

公共空间由于地理环境的原因，不以传统的对称形式存在，而是作为组团的中心，寻找有利的统治位置，点缀在村落中，依托于不同的山水之景，辐射周边的居民，为居民提供祭祀、聚集和活动的场所（图8-39）。以芋头村为例，由于地形崎岖，平坦的土地少，公共区

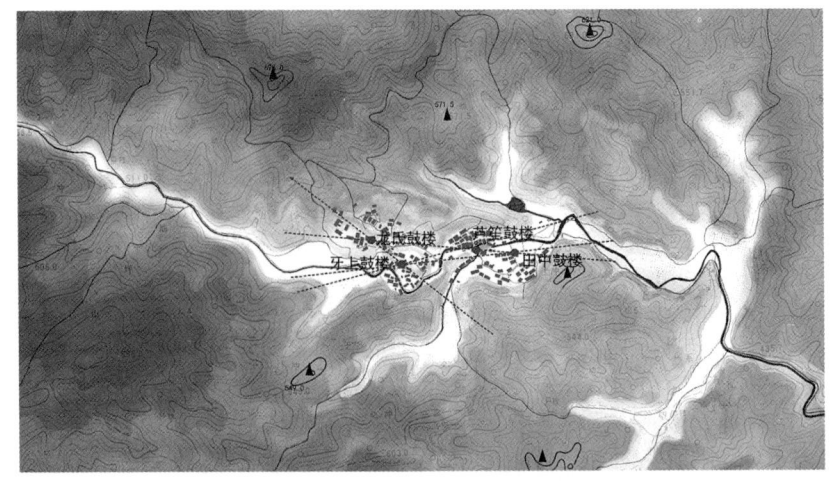

图 8-38　公共空间辐射范围图

图片来源：湖南省通道侗族自治县芋头村传统村落保护发展规划

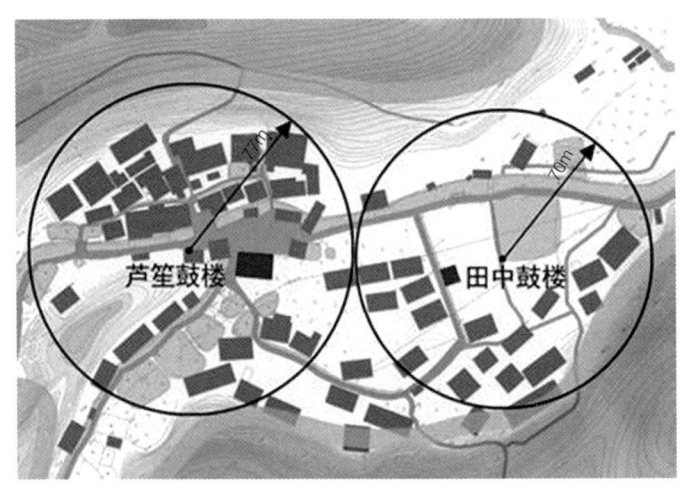

图 8-39　分散对景式公共空间

图片来源：湖南省通道侗族自治县芋头村传统村落档案

域和住宅一样都是独栋建筑，散落在山地上，错落有致，形成多个中心点，辐射和服务不同的范围，与周边景色相映成趣。

8.3 传统村落空间节点

空间节点是一条路的端点，一个转折点，一个汇聚点；视线汇聚，人员汇聚，文化精神汇聚，是其他空间联系的枢纽。这类空间具有鲜明的地域特征，最容易被人识别、记忆，并直接对人们的生活经验和文化精神产生深远的影响。空间节点占据或统领一定的空间领域，是村落故事的发生场所、村民生活形态的主要载体、空间的趣味所在或景观要点，包括实体主导的空间、互动活动集聚的叙事场所和视觉中心。村落的节点空间通常产生在以建构筑物为中心的广场、街巷交叉或转折处、公共建筑入口等处，也产生于自然环境、自然物当中，如田间地头。人们不仅具有认知能力，更重要的是具有创造空间的能力，作用于建构筑物，甚至自然环境当中，使其承载物化的历史、文化、记忆场景[8]。

村落空间（从建筑院落空间到整体村落空间）既包括物质层面的结构空间，又包括有行为活动的社会空间，前者是从物质形态层面对空间进行分析，而后者则是从社会领域、从人的角度出发，通过观察人以及人在空间中的行为和感受来了解空间的使用情况。对结构空间的分析已经做了很多，都是从物质层面来说的，包括空间的构成、空间的关系和组织等，而社会空间是对结构空间的补充，将两者综合考虑对传统村落的研究更具价值。空间节点从宏观层面上可分为建构筑物要素和自然环境要素。这些要素，一是考察与空间相关的物质形态特征，主要涉及的是组成空间的各种物质因素；二是研究与空间相关的生活形态特征，主要涉及空间的活动方式、活动内容等。

8.3.1 建构筑物要素

建构筑物要素是人居空间的重要组成部分，更是传统村落的符号系统中标志性的一部分。

1）以特色建筑为中心

传统村落中，重要的建筑如祭祀场所，以祭祀祖先的祠堂和祭祀天地的广场为主，其往往成为公共空间分布的中心，建筑单体以环形围合成组群，向四面八方发散开来，迎合传统文化中的"内聚"和"向心"的理念。特色建筑还包括宗祠、寺庙、过街楼、戏台等。

宗祠：传统村落往往是连接家族血脉、传承族群文化的重要载体，而中国传统村落的核心是宗族祠堂（图8-40）。在中国传统民俗建筑中，宗祠是功能最为复杂的建筑形式。它集官式建筑与民间建筑为一身，既有官式建筑隆重威严的空间气氛，又有民居建筑亲切宜人的格调，它是精神功能要求极高的人文建筑，反映了中国人的宗法观、宗教观、世界观以及各地的乡土人情、风俗习惯。现在有些宗祠依然会有祭祀或民族活动，可起到维系宗族凝聚力的作用，有的功能不再，但依旧是特殊的公共空间。传统村落以宗祠为核心的宗族体系，被现代农村社区以公共服务为核心的居住体系所代替，村庄的中心已经被赋予了新的含义，包括社区服务、村民活动中心、管理机构等。

图8-40　皇都村宗祠

图片来源：湖南省通道侗族自治县皇都村传统村落保护发展规划说明书

过街楼：通常被作为某个村落或区域的分界点，由于为两层建筑，标示性很强，相隔距离很远就能够被行人所观察到，因此成了商旅行进过程中重要的地理标识；第二，一部分过街楼下部的拱券门洞设置有大门，如遇到突发状况，可随时关闭大门，起到护卫村落的作用；第三，过街楼建筑的上层通常供奉神灵，人们从下方通过，祈求神灵保佑，是一种特殊的宗教空间。此外，过街楼具有重要的点景作用，相对于所在村落的民居宅院而言，过街楼建筑形体高大，形式处理也更为隆重，因此成了村落中丰富视觉层次的景观节点。如北京城西门头沟区的三官阁过街楼，位于村东口，作为进入村落的起始点，具有极强的标志性（图8-41）。

（a）琉璃渠村过街楼位置

（b）琉璃渠村过街楼

图8-41　北京城西门头沟区的三官阁过街楼

图片来源：薛林平，李博君，包涵.北京门头沟区琉璃渠传统村落研究[J].华中建筑，2014（09）：144-150

广场：构成了村落中的主要节点，一般由建筑界面围合，处于较为中心的、重要的位置，具体功能并非特定。大体可以分为两类：①它往往是村镇中公共建筑外部空间的扩展，或街道的局部放大，并与巷道空间融为一体，构成有一定容量的外延性公共空间，可突出建筑的重要性，也可满足日常生活和节庆活动的需要。也有门外空间放大，或几家门户退让而形成的小广场，尺度适宜、亲人，围合感强。②其他功能的专属广场，如晒谷场、集市市场等，不使用时便会有其他的作用，村民会在此聚会、聊天、晒太阳等。广场必须依赖于民居、祠堂、街巷等空间要素形成，彼此共生，相互联系[9]。

2）以构筑物为中心

构筑物在传统村落中的地位如同传统建筑一样重要，传递着重要的历史信息。从传统村落的保护措施来看，首先，对建构筑物的修复是一项重要并有效的措施。构筑物的类型多种多样，如牌坊、碑刻、碾盘、水井、亭阁等。

水井：水是生命的源泉，在自来水没有普及的时候，水井对于村落来说必不可少、至关重要的，为村民提供饮用水和生活用水，兼顾饮用、浣洗、消防等作用。水井周边多用砖石将其铺成一个平台，顶部带有可取的井盖或用砖石垒砌，以防污染，并方便人们取用。作为公共财产，村民会自觉共同维护，在有些地方会形成"井区"的概念，如邢台固新村，水井与水井所在的胡同形成了一个近似封闭的生活空间，这实际上是一次"地域认同"的强化过程，水井成了联系乡情的重要纽带。随着时间的推移，现在水井的保存状况不一，但依然是村民休憩交流的重要空间。水井的存在，与地域环境相关，更与村落的社会秩序息息相关。

碾盘、磨盘：与当地的农作物和农业劳作方式有关，磨粮食时使用。通常会设有石凳等，或在大树下形成一个场所空间，以前村民在磨粮食时聚在一起聊天，闲暇时也会晒太阳、话家常。随着科学的发展、生产力的提高，碾盘、磨盘等的使用频率降低或不再使用，有些地方将它单独作为装饰、构筑物利用起来，同样能引起村民情感的共鸣，依然是地域文化的一个体现。类似的构筑物还有水碾、水车等，水车渐渐失去了生产的作用，但作为景观小品，观赏性很强。

牌坊：作为空间界定的重要因素，牌坊在划分村落界限的同时也宣扬了村落崇尚的文化理念。牌坊是封建社会中为了表彰建立功勋、科举及第、仁德施政以及忠孝节义等行为所设立的一种纪念性建筑，它并不具有真正的使用功能，其存在的根本原因在于通过建筑的形式将封建社会的伦理和道德固化下来，从而达到禁锢人们的精神思想的目的，具有十分强烈的教化功能（图8-42）。

图8-42 棠樾牌坊群
图片来源：作者自摄

图8-43 外沙村惠德桥
图片来源：湖南省汝城县外沙村传统村落档案

桥：在水系丰富的村落中，桥头附近是村民聚集交往的地段之一。桥是村落交通的重要组织形式，如在济南市郊的村落之中，几乎所有跨水交通都采用石桥的形式布置。桥本身是一种通过性空间，行人通常不会在桥上长时间停留，但在桥头附近道路交汇地带，村落各处的居民都可以方便地到达，往往是人们聚集的场所。良好的可达性与水的吸引力使桥头成为活动和交往的集中之地。另外，很多村落以水道作为村落内外的界限，以桥连接村落内外。因此，水道成为村内、村外空间的界限，村落入口桥梁起到内外空间过渡的作用。如西营桃科村选址于沟谷溪流环抱的坡地上，溪流成了村落内外空间的自然界限，并以石桥、古树等元素构成村落内外的过渡空间，村落入口空间层次丰富，界限分明，形成了进村的序列空间（图8-43）。

节点空间构筑物类型很多，由于篇幅有限，本书不能总结全部类型。散落在村落中的细部也是节点空间中的重要组成部分，不能形成交流场所，但形成了其他的空间暗示，如有些传统村落的街巷正对的墙上设有照壁或是嵌有"泰山石敢当"，以求辟邪。

8.3.2 景观环境要素

传统村落的保护不只在物质文化遗产上，也要在自然环境上加以保护。在古代，人们对于居住位置的选择十分重视，是营建聚落时首要解决的关键问题。它们大多依山就势，顺应水系，充分利用自然要素特征创造村落空间环境的特色，呈现出一种"村在绿中，绿在村中"的和谐共生的关系。村落作为一个实体，应与村落周边的树林、河流水系有机融合，通过绿化空间、滨水空间将外部环境引入村落内部，形成富有变化的村落与环境的虚实关系[10]。如大岭村背靠菩山，村前环绕玉带河，河流前分布有鱼塘、农田，它们共同作为村落的边缘景观，展现自然人文特色。

（1）地形地貌

传统村落的选址多数与地形地势相关，受风水理念的影响（图8-7），如背山面水、负阴抱阳的形式，或顺山势发展（如苗寨），与自然地貌和谐共生。山体的形态、位置，作为传统村落的画面背景，使其更有层次，特征鲜明，易于激发人们的领域归属感。聚落的整体立面景观，很大程度上取决于其所处的自然环境。如大岭村的建筑物组是主体和实体，远处的菩山扮演背景，近处的农田、鱼塘、植物是前景，背景和前景作为虚景，在两者的烘托下，虚实映衬，大岭村的整体立面景观会被突出，而且在村落环境中能感觉到山的环抱，特征鲜明，使村落的边界易被感知[12]。这种富有层次变化的景观效果，是人工建筑与自然环境相互配合的结果。

（2）滨水空间

风水观念是中国古人择基选址时择吉避凶的学问，从字面上理解，"风"是流动着的空气，"水"是大地的血脉、万物生长的依靠[13]。中国的大部分古村落都受到风水观念的影响在选址上倾向于山清水秀的地方，因此，大部分的古村落都有其浑然天成的景色，形成了很多有特点的滨水景观。还有利用水系影响村落形态的，如安徽宏村，"屋傍水而筑，街依水而构"。

龙池：又称风水池，其在精神层面上是祈福平安，给人心理慰藉，在功能层面上有着防火、融污、调节村落小气候的作用，在湘南村镇中普遍存在。但在湘西，此种节点建筑难觅踪迹，其原因在于村落选址，湘西气候温和，雨量充沛，湘西建筑多依水而建。山脚崖边、石隙砂孔处，潺潺不止，喷涌不息的山泉汇集成溪，同流经本地的河流构成纵横交错的河网，湘西村落通常滨水而建，河溪成为其天然的"龙池"[14]。而湘南多山丘，村落选址常靠"山"面"坪"，河流与村寨有一段距离，因此常于村头人工掘地，构筑心理、功能上的"龙池"（图8-44）。

泉：有的泉水形成的水域空间在村落的上层空间，泉水冒头于山腰石壁，比如博山的五凤山井泉、五阳山伏龙池，这是地下水在山腰悬崖处沿含水层自然渗出所形成的。有的泉水

图8-44 腊元传统村落古井

图片来源：湖南省桂阳县腊元村传统村落档案

形成的水域空间在村落的下沉空间中，泉位或挂于岸壁，或藏于河中，或下沉于村内空间，水系水位低于街道平面。比如响泉村的响泉、铜井村的玉液泉、杨家村的大泉，还有博山的范泉，都是泉水位于下沉空间的类型。当泉水位于聚落空间的竖向层次时，人们可以从更多的角度去感受泉水地区聚落空间的层次变化[15]。

（3）自然园林

传统村落中的自然园林景观通常受到人为因素的影响较少，如对古树名木，通常会采取保护措施，甚至成为村里的信仰，还包括特殊植被（如竹林）、田野（田间地头）等。

古树：传统村落形成较早，拥有丰富的自然资源，古树也是传统村落的见证者。村民对其重视，而且会加以利用。古树下或者修建月台，或者腾出小广场，留出可坐、可站、可望的空间。

特殊植被：不同特色的植被，会形成特色各异的标志，自然气息浓厚，使得村落更加具有个性化和标识性，并使其拥有特殊品质。如高田坑村万亩梯田油菜花盛开，呈现出一幅壮观的美丽田园画卷（图8-45）。

田间地头：村落里的农田的主要作用是生产生活，从空间构成界面的角度讲，属于特殊元素，和自然植被的构成是不同的，有规律的农田或果树植被都是不同村落的记忆点。另外，田间护理或收获阶段，村民在田间也会产生很多交流（图8-46）。

图8-45　高田坑村油菜花田

图片来源：高田坑村传统村落档案

图8-46　田间农活的热闹景象

图片来源：正龙村传统村落档案

上述建构筑物和景观环境中各要素都不是孤立存在的，它们相辅相成，相互穿插、叠合，这些节点散布在传统村落中，构成了丰富的空间形态。人们体验空间环境及氛围的角度是多层次的，例如人们在感受古村落小尺度私密空间的同时，其空间基本要素（如墙、门等）的尺度、形式及色彩对人们的空间感官、心理感受以及行为活动产生了重要的影响[16]。自然要素、建构筑物要素等构成了传统村落的整体空间层次，各种形态所传达的空间意义各有不同。当地的一砖一瓦、一草一木，都寄托着村民深刻的体验与情感。

8.3.3 传统村落空间节点影响因子

空间形态体系的产生和发展会受到主观与客观两方面因素的影响，空间节点作为村落对内、对外的开放活动空间，其形成的客观影响因素体现在自然环境方面，如山体、水系、地形、地貌、地质、气候、日照、风向等；主观因素则体现在社会人文环境方面，如礼制、宗教信仰、风水观念、生活习惯、审美情趣、工艺技术水平、经济等（图8-47）。

图8-47　典型村落景观环境要素

图片来源：湖南省衡东县夏浦村传统村落档案

对于空间节点中的建构筑物要素来说，宗教信仰、生产生活方式和工艺技术水平是重要的影响因素：①宗教信仰、礼制等在村落发展中有着至关重要的影响，如宗祠，它是精神功能要求极高的人文建筑。随着生活方式和观念的改变，一些宗教信仰也随之弱化，如：有了客厅，没了厅堂，天地君亲师的排位被电视取代，土地庙和祠堂等在村落中的重要性逐渐下降，但依旧是特殊的公共空间，起到维系宗族凝聚力的作用。在闽南，许多宗祠作为村里老人的活动场所，发挥着有益的作用。②因村民生产生活的各种需求，如商贸交通、手工业生产、防御等而产生的一系列建构筑物要素，如因防御性要求而产生的碉楼类建构筑物。虽然随着科学的发展、生产力的提高，碾盘、磨盘等的使用频率降低或不再使用，但它依然是地域文化的一个体现。③传统村落中保存下来的建构筑物通常体现了当时高标准的建筑工艺和群众的审美情趣。由于传统工匠的消失、传统工艺的消亡，建构筑物的细节产生了遗失和无法复原的现象。

8.4 传统村落新区与旧区融合

传统村落风貌中的"风"特指构成村落社会的人文环境，包括宗教文化、社会习俗、风土人情等；"貌"则特指构成村落的自然和人工物质环境集合。"风"以"貌"为载体，二者相辅相成。但是，传统村落"风貌"并非各种物质要素的简单相加，而是在某种特定的自然环境和人文环境互相渗透的过程中，形成了这一地区独具文化内涵的合成体。

8.4.1 传统村落到现代小城镇的转变

1）现象问题

山水之间隐匿着许多古朴的村落，这些传统村落，从规划布局到建筑形态都独具一格，其风貌也是各具特色。社会变迁与经济变革的双重洗礼正在这些村落中逐步上演。传统社会的组织方式、经济基础及人文背景发生了根本性变化，导致传统村落的物质空间载体，如道路、建筑、基础设施、生产设备等硬件条件已无法满足现代化农业发展与居住的要求，许多美丽的村落正在消失，或者成为留守村、空心村，甚至成为垃圾填埋场，让人触目惊心[17]。

传统村落到现代小城镇的转变需要一个良好的过渡，在保证村落风貌特色的同时，也要改善村民的居住环境。但现阶段，笔者调研中发现的问题可以归纳为以下几点：

（1）缺乏活力，冷落萧条。相比之下，农业生产带来的收益远远低于进城打工给村民带来的收入，所以绝大部分村民都选择外出打工而放弃农业生产，导致村落中的土地存在荒废的现象。

（2）传统建筑逐步老化与损毁。传统建筑多是砖木结构建筑，由于经年累月的风吹雨淋，许多房屋都有不同程度的破损，材料本身的特质与后期维护不周，导致房屋老化与损毁更加严重。

（3）人居环境亟待整治、提升。传统村落的居住环境是与历史上特定的生产力条件和社会生活方式相适应的，随着社会生产力的发展，必然会与现代化生活需求产生巨大的矛盾，基础设施如水、电、气以及环境卫生设施等的滞后，严重影响了居民的生活环境和生活水平。

（4）交通现状有待提升。传统村落内道路的选线往往结合不规则的自然地形布置而成，最终形成自由式路网格局，虽然能够较好地满足地形、水系等限制条件，但也存在道路布局无序、非直线系统较大、不便于交通组织和管理等缺点，尤其在导向标识缺乏的情况下，交通组织的可识别性过低，容易造成交通紊乱。

在进行了现象总结后，我们尝试对传统村落的现状进行归纳分析，寻找到现象与本质的内在关系，从而科学地提出关于保护传统村落建筑风貌特色的建议。

2）现状分析

（1）新旧分离空间布局——新址新建、接壤新建

一般我们所说的村落边界主要是指有形的物质边界，如自然地理边界，其中又包含了村落地理位置和村落人口，边界是村落社会日常生活中的地点和空间的交集。由于交通技术与自然环境等原因，传统村落往往处于相对孤立和隔离的状态，但是随着现代通信与交通的发展，在短暂的时间、狭小的空间内让村落传统与现代形成了大规模的相遇。特别是近年来，村落的新旧分离布局，如新址新建等逐步打破了村落的固有边界，让传统村落呈现出了新的布局空间。

新址新建可以分为两类：

一是另选新址，即离开原有传统村落建设区。村落原处的地理位置或地貌因素不佳，导致经常有自然灾害（水灾、泥石流），威胁和损害了村民的人身财产安全。为了防止不必要

的损失，对于此类村落，政府部门在进行新农村规划建设时，会综合考虑对村落进行选址搬迁建设。除了对自然灾害的考虑，由于受到山体或地形的限制，村落原有建设范围内无法继续发展，在进行规划时，为了满足村落新的发展需求，便有选择地在一定范围内的其他适合村落建设的地方另选新址。

这种方式受原有村落的限制较少，发展空间比较自由，但应该遵循相应原则，依山就水、节约农田，选择便于村民生产生活的交通条件。同时要注重景观，保护旧村传统风貌，避免对旧村格局和重要景观要素造成破坏或遮挡，如避开传统村落的风水塘、风水林、后龙山等重要景观要素。另外，还需要有良好的发展前景，为村落以后的发展预留充足的用地。

扩建发展是新址新建的第二种情况，这需要有一个科学合理的村庄规划进行指导和控制。在原有传统村落的基础上，新村布局和建筑形式要与旧村协调，需谨慎处理新村与旧村的关系，特别是新旧村接壤区域，在建筑形式、外观体量和高度上要适当地进行控制，避免突兀地改变原有肌理。

关于接壤新建，村落在原有选址范围内拥有成片历史风貌较好的建筑，在此基础上，传统村落拥有一定的历史和旅游资源，外来迁移人口逐渐增加，村落原有民居、基础设施的承载力严重不足；在建设社会主义新农村政策提出以后，政府对这类村落的资金投入有所增加，村落发展也越来越好，村民对改善居住条件的渴望越来越强烈。那么，为了能够就近享受村落本身所拥有的资源，新建建筑便只能在原有村落边界处建设。

（2）新旧融合空间布局——置换翻建、插空新建

置换翻建和在村落内部原有闲置空地上插空新建是新建建筑镶嵌在原有村落中的两种新旧融合布局情况。笔者在调研中发现，一些村落的周边发展余地较小，虽然发展用地比较紧张，但经过多年自给自足的生活，已经形成了融洽的邻里关系，建筑选址很好地与当地的地形地貌结合。对于这些村落，在乡村建设中，本着尊重村民意愿的原则以及对原有基础设施的充分利用，会对一些建筑质量不好的建筑进行置换翻建。但是，翻建的过程中需要对当地传统村落民居的形制、色彩、材料进行严格要求。村民是村落各个空间联系中最活跃、有效的影响因素，村民意识观念的转变会直接影响村落的建设，进而影响村落风貌特色的变化。

以湖南省通道侗族自治县皇都村为例，作为第六批中国历史文化名村，皇都村具有鲜明的格局特色与价值，是侗族传统文化的重要载体之一。但是皇都村寨自1990年以来发展迅速，建设突飞猛进，规模不断扩大，村寨整体风貌及特色也受到空前的威胁。鉴于此，在湖南省通道侗族自治县皇都村传统村落保护发展规划中，明确划定了村落保护边界与老寨建筑分类保护和整治方式（图8-48、图8-49）。

（3）异质同构——新材料、新技术的运用

传统村落建筑材料可分为结构性材料、功能性材料和装饰性材料三种。各种材料根据其自身的物理性能、经济性以及造型特征，在传统村落建筑三个部分中形成物质实体，展示民居建筑的造型、体量、颜色以及肌理等。随着社会经济的发展，建筑材料越来越多样化，村落建设过程中对材料的运用不再单一化，对建筑的装饰也更加丰富多样，有的建筑对材料的运用比较贴切，与村落中原有建筑相融合，没有改变建筑的传统风貌。但是，有一些村落中新建的建筑对材料的运用则比较夸张，严重破坏了传统村落的风貌。异质同构手法对于不同的村落，具体的适用效果不同，需要在调研的基础上充分理解当地材料的特性，才不至于对

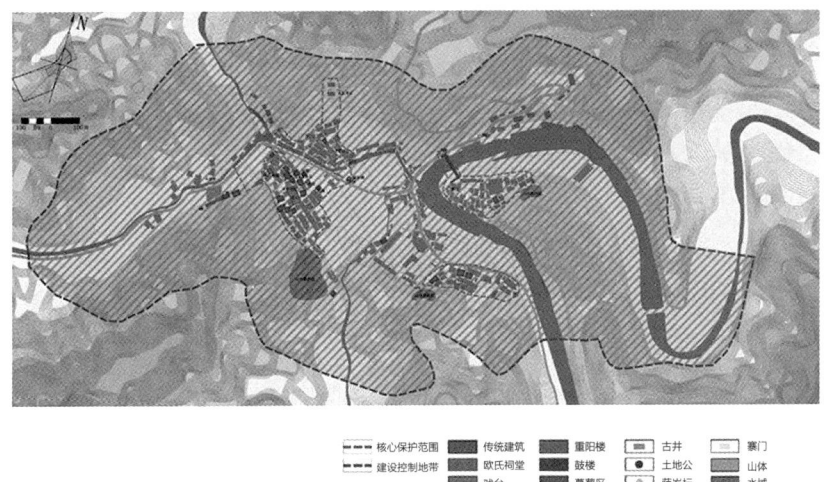

图8-48 老寨保护区规划图

图片来源：湖南省通道侗族自治县皇都村传统村落保护发展规划

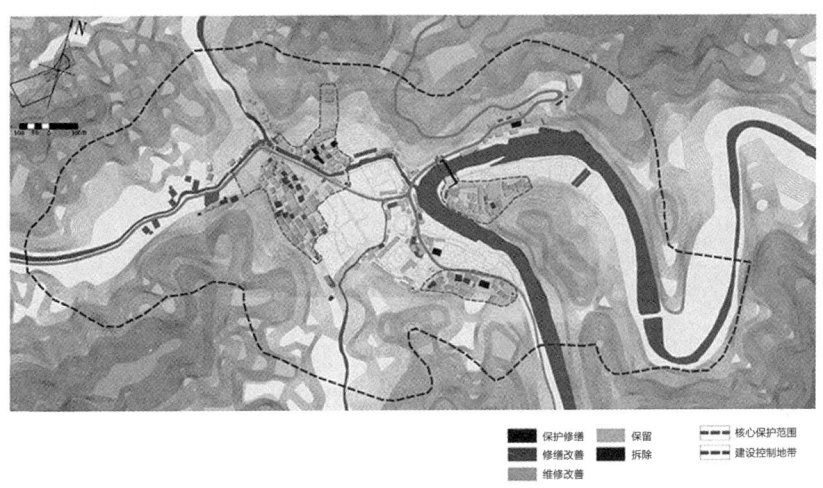

图8-49 老寨建筑分类保护和整治方式规划图

图片来源：湖南省通道侗族自治县皇都村传统村落保护发展规划

风貌造成断裂式的破坏。

以湖南怀化芋头村为例，芋头村民居建筑以木构民居为主，是典型的侗族地区常见的干栏式木楼。楼下安置石碓，堆放柴草、杂物，饲养牲畜；楼上住人。前半部为全家休息或从事手工劳动之场所；后半部为内室，其中设有火塘，是全家取暖、烧饭的地方。侗族民居一般是一家一栋，也有将同一宗族各家的房子连在一起的，廊檐相接，可以互通。新村住宅设计也延续了侗族民居的基本特征，在材料使用与构件上都尽可能参照传统形式（图8-50）。

3）影响因子

将影响传统村落风貌特色的相关因子进行归类比较，我们发现，随着现代社会经济的发展和进步，在村落的建造技艺方面对自然的依赖性已经没有原来那么强烈了，原有的宗族观念、风水思想、防御需求等传统因子对村民在修建房屋时的影响也在减小。此消彼长下，随着我们社会意识的提高，绿色环保思想被逐渐认可，生态意识、民俗信仰、地缘关系等因子对村落建设的影响逐渐增强[10]。此外，社会的进步也给我们带来了一些新的理念和技术，通过这些不断被弱化、强化以及新增的影响因子之间的相互作用，让传统村落风貌特色在生态景观、空间形态、地缘关系等方面有了不同的变化。针对这几方面的不同特性，相应地提出了保护传统建筑风貌特色的考虑因素（图8-51）。

新村住宅一效果示意　　　　　　　芋头村现有民居一照片

新村住宅二效果示意　　　　　　　芋头村现有民居二照片

图8-50　芋头村民居新旧对比

资料来源：湖南省通道侗族自治县芋头村传统村落保护发展规划

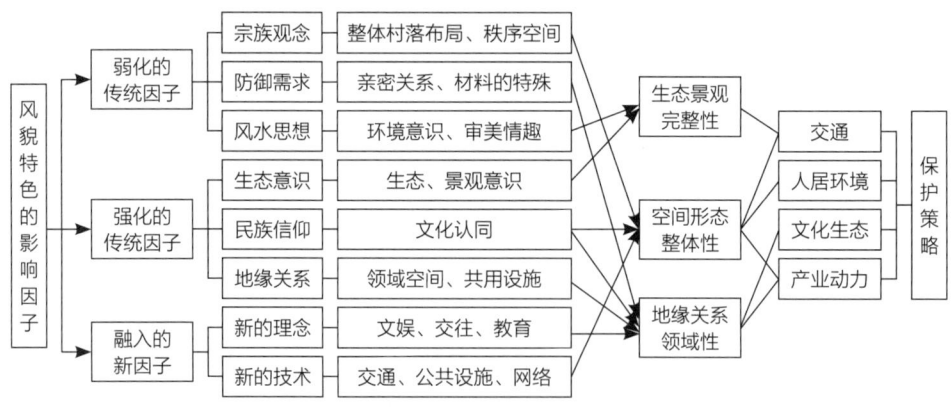

图8-51　传统村落风貌特色的影响因子关系

图片来源：伍梦思.基于生命科学视角的湖南传统村落修复模式研究[D].长沙：湖南大学，2018

8.4.2 保护建筑风貌特色的考虑因素

传统村落承载着独特的建筑风貌与特有的空间形态，并且传统村落的发展机制与社会经济环境在乡村城镇化的快速变迁中已发生了深刻变化。在保护和延续村落传统风貌特色的基础上，通过采取渐进有机的更新策略，提升古村功能、改善居民的人居环境，才能逐步将现有传统村落改造成为延续地方传统特色、环境优美、布局合理、各类设施完善的现代化新社区。

1）交通

交通对于一个地区，类似于血脉对于人体，通则不痛；传统村落原有交通肌理的形成，是基于之前的村落环境、人们的生活方式以及当时的生产技术逐步发展而来的，现阶段，随着生产力水平的不断发展，也由于年久失修，原有交通已无法满足需求。

不同于城市交通的特点，弯弯曲曲的小尺度街道是村落的主要道路形态，相对稳静化的交通体系和慢节奏的生活方式是传统村落乡土文化的一部分，承载着出行方式的村落交通应避免整齐划一、宏大叙事的道路规模。同时，交通也是不同村落之间的特色体现，交通规划不是同质化的批量生产，应该统筹考虑各个村落的特色，根据自身的资源禀赋积极打造特色交通，避免"千村一面"的交通形式。

2）人居环境

村落的人居环境体验是多维的，人们自发或共勉的行为活动发生在不同等级、不同大小的村落环境中。也因如此，人们在感受传统村落小尺度私密空间时，其环境要素（如墙、门等）的尺度、形式及色彩反馈来的空间感受、心理感受不同，相应地带来的行为活动也会有差异[18]。

传统村落中的整体人居环境由自然环境要素、建筑、小品、道路等构成，对于自然环境，应注重对村落周围自然环境的保护，包括地形、地貌、植被、河流等，保持传统村落自然美学价值和特色景观风貌，达到村落与山水田园、自然植被融合共生（图8-52）。除了自然环境要素，人工环境中的建筑对传统村落的影响比较大，材料、尺度、装饰是建筑室内环境的主要表现，因此，不同的要素形式、细节装饰手法及外观上的色彩差异性能传达出不同的村落风貌特色，对于人工环境的改善也是需重视的一方面。

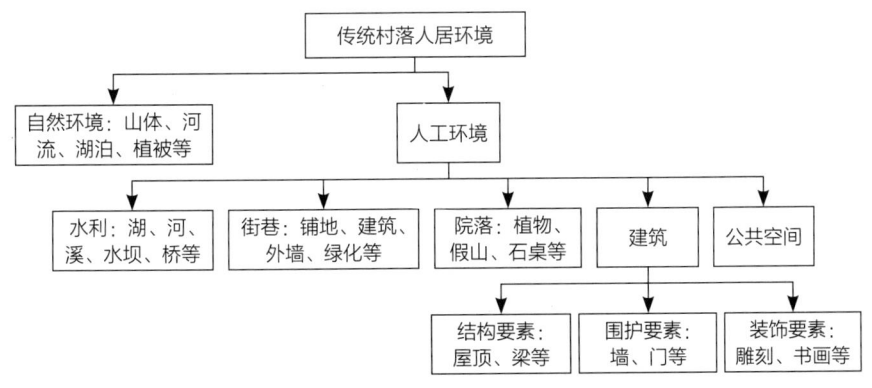

图8-52　传统村落人居环境类型

图片来源：许伟.徽州古村落空间整治对策研究[D].合肥：安徽建筑大学，2012

3）文化生态位

每一种生物都在生态系统中作为构成系统的因子而存在，并具有相应的地位和作用，即处于一定的生态位，这种生态位指的是自然生态系统中，一个种群在时间、空间上的位置及其与相关种群间的功能关系，表示一个种群在一个群落中的角色和生存方式。如果将传统村落的每种文化都看作物种，则每种文化物种都有与之相对应的"文化生态位"。

村落本身是一个特定范围的社会单元，乡民们在生产生活过程中形成了相应的文化。李建华博士在论文《西南聚落形态的文化学诠释》中将"文化生态位"引入西南聚落文化层级理论的构建，借用这种研究方法，我们同样可借助文化生态位作为时间和空间的标尺，厘清文化物种的相互关系，以便更加系统地提出对传统村落文化特色的保护[19]（图8-53）。

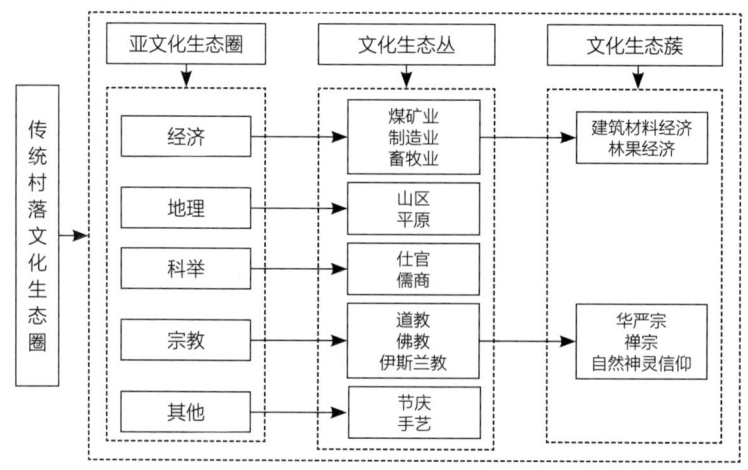

图8-53　传统村落文化生态圈

图片来源：席丽莎.基于人类聚居学理论的京西传统村落研究[D].天津：天津大学，2013

传统村落的产业结构直接反映出其空间形态，村落中不同的产业结构对村落空间形态的影响不同（图8-54）。当村落中的生产方式只有比较单一的农耕、生产力水平比较落后的时候，村民的唯一劳作对象就是土地，而土地上的农业生产也只是在村民居住点之外的田间进行，村落的用地一般都以合理的耕作半径为依据而进行布局[10]。对于人多地少的地区，因为需要经常对土地进行管理，耕作的半径较小，因此村落一般是规模小而密度大，空间形态分布也相对松散，而地多人少的地区则相反。随着经济的不断发展，开始有手工业和商贸等，直至新型产业出现，村落中的产业结构发生了变化。而不同的产业结构对区位选择的要求也不同，村落的空间形态结构便随着这种变化做出相应调整。

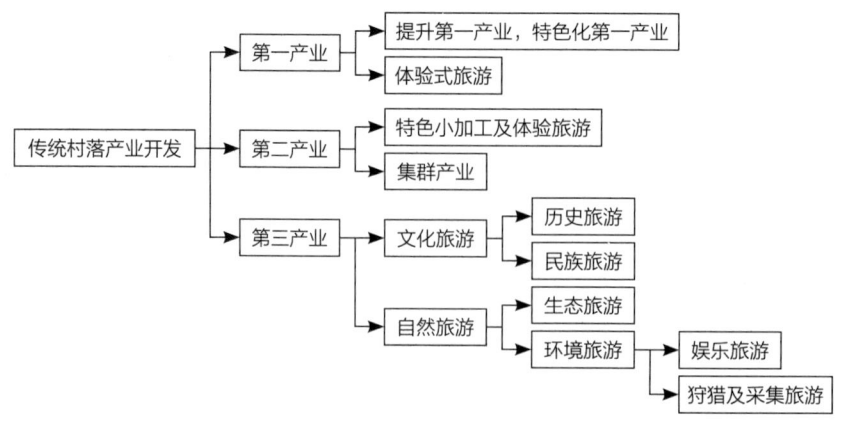

图8-54　传统村落产业开发类型

图片来源：孙亚.产业转型视角下传统村落更新与发展策略研究[J].建筑与文化，2017（6）：246-247

随着城市化进程的不断加快以及建设社会主义新农村政策的提出，城市产业的升级与转移和城乡产业的调整，对传统村落空间形态产生了很大影响（图8-55）。首先，有的城市产业进行发展与外迁，周边乡镇对这些转移产业的接纳和用地布置引发了村落就业结构的变化，外来人口增加引起了居住空间的变动，如此种种，都对传统村落的空间形态变化产生直接影响；其次，在政府相关政策的扶持下，村落通过工业化生产和经营实现乡村非农化的发展方式，也影响了村落空间形态的变化；最后，村民对农业生产技术的改进，也扩展了农民的生产和生活活动空间，进而使村落的空间形态发生变化。

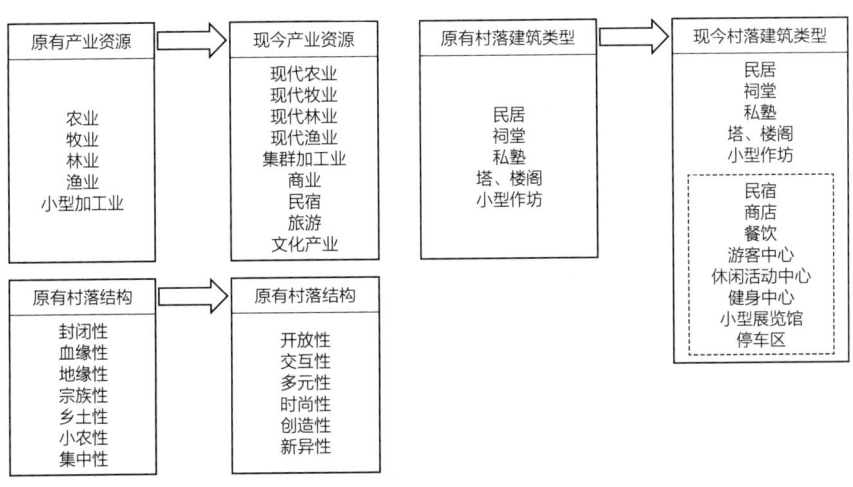

图8-55　产业转型下村落资源、村落结构和村落建筑类型变化
图片来源：孙亚.产业转型视角下传统村落更新与发展策略研究[J].建筑与文化，2017（6）：246-247

8.4.3 基于乡村建设的传统村落风貌保护模式

传统村落保持着相对较好的生态环境，景色优美、气候宜人，其特色的延续和创造，一方面是人们精神生活的需求，另一方面是吸引外来投资和外部消费的重要因素。这就决定了很多传统村落只能以第一产业、第三产业作为发展的主导产业。国内外很多特色村落通过发展旅游产业，形成了以资源环境可持续利用为基础的经济发展模式，使村落的自然资源和生态环境得到保护。国外对乡村旅游的研究始于20世纪50年代。政府机构主要强调乡村旅游在促进乡村经济多元化、扩大就业率、推动地方经济、拯救乡村方面起到的积极作用。多数学者认同乡村旅游对乡村经济和就业有一定的促进作用。

结合乡村旅游产业开发现状和市场需求，乡村旅游产品大致有以下模式：生态观光模式、民宿体验模式、历史文化模式、产业引导模式等。根据笔者对中国传统村落和中国历史文化名村旅游开发现状的梳理，选取中国古村落旅游开发较成功的案例分析，以期找到促进产业发展和增加经济收入良性互动的全新视角。

1）民宿体验模式——浙江松阳平田村

关于乡村建设，习近平总书记曾指出："即使将来城镇化达到70%以上，还有四五亿人在农村。农村绝不能成为荒芜的农村、留守的农村、记忆中的故园。""美丽乡村要望得见山、看得见水、留得住乡愁。"近些年来，随着市场需求的变化，远离都市喧嚣，以追求乡村意境、融入当地居民生活、享受慢生活为特点的"民宿旅游"悄然兴起。

民宿经济是当下乡村经济建设的一个重要载体。传统村落可以充分利用自身文化价值大力发展传统村落民宿,获取再生力。打造传统村落民宿经济的关键是要充分挖掘传统村落的内在特质,让游客能够完全体验到一种生态、一种状态、一种生活,让传统村落民宿有灵魂、有生机、有人情味,有其特有的思想内涵。

松阳县隐藏着100多个格局完整的传统村落,是华东地区传统村落数量最多、保存最完整的地方,平田村就是其中一个群山环抱的传统村落。这里海拔610多米,雨水充沛,云雾缭绕,古民居呈阶梯式层层铺开,所以又称"云上平田"。村庄虽然很美,但与许多传统村落一样,都面临着老房子看起来很美,但住下来很难的问题。当地政府邀请清华大学、中央美术学院等高校的建筑设计团队进行老房子的改造和功能更新。通过对原有闲置民居的改造,赋予原民居新的功能,使其复活,并拉动整个村落的产业复兴和再生(图8-56)。

图8-56　浙江松阳平田村

图片来源:作者自摄

2)生态观光模式——新加坡农业公园

新加坡的生态旅游是建立在生态园区综合开发基础上的复合型产业。从20世纪80年代起,新加坡政府设立了十大高新科技生态开发区。在这些生态园区内,建有50个兼具旅游特点和提供鲜活农产品的生态旅游走廊,有水培蔬菜园、花卉园、热作园、鳄鱼场、海洋养殖场等,供市民观光。还相应地建有一些娱乐场所。不仅为新加坡人提供了生态旅游场所,每年还会吸引500万~600万国外旅游者。经过多年的建设,新加坡生态园区已成为具有高附加值农产品生产与购买、生态景观观赏、园区休闲和出口创汇等功能的科技园区,成为与生态生产紧密融合的、别具特色的综合性生态公园(图8-57)。

图8-57　新加坡农业公园

图片来源:湖南省通道侗族自治县皇都村传统村落保护发展规划说明书

3）历史文化模式——贵阳市青岩镇西街村

贵阳市青岩镇西街村位于贵阳市南郊，距市区约29km。青岩古镇是贵州四大古镇之一，是建于600年前的军事古镇。古镇内设计精巧、工艺精湛的明清古建筑交错密布，寺庙、楼阁画栋雕梁、飞角重檐相间，悠悠古韵，被誉为中国最具魅力的小镇之一。青岩古镇为贵州省级历史文化名镇之一，历史悠久、名人荟萃，文化氛围极为浓郁。古镇方圆3km²范围内，祠宇林立，建有9寺、8庙、5阁、2祠、1院、1宫，近30座庙宇祠堂，其中不少至今保存完整。这批古建筑布局合理、气势雄伟、雕梁画栋、重檐飞角，建筑工艺精妙绝伦，令人叹为观止，吸引了大量游人（图8-58）。

图8-58 贵阳市青岩古镇

图片来源：湖南省通道侗族自治县皇都村传统村落保护发展规划说明书

4）产业引导模式——浙江丽水市摄影村落

旅游，不仅可以成为传统村落的核心发展动力，使村落以美景、美食、文化闻名于世，成为世界知名的旅游景点，支撑传统村落的发展，更重要的是，旅游可以与传统村落的产业融合，成为传统村落发展的展示窗口、产业提升的动力引擎[20]。传统村落产业引导包含了第一产业和第二产业。第一产业包括农业（农业观光、农业科普教育、农业参与体验）、牧业（牧业观光、养殖业、牧业体验）、林业（特色林业、林业观光）、渔业（渔业观光、特色渔业、休闲垂钓）；第二产业包括工艺展销、工艺体验和农副产品加工等。

每一个传统村落的传播都需要一幅精美的画面，因此，打造第一眼的魅力是传统村落吸引人的前提。从最基本的环境优化和风貌美化入手，带动整个村落的发展，是现在很多村落的发展模式。浙江丽水市——中国第一个明确以摄影作为区域发展动力和特色的范本。其中古堰画乡是"丽水巴比松油画"的发祥地，近200名创客入驻发展，每年接待写生创作者超过15万人次。古堰画乡按照艺术小镇、旅游小镇和创业小镇"三镇合一"的理念，打造成了"景美、民富、镇强、兴业"的特色小镇（图8-59）。

传统村落产业转型必然催生新的建筑类型。老街被开辟为旅游步行主干道，出现了为游客服务的商品店铺、家庭旅馆和餐饮业。产业转型带来建筑功能的多样化与复杂化，如何保证在原有传统布局下融入新功能是村落发展必须面对的问题之一。在适应产业需求植入空间的同时，应注意原住民生活习俗的整体保护。特色民宿以当地生态环境为基础，村民成为其经营主体，实现了旧乡愁与新乡村的传播，物质与非物质文明的良性传承。民宿的开发应该依托于村落文脉、人脉和地缘，不仅要复活传统民居的文化生命力，使游客在饮食起居上感受当地民俗风情，也应以当代的视角体验、解读历史文化遗存。

图8-59 浙江丽水市的摄影村落

图片来源：作者自摄

参考文献：

[1] 辞源：纪念版[M].上海：商务印书馆，2009.

[2] 王伟，王建国，潘永询.空间隐含的秩序：土楼聚落形态与区域和民系的关联性研究[J].建筑师，2016（01）：95-103.

[3] 李乾朗.穿墙透壁：剖视中国经典古建筑[M].广西：广西师范大学出版社，2009.

[4] 陈小将.鄂北家族卫戍型聚落研究[D].武汉：华中科技大学，2013.

[5] 林莎莎.郴州汝城县明清时期宗祠研究[D].长沙：湖南大学，2010.

[6] 叶先知.岭南水乡与江南水乡传统聚落空间形态特征比较研究[D].广州：华南理工大学，2011.

[7] 李艳旗.湘南地区单一姓氏聚居传统村落建筑布局研究[D].长沙：湖南大学，2010.

[8] 马丽，郭温溪.传统村落风貌的保护方式探索：以浙江宁海县许家山村为例[J].装饰，2016（01）：126-127.

[9] 陆保良.村落共同体的边界变迁与村落转型[D].杭州：浙江大学，2012.

[10] 王苗.新农村建设影响下京郊传统村落空间形态的变化研究[D].北京：北京建筑大学，2013.

[11] 薛林平，李博君，包涵.北京门头沟区琉璃渠传统村落研究[J].华中建筑，2014（09）：144-150.

[12] 肖薇，朱霞.传统村落叙事空间的蒙太奇重构[C].2014中国城市规划年会.

[13] 季文媚.风水理念对中国传统建筑选址和布局的影响[J].合肥学院学报（自然科学版），2008（02）：69-71.

[14] 梁译文.湘西土家族传统聚落建筑文化研究[D].广州：广东工业大学，2013.

[15] 任艳妍.岭南乡村聚落景观空间形态研究：以广东番禺大岭村为例[D].长沙：中南林业科技大学，2012.

[16] 郭春.湘南传统公共建筑探析[D].长沙：湖南大学，2003.

[17] 许伟.徽州古村落空间整治对策研究[D].合肥：安徽建筑大学，2012.

[18] 何峰.湘南汉族传统村落空间形态演变机制与适应性研究[D].长沙：湖南大学，2012.

[19] 席丽莎.基于人类聚居学理论的京西传统村落研究[D].天津：天津大学，2013.

[20] 孙亚.产业转型视角下传统村落更新与发展策略研究[J].建筑与文化，2017，（06）：246-247.

第9章
传统村落建筑的综合价值评估

历史建筑是丰富而鲜活的传统文化的活化石，是传统文化及生活的见证者，中华文化的灿烂性、多样性和地域性体现及文化的创造性根植于其中。我国的历史建筑大多以聚落形态出现，也就是说——村落建筑构成了数量庞大的历史建筑的主体[1]。村落建筑是没有建筑师的建筑，由工匠直接建造，是"传统文化的明珠"和"民间收藏的国宝"。它反映了不同时期、不同地域、不同经济社会发展阶段形成和演变的历史过程，真实记录了传统建筑风貌、优秀建筑艺术、传统民俗民风和原始空间形态[2]。

传统村建筑价值指的是传统村落的建筑所蕴含的建筑学体系相关的价值，包括历史价值、文化价值、社会价值、美学价值、技术价值、经济价值这六大价值；而建筑的适应性则指传统建筑适应当代生活需求的潜力，"适应性再利用"的过程即在保留传统建筑历史特色的前提下，对传统建筑的转化和改造，使其适合现代的生活方式和内容。综合传统建筑的价值及适应性，便可得出传统建筑的综合价值。

在城镇化的浪潮中，传统村落正在以令人咋舌的速度消失，原因很多：人们对传统村落价值的忽视，传统建筑的价值不明确，保护措施不全面等。我国现有的传统村落建筑的保护机制是借鉴国外的方式，对传统村落建筑以历史遗产保护的方式进行处理[3]。传统村落建筑价值评价体系和适应性的现有成果仍有待进一步的深化，其关于建筑综合价值的论述和评估有很大的提升空间。建筑遗产作为一种人类物质同精神财富的集合体，一种乡土建筑的类型，对于社会及人居环境的构建具有巨大的意义和价值[4]。以价值论的角度认识和评价建筑，以传统建筑的现代多元需求适应性为切入点认知传统建筑的巨大价值，尽可能多地提出客观的、可量化的指标，才能更综合、更科学地认识到传统村落当中建筑的综合价值，更好地保护这一当代的文化瑰宝[5]。

本章以传统村落建筑的价值和适应性认知为基础，以层次分析法、德尔菲法为量化手段，结合传统村落建筑的现状，明晰传统村落建筑综合价值评估的体系[6]。通过对传统建筑综合价值多层次、多目标的综合评判，能从总体上把握传统村落建筑价值的高低优劣，对其资源价值、现状条件与旅游开发条件做出科学合理的评定。既能全面深入地挖掘传统村落蕴含的特色、价值与意义，又能诊断出其存在的问题与不足，为传统村落建筑的评价和开发保护提供依据。

9.1 传统村落建筑的价值

为了适应复杂的地理和气候条件，不同民族、不同地域的建筑形成了不同的特色，而传统村落建筑凝聚了一个民族和地区的历史、生活习惯以及在情与理上的共识，是传统文化和民族特色最直观、最真实的载体与表现形式，有利于发扬传统精神，传承历史文化。中国的地形丰富多样，分为盆地、平原、丘陵、山地、高原等，再加之不同的气候条件，对各个地区的传统村落建筑产生了深刻的影响，由此形成了不同的地域特色。这些特点为价值特色的研究提供了重要的实物资料，也为建筑体系注入了新的活力和更为丰富的文化内涵。通过各异的传统村落建筑，我们可以了解到每个地域的民族风格和文化特色。传统村落建筑承载着中华民族文化的精华，是农耕文明不可再生的文化遗产。

我国现存的传统村落建筑分布广泛、类型众多、地域特色鲜明。在当今城镇化的浪潮之中，历史建筑面临着空置、损毁，甚至是破坏。要留下传统村落建筑这一宝贵的历史文化遗产，就要对其价值特色有深刻的认识。在研究传统村落建筑的价值特色时，我们主要依照以下六个方面展开：

（1）历史价值特色。历史价值指传统村落建筑在历史沿革中所处的地位，其带有时间的唯一性决定了它存在的本身就具有历史价值。

（2）文化价值特色。文化价值指传统村落建筑中蕴含的中国人民深层次的内向型性格所表现出来的建筑特色，包括"天人合一"的思想、风水观念、宗法伦理等方面。

（3）社会价值特色。传统村落建筑中的社会价值包括传统文化、地域特色、人文内涵等。

（4）美学价值特色。传统村落建筑的美学价值指的是建筑本身的特色，主要包括造型艺术和细部装饰。

（5）技术价值特色。指传统村落建筑的营造方法、结构选型、材料选用、适应不同气候的建筑处理手法。

（6）经济价值特色。指传统村落建筑对于当今社会所具有的经济价值，包括直接经济价值和间接经济价值。

本章就传统村落建筑的价值特色展开研究，以期为传统村落建筑价值体系的研究奠定基础，并为其保护工作提供价值论的理论认知。

9.1.1 历史价值

探究历史价值前应首先对"历史的"做基本的认识。历史价值指对象在反映与历史上各种政治、经济、军事、人文因素相关的史料方面的价值，传统村落建筑是文明进程中的载体。"建筑是石头的史书"，如此说来，传统村落建筑就是一本记录了中国两千多年农业文明的史册。陈志华先生曾指出，二十四史不过是冗长的皇帝家谱和断烂朝报，宫殿、府邸、陵墓、庙宇宣示的是王侯将相的荣华富贵，而真正劳苦功高的大众百姓，却被文明置若罔闻，在历史的长河中湮没。没有传统村落建筑的历史是片面的，没有传统村落建筑的文化遗产是不完整的。这部两千多年的农业文明史详尽且生动地记录在传统村落和传统村落建筑中。

从宏观上看，传统村落建筑直接反映着我国各个历史时期人类的衣食住行等生活状况和经济、体制、生产力、生产关系等社会状况。如浙江余姚河姆渡遗址、西安半坡遗址反映了原始社会时期的居住状况，安阳小屯村殷墟遗址、湖北蕲春西周干栏建筑遗址反映了奴隶社会时期的居住状况，云南宁蒗永宁的摩梭人民居则反映了母系社会的居住状况。还有各种类型的传统村落建筑的发展和演变，如土掌房向"一颗印"的演化，都是人类历史、建筑历史的发展研究不可或缺的依据。

从中观上看，传统村落建筑还以聚落的形式见证了某一组群的兴衰成败。比如客家土楼，其兴建的高潮是在中国动乱与客家族群由中原向南方迁移之际，这些时期包含唐宋"黄巢之乱"、南宋政权南移与明末清初。直至17世纪之后，不但让客家人最后定居于中国东南沿海，也让客家土楼分布地点以中国闽粤地区为大宗。从历史学及建筑学的研究来看，福建土楼所秉持的"御外凝内"的建筑方式正是出于族群安全而采取的一种自卫式的居住样式。它深刻地反映出了当时国家对外有倭寇入侵，对内又年年都有内战的形势。这反映的是土楼外的社会历史环境大背景。而土楼里，同一个祖先的子孙们在同一幢土楼里形成一个独立的社会，共存共荣，共亡共辱，又书写了一部耐人寻味的家族史，将这个族群紧紧地凝聚在一起。

从微观上看，传统村落建筑细腻地记录下了每一个家庭甚至每一个人的家居生活和文化生活，从建筑的选址、形态、布局、形制和规模，到大门的尺寸、窗棂的装饰、院落的花草，就可以读出他们的生活。人生中的婚丧嫁娶、礼俗文娱、理想、劳动、信仰都在传统村落建筑上留下了鲜活的印记，令人浮想联翩[7]。

由此可见，没有传统村落建筑历史的历史是不完整的，传统村落建筑的历史价值是多方面、多层次的，需要多角度的研究和发掘。历史没有贵贱优劣之分，只有真假之别。"一个国家、一个民族，它的历史极其复杂多样，它应该是小心翼翼加以保护的文物建筑，应该和它的历史的丰富性和多样性相适应，尽可能全面地以实物见证它的历史。"

9.1.2 文化价值

传统村落建筑是当地居民基于本地区的地理环境、环境等自然特征，选取当地特色材料，建造出来的富有当地人文地理特征的乡土建筑，这些建筑也从某种程度上反映了人民群众对物质与精神的生活诉求。

传统村落建筑对于当地的地域建筑设计具有较高的参考价值。先民在这片地形复杂多样的土地上，因地制宜，顺应自然，将天人合一的哲学思想深深地镂刻在传统村落建筑之中。这体现了古代人民早在几千年以前就已具有可持续发展的前瞻性。对比现在建筑的过分模式化和"千城一面"的现象，传统村落建筑的思想内涵和建筑手段在当今依然具有其时代意义。

传统村落建筑的文化价值主要包括三方面："天人合一"的理念、风水理念和宗法伦理。

1)"天人合一"

"天人合一"是我国儒家学者所推崇的思想，"天"是客体，是指无所不在、无所不从的大自然，"人"是主体，是与天地共生，一代一代繁衍的人，主体融入客体，形成根本的统一，从而达到"天人合一"的境界。《孟子·尽心》中有"上下与天地同流"。老子《道德经》说："人法地，地法天，天法道，道法自然。""天然耳……以天言之，所以明其自然也。"《庄子·齐物论》说："天地与我并生，而万物与我为一。"可以说，热爱自然，顺其自然，崇尚自然，将人与天地视为一体，不可分割，是我国自古以来所遵循的法则。

传统村落建筑以适应人类的发展为需要，为居民提供了一个良好的生存空间和生活环境，是指人、地、天虽各有其内在的机制，但它既包含了人对自然规律的遵循与适应，还包含了人对自然的改变与改造，更揭示了和谐自然、和谐共生的道理。"天人合一"的儒家思想，在我国传统村落建筑空间上也处处有所体现。如在房屋的选址、房屋的色调、房屋的用料、房屋的布局等方面无不体现出自然、古朴、协调与和谐共处的"天人合一"的思想。可以说，传统村落建筑形式多种多样，类型丰富多彩，功能独到齐全，折射出了"天人合一"的文化内涵。

2）风水

风水古称堪舆之术，以考察环境的整体性为特征。《皇帝宅经》主张："以形势为身体，以泉水为血脉，以土地为皮肤，以草火为毛发，以舍屋为衣服，以门户为冠带，若如斯，是事严雅，乃为上吉。"清代姚延玺在《阳宅集成·卷丹经·口诀》中强调整体功能性，主张："阳宅须教择地形，背山面水称人心，山骨来龙昂秀发，水须围抱作环形，明堂宽大斯为福，水口收藏积万金。关煞二方无障碍，光明正大旺门庭。"（图9-1、图9-2）

图9-1　风水学中最佳宅址

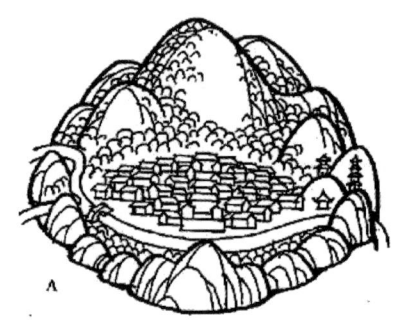

图9-2　风水学中最佳村址

图片来源：滕野.风水[M].北京：中国物资出版社，2012

风水学，实际上是一门系统规划学说，是人们选择建筑地点时，对气候、地址、地貌、生态、景观等环境因素的综合考虑。郭璞的《葬经》云："气乘风则散，界水则止。古人聚之使不散，行之使有止，故谓之风水。风水之法，得水为上，藏风次之。"亘古以来，对风水最为讲究的是中国东南地区。

3）宗法伦理

以血缘关系为纽带，以宗族、宗祠为平台，以宗法伦理为规范。"国家同耕"是我国古代宗法社会的主要特征。有血缘关系的家是小家，以血缘关系为基础，以宗法社会为纽带联系起来的就是大家。家是国的缩影，国是家的扩大，家家相连，家国相通，形成了上上下下、君君臣臣、父父子子的关系。所谓"齐家治国平天下"就是由血缘关系衍生出来的宗法伦理。这种宗法伦理几千年来对我国传统建筑影响极大。由于受到各自的区域文化的影响，各个地域对宗法伦理的理解和诠释又各有不同，因此形成了各自的宗法伦理体系[8]。

9.1.3 社会价值

传统村落建筑的社会价值指其作为人类社会特有的文化遗产，其生成、存在和传承等都离不开人类社会，是人类社会的创造能力、认知能力和群体认同的集中体现。传统村落建筑的生成是不同历史阶段人们智慧创造的结果，其设计、施工、使用、维护等不可能只由一个人完成，这是集体能力的体现。而传统村落建筑的传承和保护更是后人共同面对的重大课题，需要全社会来参与思考和实践。

传统村落建筑的社会价值是建筑价值的延伸和外在的体现。

1）积淀优秀传统文化，传承民族灿烂文明

传统村落建筑的建筑年代较为久远，不仅有独特的建筑艺术风格，更凝结着我国传统文化的精髓，已经超越了建筑本身的价值和意义，作为独特的存在屹立至今，向世人鲜活地展现它们在历史河流中沉淀下来的文化内涵。历史风貌建筑的存在史是五千年中华民族文化的凝结，而每一栋历史风貌建筑，都是这些历史的缩影，是沉淀。

2）展现特色地域文化，丰富传统村落建筑价值的新局面

每一栋传统村落建筑的产生和传承都有着深刻的时代背景。时空的不可逆性决定了传统村落建筑自身的特殊差异和不可移植的特性，时间不同，空间不同，传统村落建筑也会有所不同。也就是说，由于时代不同所造成的不同风格的传统村落建筑反映的是各个地方的风格和社会特色，因此我国地域文化的差异性和多样性能很好地展现出来，民族宝贵的历史财富和文化遗产也就一目了然了。

3）发掘传统村落建筑的人文内涵，提高村民生活品质

不同类型的传统村落建筑对村民的生活有诸多的影响。例如北方的四合院式建筑类型，各家各户相串联，大院子套着小院子，因此有"大院"这个名称，表示一个组团，村民在各个小院子之间的走廊和大院子中穿行、交流，成为他们日常生活的一部分。又如福建省的土楼，历史原因决定了土楼的外形，生活在其中的村民往往是一个姓氏的家族，世世代代生活在这个大的组团当中，中心广场就作为他们日常交流、集会、祭祖的场所，这决定了他们的生活方式是内向性的[9]。

9.1.4 美学价值

美学作为最高形式的感性与理性的统一体，它同时具备了艺术与哲学的内涵，在建筑方面就要求物质功能与精神功能的完美结合，这样才能造出既有艺术欣赏性又具有哲学思想性的"美"的建筑。传统村落建筑通常在建筑的形态、技术、色彩、装饰等方面呈现出较高的艺术价值，给人以精神上的享受及独特的美感。不同地域的传统村落建筑有不同的建筑处理手法，加之不同的基础和结构选型，形成了多种多样的建筑外观，主要体现在造型艺术和细部装饰艺术上[10]。

1）造型艺术

传统村落建筑的造型特色体现在：

① 错落有致的封火山墙；

② 曲折起伏的坡屋顶；

③ 靠山面水的吊脚楼。

传统村落建筑以其多样的形态展现自身以及地域所独有的魅力，体现了各个地区传统村落的建筑文化、居住文化、宗教文化、民风民俗、建筑艺术、礼制思想以及使用与审美价值[11]。有着浓厚生活气息的天井院落，形制各异的坡屋顶和封火山墙的民居大屋，远远望去，青砖灰瓦，高大堂皇，平直和曲线构成了建筑的主调，封火山墙层层叠叠、高低有

致、曲折相向，顶部覆盖青色的瓦线，在白色、灰色的墙体与郁郁青山的映衬之下，仿佛可以品味到音乐的节奏和律动，翼状上翘的檐角与门罩，深色的门和窗点缀其间，整齐、均衡而又和谐，显出一种静穆的生命力与简洁、纯净之美[12]。还有湘西地区独特的吊脚楼，半立陆地、半靠山水，大多依山就势而建，呈虎坐形，有绕楼的曲廊和栏杆，其中以湘西凤凰古城吊脚楼最为典型。这些都展现着不同的建筑和艺术形态，以致近年来，各地的民用建筑也不断地借鉴传统村落的建筑元素，可见其造型艺术特色对现代建筑发展和乡土文化研究都有极其重要的价值（图9-3、图9-4）。

图9-3　湘西土家族吊脚楼

图片来源：马秋野.湘西地区土家族与苗族吊脚楼差异性研究[J].设计，2020，33（02）：124-125

图9-4　永顺县老司城村传统民居

图片来源：作者自摄

2）细部装饰艺术

湖南传统村落建筑是土木技术，也是民俗文化的艺术精品，体现了人们对建筑审美的艺术追求。而细部装饰使建筑形象更加丰富和完美，将"实用与艺术相结合，结构与审美相结合，重点与一般相结合"，木结构在构造上多采用镂空雕刻做法，如室内的藻井、檐口柱头的斜撑等，体现了装饰艺术往往与结构逻辑、构造做法有机统一，特点明显[13]。

湖南传统村落建筑的装饰不同于徽派建筑的精雕细刻、烦琐华贵，亦不同于广东民居的纷繁彩画、瑰丽荣华。它具有自身鲜明的风格特征：墙显原色、木不加彩，装饰装修服从于结构和实用功效。其细部装饰集中在柱础、屋顶、山墙、门窗等处[14]。在结合当地的气候特点和民俗传统的基础上，充分运用我国传统的象征、寓意等手法，和当地建筑材料以及雕刻与绘画等民间工艺相结合，突出体现了中国传统建筑装饰的审美观和文化内涵。

9.1.5 技术价值

传统村落建筑所包含的技术价值是人们在长期的社会实践中产生和积累起来的，从不同侧面反映了各个历史时期人们认识自然、改变自然的能力，同时也标志着它们产生的那个历史时期技术与生产力的发展水平，成为人们了解和认识人类社会发展和高潮的营造技术，对于以后乃至今天的建筑活动都产生了积极的推动作用。它包括基础的选择、结构的选择、材料的选择、被动式技术的应用等。

① 基础包括天然地基、夯土地基、灰土地基、其他掺合料加强的复合地基、桩基础和阀式基础。

② 结构分为屋面的结构、屋身的结构、台基的结构。屋面可分为歇山顶、悬山顶、硬山顶、攒尖顶、卷棚顶等，屋身可分为穿斗式、抬梁式、干栏式等，台基分为普通台基和须弥座，在传统村落建筑中只使用普通台基。

③ 材料使用较多的是石材、木材、天然土等。

④ 被动式技术的应用包括遮阳、采光、夏季通风与冬季防风、天井的利用等。

传统村落建筑的技术发展是一个连续性很强的过程，任何新技术的出现都不是偶然的，而是经过长时间的摸索和实践形成的。这种实践的过程包含了人们为了探求建筑营造活动的客观真理，揭示其发展的客观规律而进行的无差别的人类活动。将这些实践经验加以总结，便得出了前人能够知道人们改造世界的各种新的工艺操作方法与技能。其价值不仅承载着某一时代的技术信息，而且不断影响着之后的建筑营造活动，促进并推动我国建筑事业的前进和发展。

9.1.6 经济价值

传统村落建筑除自身承载的文化信息所构成的本体文化价值外，在市场经济的大环境中，大多数传统村落建筑有一定的实用功能，能够作用、服务于现代社会。传统村落建筑的经济价值即为其价值体系中衍生出的实用价值，其实用价值还包括功能价值和社会价值。主要从经济价值方面进行分析：传统村落建筑的经济价值主要指其因蕴含的本体文化价值而具备成为有吸引力的消费场所空间的潜力，从而在市场经济条件下能够激发与带动各种经济行为，产生经济效益的价值。传统村落建筑除具备历史上的使用功能外，还聚集了当时的物质文明与精神文明。采用恰当的方式，利用传统村落建筑，以满足当代社会物质和文化生活的需要，可以赋予它们经济上的意义，而经济价值又分为直接经济价值和间接经济价值。

直接经济价值：直接经济价值是传统村落建筑本身的使用功能，是事物本身具有的使用价值。由于利用已有的资产和现有建筑等基本设施，免除了拆迁和新建费用并节省了能源，从经济上获得了相当的效益。

间接经济价值：传统村落建筑的间接经济价值表现为资源价值的体现所带来的市场效应，其内在价值能够提升城市、街区的竞争力，使得周边地区的土地增值，增强周边地区的经济活力。利用传统村落价值的文化旅游还能带动周边相关配套产业的兴起[15]。

9.2 传统建筑的适应性分析

因为传统村落建筑具有历史、文化等多方面价值,对传统村落建筑进行保护的重要性不言而喻。但是传统与现代之间存在着功能需求、空间需求、能源需求等的多方面的差异。为了对传统村落进行合理的保护与改造,我们迫切地需要对传统村落建筑进行适应性研究。首先,我们需要对传统村落建筑的"适应性"进行清晰的定义,之后基于概念,对比分析传统村落建筑与现代建筑之间的共性与差异,为传统村落建筑将来的改造与再利用奠定研究基础。

当代建筑常常提及建筑的"适应性再利用",是对传统建筑的转化和改造,在保留其历史特色的前提下,使其适合现代的生活方式和内容。适应性一般包含三重含义。第一,"适应"一词常基于开发者和规划者设计和改造而着意进行,需要在保留其历史的面貌性格的同时,使其适应当代多元化的内容需求。第二,"再利用"经常用于建筑已经处于冗余或者已经完全过时了的情况,建筑的各项指标已经不适应当地的环境,所以它是需要修改的建筑物,需要重新利用以及修改某些部分来简单、有效地实现更新。第三,为保留传统建筑的隐性价值("建筑记录了人类对社会的向往与自然环境的维持能力之间力量平衡的新的理解"),需要牺牲一些经济价值(在多数情况下,为适应新的使用而改造一座旧建筑的费用要比完全新建高得多,建设周期也可能长得多)。对建筑的适应性进行研究,就是要明确传统民居建筑如何适应当代功能、空间、心理等方面的需求,为建筑的当代再利用提供参照。

根据已有的研究,选取了以下几个传统村落建筑的特点:

①选址与布局,包括风水理念、宗族文化对选址的影响,并对其布局模式进行研究;
②基础与结构,包括材料、基础与结构的类型及其性能;
③空间形态与功能,对村落建筑的内部功能及流线进行研究;
④基础设施与能源供应,对村落建筑的一些基础设施及能源供应进行研究。

根据这四类特点,对传统的村落建筑进行全面、科学、动态的建筑适应性研究,以期能发现传统村落建筑再生的可能性,保护好传统文化的重要载体。

9.2.1 传统建筑特点

1)选址与布局

(1)风水理念对传统建筑选址的影响

中国传统建筑文化一直都有天人合一、以自然为友、营造可持续发展的生态环境等顺应自然的思想。风水深深扎根于中国传统村落建筑文化的文脉中,有许多的科学性。风水理论在选址上一向注重地域对于小气候和小环境的影响。比如风水的"穴",喻作人体针灸之穴,一般是山峦环护,地势北高南低,背阴向阳的内敛型盆地或台地。在选址上,着重背山面水,负阴向阳,土肥水美,林木葱秀。在宅院朝向上,宅中北方宜宽阔高大,院落南北深长为佳,南向房要多,争取更有利的通风纳凉。在排水上,宅院以西北高、东南低为最宜,且宅前应有清澈的河溪或池塘。在交通上,择大路边道不宜过多,以便捷而又不一览无遗,不干扰宅居的私密性为原则。以上的选址定位,被认为是"藏风聚气"的最佳风水格局。

古人认为风水是选址建房前的重中之重，风水的好坏能直接影响家族的兴衰，需要优先考虑。按照"风水"理论，居室基址的选择应讲究"山水聚合，藏风得水"。老子说："万物负阴抱阳，中气以为和。"（图9-5）因此，负阴抱阳、背山面水，这是建筑选址的基本原则和基本格局。所谓负阴抱阳，即基址后面有主峰"来龙山"，左右有次峰或冈阜的左辅右弼，或称为"青龙山""白虎山"，山上要保持丰茂的植被；前面有月牙形的池塘，称为"朱雀"；水的对面还有一个对景山"案山"。轴线方向最好是坐北朝南，因为在阴阳学说中，方位也是有主从之分的，该方向既体现了面南称尊，同时也与中国在北半球温带的地理条件相适应。只要符合这套格局，有时轴线是其他方向也是可以的。基址正好处于这个山水环抱的中央，地势平坦而具有一定的坡度。这样，就形成了青龙、白虎、朱雀、玄武的"四灵守中"的风水格局[16]。

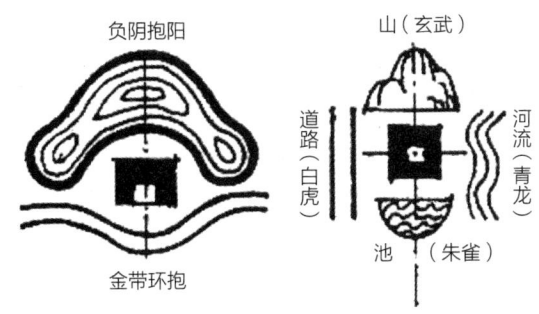

图9-5 传统风水理念

图片来源：季文媚.风水理念对中国传统建筑选址和布局的影响[J].合肥学院学报（自然科学版），2008（02）：69-71

《皇帝宅经》中指出："夫宅者，乃是阴阳之枢纽，人伦之轨模……故宅者，人之本，人以宅为家居。若安则家代昌吉，若不安则门族衰微。"阴阳乃为"风水"的别名。宅第中的居室取其闭、暗、藏、静的特征，可抵御火、噪、燥等"邪气"的干扰，是人们养阴安身的场所，阴、天井、庭院，取其露、明、张、放的表象，能一定程度上抵御寒、湿、风的侵袭，但相对于居室而言，具有纳阳、引风、排水的作用，是室外活动的小天地，属于阳。因此，庭院的院落式住宅布局符合了阴阳学说中的有序、变化与平衡原则，达到了趋吉避凶的心理和生理要求。

（2）宗族文化对传统村落建筑选址的影响

宗族对传统村落建筑选址的影响，在我国历史上，一直都是社会人文学、民俗学、传统史学、建筑学等学科共同研究的部分，研究成果颇多。以庄孔韶先生为代表的研究学者们以宗族祠堂是家庭祭拜的延展等实例举证，认为宗族是尊奉共同祖先的族人的集合，其研究范围大于家庭这一"依靠逐一单系亲属原则组成的小型单位"的概念。对于地方传统村落建筑而言，宗族在受到地方长久的影响而相应产生的制度、行为、风俗等方面，不可避免地对其选址产生了影响。

在传统村落建筑中，判断是否拥有健全的宗族文化，首先就是看是否有宗族祠堂。宗族祠堂，不单单是供奉祖先灵位、举行祭祖活动的场所，也是一个宗族组织的象征与中心，同时兼具议事、教育、娱乐、惩戒、自我宣传等功能。宗祠虽然在村落布局上会因地制宜，呈现出不同风格，但却都十分注意宗族祠堂的权威性，以和传统居住建筑有所区别。

宗祠往往是整个村落向心性的体现，是高等级建筑[17]（图9-6）。同时，宗祠建筑与传统民居一样重视宅基选择。因此，宗祠建筑通常坐落于村落核心地带，如村落腹部空间、村落制高点等，对朝向和方位很讲究，面朝溪流，后面傍山，建筑依地形逐渐抬高，甚至存在多间祠堂综合、交错布置，形成规模，自成新兴核心的情况。对于普通村落建筑而言，因为其等级低于祠堂，所以常常围绕祠堂布置，形成"拱""卫"的布局特征。

图9-6　郴州市永兴县高亭乡板梁村中村宗祠
图片来源：作者自摄

（3）布局模式

建筑单元通过不同的组团分布方式、不同的巷道联系方式，形成传统村落的整体。传统村落最常见的建筑组合形式可以分为两种：一种是以合院为建筑单元的独栋式建筑布局，还有一种是以横长方形住宅为建筑单元的行列式建筑布局。

传统村落建筑中，行列式建筑是一种主次分明的布局模式。其有两条轴线，分为纵轴和横轴，纵轴为主要轴线，沿纵轴方向布置着独栋的正屋或以正屋组成的庭院。纵轴线沿着居住线成交通主干道，同时兼具家庭聚会的功能。纵轴两边伸出三道至四道横向分支，每一支上又有四五个横屋采用对位的方式进行布局。组团的一个分支一般由家族的一支居住，整个村落建筑横竖相连，上下对齐，像祁阳县龙溪村李家大院和衡南的很多村落都是这种布局模式（图9-7）。行列式布局的建筑单元之间有起联系作用的廊或者亭等空间相连，形成一个有机的整体。廊的尽端有可开启的门，晚上将门关闭，这个组团就形成了内部封闭的整体；白天将门开启，前廊与组团之间的巷道相连，整个村落就是一个紧密联系的整体。

现代行列式建筑布局在四面道路组成的街坊内平行或者垂直于道路，建筑与建筑之间互相平行，有一致的朝向。与其不同的是，传统村落的行列式建筑只需要两三米的距离就可以满足一层民居之间通风采光的需求，整体形态舒展。同时，组团外观很完整，每个建筑单元的封火山墙错落相连，形成极具韵律的建筑侧立面[18]。

以合院为建筑单元的建筑是传统村落的另一种常见布局。其建筑单体一般分为三合院或四合院的形式，建筑单体之间有小道，既有一定的独立性又相互联系。建筑单元一般采用横向对位、纵向错位或者横向错位、纵向对位的方式，从而形成横向组织组团和纵向组织组团的两种形式。

横向组织组团是指在住宅正面设置主入口的情况下，多栋住宅沿面宽方向并联组合，构成村落的基本组团。位于住宅前方平行于其面宽方向的横巷成了基本邻里联系的通道。两栋住宅间多夹以辅助性的窄巷，起到防火通巷和冷巷的作用。住宅与山墙面也常设辅助性出入口。横向组织组团在湘南村落中运用较多，主要是在用地稍微宽松点的情况下，人们还是习惯正面出入的同时采用横向组织组团，房屋的进深将会减小（图9-8）。纵向组织组团是指住宅有时正面不开门，在山墙面设置主入口，多栋住宅沿进深方向前后串联组合构成村落的基本组团。位于住宅侧面的平行于其进深方向的纵向成为基本的邻里关系的通道。

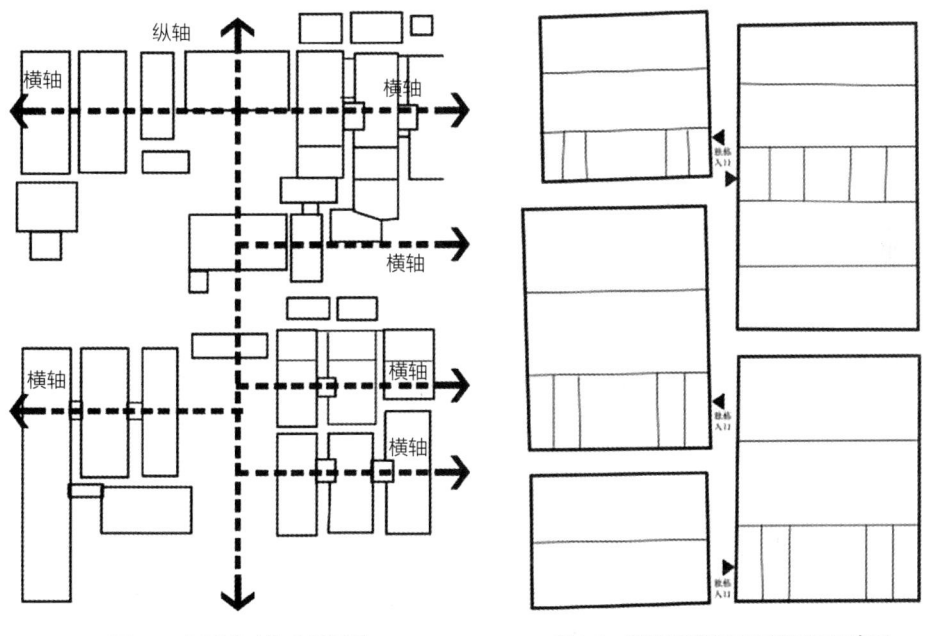

图9-7　行列式建筑布局平面　　　　图9-8　湘南村落组团建筑平面示意图

图片来源：林莎莎.郴州汝城县明清时期宗祠研究[D].长沙：湖南大学，2010

2）基础与结构

（1）材料

①石

南方地区多丘陵，产有大量石材，其中以花岗石和石灰石为主，俗称青石。根据密度和材质的不同，质地较脆的用作建筑的辅助材料，土地深处密度较大的多用作承重部分，有时候也被用作石雕用来装饰。砖、瓦、石也被广泛地用来进行建造，形成青砖砌墙，屋面青瓦，石灰粉墙的独特景致。

②木

多丘陵的地区也生长着品种繁多的树木，如樟木、松木、梓木、楠木、杉木等。樟木防虫蛀且纤维密实，多用于雕刻。梓木和楠木较为珍贵，古时一般只有富贵人家用得起，被用作屋脊大梁。杉木材质轻，耐虫蛀，不易变形，适用于建筑构架、门窗、隔断等。

③土

泥土也是一种重要的古建筑材料，传统村落建筑中常常可以看到木构件外部夯土成墙，形成外"土"内"木"的独特结构形式。外部土墙为了抵御雨水洪涝灾害，会辅以基石砌筑。土墙结构并非全是泥土，为了提高它的强度，提升它的韧性，内部使用竹条、树枝、稻草等材料，与泥土一起混合夯实，犹如现代建筑中钢筋与混凝土的关系一般，增强土墙的耐久性。土墙也不是一个独立的结构，外部的土墙和内部的木结构成为一体，土墙既是围护结构，也是承重结构，屋顶的荷载传到柱子上，柱子再通过横梁传递给土墙，构成一个有机的整体。

（2）基础

传统村落建筑的基础指的是承托屋面和屋身的基础，按地形的不同可分为五种类型。

① 天然地基

一般适用于山区岩层地质。

② 夯土地基

第一类为土质较好时，可去掉表层土，仍用原土分层夯实后砌筑基础；

第二类为遇到土层较弱或人为削弱地基的情况时，可挖深、换土、分层夯实至要求的标高。

③ 灰土地基

在黄土中加白灰，拌和均匀、湿度恰当、分层夯实的灰土地基，其承载力相比天然地基土有明显的提高。明清建筑中有泼糯米汁的做法，即在两步灰土间泼洒糯米汁，以增强两层的结合力。

④ 其他掺合料加强的复合地基

第一类做法是在夯土中加入石块、瓦片等以提高地基的抗压强度，早在战国时期就已经使用；第二类做法是碎砖瓦、夯土层分层铺筑，如河北正定隆兴寺转轮藏阁即为一层碎砖，一层夯土，隔层筑打而成。

⑤ 桩基础

地表强度不高，而土壤深层密度较高，或者濒临水系，则利用木桩打入地下作为基础，如吊脚楼。

（3）结构

① 屋顶

传统村落建筑的屋面运用较多的有硬山顶、悬山顶、攒尖顶、卷棚顶等以及它们的组合（图9-9）。

a.悬山顶

悬山顶是两坡顶的一种。等级仅次于庑殿顶和歇山顶，是我国一般建筑中最常用的一种形式。其特点是屋檐悬伸在山墙以外，屋面上有一条正脊和四条斜脊，又称挑山或出山。

b.硬山顶

硬山顶由一条正脊和四条垂脊组成。这种屋顶造型的最大特点是比较简单、朴素，只有前后两面坡，而且屋顶在山墙墙头处与山墙平齐，没有伸出部分屋顶，山墙裸露没有变化。硬山顶是一种等级比较低的屋顶形式，所以屋面使用的是青瓦，而且是板瓦，不能使用瓦筒，更不能使用琉璃瓦。

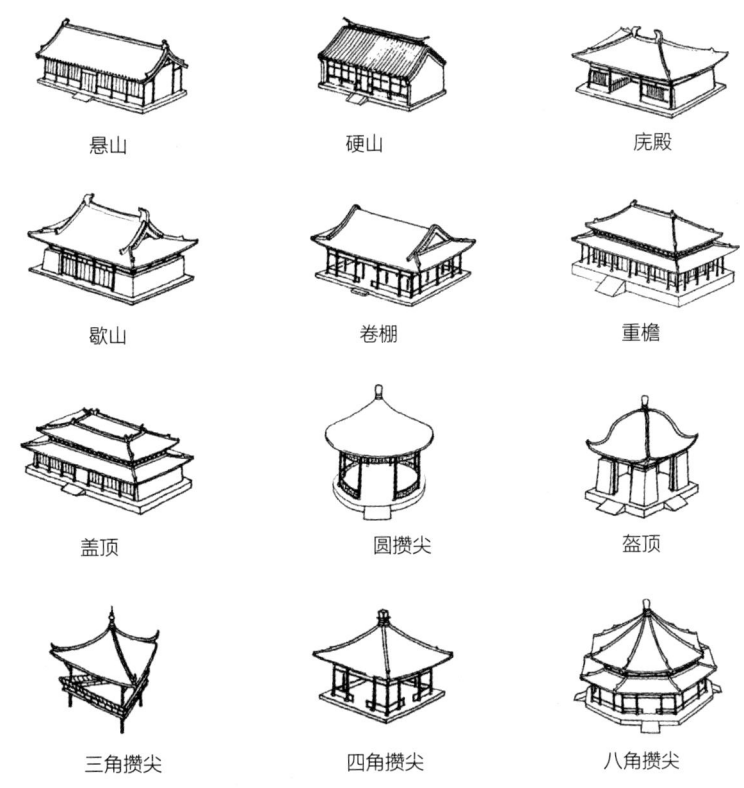

图9-9 传统建筑屋顶样式

图片来源：潘谷西.中国建筑史[M].北京：中国建筑工业出版社，2004

c.攒尖顶

攒尖顶无正脊，只有垂脊，只应用于面积不大的楼、阁、亭、塔等，平面多为正多边形及圆形，顶部有宝顶。根据脊数的多少，分三角攒尖顶、四角攒尖顶、六角攒尖顶、八角攒尖顶。此外，还有圆角攒尖顶，也就是无垂脊。攒尖顶多用于景观建筑，有单檐、重檐之分。

d.卷棚顶

又称元宝脊，屋面双坡相交处无明显正脊，而是做成弧形曲面，多用于园林建筑。

② 结构

传统村落建筑的屋身结构大体有抬梁式、穿斗式，抬梁式多用于大型纪念性建筑，在传统村落建筑中使用较少，穿斗式为主要的结构形式，部分地区有干栏式的结构形式。下面就对其进行简要的介绍。

a.抬梁式

抬梁式又称叠梁式，是在立柱上架梁，梁上支短柱，短柱上再架梁，如此层层叠加上去。使用范围广，在宫殿、庙宇、寺院等大型建筑中普遍采用，更是皇家建筑结构的首选，是木构架建筑的代表。它的特点是空间大，但耗材较多。

b.穿斗式

穿斗式是用穿枋把柱子穿起来，形成一榀榀房架，檩条直接搁置在柱头上，沿檩条的方向用斗枋把柱子串联起来，由此形成屋架。它的特点是用料少，整体性强，但柱子的排列较密。

c. 干栏式

干栏式是指在木(竹)柱底架上建造的高出地面的房子。其具体的构筑办法是用竖立的木桩作基础,其上架设竹、木质的大小龙骨作为承托地板悬空的基座,基座上再立木柱和架横梁,构筑成框架状的围墙和屋盖,柱、梁之间用树皮、茅草,或用竹条、板块,或用草泥填实。

③屋身

传统村落建筑的墙身部分种类较多,大都就地取材,因地制宜。依据墙身所用的材料大致可以分为碎石墙、土坯砖墙、砖墙和三合土墙等。

a. 碎石墙

碎石墙是墙身做法的保留选项,只有在建筑材料十分匮乏的时候才会选择碎石墙。虽然其坚固程度和密实程度没有其他墙好,但由于对材料和环境要求最低,依然有一定的实用性,在一些次要建筑中仍然会使用(图9-10)。

图9-10 碎石墙

图片来源:柳肃.营建的文明:中国传统文化与传统建筑[M].北京:清华大学出版社,2014

b. 土坯砖墙

土坯砖墙是另外一种制作过程简单的墙体,现已不多见,且普遍用作杂物间,或者贫穷人家的墙体。土坯砖墙的制作材料主要是来自田里的田泥,在田泥中掺进杂草,放入模具并晒干,就能筑造土坯墙,流程简单。

c. 三合土墙

三合土墙由三合土制成。三合土是生土经过去除杂质,加入石灰或沙子等工艺后搅拌形成的复合材料,比较坚固,密实性也好。筑墙时,地面夯筑拍打,墙体则用模板夹固,一层一层地夯筑而上。

d. 砖墙

砖墙是传统村落中应用很普遍的墙体做法。具体流程一般是先挖地基,用片石砌垒,再用青砖砌筑,石灰黏合。砖可以制作成空心砖,节省材料的同时也能满足整体结构的强度需求。但是随着土地资源的减少,砖墙渐渐使用得越来越少。

（4）结构性能

①建筑通风

传统村落建筑中的采光通风系统是经过古人们深思熟虑而形成的一套良好的通风系统。它巧借自然中的季风、山谷风、水陆风及其建筑布局形成的街巷风等的影响，形成了没有能耗，采光和通风优良的人居环境。

建筑物坐北朝南，通常情况下，北向墙体较厚，门窗较少，屋檐低矮；南向墙体较薄，开窗多，屋檐较高，尽量吸收阳光，可以起到防寒保温的作用。中国的"夏季风"主要为南风和东南风，凉爽、湿润，可以缓解闷热。由于受到南岭山脉阻挡，夏季风（包括台风）越过南岭后风势减弱，所以村落和建筑可以直接接纳，以改善空气循环。

由于村落依山而建，山风和谷风都穿越村落，使得村落处于热力环流的中间，可改善通风环境。山谷风对处在山区的湘南村落的影响是很大的，白天，山峰吸收太阳辐射热较多，山坡上部空气增温较多，而山谷上空与山坡等高度的空气因离山谷地面较远，增温较少，两者存在温差，山坡上部空气上升流到山区较冷空气的上空，谷底空气沿山坡向山顶补充，形成热力环流，由谷底吹向山顶，称为"谷风"。夜间，山峰变成冷源，热力环流方向反转，从山顶吹向谷底，称为"山风"（图9-11）。传统村落建筑大多依山傍水，村落的前面多有河流、小溪、湖泊、池塘等各种水源。典型的湘南民居村落在村子的前面都设有祠堂，祠堂前有一广场，为公共活动场所，面积较大，大多地面还进行硬化处理，用作晒谷坪，晒谷坪前方有半圆池塘，面积一般与晒谷坪相当，水深1m左右。白天，太阳照射水面和晒谷坪陆地，陆地增温较快，陆地上空空气增温大，空气压力小，水面增温较慢，水面上空空气增温小，空气压力大，空气压力的差异形成了自水面向陆地的风，称之为"水风"。由于半圆池塘的直径边缘垂直于村落的巷道，水风可以最大面积、最短距离地进入巷道。晚上，地面降温较快，空气冷却较快，体积收缩压力增大，水面降温较慢，空气冷却慢，压力较小，形成了由陆地向水面的"陆风"。陆风同时带动巷道内的空气流向晒谷坪进行补充。这种水风和陆风的形成同样体现在大面积的水田和整个村庄的陆地之间。

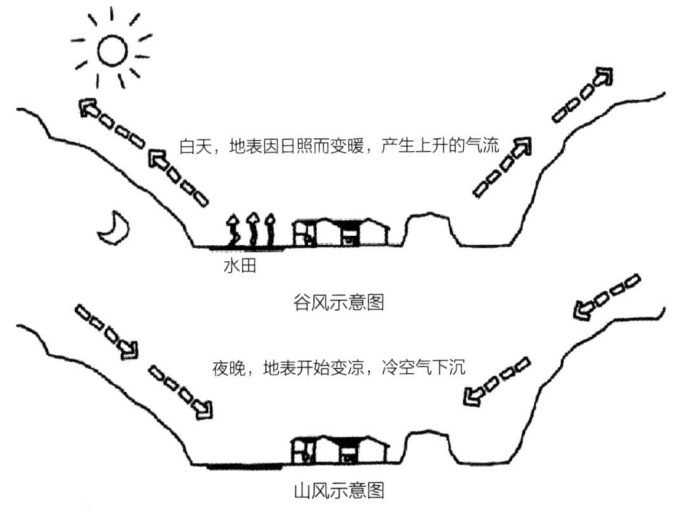

图9-11 山谷通风示意图

图片来源：刘伟，徐峰，解明境.适应湖南中北部地区气候的传统民居建筑技术：以岳阳张谷英村古宅为例[J].华中建筑，2009，27（03）：172-175

传统村落建筑的基本布局是北边山墙、南边厅堂、两边侧廊的形式，朝向为南向或东南向，可充分利用自然光照，并顺应当地的主导风向自然通风，且有利于形成室内自然通风。湘南民居在平面布置中采用天井、厅堂、廊道相结合的布局方式来组织通风。夏天，天井在阳光的暴晒下热气腾腾，热空气不断上升，而两侧的冷空气就通过通道向天井不断补充，形成冷热空气的温差对流。冬天，凛冽的寒风则被山墙挡在屋外（图9-12）[19]。

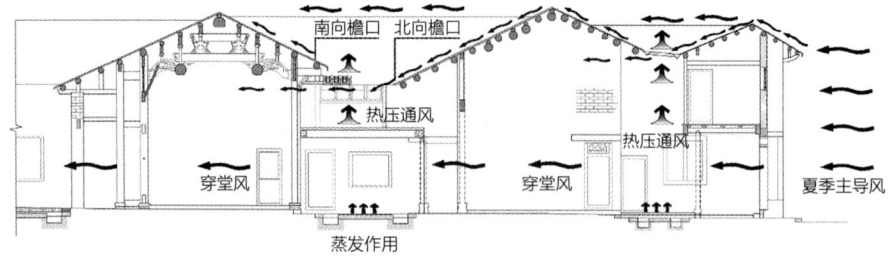

图9-12　天井通风示意图

图片来源：刘伟，徐峰，解明镜.适应湖南中北部地区气候的传统民居建筑技术：以岳阳张谷英村古宅为例[J].华中建筑，2009，27（03）：172-175

②建筑采光

中国南方地区夏秋二季气温较高，由于节约耕地、传统村落的建筑布局、夏季炎热多雨等多方面因素，导致了建筑之间间隙较小，建筑物相互遮蔽较多，外墙封闭少窗等特点，因此，采光和防晒成为一个重要的问题。建筑物大多坐北朝南，依山而建，后面的建筑高于前面的建筑，单体建筑南向墙壁高，北向墙壁低，既有利于排水防洪，也可以最大面积地采光（图9-13）。天井是湖南民居建筑中最具特色的地方，由于周围外墙及单体建筑体量大的特点，天井成为传统村落建筑采光的重要手段。一般建筑单体体积较大时，因为天井和建筑物的体积成正向关系，在建筑主体的中间通常有一个体积较大的天井。如果建筑有多个进深，则会在中轴线上设有多个天井。天井能够引入大量的光线，天井周围的房间与其保持一定的距离，可以使光线分散到室内各房间。主体建筑如果在横向上有附属建筑，在两者之间还会设有较小的天井，俗称"虎眼天井"。一般"虎眼天井"旁的墙壁刷成白色，多为照壁，或绘上浅色吉祥图案，既可以装饰墙体，又可以反射更多光线进入室内。由于建筑坐北朝南，南向是建筑物的正面，作为建筑的"脸面"，因此门窗多开设在南向，在建造时力求丰富、精美。湘南地区的大门一般都十分高大，除了气势威严以外，采光也是一个重要方面。大门明间凹进去甚多，有的整体凹进去形成廊，而上方的屋檐不随着凹进去，这样既可以使光线进去，又可防止夏天太阳直射进入室内，减少太阳辐射，起到防晒的作用。湘南民居大多楼层较高，大门上方还留有隔扇窗，作采光透风之用。大门的左右两侧墙体上均设有较大的窗户，而且分上下二层，总共四个，考虑到防盗、防雨功能，多为砖窗，或者木窗外套泥塑。上层窗户较小，紧接檐口下方，多为方形，少有窗楣，下层窗户十分考究，多有窗楣，窗楣向上翘起，可用于采光与防雨，同时，也是装点门面的重要手段，因此，造型丰富，有方形、圆形、正六边形等，多为木窗，施以精美的雕刻，窗楣上边也设砖雕彩绘。建筑屋面两侧和后侧部分设有较小的光窗和气窗，多为方形和十字形，光窗为主，在保证防匪、防盗的同时，可以补充少量光线和通风换气。相对而言，室内的门窗就比较多了，尤其是天井四周，天井两侧厢房更是以满周窗（隔扇窗）的形式来体现，可以最大限度地采光。

图 9-13　湖南省传统村落建筑天井

图片来源：作者自摄

在湖南夏季的炎热条件下，传统村落建筑还可以互相遮阳。但是总的来说，相比现代建筑，传统建筑开窗较深、较小，山墙不开窗，且墙面多为泥土木材，反光系数低，导致室内采光较差[20]。

③建筑隔声

民间流传着"明坟暗屋"的谚语，因为传统村落建筑常常把房屋修建在避风不显眼的弯沟里，屋前不是被几棵大树掩隐着，就是被小山包遮挡起来，人们还特意在院门旁种植几棵甚至成片的树木或竹林。同时，在村落广场等地方栽植树木，既起到纳凉的作用，也起到隔声的作用。

④建筑保温隔热

与现代建筑一样，传统村落建筑的围合结构导致的热损失占建筑热损失的绝大部分，因此增强屋顶、外墙、外窗等外围护结构的保温性能和蓄热性，对提高室内热环境舒适度具有非常重要的作用。由于大多数传统村落建筑的墙体都是由具有良好的保温隔热性能的土墙夯实修建的，在保温隔热方面，可以明显地看出北方建筑相比南方建筑而言，墙面更为厚实，且门窗较少，以减少热量流失。屋顶除了在砖瓦下垫稻草或者一层土壤外，往往还有阁楼，可以起到白天吸收热量、晚上缓慢释放的作用。

3）空间形态与功能

（1）空间形态

中国传统村落建筑的空间有很强的序列性，人们由室内走到开敞的天井，再通过狭窄的廊道到达街巷空间。从空间上看，这种序列关系是由小到大到小再到大；从社会性来看，它是公共性逐渐增强、私密性逐步减小的一个过程。在这种序列化的空间中，空间的特色也逐步明显。

①室内空间

传统儒家礼教和中庸思想对传统建筑的影响,体现在室内空间上,就是强调居住空间的适中性和功能性,以使用为主,不求奢华。典型的室内空间由地面、墙体和顶棚组成,大厅和天井之间开敞,可以在室内感受天气的变化。而其内部空间是按照等级划分的,而非像现代建筑那样按功能划分。这种功能的不确定性模糊了空间的限定而突出了空间的灵活性,使得传统村落建筑室内空间布局中有意识地对不同空间进行渗透,从而增强空间的层次感。比较重要的建筑利用室内装饰,如花窗、铺地、柱廊、圆窗等,在加强室内空间丰富度的同时,也可以对想要表达的空间加以引导或者暗示。建筑内部还可以利用案几、屏风、字画、板壁、碧纱橱、植物等室内陈设来分隔空间。

②院落空间

《辞源》对"院"的解释为"周垣也",宫室里有墙垣者曰"院",四周围墙以内空地可称为"院",而"落"则有定居的意思,如村落等,传统的院落就是指堂前、门内的围合空间。传统的院落空间根植于居住空间中,兼具居住、游赏和半共享空间的属性。其中,民居型院落是院落中最本质、实用、经济的基本建筑类型。传统村落建筑的院落一般分为庭院和天井。庭院一般都布置在主要入口处,一是主轴线的建筑入口,二是通往两侧横屋的两个次入口。也就是说,无论要进入建筑的哪一部分,都必须通过庭院。庭院使得整体建筑群体在布局上实现了统一,同时也反映了庭院在使用上的公共性。而天井则具有一定的私密性,它常常将整体建筑划分为多个生活单元,每个生活单元都有各自的生活家庭、生活单位进行经营,在个体上也具有一定的独立性和私密性。

③廊弄

在传统村落建筑中,房屋前后多设廊,是传统村落建筑中非常重要的部分,其功能主要有三个方面:第一,遮阳,用来遮挡南方强烈的阳光辐射,一般情况下南向的廊深为1.5~2m。第二,防雨。南方多雨,设廊道可以防止雨水打湿墙面,并便于雨天开窗。第三,作为交通联系及半室外生活空间,起到室内外空间相互过渡、互相融合的作用。

(2)建筑功能

传统村落建筑的功能是复杂的,下面就其主要功能做个简要的介绍:

①客厅

湖南地区的传统村落建筑多采用天井式的组织方式,客厅大多坐北朝南,面向庭院和大门。其通风、采光的性能是住宅中最优越的,是主人会客、交友、集会的场所,在整个住宅中处于最重要的地位。厅堂和庭院面积相对较大,是传统民居中最主要的交流、活动的空间。厅堂,是民居中最重要的功能空间,这种中心性不仅体现为其布局位置的中心性,更重要的是其心理上的中心性。厅堂在一部分民居中也称堂屋,是住宅中的一个多功能空间,集家庭活动中心、生产中心及交通中心于一体。厅堂的功能大致有会客、祭祀、酒宴、生产活动、休憩、临时储藏等。

②卧室

传统村落建筑的卧室多位于东、西厢房或后院的后罩房。东、西厢房的朝向较差,西晒严重,通风性能也较差,只有北面上房的通风采光性能较好。这种布局方式与中国传统的长幼尊卑的秩序体系有关,正是这种体制的存在才使得这种虽然性能较差但仍延续上千年的布局形式在现存传统村落建筑中仍在使用的原因。卧室不仅仅是睡觉、休憩的场所,有时也是会客、学习、工作、娱乐、用餐等多种活动的场所。传统住宅中,主卧室一般位于堂屋与厨房之间,因此,卧室也常常作为厨房与堂屋之间的交通空间,私密性特别差。随着居民对居住环境质量的要求的不断提高,卧室的私密性加强,设置在堂屋旁边的卧室,为方便使用,一般供年迈老人居住,而二层一般供年轻子女使用。

③厨房

传统村落中的建筑多排列紧密,有些村落中有溪流从住宅的中间穿行而过,所以家家户户就在溪流中洗菜、洗衣,或使用公共厨房,或使用自家砖砌土灶来烧火做饭。传统村落建筑中的厨房往往狭小昏暗,产生的烟尘无法有效地直接通过烟囱排到室外,且容易发生火灾。民以食为天,在传统民居中,厨房是一个很重要的功能空间,一般餐厅跟厨房合用,很少单独设置餐厅,仅在有客人到访、举办各种酒宴时厨房空间不够用的情况下,将用餐设置在堂屋或其他房间。餐桌为小方桌,不用时将餐桌移至靠墙角或柴灶一侧,为厨房留出宽敞的活动空间。厨房内各种操作活动相关物品的储藏,主要包括食品、调料、餐具、炊具等。厨房也是邻里串门拉家常,亲戚朋友拜访聊天的重要场所。

④卫生设施

较原始的传统村落的厕所旁会安置猪圈等空间,大多是旱厕,底下有大坑容纳人畜排泄物,用来制作农作物肥料。村落中大多会引水流从建筑前后穿过,平时垃圾大多是扫出屋外或者倾倒到沟渠中由水流带走。

4)基础设施与能源供应

(1)基础设施

传统村落的基础设施包括:农业生产性基础设施、农村生活基础设施、生态环境建设设施、农村社会发展基础设施四大类。

①农业生产性基础设施

主要指农业及农田生产所需水利建设,如沟渠。

②农村生活基础设施

主要指饮水、道路、桥梁、生活能源。

(2)给水排水

由于湖南降雨充沛,林木茂盛,山脚之下多有水井,村民取水主要靠肩挑,取水回家倒于水缸之中。水井多以青石围砌成三至四个水池:第一个水池为井水涌出之地,只作为饮用水;第二个水池为洗菜池;第三个为洗衣池;第四个用于洗刷较脏物体。村落里还修渠道,形成小溪,一方面方便村民用水,一方面也考虑到雨季排水,流入村前河流和池塘(图9-14)。

(3)能源

①照明

湖南传统村落在市政电力管道普及之前采用的多为传统的煤油灯等低效率、能耗多的采光形式。

②生活

在天然气输送管道铺设之前,传统村落的村民大多仅采用柴火进行取暖、做饭、烧水等日常生活。

图9-14 传统建筑排水

图片来源：作者自摄

（4）文体设施

因为原来的人们对功能和精神方面的需求不多，家族聚居的传统村落中，宗祠建筑既可以满足平常村内会议讨论的需求，也可以搭建戏台满足村民的文娱需求，往往还能吸引周围村落的村民前来。在教育方面，除了宗祠，有钱的村落还可以聘请先生开办私塾，教族内及附近村落的幼童读书识字。

9.2.2 传统建筑的适应性

在对传统村落建筑的选址与布局、基础与结构、空间形态与功能、基础设施与能源供应这四个方面的特点进行分析后，从环境、技术、空间功能三个方面对其进行当代适应性研究。

1）环境适应性

在能源危机、环境破坏愈演愈烈的今天，人们都开始关注建筑的低能耗问题。然而，当今大部分人都主要关注高效的节能技术。中国传统村落建筑历经千年，早已适应了各地的气候环境，在适应当代需求的同时也能提出不少有益的思索。

中国传统村落建筑都比较注重选址的科学性，虽然依靠风水，但却有许多的科学性，比如强调依山傍水、因地制宜、坐北朝南等。中国大部分地区都是夏季吹东南风，冬季吹偏北风。将房屋建在山坡南边，可以避风向阳，在夏季还可以将南方的水蒸气带入建筑。夏季，从南面入口穿过厅堂的穿堂风带走屋内的热量，实现建筑通风散热；冬季，则背靠大山，关闭北向侧门，起到防风、避寒的作用（图9-15）。而在丘陵地区，顺应山势可以最大化利用地形，节约耕地，还能防止洪涝灾害，有利于自然排水。像重庆的吊脚楼，在有限的土地条件下满足人们的功能需求，还可亲近水系，解决用水需求。

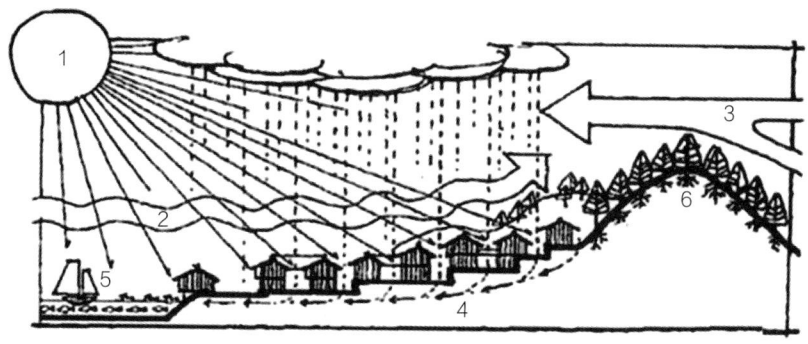

1 太阳（采光佳） 2 东南风 3 北风（被遮挡） 4 村落位于山坡南侧 5 海洋

图9-15 山风与建筑选址的关系

图片来源：王其亨.风水理论研究[M].天津：天津大学出版社，1957

南方的天井呈东西向的长方形，在夏季可遮阳以减少阳光辐射，在冬日可扩大采光面积。进深与高度的比例大，也有利于夏季拔风。北方的庭院则相反，南北进深大以增加阳光辐射，增大各房采光面积。庭院和天井中大多种树，一来防止眩光，二来美化环境。在一些山地地形中，传统村落建筑还常常利用挑楼、挑屋檐来相互遮阳，争取空间。重庆吊脚楼背朝水面，形成小气候，其5~7m的层高和狭长的比例，连接屋子前后的通道能有效地加快室内气流，降低室内温度。

同时，在许多地区，或地形陡峭，或土地资源少，适合建造的地基不多。传统村落建筑的组团方式依旧适用于这些地方，可以形成建筑密度大，却采光、通风良好的大密度建筑群，栋与栋之间不必分隔开太远的距离，可以结合不同的地形，在节约土地资源的前提下创造出丰富的内部空间与巧妙的建筑布局。

2）技术适应性

（1）材料

传统村落建筑大多就地取材，利用当地丰富的自然资源。

①石材

石材在当代更多地用于建筑外墙贴面、地面或者装饰部分，并不承重受力，主要在于保持传统村落的纹理，易于获取。

②土壤

相对于不可重复利用的钢筋混凝土材料，土壤是一种随处可见、低成本而又可持续的资源。因为其在建筑寿命完结后还可以回收，将土壤用于建筑可以最大限度地减少对环境的影响，造价非常低廉，同时有着冬暖夏凉的特点。虽然有耐久性差和强度不够高的缺点，但可以通过技术和施工工艺解决。依靠不同的模板，夯土墙还可以形成不同的花纹，兼顾美观和结构。王澍的文村项目就运用了特殊的夯土墙技术。

③木材

传统村落建筑曾大量地使用木材。随着木材资源的消耗，现代很难再见到木构建筑了。但是现在日本、澳大利亚、美国等国家都在对木材进行研究和利用，传统村落建筑也完全可以利用木材来满足现代需求。木材是低污染、可再生利用的建材,也是节能效果比较好的保温隔热材料。天然丰富的纹理、温暖的色泽使木材具有无可替代的审美价值,让人感觉更亲近自然。木构建筑的抗震抗风性能也非常出色。利用新的木材加工技术生产的层板胶合木、结构复合木材、组合木构件等,被称为工程木材,克服了天然木材的缺陷,形状和稳定性都得到了保障(图9-16)。现在的施工条件还让木材具有了施工周期短、维修方便的优点[21]。

图9-16 木结构建筑
图片来源:庄艳.融合创新:现代木构建筑的可持续发展[J].四川建筑科学研究,2010,36(04):305-307

(2)结构适应性

传统村落建筑通过榫卯结构组成结构体系,具有灵活方便、整体性强的特点。但是为适应现代需求,传统村落建筑的木结构节点也在朝着装配化的方向发展。现在木结构节点部分都采用的是金属节点,利用钢板或者其他钢材与木材固定,连接强度高,丰富了木构建筑的结构形式和空间效果。还有利用木结构和轻钢一起组成建筑的框架结构,辅以石材墙体或者夯土墙来作为承重剪力墙,既保留了传统村落建筑的历史韵味,也为现代各种功能的更新置换提供了可能。在部分林木资源丰富的地区,木材也比其他材料便宜得多。

在保温隔热方面,综合考虑我国传统建筑的材料资源和经济情况,可以采取在木椽条与小青瓦之间加草泥构造保温层的方式,或铺设泡沫塑料板、挤塑聚苯板等保温材料。可在屋顶下设吊顶,形成空气间层,增加保温效果。空斗墙砌筑是传统村落住宅建筑中较常见的外墙构造方法,虽然构造上有其局限性,但是一方面是出于经济因素的考虑,另一方面,由于墙体内部形成了空气层,保温隔热效果有所提高。

3)空间功能适应性

(1)空间功能适应性模式

随着经济的发展和物质水平的提高,传统村落建筑越来越不能满足人们日益增长的精神需求与物质需求,不适合现代社会。面对这种情况,当代传统村落建筑内部空间功能也应该有所调整。

① 保持原样

又称为"博物馆式保护",对于具有重大历史文化价值的传统村落建筑,在保持原真性的前提下,对其进行修缮保护,要特别注意保留其原有的色彩、比例、风格特点、体量、建筑形式,对部分功能进行补充完善,还要注重对周围环境的整治,既有利于保护,也保留了建筑所处环境的风格,维持了居民生活模式的稳定。

② 功能更新

对于历史文化价值相对不高,但是真实性价值高的传统村落建筑,为了适应当代需求,需要对其功能进行更改、更新,以同现代生活相适应。其往往需要面对不同的用途,比如说原有的居住住宅面对街巷方向改为商铺。进行功能更新后往往能够提高空间利用率,实现传统村落建筑适应性再利用。

③ 功能置换

这种模式以保存传统村落建筑的形态为主要目的,根据基地情况对其原有功能进行置换,这种方法既在客观上比较真实地保留了传统村落的风情面貌和纹路肌理,也对限制村落发展的产业进行了合理规划,保留文脉的同时实现了传统村落的可持续发展。

(2) 室内空间功能适应性

传统村落建筑室内功能动静分区不清晰、不科学,有些房间承担两种甚至更多的功能,为当代人们的使用带来了极大的不方便。对传统村落建筑室内空间功能的适应性再利用,可以起居室为中心组织生活。以"起居室"这一公共性质的功能空间为核心,将主卧室—主卫生间、次卧室和书房等私密功能空间,次卫生间、家庭起居室等半私密功能空间,厨房—餐厅等半公共功能空间组织起来,使建筑中的公共活动空间与私密空间分离。

厨房则要利用清洁能源,如天然气、沼气,注意采光,不再储水,而使用自来水。对于传统建筑中厨房烟尘大的情况,采用适当的辅助通风设施。

现代人对于卫生设施的要求大大提高。厕所和畜栏合设的应该设置不同的进出流线,且之间需分隔。随着洗浴空间与如厕空间的划分,除了增加水、电设施外,也应该为洗衣机、挂架等留下位置。

(3) 院落空间适应性

天井、院落空间在传统村落建筑中具有重要的作用。除了轴线上的考虑和传统礼教的思想,也能遮阳拔风。但是现代生活,一方面没有那么严格的礼制的限制,另一方面,像以前那样四世同堂的情况也大大减少,势必导致部分功能的转换和流线的重新设置。

9.3 传统村落建筑价值评价体系

在村落中选择有价值的传统建筑加以保护研究已经成为社会各阶层的共识。在认识传统村落建筑价值特色和其适应性的基础上,构建传统村落的价值评价体系不仅对传统村落的当下有意义,对未来也有重要的意义。因其规模大、种类多,传统的利用主观经验进行的甄别判断难免疏漏偏颇,需要更科学、更系统的评估方法来确定传统村落建筑的拆除与保留。本章尝试构建以价值为核心的评价体系,帮助我们从一个全新的、全面的角度认识传统村落建筑,为其后所有传统村落建筑的保护与再利用工作提供重要参照。

9.3.1 传统村落建筑价值评价的方法与原则

评价客体即评价对象，在对传统建筑进行分析评价的过程中，要结合其历史背景和时代发展的各个方面。明确评价客体就是要清楚对谁进行评价，不同的评价客体往往对应各自不同的评价与保护标准。如西方建筑多以单体为主进行评价，而我国传统村落建筑评价则多以组合为评价项目。

一套完整的传统村落建筑价值评价体系，包括评价指标体系、评价表格、评价方法等内容。我们采用层次结构法和德尔菲法相结合的方法来确定该评价体系的层次结构、价值因子和权重，并在分组评估中引用了多方参与的机制。最终形成了传统村落建筑价值评价模型，可以使传统村落建筑更新的实践更加科学而有序。

本研究选择的评价方法与参与主体如表9-1所示。

传统村落建筑价值评价过程表　　　　　　表9-1

评价阶段	要求	参与主体	评价方法
评价因子选择	全面性、科学性、重点性、动态性	评价者（个人）	多因子法、层次分析法
权重的确定	合理	相关专家（群体）	德尔菲法、层次分析法
评价对象打分	客观	相关专业人士	专家打分法
评分结果处理	科学、快速	相关专业人士	加权数据处理

表格来源：作者自制

由于传统村落建筑的价值可以从很多方面来评估，且各方面的价值因子众多，在选取价值因子时，我们主要依照以下四个方面的原则：

1）全面性

传统村落建筑是一个复杂的有机体，不能脱离群落、周边环境、地域特征及文化来独立考虑。传统建筑的技术与艺术价值以及传统建筑中的非物质文化遗产所反映的地域及历史文化特征等因素也需要考虑。因此，选取的价值因子应全面地反映其主要属性。

2）科学性

价值因子的表达不应是含糊不清的，应能够客观地反映传统村落建筑最本质的特征，概念清晰。

3）重点性

全国范围内的传统村落数量较多，且分布区域较广，每个地区的地形地貌特征、气候特征及文化都会对传统村落建筑的形成、发展产生影响，但这些价值因子不能一一纳入，需要抓住建筑的主要特征，选取最具有代表性的价值因子。

4）动态性

传统村落在时间和空间上都是动态发展、更新的，建筑的格局、空间以及其中的居民都是在变化的，因此，随着研究的深入和实际经验的积累，选取的价值因子应该符合传统村落建筑更新和时代发展的需要。

9.3.2 传统村落建筑价值评价因子

传统村落建筑价值评价往往受到多方面因素的影响，为了准确地得到其综合价值，建立评价指标体系，根据上述原则，我们选取了以下重要的价值因子：

1）历史文化价值因子

在村落的发展历史中，传统建筑扮演着重要的角色，保留一些有历史价值的建筑将在社会文化层面产生深远而持久的影响。各级文物保护范围内的传统建筑都受到法律保护，禁止拆迁，对于大量非文保单位的传统建筑，判断其历史文化价值的依据是：

（1）久远度：对于传统村落建筑来讲，时间价值是最能反映遗产的珍贵性的指标，即修建年代。

（2）典型度：主要表现了传统村落建筑反映地域历史文化的特性，是相对于其他建筑的竞争力大小，即民族和地域特色的代表性。

（3）纪念性：主要考察建筑背后的历史及可纪念的程度，即与历史事件的关联和重要性。

（4）完整性：要求传统村落建筑必须具有完整的建筑形态，具有完整的时间序列和完整的人文生活三个特点，包括建筑细部和周边环境。

（5）稀缺度：可使用文物保护单位等级来评定，文物保护单位是已被认定的具有历史、艺术、科学价值的历史建筑，是区域内建筑文化的典型，是衡量村落建筑价值的重要指标。文物保护单位的级别，分别为国家级、省级、市级保护单位。

（6）丰富度：村落中包含的建筑种类是多样的，有居住建筑、传统商业建筑、防御建筑、驿站、祠堂、庙宇、书院、楼塔及其他种类，因此在评估时需要考核其建筑功能类型的规模数量。

2）工艺美学价值因子

工艺美学价值因子反映的是村落建筑的艺术欣赏价值。判断工艺美学价值因子的依据是：

（1）建筑（群）所具有的建筑风格、形态、材料或做法的美学价值；

（2）建筑技艺、建筑细部和装饰的工艺水平。

3）科学技术价值因子

主要指建筑营造技术在先进性、生态环境、技术传承等方面的情况。判断科学技术价值因子的依据是：

（1）建筑结构施工工艺的独创性、先进性；

（2）建筑对环境的适宜性与被动式技术；

（3）建筑技术至今的应用程度。

4）社会经济价值因子

表现在居民生活的延续性及居住的舒适度上。判断社会经济价值因子的依据是：

（1）建筑使用情况和人口状况；

（2）公共配套设施和基础设施水平。

9.3.3 指标权重及评分设置

1）价值体系层级构建

传统村落建筑价值评价体系构建应遵循以下原则：

（1）可比性：评价因子要能反映不同村落建筑的差异性和综合价值的优劣程度。

（2）全面性：评价因子能全面地反映出村落建筑价值的本质特征，且相互之间具有不可替代性。

(3)定量化：对于可以量化的指标，尽量用定量的方式对其进行量化，以避免因主观因素造成的评估不精确。对于无法量化的指标，采取德尔菲法或详细的调查问卷方式进行评价。

(4)可行性：选取的因子的原始数据应易于获取和计算。

(5)层次性：为了便于因子分析，将因子按若干层次进行分解[22]。

将复杂问题分解成元素，把这些元素按不同属性分成若干组，以形成不同的层次，同一层次的元素对下一层次的某些元素起支配作用，同时，它又受上一层次元素的支配。这种自上而下的支配关系形成了递阶的层次结构。最上面的层次只有一个元素，一般是评价或者分析问题的预定目标或者理想结果，称之为目标层。中间的层次一般是准则、子准则，最低层是基本评价因素层。

通过对价值因子的相关分析，我们整理出了传统村落建筑价值评价体系（即目标层），包括四大价值范畴（即第一层），分别是：历史文化价值、工艺美学价值、科学技术价值、社会经济价值。基于传统村落建筑的主要特征，通过反复修改和优化，建立一个由价值范畴—特征属性—表现要素组成的，具有层级序列和逻辑映射关系的共4层的价值评价综合体系（表9-2）。

传统村落建筑价值评价综合体系表　　表9-2

目标层	第一层（价值范畴）	第二层（特征属性）	第三层（表现要素）
传统村落建筑价值评价	历史文化价值	久远度	现存最早建筑修建年代，传统建筑群集中修建年代
		典型度	民族与地域文化代表度，风貌特色和地域特色代表度
		纪念性	与历史事件和历史人物的关联度，历史事件的重要性
		完整性	建筑（群）完整性，建筑周边环境保存情况
		稀缺度	文物保护单位等级
		丰富度	建筑类型的规模数量
	工艺美学价值	美学特性	现存传统建筑（群）所具有的建筑风格、形态、材料或做法的美学价值
		传统工艺技艺	传统建筑技艺，建筑细部和装饰的工艺水平
	科学技术价值	建筑结构及营造技术	建筑结构施工工艺，工程营造的独创性、先进性
		生态环境利用	运用被动式技术，建筑气候适应性情况
		技术传承性	技术至今的应用状况、影响程度
	社会经济价值	生活延续性或可再利用性	常住民状态，传统建筑使用规模和比例
		居住舒适度——基础设施条件	排水（污水）设施（类型、方式、规模等）、公共照明、公共卫生（厕所）、环卫设备、垃圾收集处理（方式）
		居住舒适度——公共配套设施条件	卫生配套（卫生所、室）、文化设施（图书室、文化活动场地、活动室或中心等）、体育活动场地、学校、其他福利设施

表格来源：作者自制

2）确定权重

权重又叫权值，是一个相对的概念，某指标的权重是该指标在评价中的重要程度。权重的分配会直接影响评价结果，客观、合理的评价指标赋权，对传统村落建筑价值评价具有十分重要的意义。确定权重的方法有多种，主要分为主观和客观两类。在综合评价中，不同类别的权重往往代表着不同的经济含义和不同的数学特点。"在综合评价中的统计权数主要有如下几种分类：按权数的表现形式划分，可分为绝对数形式权数和相对数形式权数（或称比重权数），相对数权数能较直观地显示权数在评价中的作用。按权数的形成方式划分，可分为自然权数和人工权数。由于变换统计资料的表现形式与统计指标合成方式而得到的权数即自然权数，这种权数也被称为客观权数。人工权数是指根据研究目的和评价指标的内涵，人为地构造出反映各个评价指标重要程度的权数，这种权数也被称为主观权数。"具体方法有熵权法（Entropy-weighing Method）、主成分分析法（Principal Component Analysis）、灰色评价法（Gray Evaluation）、德尔菲法、层次分析法。

其中，层次分析法的特点是利用较少的定量信息，把决策的思维过程数学化，从而为多目标的复杂决策问题提供参考依据，尤其适用于决策结果难以准确计量的场合[23]。德尔菲法是评价者根据评价目标和评价对象预设一系列评价指标，通过匿名的方式向专家征询评价指标的意见，然后进行统计处理，并反馈咨询结果，最终得到各指标的权重。该方法能充分发挥专家的主观能动性，集中专家的专业知识，结果有着广泛的代表性，这是目前确定权重最常用的方法[24]。

在评价体系确定以后，本研究采用层次分析法和德尔菲法相结合的方法来确定传统村落建筑价值评价体系各指标权重。建立评价指标体系层次结构模型，包括4层结构：目标层，即传统村落建筑价值评价；第一至第三层为分级评价层，包括了18项指标的具体评价。然后，根据传统村落建筑价值体系层次结构模型，制定问卷内容，采用德尔菲法向有关传统村落保护领域的专家学者发放评价调查问卷，进行权重值调查。通过对两两元素相对重要程度进行比较，构造权重判断矩阵，通过计算机处理进行层次单排序、层次总排序及一致性检验等步骤，分别计算出每个层次的相对权重，最终得出每项指标的组合权重（表9-3）。具体的计算公式表示如下：

$$\gamma_i = \frac{\bar{\gamma}_i}{\sum_{i=1}^{n} \bar{\gamma}_i} \tag{9-1}$$

在式（9-1）中：γ_i为第i项指标所占权重；$\bar{\gamma}_i$为第i项指标的平均值；n为评价指标的所列项数。

对村落空间格局价值的影响因素由各评价因子的权重表示。影响小，权重就低，影响大的权重就高。每一项评价因子的权重介于0~1之间，评价因子的权重之和为1。

传统村落建筑价值评价指标权重 表9-3

第一层指标	权重值	第二层指标	权重值
历史文化价值	$W1$	久远度	$W1_1$
		典型度	$W1_2$
		纪念性	$W1_3$
		完整性	$W1_4$
		稀缺度	$W1_5$
		丰富度	$W1_6$

续表

第一层指标	权重值	第二层指标	权重值
工艺美学价值	W2	建筑美学	$W2_1$
		传统工艺技艺	$W2_2$
科学技术价值	W3	建筑结构及营造技术	$W3_1$
		生态环境利用	$W3_2$
		技术传承性	$W3_3$
社会经济价值	W4	生活延续性或可再利用性	$W4_1$
		居住舒适度	$W4_2$

表格来源：作者自制

3）评价指标评分设置

赋值法通常有百分制和十分制，对各因子评分应采用同一尺度，这里采用十分制。在设计赋分标准时，尽量以统一的定量标准作为依据，以降低赋分的主观程度，根据赋分标准（表9-4）设计调查问卷，主要发放对象是本地干部和相关专业人员，对回收的有效调查问卷进行汇总，再由专家组对此进行赋分，求取专家平均分后，再反馈给专家，经过反复征询、论证和修正，直至结果趋于一致，最后得到传统村落建筑在各层指标上的赋分[25]。

传统村落建筑价值评分表　　表9-4

第二层级评价	第三层级评价	评价标准	分值	满分	估分
久远度	现存最早建筑修建年代	明代及以前	4分	4分	
		清代	3分		
		民国时期	2分		
		中华人民共和国成立至1980年以前	1分		
	传统建筑群集中修建年代	清代及以前	6分	6分	
		民国时期	4分		
		中华人民共和国成立初至1980年以前	3分		
典型度	民族与地域文化特点	鲜明	5分	5分	
		较鲜明	3~4分		
		不鲜明	0~2分		
	风貌特色和地域特色	鲜明	5分	5分	
		较鲜明	3~4分		
		不鲜明	0~2分		
纪念性	与历史事件和历史人物的关联度	大	5分	5分	
		较大	3~4分		
		小	0~2分		
	历史事件的重要性	大	5分	5分	
		较大	3~4分		
		小	0~2分		

续表

第二层级评价	第三层级评价	评价标准	分值	满分	估分
完整性	建筑（群）完整性	保存妥当，质量完好	8~10分	10分	
		保存较好，结构完整	5~7分		
		部分坍塌，骨架存在	3~4分		
		质量较差，结构部分损坏	0~2分		
	建筑周边环境保存情况	良好	5分	5分	
		较好	3~4分		
		有一定破坏	0~2分		
稀缺度	文物保护单位等级	国家级，超过1处每处增加2分	5分	10分	
		省级，超过1处每处增加1.5分	3分		
		市县级，超过1处每处增加处1分	2分		
		列入第三次文物普查的登记范围，超过1处每增加1处0.5分	1分		
丰富度	建筑类型的规模数量	居住、传统商业、防御、驿站、祠堂、庙宇、书院、楼塔及其他种类	每一种得2分	10分	
建筑美学	现存传统建筑（群）所具有的建筑风格、形态、材料或做法的美学价值	精美、独特，美学价值高	5分	5分	
		代表本地文化与审美，美学价值较高	3~4分		
		仅体现当地乡土特色，美学价值一般	0~2分		
传统工艺技艺	传统建筑技艺，建筑细部和装饰的工艺水平	高	5分	5分	
		较高	3~4分		
		一般	0~2分		
建筑结构及营造技术	建筑结构施工工艺，工程营造的独创性、先进性	很高的独创性、先进性	5分	5分	
		一定的独创性、先进性	3分		
		不具独创性，具有一定的先进性、合理性	1分		
生态环境利用	运用被动式技术，建筑气候适应性情况	某一类建筑的气候适应性强	5分	5分	
		某一类型建筑具有一定的气候适应性	3分		
		建筑能与该地域气候相适应	0~2分		
技术传承性	技术工艺至今的应用状况、影响程度	大量应用	4~5分	5分	
		较多应用	2~3分		
		较少应用	0~1分		
生活延续性	常住民结构，传统建筑使用规模和比例	人口老年化少，建筑使用比例高	4分	4分	
		人口老年化较少，建筑使用比例高	2~3分		
		人口老年化多，建筑使用比例较低	0~1分		
居住舒适度	排水设施、公共照明、公共卫生、环卫设备、垃圾收集处理等基础设施条件	完善度高，条件好	3分	3分	
		大部分具备，条件较好	2分		
		部分具备，条件一般	0~1分		

续表

第二层级评价	第三层级评价	评价标准	分值	满分	估分
居住舒适度	卫生配套、文化设施、体育活动场地、学校、其他福利设施等公共配套设施条件	完善度高，条件好	3分	3分	
		大部分具备，条件较好	2分		
		部分具备，条件一般	0~1分		
				100分	

表格来源：杨丽婷.古村落保护与开发综合价值评价研究：以浙江省磐安县为例[J].地域研究与开发，2013（4）：112-116+122

4）评分结果处理

任何对客观事物的评价都需要科学、适用的方法，每种评价方法都有其优势、适用条件及局限性，在揭示客观事物本质及规律的实际操作中，选择哪种评价方法还要根据实际情况来确定。同样作为客观事物的认识过程，对传统村落建筑的评价工作也存在各种各样的计算方法。本研究采用多因子加权评估法进行评分结果处理。将各项分值X_i乘以权重W_i累计得到最终评价总分S。

$$S = \sum_{i=1}^{n} W_i X_i \quad (9-2)$$

式（9-2）中：S是传统村落建筑价值；X_i为分数变量值；W_i为权重值。

$$\sum_{i=1}^{n} W_i = 1 \quad (9-3)$$

9.3.4 传统村落建筑价值评价体系构建

根据以上研究以及参考国内较成熟的建筑价值评价体系[26]，综合考虑传统村落建筑的特色，可得传统村落建筑价值评价体系层次与内容如表9-5所示。

传统村落建筑价值评价体系层次与内容　　表9-5

第一层级评价	第二层级评价	第三层级评价	评价标准	分值	因子权重
历史文化价值	久远度	现存最早建筑修建年代	明代及以前	4分	$W1_1$
			清代	3分	
			民国时期	2分	
			中华人民共和国成立至1980年以前	1分	
		传统建筑群集中修建年代	清代及以前	6分	
			民国时期	4分	
			中华人民共和国成立初至1980年以前	3分	
	典型度	民族与地域文化特点	鲜明	5分	$W1_2$
			较鲜明	3~4分	
			不鲜明	0~2分	

续表

第一层级评价	第二层级评价	第三层级评价	评价标准	分值	因子权重
历史文化价值	典型度	风貌特色和地域特色	鲜明	5分	$W1_2$
			较鲜明	3~4分	
			不鲜明	0~2分	
	纪念性	与历史事件和历史人物的关联度	大	5分	$W1_3$
			较大	3~4分	
			小	0~2分	
		历史事件的重要性	大	5分	
			较大	3~4分	
			小	0~2分	
	完整性	建筑（群）完整性	保存妥当，质量完好	8~10分	$W1_4$
			保存较好，结构完整	5~7分	
			部分坍塌，骨架存在	3~4分	
			质量较差，结构部分损坏	0~2分	
		建筑周边环境保存情况	良好	5分	
			较好	3~4分	
			有一定破坏	0~2分	
	稀缺度	文物保护单位等级	国家级，超过1处每处增加2分	5分	$W1_5$
			省级，超过1处每处增加1.5分	3分	
			市县级，超过1处每处增加处1分	2分	
			列入第三次文物普查的登记范围，超过1处每增加1处0.5分	1分	
	丰富度	建筑类型的规模数量	居住、传统商业、防御、驿站、祠堂、庙宇、书院、楼塔及其他种类	每一种得2分	$W1_6$
工艺美学价值	建筑美学	现存传统建筑（群）所具有的建筑风格、形态、材料或做法的美学价值	精美、独特，美学价值高	5分	$W2_1$
			代表本地文化与审美，美学价值较高	3~4分	
			仅体现当地乡土特色，美学价值一般	0~2分	
	传统工艺技艺	传统建筑技艺，建筑细部和装饰的工艺水平	高	5分	$W2_2$
			较高	3~4分	
			一般	0~2分	
科学技术价值	建筑结构及营造技术	建筑结构施工工艺，工程营造的独创性、先进性	很高的独创性、先进性	5分	$W3_1$
			一定的独创性、先进性	3分	
			不具独创性，具有一定先进性、合理性	1分	

续表

第一层级评价	第二层级评价	第三层级评价	评价标准	分值	因子权重
科学技术价值	生态环境利用	运用被动式技术，建筑气候适应性情况	某一类建筑的气候适应性强	5分	$W3_2$
			某一类型建筑具有一定的气候适应性	3分	
			建筑能与该地域气候相适应	0~2分	
	技术传承性	技术工艺至今的应用状况、影响程度	大量应用	4~5分	$W3_3$
			较多应用	2~3分	
			较少应用	0~1分	
社会经济价值	生活延续性	常住民结构，传统建筑使用规模和比例	人口老年化少，建筑使用比例高	4分	$W4_1$
			人口老年化较少，建筑使用比例高	2~3分	
			人口老年化多，建筑使用比例较低	0~1分	
	居住舒适度	排水设施、公共照明、公共卫生、环卫设备、垃圾收集处理等基础设施条件	完善度高，条件好	3分	$W4_2$
			大部分具备，条件较好	2分	
			部分具备，条件一般	0~1分	
		卫生配套、文化设施、体育活动场地、学校、其他福利设施等公共配套设施条件	完善度高，条件好	3分	
			大部分具备，条件较好	2分	
			部分具备，条件一般	0~1分	
合计				S	1

表格来源：梁水兰.传统村落评价认定指标体系研究[D].昆明：昆明理工大学，2013

此评价体系根据实际情况适当调整指标，可用于各种地方、各种类型的传统村落建筑评价，因此是具有综合性的、较为完整的传统村落建筑价值评价体系。整个评价步骤明确，评判规则简单，通过对村落建筑价值多层次、多因子的综合评判，能从总体上把握建筑价值的高低优劣，对其做出科学合理的评定，既能全面深入地挖掘传统村落建筑蕴含的特色、价值和意义，又能诊断出其存在的问题与不足，从而为村落建筑乃至古村落的开发保护提供决策依据。

参考文献

[1] 杨梦瑶.历史文化遗产下古村落建筑与环境的保护和研究[D].西安：西安建筑科技大学，2016.

[2] 闫培良.村落文化的当代价值[D].长春：吉林大学，2014.

[3] 欧文.西方古建古迹保护理念与实践[M].秦丽，译.北京：中国电力出版社，2005.

[4] 林少伟，单军.当代乡土：一种多元化世界的建筑观[J].世界建筑，1998（01）.

[5] 李晓峰.乡土建筑[M].北京：中国建筑工业出版社，2005.

[6] 张艳玲.历史文化村镇评价体系研究[D].广州：华南理工大学，2011.

[7] 桂涛.乡土建筑价值及其评价方法研究[D].昆明：昆明理工大学，2013.

[8] 文卷.湖南传统民居地域审美文化差异研究[D].长沙：中南大学，2013.

[9] 冯军.历史风貌建筑保护的社会价值[J].中国房地产，2010，11.

[10] 贾艳艳.历史建筑遗产保护的整体性研究[D].郑州：郑州大学，2015.

[11] 王亮，史夺.历史建筑保护的价值[J].门窗，2015.

[12] 范迎春.湘南民居建筑的艺术特征初探[J].美术大观，2007，12.

[13] 张素娟.湘南传统民居屋顶装饰艺术涵蕴初探[J].湘南学院学报，2008（1）.

[14] 唐凤鸣.湘南民居的建筑装饰艺术价值[J].美术学报，2006（2）.

[15] 李艳旗，柳肃.湖南安化新民居地域特色的探索[J].中外建筑，2009（06）：86-87.

[16] 季文媚.风水理念对中国传统建筑选址和布局的影响[J].合肥学院学报，2008（5）：69-71.

[17] 林莎莎.郴州汝城县明清时期宗祠研究[D].长沙：湖南大学，2009.

[18] 李哲.湖南永兴县板梁村建筑布局及形态研究[D].长沙：湖南大学，2007.

[19] 李蜜，左秀娟.传统生土民居生态节能性分析及技术改造[J].建筑与文化，2016（06）：210-213.

[20] 陈婷，龚七一，马敏.浅谈婺源传统村落民居的被动式节能技术[J].安徽建筑，2017，24（02）：173-174，179.

[21] 庄艳.融合创新：现代木构建筑的可持续发展[J].四川建筑科学研究，2010，36（04）：305-307.

[22] 王岳.构建基于历史建筑保护的价值评价体系：以青岛市信号山街区保护为例[D].青岛：青岛理工大学，2011.

[23] 汪清蓉.古村落综合价值地定量评价方法及实证研究：以大旗头古村为例[J].旅游学刊，2006（1）：0019-06.

[24] 许树柏.层次分析法原理[M].天津：天津大学出版社，1988：6-12.

[25] 杨丽婷.古村落保护与开发综合价值评价研究：以浙江省磐安县为例[J].地域研究与开发，2013（4）：112-116+122.

[26] 梁水兰.传统村落评价认定指标体系研究[D].昆明：昆明理工大学，2013.

第10章
传统建筑的保护与修复

传统村落是历史文化遗产的重要组成部分,它反映了不同时期、不同地域、不同经济社会发展阶段形成和演变的历史过程,真实记录了传统建筑风貌、优秀建筑艺术、传统民俗民风和原始空间形态,是中华民族文化的源头与根基。

由于我国在过去是自给自足的自然经济,传统村落便是农耕文化的重要载体。又由于我国幅员辽阔,民族众多,因此我国的传统村落具有数量多、分布范围广、种类齐、特色鲜明、历史资源丰富、文化底蕴深厚、保护价值高等特点。村落中的建筑形式、建筑风貌、村落空间格局、社会组织等是非常宝贵的财富,值得我们保存与深入研究。但随着经济的飞速发展和城镇化进程的加快,传统村镇的产业结构、经济发展模式和生产生活方式等发生了较大的变化,使得乡土建筑遗产等遭受着经济、文化和建筑同一化力量的威胁。

保护修复这些丰富多彩的传统村落,不仅让它们可以保留传统建筑形式与结构,还能赋予其新的功能与技术,使其可以与时俱进,长久地保存下去,是专家学者长久以来一直在探讨的问题。

对传统村落建筑适应性保护、修复与已有的成果进行调查分析,参考传统村落评价指标体系中定量与定性的相关标准,筛选出适合当地村落建筑的适宜技术,并通过新建案例进行技术成果的验证,使其具有良好的推广价值与示范意义。

10.1 传统建筑保护修复与鉴定

传统村落与民居建筑由于其自身的历史性和复杂性,对它们的保护并不是简单的就地封锁、原封不动的保护,其中存在的复杂性使得保护它们有时超出了对建筑本身材料、结构等的修复范畴。而保护与修复是相辅相成的,所以修复方面的难点对于某些方面而言是保护建筑的难点,特别是传统村落,由于其中有人的活动参与,便附带了特有的社会性与组织结构。这些都使得保护存在着各种难点。

10.1.1 保护修复的现状

1)保护发展的重难点

在一些欠发达地区传统村落保护发展规划与建筑绿色更新设计研究中,突出地体现了传

统村落保护发展的三个难点[1]:

(1) 经济因素

经济因素是影响村落保护和发展的重要因素。便利的交通、成熟的公共服务配套设施是开展传统村落旅游项目的必要前提,一些欠发达地区的村寨,经济的制约显得尤为突出。

(2) 地理因素

有些村落虽然建筑独特、风景美丽,却位于偏僻的位置,外界人士难以到达,不利于村落结合新技术进行保护修复与开发。有些村落则没有深厚的文化底蕴,也没有申遗成功的非物质文化遗产。在建筑方面,虽然传统建筑很多,但是绝大部分是民居建筑,历史建筑较少。

(3) 本土居民需求

由于近年来外出务工人员的增多,出于对新住房环境的要求,很多村民渴望对传统民居进行重建。在很多古村中,越来越多的老建筑被改建、重建,现代建筑取而代之,村里的街巷道路也变成了水泥路,一定程度上导致了传统村落的消亡。村落的保护并不是单纯地保护村庄中的构筑物,而是要保留一个活化的村落,即当地居民的生活方式和其他非物质文化遗产也要一并保存下来。然而,村民的意愿是住在生活环境良好的现代化新居中,这个难点在传统村落的保护中是普遍存在的问题。

2) 体制总规层面的难点

(1) 保护原则

我国的《文物保护法》和《国际古迹保护与修复宪章》均明确规定:"古建筑的保护包含着对一定规模环境的保护。"(见宪章第六条)"各级文物保护单位,分别由省、自治区、直辖市人民政府和市、县级人民政府划定必要的保护范围。"(见《文物保护法》第十五条)乡土建筑是指农村建筑的群体,是一座村落的总体,所以对乡土建筑的保护必须是对一座古村落的整体保护。国际《关于乡土建筑遗产宪章》中(1999年)明确指出:"乡土建筑很少是由单一的构造物来呈现,它最好是通过维持与保存每一区域内具有代表特色的建筑群与部落来加以维护。"因为只有这样才能表现出乡土建筑记录农业社会的作用,才能体现出它们全部的历史、艺术与科学的价值。但是一座古村仍然是今日百姓生活劳动的场所,是一座活的聚落,随着经济的发展、农民生活的提高,他们必然要改善自己的居住条件。于是,在经济较发达的地区,常见一幢幢新楼在村中崛起,有建红砖墙的,有贴白瓷砖的,古老村落的格局和风貌就这样被破坏,甚至一步步消失[2]。

(2) 保护制度

保护制度是关于遗产保护的体制、机制、法制等保障性因素,要求与国情和地区的实际情况相适应。相较于保护技术的客观性,保护制度更多地体现出社会经济背景下的人为参与性,是由历史、文化、法律等因素综合作用而构建起的一种确保保护目标实现的社会运行环境。如在目前的巴蜀古镇的保护中,与保护技术的运用比较而言,保护制度显得残缺不全,还存在着相当多不尽如人意的地方,致使古镇保护力不从心。这主要体现在保护立法的落后、保护管理的低效、保护资金的缺乏、公共参与水平较低四个方面[3]。

(3) 保护管理体制

目前旅游是参观、考察最大众化的形式。旅游的开展促进了农村基础设施的建设和旅游经济的发展,增加了农民的就业和经济收入,因此也加强了农民对古村落价值的认识,尽管这种认识只着眼于经济效益而并不全面，但有益于古村落的保护。但由于经济利益的驱使，这种旅游的开发很容易过度。随着旅游人数的增多，饭店、旅店以及旅游商业无限制地发展，它们不顾保护规划的制约，任意兴盖新建筑，建造停车场、商业街，造成了古村落原有布局和景观的破坏。

对于乡土建筑、古村落应该合理利用，开展参观旅游也是在所难免，但目前村落的管理体制存在问题。古村要开放参观，需要一笔基本设施的投资，需要有能力的人才，所得经济利益还涉及村民的分配。而这些对大多数古村落来说都不具备，所以往往依靠旅游部门、企业或个人的投资，从而将古村落的旅游经营权，甚至村落的管理权转让给了旅游部门、企业或者个人。于是不可避免地在管理的权限、利益的分配等方面产生种种矛盾。

10.1.2 保护修复的目的、原则

1）原真性原则

原真性（authenticity）又译为原生性、真实性、确定性、可靠性，是指原始的、原创的、第一手的、非复制的、非仿造的……原真性可以用来判定文化遗产意义的信息是否真实。对于传统村落中破坏性的历史痕迹，则要加以区别对待。对于已毁坏的历史建筑，如果有很详尽的史料，且根据史料在原地、原样复建，其设计、施工和材料都按原样修建且没有草率、粗劣和臆测痕迹，这样的建筑可以认为具有原真性。而对于没有详尽史料记载的建筑，则不应通过臆测加以复原，而应创造性地利用这种破坏性历史痕迹，并赋予其新的意义。

历史文化建筑的保护修复应该还原它真实的历史风貌。古建筑、生态自然景观的原真性是传统村落价值的根本所在。在人文资源保护规划中，应重点防止不合理的功能及材料的使用对建筑资源造成的真实性损害，任何修复工作都应力争使用原材料，并采用可逆性技术；在自然资源保护规划中，着重保持、恢复生态景观的原始性[4]。

2）整体性原则

整体性的概念：传统村落民居建筑的保护修复应该与周边的自然环境、建筑景观相统一。传统村落包括建筑、环境、空间格局以及人类活动等元素在内的统一整体，所有组成元素都与整体有着一定意义的联系。因此，在保护修复中不能将其彼此割裂开分别对待，而应从整体上去考虑它们之间的关系，这样才能保持村落风貌的完整性，而保护好每一个单体建筑是其基本保证。

整体保护是指保护一个村落的整体外观，包括需要特别保护的村落建筑及环境。整体保护具有重要的历史、文化和美学价值，是社会、经济、文化发展政策的一部分。

3）其他原则

可读性：历史文化建筑的保护修复应该可以拥有观赏的价值，从中能够解读到村落的历史。

可识别性：《威尼斯宪章》第九条规定："任何不可避免的添加都必须与建筑的构成有所区别，并且必须要有现代标记。"这就是可识别性原则，与《文物保护法》中的"不改变文物原状的原则"存在着差异。因为可识别性原则要求在材料或外观上能够区别于原作，即修复部分的形象并不能完全反映原作的所有特征。把原来的建筑材料和新加的材料区分开来，是为了突出历史建筑的面貌，让人对重建部分一目了然[4]。

协调性：协调性原则指既要重视村落格局、风貌，如历史建筑、文物古迹等有形文化的保护，也要注重对优秀的传统文化、艺术以及传统的民风民俗等无形文化的继承和保护。历史文化的保护不仅仅是对文物、保护区、自然风貌等有形物质的保护，还包括对无形的传统文化资源的继承，二者互为补充，共同构成村落历史和文化精髓。

可逆性：这是文物保护中的重要原则，意思是修复中采取的措施都可以采取可逆措施，使回到原始的状态。

可持续性：历史文化建筑的保护修复在满足短期效益的同时，应该更有利于村落的长远发展[5]。

人性化：传统村落动态保护中的人性化原则，其中分为两点：第一是传统村落动态保护中人的参与；第二是人的活动与空间的设计[6]。

10.1.3 传统建筑的残损鉴定

建筑，无论新旧，在建造完成后，不可避免地要经受来自自然和人为各方面因素的影响。因而，建筑材料、建筑构件乃至建筑结构都会随着时间的推移而不断变化。建筑如同有机生命体一样，从新生到壮年，再到衰老，乃至死亡。在整个生命周期中，建筑会遭受来自不同因素的破坏。这些破坏可能是极其轻微的，建筑通过自身的调节便可战胜，也可能是相当严重甚至危及生命的。历史建筑保护和修复的目标，并非保证建筑不死亡，而是尽最大努力延续历史建筑的生命。

要理解建筑的腐蚀破坏，势必要追寻造成破坏的各方面原因；其次便是归纳各种破坏的表象及特点，作为具体诊断的依据。对原因和表象的归纳可以形成有参考性的文献，供其他相似的建筑保护项目参考。

1）残损类型

残损变形主要分为构件残损、构件连接机制失效、整体变形三个层次。

构件的残损根据造成破坏的原因不同，细分为受力损伤（应力积累或不恰当外力扰动造成的破坏，如缺失脱落、局部断缺、受压劈裂等）、材质退化（环境因素造成的风化干缩、潮湿腐坏，天然缺陷所致的节瘤、孔洞、裂纹等）与生物侵蚀（木蜂、白蚁、微生物侵蚀等）三类。构件连接机制失效细分为榫卯脱裂、拼料离散两类。整体变形细分为构件移位（沉降、倾侧）、构件变形（挠曲、扭闪）两类。

在建筑中，常规的材料与结构的腐败损害及相关问题有很多，比如真菌污斑和有害生长、灰浆脱落、空调系统失效、材料风化、装饰面层损坏、墙面开裂和倾斜、排水系统损坏、地板腐蚀、昆虫侵害（如白蚁）、屋顶破坏、潮气渗透、基础不稳等。宏观而言，有几大因素直接决定建筑的破损：建筑环境（太阳辐射、温度、季节、酸雨、风）、建筑位置（建筑选址、土壤状况）、建筑类型；建筑形式与建筑结构以及使用上的变化；建筑维护、建筑年代等。当然，更宏观地看，可以将腐败原因归结为两大因素：自然的和人为的。有些破坏机理需要不同的环境条件才会发生，而且各种不同的破坏原因往往互相纠缠在一起才会产生破坏，以下为最重要的几项因素：

（1）太阳

空气受阳光照射而升温，受冷而降温。建筑材料本身通过三种方式被阳光加热：直接受外部辐射、内部间接获得阳光、间接受室外热空气影响。所有的建筑材料都会因此而热胀冷缩，这是建筑腐败的主要原因。

（2）潮气

与阳光给人的感觉相反，潮气给建筑带来的影响更多是负面的。结构和灰浆及面层上钻的孔对建筑有一定的损伤，上升潮气，实际上是指潮气沿可渗透的建筑材料通过毛细作用向上运动的过程。如果潮气渗透攻击到材料或面层，就会造成表面风化或内部风化现象。

（3）可溶性盐

对于历史建筑，尤其是多孔材料构成的历史建筑的破败中，盐造成的腐蚀往往是主要原因之一，危害最大的是可溶性盐。而历史建筑中除了建筑结构外，大量的雕塑、壁柱等艺术品往往也由多孔材料构成。一般来说，可溶性盐存在于多孔材料中，其破坏的原理在于它在砌体表面的干、湿循环变化，多孔材料内部的水溶解的盐在表面结晶即表面风化，相对于内部风化而言，破坏性小得多。

（4）生物

这是指各种植物和动物有机体对建筑材料的化学分解和机械破坏。它往往发生在南方温暖潮湿的环境中，如：植物根系的根劈作用，使裂缝扩张、加宽；死亡的有机体使微生物迅速繁殖，形成的有机酸对石质造成腐蚀。生物对历史建筑造成腐蚀和破坏往往是和物理、化学或物理化学腐蚀过程相结合的。因此，对生物腐蚀的研究本身也非常复杂，首先研究会涉及很多种生物，其次也和环境本身有非常大的关联。

2）残损程度

残损评价根据程度的不同分为三级，采用统计残损点的方法进行评价，残损点按照《古建筑木结构维护与加固技术标准》GB/T 50165—2020中的相关条文进行判断。三级残损依次为：

轻微——未达到残损点的描述标准，对构件受力机能没有影响或影响极小的情况。

中级——达到或接近残损点的描述标准（接近指有进一步发展成残损点的趋势），对构件受力机能造成较大影响，但尚未超过构件安全的临界范围，不致马上发生危险的情况。

严重——超过残损点的描述标准，严重影响构件受力机能，甚至已经使构件失效，危险随时可能发生的情况。

3）残损记录

单个构件可能同时存在一个以上的残损点，故而残损点总计并不等同于残损构件的个数。对残损点的判断要在认可现有修补事实的前提下进行。如果现有修补有效，则判定该构件安全，只记录修补情况，不重复记录残损。如果现有修补不能使构件恢复正常状态，则需同时记录修补和残损两方面的情况。单个构件存在多个修补痕迹时，逐条记录。修补所对应的级别表示受到扰动前的残损程度。比如仅做表面镶补的，记为轻微；大段的续接墩补，则记为严重。修补以后的构件，即使能正常受力，也与完好无损的构件有所区别，故统计经过修补的构件总数，以供参考。

4）残损检测

历史建筑调查对于辨认需要保护的部分、材料、结构等方面特征的把握非常重要。而无论调查是由建筑师、保护修复专家、历史学家、结构工程师还是其他专业人士来进行，都应当包括三大部分：文献记录、历史研究和调查监测。建筑保护的最小干预原则和再处理性原则要求对建筑进行任何干预时都应采用对建筑的破坏尽可能少甚至没有破坏的手段。

对受保护建筑结构进行全面检查和分析，是重建项目的重要一步。依托于新技术、基于精密仪器的一些先进的分析检测方法可用于这一阶段的工作，如内窥镜、视频记录、超声波检测、中子辐射技术和热成像仪等检测方法，这些高新技术具有准确度高、对构件损害小的优势，但是目前成本较高。还有一些相对简单的方法，如石膏标记、塑料黏土折叠实验或试管用水渗透实验。石膏标记通常用于年代久远或重建了几次的墙漆层的年代鉴定，并通过分层，分析和标记测试表面。它还有助于在隐藏的部分追踪霉变，如建筑立面、室内高架地板和设备墙壁等肉眼看不见的部位。此外，还可以使用湿敏感机器人，例如超模机器狗。用清洗技术将污渍从物体表面分离出来，检测被污染的部位，其清洗方法包括激光清洗、机械清洗、化学清洗和超声波清洗。这些先进和灵活的检测技术和方法可以为评估旧建筑物的状态和过去的状况提供可靠和科学的依据。

10.2 传统建筑的保护

我国已进行了关于传统民居风貌保护的相关研究，但其仍在遭受不同程度的破坏，因此亟需在现有研究的基础上，进一步针对村落密集的特点，探索建筑群之间的共生机理，研究传统村落建筑保护策略，并提出未来研究的重点方向，因此，如何保护这些丰富多彩的传统村落，不仅让它们可以保留传统建筑形式与结构，还能赋予其新的功能与技术，使其可以与时俱进，长久地保存下去，是长久以来一直在探讨的问题。

10.2.1 保护建筑的分类

1）保护规划分类

建筑可以被确定为保护建筑和非保护建筑。对建筑的保护措施可分为严格保护、一般保护、修建、改造、保留和更新6个级别：

（1）严格保护的对象包括各级文物保护单位，标志性建筑物，对构成有特征的重要空间界面具有不可替代作用的建筑物，在主要的景观视野范围之内的建筑物以及保存完好并能表现城市特色的某种类型的建筑物。对严格保护的建筑物，不能改变其原本的特征，必须在布局和外观上保持原来的面貌或按照其原来应有的特点进行修复，对其中的文物保护单位，则应该进行维护或原样、同材修复，修旧如旧，新旧有别。

（2）一般保护的对象包括除严格保护之外的保存原状的传统建筑物和局部已被改变的传统建筑物以及对形成城市空间的连续性、逻辑性和城市纹理具有重要和比较重要作用的建筑物或建筑群。对这类建筑应在保留现存特征部分的基础上，以建筑原有的特点为依据进行整治、更新、整修、装饰、更换。

（3）修建的对象包括除被保护的传统建筑之外的、局部已被改变的、仅保留有传统建筑结构的传统建筑物。对这类建筑物一般不主张拆除，而是对其已经改变并且改变得不合适、不恰当的部分进行再一次整改。

（4）改造是针对非保护的现代建筑的措施，通过拆除、局部拆除或改造使其与周围环境协调。

（5）保留是指对一般的不破坏城市历史文化环境或影响不大的现代建筑所采取的措施。

（6）对于在功能上、景观上和空间上与所处的位置不符，不相适应，有很大或较大矛盾的建筑物，可以通过改变功能、整体改造、拆除重建等方式更新。

此外，对传统建筑的保护中还应注重建筑本身的设施、设备的配套。特别是住宅中的厨房、厕所和浴室还应考虑它的保暖、通风条件等，使其进一步完善功能，以实现其价值。

2）保存程度分类

保护区内建筑按风貌保存的完整程度，结合历史文化价值和建筑特色分为四类，分别对应不同的整治措施：

（1）一类建筑：保存较好、具有典型代表性或未修缮、质量较差、基本为原物的原有建筑；

（2）二类建筑：主体建筑基本为原物，部分损毁严重，需要重新修整的质量较差的建筑；

（3）三类建筑：现存建筑部分为原物，但建筑形象有较大改动，或者建筑质量较好但风貌一般，但与传统风貌尚可协调的建筑；

（4）四类建筑：建筑质量较好，一般为20世纪70年代后所建，建筑体量大、高度较高，建筑形象严重影响环境风貌而又无法改造的建筑；或者违章搭建的棚物、简易房。

10.2.2 保护的内容

1）整体传统村落

传统村落是指同时拥有物质形态和非物质形态文化遗产，并且具有较高的科学、文化、艺术、历史、经济、社会价值的村落。冯骥才认为，传统村落是不同于现有的两大类（物质文化遗产和非物质文化遗产）的另一类文化遗产，它是兼有互相融合和依存、同属一个文化与审美基因的物质和非物质文化遗产的独特整体；它是活态和立体的，是农民生产和生活的基地，是社会构成最基层的单位之农村社区[7]。

变化多样的建筑群与其周边自然山水环境融合统一，彰显出人与自然的和谐，充分体现了中华传统文化影响下的人居生态之美，传统村落的整体既包括村落周围与之有密切关系的自然环境、道路街巷水系、传统建构筑物、历史环境要素等有形的传统资源，也包括无形的传统资源如各级非物质文化遗产、传统生产生活方式等，还包括生活在村落中的村民。

传统村落是一个有机整体，传统村落肌理的主要脉络（街巷）和细胞（如宅院建筑）在大规模更新建设的过程中，不宜采用大拆大建的简单方式，应在尊重原有肌理结构的基础上有机更新，力求保持原有肌理特有的乡土特色[8]。

2）村落传统格局

美国学者戈登·威利对聚落空间形态给出了下面的定义："人类在土地上安置自己的方式，它涉及住房和社会性质的其他建筑的布局，这些布局反映自然环境和建造者的水平及控制的各种制度。"简单地说，就是人群的聚居方式。聚落形态从宏观上研究聚落及聚落群之间的关系，涵盖：不同时期聚落的性质、规模及位置的关系；同一时期不同聚落之间的关系；聚落形态的变迁。建筑空间形态指建筑中人类活动的各类空间之间的内在关系和空间形态间理性的组织方式。建筑空间形态从微观上研究建筑的空间组织关系，涵盖：建筑与建筑及建筑内部各种功能空间之间的关系；每个功能建筑或功能空间的架构方式等。

传统村落肌理的特点包括以下几点：

（1）与自然和谐共融

乡土氛围浓郁的传统村落肌理是自然与人文有机的结合体，传统村落肌理形态受自然环境的影响较大,如地形、地貌、气候、植被、水文、土壤状况等,它们都是构成传统村落肌理的基本自然要素,其中影响最为明显的是气候、地形两个方面。传统村落肌理形态与自然环境的适应,成为传统村落营建的一条重要准则。传统村落选址一般都依山傍水,靠近水源与生产地,因而表现出独特的充满生机与活力的空间特点,不论是传统村落选址、布局还是单体建筑的设计、构筑,都突出了一种人与自然和谐相处、融为一体的环境氛围。

(2)建筑同质性强

地域特色显著的传统村落作为一种传统的乡村聚居空间,保持着世代累居的特点,许多传统村落都以一个宗族聚居而形成一个相对封闭的社会单元,形成了血缘群体和左邻右舍守望相助的地缘群体,村落人口流动率小,活动范围受地域限制,价值观相对统一,与外界相对隔离,富有强烈的地缘性,建筑与传统村落布局由工匠根据长期生活实践中形成的带有浓厚地方特点的习俗和经验进行营建,具有相当大的本地特色,建筑同质性强,传统村落肌理的空间关系也有较强的连续性,保留了相对封闭的地域特色。一般而言,虽然每一次新的兴建活动都会使传统村落肌理原有结构有所改变,但大的方面还是保持了对传统村落肌理原有结构的尊重与延续,顾及了与周围建筑之间的相互协调,并未破坏整个传统村落肌理系统的整体性。

(3)功能布局有序

肌理层次丰富的传统村落大多有百年以上历史,很多传统村落肌理都能展现出其丰富而独特的历史文化信息。这些肌理较完整的传统村落保持着某一时期或几个时期积淀下的特征,保留有典型的传统村落格局、乡土氛围、古建筑、公共活动中心,传统村落功能布局严谨和谐,大部分传统村落的水系、街巷井然有序,民舍、庭院、宗族中心等错落有致。传统肌理保持完整的传统村落还保有丰富的传统生活内容,保持着传统生活氛围,是历史文化活的见证。

保护传统村落还要考虑到与村落的选址、发展紧密关联的地形地貌以及河湖水系、村落形状、主要街巷(道路)、重要公共空间等。

3)建筑群共生肌理

在现代条件下的传统村落建筑保护修复中,保护对象建筑与相邻建筑需要体现其共生肌理。当被保护对象仍处于传统建筑间时,建筑整体应该保留其建筑高度、形式、结构、材料等,建筑立面也应该延续其村落特色的地方材料、符号装饰语言、门窗形式等,对该建筑的保护修复做到"修旧如旧",在整体上与周边和谐统一。当被保护对象位于现代新建建筑间时,应该依照所在村落原有的历史风貌特点对其进行保护和修复,同样在建筑高度、形式、结构、材料、符号语言等方面应呈现出村落的传统风貌特色,使新旧建筑相互合理地渗透。在现代的保护修复中,尽量用当地原有的地方技术和材料,当然也不可避免地用到新的技术手段和新的设计方法,这是对原有技术的一个辅助和帮助,应因地制宜地进行传统建筑的形态保护和革新,以适应村民日益增长的生活需求。

4)传统村落建筑

在大格局和总体特色得到保护的情况下进行更新改造及设施配套完善,保护修复建筑风格应与原整体风貌协调统一,并尽量运用地方建筑材料,保持地方特色。各类公共建筑除了满足功能要求和方便人的活动外,应与传统村落环境充分协调,注重特色空间的营造。重视保护和利用历史文化资源,对现有建筑进行质量评价,确定保护、整饬、拆除的建筑,注意保护原有传统村落的社会网络和空间格局。保留、整治和改善不影响整体布局，建筑质量较好的已建农居，切忌大拆大建；保留建筑质量较好，与传统村落整体环境冲突不大的建筑，维持现状；对建筑质量尚好，但建筑质量和外观与传统村落整体环境有冲突或不适应的进行整治和改造；拆除简陋的、质量较差的建筑或对传统村落整体风貌有较大影响、质量差的建筑，提高传统村落居住环境质量。传统村落整体形态具有一定的特色和层次，在新农村建设中，应慎重选择更新方案，采用小而灵活的更新方式进行建设。

传统建筑保护设计的内容主要从建筑环境景观、建筑外观、建筑室内三个方面对建筑的材料、立面构成形式、结构体系、空间特征、装饰陈设、机械系统、区位环境、场所特征等提出满足特殊需要（如健康、卫生、安全）或要求的保护目标、保护原则和保护方式，最后应对保护措施的选择和预期达到的目标给予评价。

传统建筑室内保护的内容主要涉及结构体系的保护、空间格局的保护和利用、建筑室内环境的改善等方面。传统建筑外观保护设计根据原有历史建筑的历史价值、建筑质量和建筑风格分门别类地进行处理，正确对待，有机更新。村落中的民居、祠堂、书院等建筑艺术汲取了民族文化和民间艺术的养分，反映了特定历史时期以及特定地域文化下人们的审美情趣，在建筑装饰艺术上大量运用的木雕、砖雕、石雕、彩绘等传统技艺，堪称民间艺术的宝库。

传统建筑环境景观保护设计是为了保留历史建筑周边原有的道路格局与空间特色，并使这一特色在城市街区景观的发展中得以加强。具体包括村落中传统建筑物（包括文物保护单位、历史建筑、建议历史建筑、传统风貌建筑）的位置、建成年代、面积、基本形制、建造工艺、结构形式、主要材料、装饰特点、建造相关的传统活动、历史功能、产权归属、使用状况、保存状况等。

5）历史环境要素

1964年ICOMOS的《国际古迹保护与修复宪章》堪称20世纪上半叶关于遗产保护的长期争论的里程碑，关注历史古迹与"环境"（setting）的物质实体原真性的保护。这一文件对于传统村落的重要意义在于它对"乡村环境"的涉及，它指出："历史古迹的概念不仅包括建筑单体，还包括能见证一种独特的文明、一种有意义的发展和一个历史事件的城市或乡村环境。"

传统村落是我国数千年农耕文明的见证以及传统文化的载体，综合体现所在地区的地理环境、地域文化、乡土特色和生活方式等，如各民族、各地区各具特色的村落布局、街巷格局、建筑营造、村规民约、方言俚语、风俗技艺等，具有极高的历史文化价值。

而在传统村落中反映历史风貌、构成村落特征的要素，如塔桥亭阁、井泉沟渠、壕沟寨墙、堤坝涵洞、石阶铺地、码头驳岸、碑幢刻石、庭院园林、古树名木以及传统产业遗存和历史上建造的用于生产、消防、防盗、防御的特殊设施等。

建筑、街巷、整体村落，三者之间以"点""线""面"针对村落密集的特点，探索建筑群之间的共生肌理，研究传统村落建筑保护策略。要在传统村落之间做到共生，就要深入了解其所在的具体环境，尊重其文化风俗，继承其传统的技术技艺，才能在保护和修复中做到整体的共生、文化的共生、历史和现代的共生，展现充满地方特色的传统村落风貌。

6）传统文化

中华文化源远流长，这不仅表现在语言、文学艺术上，也表现在风土人情与建筑上，特别是在一些古村镇，由于现代文明的触及程度不高，还非常幸运地保存着古风古韵，直观地向人们述说着来自远古的价值观、审美观。在今天经济高度发展，人们竞相追名逐利的情况下，这些传统村落会让人们静下心来，反思自我，反思快速发展与保持真我的辩证关系，从而回归自我，让今天的人们做一个健康的人。也正是从这个角度看，传统村落具有十分重要的现实价值。但是，正如前面说过的，在高速发展的理念下，在一切以利益、利润为中心的理念影响下，传统的东西变得越来越少，人为的破坏成了传统村落流失的最主要原因。因此，保护传统村落，弘扬传统村落生态文化是亟待解决的重要课题。

村落中的传统民俗和文化，包括非物质文化遗产、传统的生产生活方式、乡风民俗等内容以及其所依托的场所和建筑、用具实物，了解相关知识的特殊村民（如族长、寨老、非遗传承人、老手艺人、庙会主持人和传承了传统建造技术、手工艺的工匠等），传统手工艺品、食品、器具的做法、工艺等[14]。

10.2.3 保护的手法

1）静态保护

（1）静态保护的模式

静态保护模式是既要保护古老聚落的全部人工环境，还要持久保护与这些环境相一致的传统的生活方式。保护内容包括居民的传统生活与劳作方式、传统服饰、习俗、手工业等。这种保护方式以保存聚落历史文化的"原真性"为理想，希望将传统聚落所体现的传统文化生活持续保存[9]。

我国现行的静态保护模式认为应当严格反映旧有村落的面貌与生活。因此，在保护时力求全盘重现原有风貌，不但要求现有的文物古迹应加以重点保护，而且主张已改变原貌的应恢复原貌，异质添建的应当拆除并按原貌重建，丝毫不差地恢复原貌以及原有生活形态。

在静态保护中有一种做法叫作"全面保护"，这种"全面保护"不但保护传统村落的全部建筑，而且要传统村落内的所有居民都保持传统的生活方式不变。

（2）静态保护的弊端

静态保护是传统村落空间结构发展在现代化进程之中面临的问题与冲突，例如：传统生活状态向现代生活状态转变时引起的冲突以及传统村落的传统功能与现代生活要求之间的矛盾。交通方式的变革使原有的村落街巷及建筑的密度、尺度与结构均受到强烈的冲击；现代生活对于上下水、供暖、供电、通信与煤气等基础设施的要求日益提高，传统村落内原有的基础设施已不能满足人们的要求等。二是传统的街巷院落结构与现代家庭结构之间的矛盾。我国传统建筑多为砖木构成，折旧率高，损耗快，其耐久性也远逊于钢筋混凝土或砖混结构的房屋，因而传统村落的自然衰微相对较为严重，出现结构破损，腐朽，设施陈旧、简陋等问题，甚至无法继续使用。加上近几十年来，许多民居建筑一直处于超负荷使用的状态，其维持与保护常为人们所忽略，加上乱搭乱建等人为破坏，导致传统村落日趋破败，急需整治更新[10]。

静态保护有一定的弊端，其原因：一方面，静态保护把传统居住建筑看成是一成不变的，进而忽略了人们对居住建筑的客观物质要求在不断变化的事实。一味强调传统民居、传统生活方式原封不动的静态保护是主观和片面的，这会给居住者带来越来越多的物质困惑，并逐步降低居住者的精神愉悦程度，使传统民居最终沦落为"贫民窟"，显然这与"以人为本"的宗旨是背道而驰的[11]。另一方面，对传统村落的破坏并不是保护观念的淡薄，反而是因为对保护的重视，运用了错误的保护方式，才造成了巨大的破坏。

静态保护有以下危害[6]：

①保护目标难以实现。静态保护模式以控制性措施为主，然而，在瞬息万变的市场中发生的变化常常是无法控制的。静态保护中的控制措施不能落实，常常使得传统村落的保护目标难以实现。

②对历史建筑的人为破坏。近些年来，传统村落虽然得到了不同程度的保护，但由于人们在建筑文化遗产保护的意识和观念上缺乏深度，因此，在传统村落中，除了自然破坏之外，往往又造成了许多人为破坏。

③传统村落的衰败。我国当前对传统村落实施的静态保护致使传统村落内的建筑无法转让、无法维修、无法投资，使得保护的目标难以实施，最终导致了传统村落的衰败。长期的日晒雨淋和风雨侵蚀，使得传统村落中的建筑不断老化，各种界面的材料的风化和自然破坏，严重威胁着文物建筑的保护。

④经济的不稳定性。我国对于文保单位的保护和修缮，首先区分等级，按级别立项申报所需经费，分别由国家、省或市县批准，但国家只提供所需经费的一部分，大部分保护资金由地方政府承担。有些文物单位是自筹资金，如企事业单位及宗教文物单位等。但由于国力有限，国家及地方财政给予保护的资金补助是极其有限的。我国历史文化遗产的保护长期存在资金匮乏的问题。

2）动态保护

（1）动态保护的模式

动态保护要求在对传统村落的规划中，将历史—现状—未来联系起来加以考察，使之处于最优化状态。动态规划要求无论初始状态和初始决策如何，对于先前决策所造成的状态而言，余下的决策必须构成最优策略。在对传统村落的保护中，应强调"持续规划""滚动开发""循序渐进式""控制性规划"，在着眼于近期发展建设的同时对远期目标仅提供一些具有弹性的控制指标，并在规划方案实施过程中不断加以修正与补充，以实现一种动态平衡。

（2）动态保护的方式

①功能置换型的还原性保护

这种模式是以保存历史民居建筑的形态为主要目的，功能不保留，根据基地情况加以置换的还原性改造[12]。这种方法在客观上比较真实地从村落平面和立面上再现了村落记忆中的历史风貌。

②功能保留型的还原性保护

这种模式是一种较为原生态的保护方式，既保护传统村落建筑的传统形式，又保护街区中人们生活的风貌，在国内多用于古镇的保护和开发，不仅保护了客观建筑的原真性，同时也尽量保持居民生活模式的稳定[13]。古镇为了维持整体建筑原貌和生活模式的原生态，对城镇现代化发展会做一定的限制，但经济的快速发展也使人们对生活质量的要求不断提高，为镇中人口提供良好的生活条件需要被提上日程[14]。

③博物馆式保护

由于历史的变迁、技术的变革和价值网络的变化，古建筑的很多使用方式已不适于现代的社会。况且，不同的使用单位对于历史建筑的使用有不同的态度。因此，历史建筑的使用者应相应做出调整。作为博物馆使用能对历史建筑实施最大程度的保护[6]。

作为历史文物而受到保护的建筑具有极其重要的价值，对于传统村落中具有重大历史价值、具有标志性的历史建筑，例如宗教建筑、名人故居等，可以作为博物馆使用。无论在国内还是国外，大量的名人故居作为陈列馆使用，不仅较好地保护了历史建筑，保持了其活力，而且能为建筑的保护提供所必需的资金。其他历史建筑，特别是传统村落中保存比较完好的建筑，经常会做博物馆式保护。

综上所述，以对比的方式对两种保护方式做出以下总结（表10-1）：

传统村落保护方式比较　　　　　　　　　　　　　　　　　表10-1

	静态保护	动态保护
保护的目的	通过保护使得传统村落严格反映出原有面貌与生活，并且丝毫不差地恢复原貌	通过新旧元素的重组与弥合，为传统村落注入新的活力和提供发展的可能性与自由度，使古村获得新生
保护的思维模式	以控制性措施为主，局限于保护过去	将历史地段的保护纳入与周边环境以至所属县市同步发展的范畴，将历史—现状—未来联系起来加以考察，求解他们处于最优化状态
保护的表现	要求现有的文物古迹应当加以重点保护，已改变原貌的应该恢复原貌，异质添建的应当拆除并按原貌重建	一种因地制宜的保护与更新相结合的长期持续的保护方式，在传统村落的发展中保护村落
保护的方式	大拆大建，在废墟上重建，或者将历史街区人为地凝固为一件供人观赏的"博物馆"	持续规划，滚动开发，循序渐进式的改造
保护的结果	原有的历史建筑消失或者破败不堪	既保护了传统村落格局，又使之获得了发展，形成了新的城市形象

表格来源：作者自制

当今国内对于传统村落与民居建筑的保护关注度较高，有一个良好的氛围。经过20世纪简单而暴力的静态保护或者全然不顾传统村落的整体风貌而大拆大修、重建新建等极端做法后，国内慢慢摸索出了传统村落民居建筑保护的方向。随着中国的世界遗产申报的不断增加，关于保护的研究和论文成果不断增多，国内对于传统村落民居建筑的保护会越来越完善。

10.3 传统建筑的修复

中国的传统民居建筑大多以聚落的形态出现，并且具有明显的地域性与时代性。从横向来看，每个地区都有适合当地的建筑材料、传统工艺与技术手段，由于交通落后等原因，相互之间交流的力度不是很大；从纵向来看，各地区、各民族的建造技术在适应性方面逐步完善至成熟，随着时代的发展与科技的进步，从建筑材料到建造修复技术等都有了很大的变化。因此，要保护村落整体风貌与优秀的传统建造技术，需要整合传统与现代适宜的建造技术体系，使优秀传统村落文化得到更好的传承。

10.3.1 传统修复技术

1）按传统材料分类

我国的传统村落是农耕社会发展下的产物，就地取得天然材料和利用当地的资源生产建筑材料是传统建筑材料的特点，如天然材料——石材、木材、生土、植物油、矿物材料、植物纤维等，人工材料——砖瓦、石灰、金属制品、人造油漆等。

石材是人类历史上应用最早的传统建筑材料。石材具有蕴藏量丰富、分布广泛、结构细致、抗压强度较高、耐水性好、耐久性好、耐磨性好的特点。西欧曾一度盛行石材建筑，如法国凡尔赛宫、英国国会大厦等伟大的建筑都是杰出的代表作。埃及金字塔也是由切割整齐的大块石材砌筑而成的。石材建筑有威严雄厚、庄重高贵的特点。但由于石材密度大、自重大，墙体的厚度较大，因此建筑物的面积使用率降低，但可以将其应用成为高档建筑的象征，建造出独特的艺术效果。

木材作为传统建筑材料具有重量轻、强度高、美观、加工性好、可再生、可循环利用、绿色无公害等特点，所以木结构建筑具有良好的稳定性和抗震性能。但木材在建筑应用上也具有缺陷，木材容易变形和开裂，容易霉变和蛀蚀，容易燃烧，这些都将影响木材的使用质量和耐久性。木材是永恒的建筑材料，木材因具有优良的力学性能，自古以来被广泛应用于建筑活动中。我国的五台山南禅寺和佛光寺的部分建筑就是其典型代表，单体建筑的屋顶坡度平缓，出檐深远，斗栱比例较大，风格庄重朴实。现代土木建筑工程中，梁、柱、支撑、门窗、混凝土模板都离不开木材。木材作为一种会呼吸的建筑材料，冬暖夏凉，能够创造出最适宜人类居住的生活环境。

黏土砖瓦是一种人工生产的建筑材料，长期以来，我国以普通黏土砖瓦作为房屋建筑的主要墙体材料。黏土砖瓦具有块体小、质量轻、易于施工、外形规则、承重、保温、立面装饰等特点，在人们营造居住空间的建筑活动中发挥了重要的作用。故宫就是应用黏土砖瓦的典型建筑代表，形状规则的黏土砖瓦用于外墙饰面使得故宫具有良好的艺术效果。但是黏土砖瓦的原材料是天然黏土，它的烧制是以毁损良田为代价的，因此逐步被其他材料取代了，但是它们在人类建筑史上的贡献永远不会被磨灭。

石灰作为一种传统的建筑材料，具有可塑性强、硬化缓慢、硬化后强度低、硬化过程中体积收缩大等特性，其几千年的历史足以证明人类对这种材料的信任和依赖，至今，石灰仍然作为重要的建筑材料广泛地应用于各类建筑工程和建筑材料工业生产中，如室内粉刷，拌制石灰砂浆和灰浆，配制三合土和灰土。石膏作为一种古老的传统建筑材料，具有原料丰富、生产工艺简单、生产能耗低、吸湿性强、价格低廉、不污染环境等优良性能。

施工用的器具，如墨斗、尺（规矩）等绘图放样工具以及斧、锛、凿、锯、刨等切割塑形用具多是传承匠师原乡营造的传统工具。

（1）砖石材料的修复技术

对于砖石材料的修复技术，戴仕炳、张德兵提出：①选择性重砌清水砖，进行保护修缮以及恢复修缮，以保持清水砖墙的历史感；②石材的修缮保护：基层的清理、清洁、无损排盐、表面渗透增强、采用修复石粉、表面憎水保护、表面润色处理等。

对于非文物建筑，砖石结构民居修复的难度无论是从材料还是施工组织上来看都不是很大，但对于文物建筑，则随着保护等级的不同而有很大的区别，保护修复所采用的技术手段等需要仔细论证。

(2) 泥墙材料的修复技术

泥墙修缮手法主要有四种。方法一：剔除酥松部分，镶实砌砖砌体并嵌实。但这样做，墙体掏挖镶嵌的深度较深，且材料不利于结构安全。方法二：剔除表面酥松部分，加砖砌体并嵌实后，外包钢筋网片抹灰或喷注细石混凝土加固，但成本高且不能解决泥墙倾斜问题。方法三：采用局部掏挖淋水，并施以牮正的方法对泥墙纠倾，但得由相当熟练的技工在保证安全的前提下施工，而现今技术失传，已无条件施工。方法四：拆卸泥墙后重新支模夯筑泥墙。

夯土墙在北方较多，而南方并不多见。其施工技术落后且复杂，效率也不高，但材料与做法很生态，建筑的热工性能较好，在建筑全寿命周期内不会产生建筑垃圾，值得关注与进一步研究。

(3) 木构材料的修复技术

古民居保护中木构件修复技术主要有以下方面：

木构民居建筑在南方很常见，各地的做法也不尽相同。根据需要修复的部位不同，其修复方法既有相同的地方，也有不同程度的差别，从简单的做法到复杂的处理方式都有，在造价方面差异也很大。同样需要就保护修复的对象来确定相应的保护修复方案和技术措施。

木构件的修复技术：更换技术、机械补强技术、环氧树脂巩固技术。关于材料选用的技术要求，要对木构的现状从技术使用的角度进行判定，这主要从三个方面来进行：一是视觉检测；二是声音检测，此法可以简单、迅速、有效地检测木材内部是否受到严重腐蚀；最后一种，也是最常用的，即取样检测，用伸展性的钻孔器取样，以检测腐朽的情况、防腐材料的渗透情况。

根据木构民居的现状，以其损坏程度为依据，主要采用三种技术对木结构体系整体进行修复：第一种类型是民居保存完整，但由于构件的日久失修，结构安全性上存在一定隐患。对于这种民居结构体系变形较小、构件位移不大的情况，可直接对相应的受损结构性构件进行修整，主要是在柱与木梁的连接处进行加固处理，即采用修整加固的技术。第二种类型是民居保存较为完整，结构的稳定性较差，但经过技术上的修复，仍可重新使用。针对这种结构体系的变形较大、损坏较为严重的情况，采用的是修整扶正的技术，即在不拆卸木构架的情况下，先使倾斜、扭转的构件复位，再进行整体的修复。对严重损坏的梁、柱等，则进行更换或修复。最后一种类型是民居保存不完整，结构稳定性差，若不及时修复，近期存在坍塌的危险。修复过程中，局部或全部拆除木构架，并预先对拆除的构件进行编号记录，对损毁构件逐个进行修整，更换损坏严重的构件，再重新安装，这种技术称为落架大修。

潮湿对木建筑的危害很大，对于以木构为主流的我国南方多雨地区的传统建筑，防腐与防潮一直都是十分重要的问题，各种具有地域性特色的防水防潮做法值得总结与传承。邓炳权、邓海鹏结合广东地区村落民居的情况，对屋顶、屋身、台基及其他方面的防潮处理进行了较为详细的论述[15]。赖德劭从建筑防水、防潮、抗风技术和构造措施等方面结合岭南传统建筑做了较为详细的总结[16]。沈忠人、杨慧指出，苏州地区传统民居的防水防潮做法大约有两类：一类是从房屋结构自身的耐久性出发的防水防潮和通过改善外围护结构的湿状况来保护房屋内部结构的防水防潮做法。二是从房屋使用者的舒适度出发而产生的一些较为考究的防潮做法，主要是通过木构架（梁、桁架等的其他通风措施，屋面的防水防潮，外围护墙体）的防腐防潮来提高室内舒适度（鳖壳板、轩、勒脚、空铺地面）[17]。

2）个案修复技术

在传统村落民居建筑修复技术相关的文献资料中，大多数是以个案介绍的方式进行论述的，以解决目标建筑的实际问题为主，地域性与个别性特点明显，一般是根据建筑的实际情况，对建筑受损部位进行分析甚至检测检验，进而选择相应的修复技术与措施。

3）环保性

传统建筑材料的发展出现了三大瓶颈：不可再生资源的大量消耗、巨大的能耗、对生态环境的严重污染。传统建筑材料对不可再生资源的依存度非常高，在生产过程中要消耗大量的能源，造成的环境污染也已成为传统建筑材料发展的制约因素。因此，对传统建筑材料进行生态化改造势在必行。根据我国传统建筑材料发展的现状，提出了对传统建筑材料进行生态化改造的必要性，并通过分析得出，对其进行生态化改造是可行的。发展生态建筑材料是实现可持续发展的关键。

生态建筑材料又称绿色建材，指健康型、环保型、安全型的建筑材料，在国际上也称为健康建材或环保建材。它注重建材对人体健康、环保及安全防火性能所造成的影响。此类产品具有良好的使用性能，如对资源和能源消耗少，对生态环境污染小，可再生资源利用率高，在设计、生产、使用到再循环利用的整个生命周期全过程中与生态环境相协调。

10.3.2 选择技术的依据和标准

1）修复原则

对于传统村落而言，既有不同等级的文保单位，也有大量的一般性建筑。不同等级的建筑，其修复的原则与相应的修复技术也不一样。

《文物保护法》第十四条规定："古建筑保护单位在进行修缮、保养、迁移的时候，必须遵守不改变文物原状的原则。"2004年5月1日起施行的《文物保护工程管理办法》第一章第三条规定："文物保护工程必须遵守不改变文物原状的原则，全面地保存、延续文物的真实历史信息和价值；按照国际、国内公认的准则，保护文物本体以及与之相关的历史、人文和自然环境。"

从"原状""保存现状"与"约定成俗"的内涵来看，古建筑的"原状"应是其最后建成时的原来状况。确定是否为"原状"应经过充分的勘测调查，分析哪些是原有的部件，哪些是后变的。可以从本建筑中找依据，也可通过建造时间、类型、手法工艺等找例证。

对于"保存现状"，余军认为，近现代文物建筑因变化不大，可以保留现状。但古建筑往往经历多个时代的变迁，"原状"已被改变、歪曲，有的甚至已经被破坏性修理，其技术价值和艺术价值都大大减少，这样的现状就不能保留，而应把被破坏性修理的东西去掉，并恢复其本来面目，正确再现历史的精华。

"约定成俗"是指某些古建筑虽经过修理、改动，但其形象已基本固定下来，本身又具有特色，为大众所认可和接受，虽然它不合法式，而且似乎又不太文雅，时代性也不明显，但它已成为地方标志。在这种情况下，作者认为可"保持现状"。

对于传统村落中的一般建筑而言，其修复应在遵守国家与地方颁布的相应法律法规、规范规则的基础上，根据其价值判断标准，进行定性与定量的分析，再选择与其相适应的修复技术。

对于文物建筑保护修复而言，要保护文物的价值，首要的就是保护历史信息的真实性，失去了真实性，文物建筑各方面的价值就失去了依托，文物也就没有多少价值可言了。目前，对于真实性原则的保护修复方法存在很多争论，这就需要我们深入全面地对真实性及其评价标准进行理解，并根据建筑的实际情况进行恰当的选择。

传统民居是历史文化名城、历史文化街区的主要建筑形式和重要组成部分，对其修复不仅要保留本身所承载的历史文化信息，还要保护其独具魅力的文化环境和生活场景，并使之与现代城市生活相融合。

传统民居的修复类型分为整体修复、分级修复、分类修复三类[18]。

（1）整体修复

对于整体修复，首先要维护民居风貌的完整性；其次，要根据实际情况，尽可能延续民居的使用功能，保持民居原有的社区结构、邻里关系和生活方式；第三，要保护与延续文化内涵。

（2）分级修复

对于分级修复，首先，对于文物建筑，必须遵守不改变原状的原则，根据现状测量和勘查的情况，确定工程性质是保养维护、抢险加固还是修缮，然后再制定具体的修复施工方案，同时，迁出居住在文物建筑中的居民，以保护文物建筑及其附属文物的安全；其次，经调研论证后确定的特色民居建筑应参照文物建筑的要求进行修复，遵守不改变建筑原状的原则，强调保护的"原真性"，但是可以延续其居住功能；最后，对于普通民居，对其外立面应按传统风貌要求，使用传统建筑材料和建造工艺进行修复，做到修旧如旧，但可以适当更新它的内部设施和空间布局，完善民居的配套设施。

（3）分类修复

对于分类修复，可根据建筑的年代、质量、风貌、历史沿革、人文价值等因素，将其分为四类，并进行分类指导。一类指房屋结构基本完整，院落空间较为典型，有一定的特色细部构造存留或有一定人文价值的建筑。修复的总体要求是保存传统民居格局及结构形式，拆除院落中的违章搭建，保存和修复建筑的沿街与院落立面，细部按原状修复，内部装修尽量采用传统材料及工艺。二类指房屋结构遗存有一定的特色，通过建筑结构和布局基本能推测出原状的建筑。修复的总体要求是体现传统民居布局特点，拆除院落中的违章搭建，保存和修复建筑的沿街（巷）立面，内部装修与材料可根据功能需要进行设计，不拘泥于古今。三类为新建的不能体现传统民居的布局或结构特点的建筑。修复的总体要求是外立面及屋顶沿用传统的形式与色彩，内部结构及空间可采用现代的设计手法与新材料。四类指不能与传统风貌相协调的违章建筑、危房、棚户简屋，这类建筑一般需拆除。

2）选择标准

随着时代的发展，人们对居住环境的要求不断增高，一味地延续传统技术往往难以保持历史建筑的生命力。如果不结合新材料与新技术增强建筑的保温、隔热、防火、隔声效果，很难为日后的居住者提供一个舒适的居住环境。传统建筑的生命以及古建筑上储存的历史信息是否可以得到真正的延续，除了要沿用传统技术之外，还应该配合使用现代技术，使修复之后的建筑继续有效地投入使用。因此，一些现代修复技术，甚至一些清洁能源都纷纷被用于历史建筑保护修复。若要将现代技术与传统技术进行利与弊的比较，很难分出上下，最重要的是要在二者之间寻求一种平衡，在沿用传统技艺的前提下，适当地加入新技术、新能源的使用，从而提高建筑本身的性能。只有在传统的建筑空间能再度被后人持续使用的情况下，历史建筑的生命才能得到延续。现代材料、技术与清洁能源在历史建筑保护修复中扮演了重要的角色。目的在于提高古建原有的性能与营造的操作性，使其更好地服务于日后的使用者。新型化工材料的操作不仅方便，效果也十分明显，例如苯板的保温效果、环氧树脂的胶粘与加固、硼酸溶液的防腐处理等。此外，新旧结合也是一种值得尝试的保护修复操作方法。传统材料秸秆是北方地区随处可见的农作废弃物。合理地运用这些传统材料，与新的工艺或技术结合使用，是未来传统建筑保护修复的主流发展方向。清洁能源也是如此，特别是太阳能与风能的适当使用能有效节省电力或机械污染，保护环境。

对于已经列为保护文物的传统建筑，其保护修复工作必须按照合法的程序由具有相关资质的设计与施工单位来组织相关工作，并取得专项资金的资助。对于保护等级较低、维修资金少但具有一定保护价值的建筑，则采取灵活的措施，积极地实行保护与修复工作。

10.4 传统建筑的原址重建

民居是传统村落的基本单元，是乡村的主要建筑类型。原址重建作为非文物民居建筑保护的一种较为常见的方式，对传承传统地域文化和改善农民居住质量有着重要的意义，也是体现村落风貌的重要载体，而技术层面的研究与应用是其重要的保障与基础。

10.4.1 文物建筑的重建

文物建筑的保护，"目的是真实、全面地保存并延续其历史信息及全部价值"，对于一座仅存遗址或遗迹的历史建筑，一般不主张丢掉历史信息而重建。对于文物建筑的原址重建，国家在《中国文物古迹保护准则》中明确提出："原址重建是保护工程中极特殊的个别措施。核准在原址重建时，首先应保护现存遗址不受损伤。重建应有直接证据，不允许违背原形式和原格局的主观设计。"

文物建筑的原址重建获批程序复杂，前期需要详细调查，对设计与施工技术的要求高，资金投入也大，并且有严格的管理机制。因此，大多数文物能保护的，就不会采取原址重建的方式，基于此，作为文物类型的村落建筑原址重建的相关案例很少。

10.4.2 非文物建筑的重建

1) 建筑质量与性能

长期以来，广大农村的民房多由村民自发建设，缺乏正规的设计和严格的施工指导，由于资金投入相对较少，建筑材料的质量也相对较差，整体建筑的质量与性能得不到保障。而传统村落中的民居建筑，理论上要按照相应的保护规划等要求去建设，实际上，由于资金不足、观念落后、主管部门的监管与指导不够等众多原因，民居重建的总体水平参差不齐。

2) 对传统文化的传承与发展

传统村落原址重建的建筑应充分体现保留下来的优秀传统文化与精神，并把这些精神品质加入设计当中。与传统建筑紧密结合在一起的生活习惯、空间氛围、财务操作、协力劳动等多方位的价值以及人与地、人与自然的关系，这些都是建筑归属感和认同感的来源。但是，如何将这些文化因素表达出来，是传统建筑重建的最大难点所在。例如：传统材料与现代材料如何更好地结合利用？建筑细部如何综合利用传统工艺和现代工艺的优势？传统的建筑装饰如何表现？要解决诸类问题，都需要设计者前期做大量的调研和资料收集工作，并且有丰富的实践经验。

3）有所创新

在时代发展、科技进步的大背景下，传统民居也逐渐暴露出封闭、僵化和落后的一面。新建民居建筑需要在结构、装饰、材料上与时代有一定的联系并有所创新。

另外，不应忽视农民自身的创造力。聂晨在《复杂适应与互为主体——谢英俊家屋体系的重建经验》中提出：进行平等真诚的沟通对话（对房屋的设计权），并非只对单方面（设计师或农户）具有约束力和特权。任何想用工业大生产将农民的劳动力与创造力排斥在外的观念与作为，均不切实际[19]。

因此，在重建过程中，要批判性继承传统民居的优势，改善或摒弃其不足之处。也应充分调动和激发村民的参与性和创造力，给他们留下充足的开放空间。

4）居住舒适性与乡村整体性

对于一些古老的村落，如湖南的湘西，大多数民居都是以木结构的房屋为主，该类建筑所具有的缺点（封闭、耗木材、阴暗）并没有随着时代的进步而改变，当今时代人们对居住质量的要求日益增高，传统房屋显然已经不能满足人们的需求。例如高椅古村一户重建民居的调研中就有居民反映，其实他们原本是想建砖房，但是政府强调要保证该村落街道立面景观的整体性，要求户主建造木构房，这是与主人意愿相悖的，最终户主也不得不妥协。这类例子在古村落的保护或者重建中也屡见不鲜。如何延续传统文脉，又满足现代人们对居住的现实需求，是一个必须面对的问题。

10.4.3 传统民居的重建

1）原真性原则

对于历史建筑，必须在研究其所具有的多种历史信息之后进行对照、印证，使历史建筑的形象得以确认。在此基础上，才能按照原形式、原材料、原工艺进行重建。

苑文凯在《项家大院原拆原建的保护方案》中就提出：项家大院的保护方案需要以"不改变原状"为保护的首要原则；实现建筑的原真性；恢复建筑原有形制、格局，以清末至民国时期徐州地区地方性建筑的做法为保护依据，力争传承传统营造工艺，以恢复项家大院原有风貌为目的；采用传统的建筑材料和传统的工艺做法，注重利用新的修缮技术和最新的保护手段；尽可能保护原有的构件[20]。

对于有特色的民族聚落，余永红强调民居重建应将行政干预与民族文化保护有机统一。例如在陇南白马藏族民居的灾后重建中，将民族建筑艺术与现代科技有机融合起来，达到人类居住区域与自然环境高度和谐，在使白马藏族民居更加坚固、实用的同时，保持了民族真实的建筑美学特色和文化品格。但是作者论述的灾后民居重建没有涉及建造技术层面[21]。

2）适宜性原则

要原址重建，首先应该辨别历史建筑是否适合重建，并且要有法律依据。《中国文物古迹保护准则》中就有明确的规定。对于文物来说，"不可移动文物已经全部毁坏的，应当实施遗址保护，不得在原址重建。但是，因特殊情况需要在原址重建的，由省、自治区、直辖市人民政府文物行政部门报省、自治区、直辖市人民政府批准；全国重点文物保护单位需要在原址重建的，由省、自治区、直辖市人民政府报国务院批准。"（见《文物保护法》第二十二条）。

杭州西湖边的雷峰塔属于原址重建项目，虽然不是村落建筑类型，但是雷峰塔的原址重建很好地利用了现代技术、材料，而且实现了遗址保护这一兼顾法律、建筑与整体环境相协调的目的，值得学习与借鉴[22]。

3）真实性的原则

对于历史建筑的重建，有着各式各样的原因和情况。目前在中国，凡是属于文物保护单位的建筑，如果仅存少量史料，例如只有文字说明历史上有过某个建筑，在这种情况之下，提出重建是不合适的，实际上只能是现代人所建的"仿古建筑"，它与文物建筑的性质完全不同，绝不能算是文物建筑。文物建筑是历史信息的载体，重建建筑应具有历史的可读性与可识别性，同时也应避免传达虚假含混的信息，以免混淆历史的真实性。

4）经济性的原则

我国正在提倡"资源节约型，环境友好型社会"，要求善用社会资源，走可持续发展的道路。尤其现在我国的乡村大多还处于经济比较落后的状态，"可持续"一词更应该植入广大乡村建筑设计的过程中。例如百祥桥是原址重建项目[28]，刚开始也对原址重建和异地重建两个方法的可行性进行了广泛的论证，但如果进行异地再造桥，就需修建连通桥梁的山路，此举既浪费资源和钱财又破坏植被，而且村民在使用上也不便捷，不习惯。因此，最终得出了在原址重建更为适宜的决策。

《关于陕西宁强李家院村民居灾后重建的思考》中，通过对陕西宁强李家院村民居受灾情况的实地考察以及对当地传统民居特点的深入分析，从适宜性和实施性等方面考虑，提出了就地取材、资源回收与利用、自助、分期建设等重建原则[23]。不仅可以令当地居民产生亲切感、归属感和文化认同感，还可有效地改善民居室内采光、通风等室内热环境，减少当地居民对林木的砍伐，提高灾后重建的效率，加快灾后重建的进程。值得注意的是，灾后重建往往具有应急性，对于满足使用者在舒适性和环境适宜性方面的要求有一定的距离。但总体而言，李家院村这一案例在经济与可持续方面的探索是值得学习的。

10.4.4 传统建筑原址重建的方法

1）文物建筑性质的重建

文物建筑性质的复原，是在充分研究了史料、进行了考古发掘的基础上，在不破坏原有遗址上的文物遗迹的情况下去进行的复原工作。郭黛姮指出了寻找历史的真实性的几个途径：文字记载、古代工匠所绘图纸档案和模型、古代绘画和历史照片[24]。例如在百祥桥的重建工程中，就以当地桥匠传承人黄春财先生拥有的百祥桥在前几年修缮时的测绘草图为依据，通过采访和比对遗址，得到了桥面系统、拱架系统、桥台等信息，并通过个人收藏、出版资料和网络等渠道，获取了大量的百祥桥不同部位和角度的老照片，为百祥桥重建提供了依据[25]。

2）非文物建筑的重建

对于非文物建筑，需在前期调研中对重建对象的结构、材料、使用者及其周围的整体环境形成深刻的认识，在重建建筑上体现传统建筑的特征，表现传统文化和地域特色，并使重建建筑具有可持续发展的艺术形式，符合现代大众的审美情趣。

《复杂适应与互为主体——谢英俊家屋体系的重建经验》一文为我们提供了思路[19]：穿斗式民居及院落是一个渐变发展的过程；由城市越靠近山区，民居形式越靠近穿斗式原型，越接近原本的功能意义而远离单纯的形式模仿；建筑师只针对不变的部分进行设计，变的部分留给农户去丰富；在推动家屋重建方面，尤其是区域位置特点鲜明的地区，互为主体为指导的重建战略才能在快速重建的过程中不丧失民居本该具有的丰富性、不丧失农民的主体性；以简单原型、互为主体（协力造屋、自力更生）为推动理念的重建模式，也成了谢英俊家屋设计体系的核心所在。

《川西传统民居装饰在灾后重建民居建筑上的应用研究》中对川西传统民居装饰的研究就是建立在前人撰写的大量文献资料之上，走访了具有代表性的川西传统民居，如刘氏庄园、陈家桅杆、平乐古镇、洛带古镇等，通过对文献资料以及实地调研结果的分析整理，来研究川西传统民居装饰的存在环境及基本特征，由此把握川西传统民居装饰的特点[26]。

《从艺术与科技的有机融合中传承白马藏族建筑文化——有感于重建后的陇南白马藏族民居》中提出，要善于发掘其民族建筑内在结构的科学合理性，结合现代技术创新性地应用于重建建筑[27]。

《关于陕西宁强李家院村民居灾后重建的思考》中，陕西宁强李家院村民居重建方案，秉承当地传统民居特色，并应用了现代技术加以创新[28]。

3）小结

传统村落建筑原址重建面临着技术、经济、文化、创新等多方面的考验。对于重建的建筑，应坚持原真性、适宜性、真实性和经济性的原则，使民族传统建筑在保持传统文化个性品质的同时，通过设计者深入研究其材料、技术、工艺等特性，充分发扬和利用传统建筑的优点，并将现代科技有机融入其中，使其更为坚固、耐用、舒适。

参考文献

[1] 戴路.欠发达地区传统村落保护发展规划与建筑绿色更新设计研究：以大理云龙师井古村发展规划与民居设计为例[D].昆明：昆明理工大学，2014.

[2] 楼庆西.中国古村落的困境与生机：乡土建筑的价值及其保护[J].中国文化遗产，2007（2）：10-29.

[3] 戴彦.巴蜀古镇历史文化遗产适应性保护研究[D].上海：同济大学，2008.

[4] 王志勇.历史建筑保护修复与周边环境保护要点研究[J].华中民居，2013（1）：35-36.

[5] 王路生.传统古村落的保护与利用研究[D].重庆：重庆大学，2012.

[6] 郑利军.传统村落的动态保护研究[D].天津：天津大学，2004.

[7] 冯骥才.非遗后时代：传承仍然让人充满忧虑[N].中国艺术报，2013-06-14（S01）.

[8] 张香芝.古村落建筑空间的"有机更新"与改造：方峪古村落山村文苑设计[D].济南：山东工艺美术学院，2014.

[9] 李晓峰.乡土建筑保护与更新模式的分析与反思[J].建筑学报，2005（7）：8-10.

[10] 杨昌鸣，郭莹.论传统村落的动态保护[A]//严龙华.2014年中国建筑史学会年会暨学术研讨会论文集[M].福州：中国建筑学会建筑史学分会，2014：83-87.

[11] 鲍如昕.传统居住建筑在当代[J].合肥工业大学学报，2007，30（7）：896-898.

[12] 姜妍.历史街区民居生态化保护策略研究[J].现代城市研究,2011(01):30-40.
[13] 张亿敏.深圳客家民居及其保护策略研究[D].上海:同济大学,2005.
[14] 姜妍.传统村落民居生态文化保护策略研究[J].现代城市研究,2011(1):28-38.
[15] 邓炳权,邓海鹏.广东传统建筑防潮举要[J].中国民居建筑年鉴(1988—2008):4369.
[16] 赖德劭.岭南古建筑地卖弄防潮技术[J].中国民居建筑年鉴(1988—2008):5029.
[17] 杨慧.苏州地区传统建筑屋面基层工艺研究[J].东南大学学报(自然科学版),2004(02):278-282.
[18] 韩凤,冯维波.我国山地传统民居风貌保护研究综述[J].西部人居环境学刊,2014(3):72-76.
[19] 聂晨.复杂适应与互为主体:谢英俊家屋体系的重建经验[J].时代建筑,2009:2-4.
[20] 文凯.项家大院原拆原建的保护方案[J].中外建筑,2015(10):106-107.
[21] 余永红.从艺术与科技的有机融合中传承白马藏族建筑文化:有感于重建后的陇南白马藏族民居[J].前沿,2010(13):143-146.
[22] 许娟,刘加平,霍小平.秦巴山地传统民居建筑保护与发展[J].华中建筑,2011(08):124-126.
[23] 成辉,胡冗冗,刘加平.关于陕西宁强李家院村民居灾后重建的思考[J].建筑学报,2009(11):2.
[24] 郭黛姮.关于文物建筑遗迹保护与重建的思考[J].建筑学报,2006(06):21-24.
[25] 肖东,程霏,姚洪峰.福建屏南百祥桥原址重建的必要性与可行性[J].古建园林技术,2009(12):1-2.
[26] 王丽飒.川西传统民居装饰在灾后重建民居建筑上的应用研究[D].成都:西南交通大学.
[27] 余永红.从艺术与科技的有机融合中传承白马藏族建筑文化:有感于重建后的陇南白马藏族民居[J].前沿,2010(7):4.
[28] 成辉,胡冗冗,刘加平.关于陕西宁强李家院村民居灾后重建的思考[J].建筑学报,2009(S2):55-57.

第11章
传统民居综合功能提升

11.1 传统民居功能布局

11.1.1 传统民居分类

1）民居类型

传统民居是个庞大的体系，对于它的分类，学术界也有多种角度。其中有平面分类法，外形分类法，结构分类法，气候地理分类法，人文、语言、自然条件综合分类法，谱系分类法等[1]。

传统民居综合功能提升关键技术的研究，与传统民居的平面功能有着密切的关系，因此，在传统民居分类上选取平面分类法，为后续研究提供依据。

（1）一字形

一字形平面是中国小型传统民居中最基本且数量最多的形体，平面即是一个正屋呈一字状布置，几乎都以中央明间为中心，采取左右对称方式，根据居住者的经济条件，多为三开间、四开间、五开间不等。所有民居都是在此基础上发展起来的。

（2）曲尺形

曲尺形平面在小型住宅中较多，即一正一横的组合方式，在一字形的基础上，在耳房部分垂直向加东厢或西厢，二至三间，可用作卧室或杂物间。这样在正房前面形成一个半围合的院子，供平时农家活动之用。这种平面布置方式使正屋、杂屋明确划分，且构造简单，便于房屋向外扩展（图11-1）。

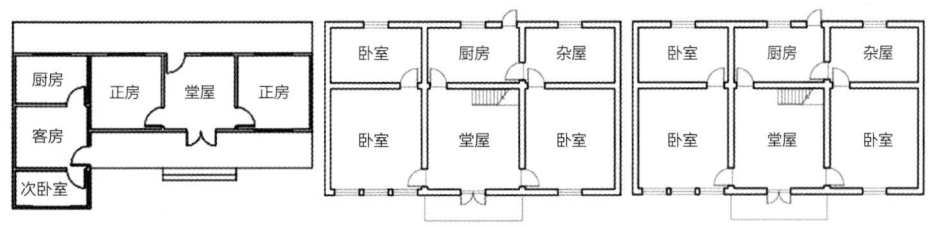

图11-1 曲尺形民居
图片来源：根据《中国民居建筑》(中卷)，作者改绘

（3）合院

合院民居也称院落式民居，是指用房屋、墙、走廊或楼梯间等三面或四面围合成一个大院落的民居，具有很强的封闭性与私密性，所有房舍正面都朝向院落，对外不开窗，或者只开很小的高窗。根据合院的平面形式，又可细分为三合院、四合院、合院组合型三种形式。北方的合院民居，由于北方气候寒冷、冬季时间长、太阳高度角小，所以合院整体封闭，中间院落宽敞，这样既可以提高房屋的保暖性能，又可以利用宽敞的院落争取更多日照。南方的合院民居，中间院落相对小一些，由于南方夏季日照强烈，太阳高度角大，遮阳成为很重要的因素，且南方多雨水，因而将院落缩小成天井，减小进深，既可以满足采光要求，又有利于雨水排放、通风纳凉和屏蔽强烈的阳光辐射。

（4）环形

环形主要是福建客家住宅的一种典型平面形式，也见于广州、潮州等处。客家习惯于聚族而居，同宗同族的人常常是近亲为邻、兄弟比屋而居，因此形成了比较大型的聚居模式。其中比较典型的是客家土楼，方楼是客家土楼中数量最多、分布最广的一种类型。方楼平面纵轴对称，主次分明，以厅堂为中心，用走廊贯穿全楼（图11-2）。另有一类圆楼，平面布局与方楼相似，但是增加了内院面积，节省了建材（图11-3）。

图11-2　和贵楼　　　　　**图11-3　怀远楼**

图片来源：方莉莉.福建土楼建筑空间形态研究[J].设计，2019，32(13)：145-149

（5）窑洞

窑洞民居主要分布在黄河流域中游，地跨甘肃、陕西、山西、河南等省，是采用当地黄土建造而成的一种施工方便、防寒又保暖的民居类型。窑洞民居可分为靠崖式窑洞、下沉式窑洞和独立式窑洞三种形式[2]。靠崖式窑洞一般依山靠崖，窑洞前面有大片广阔的平地，可作为公共空间和出入的通道；下沉式窑洞，即在平坦的地面上向下挖方形的土坑，方坑四周形成直立的土壁，在土壁上横向往里挖掘成窑洞；独立式窑洞于平地上独立存在，使用砖石、土坯人工砌出拱形窑洞结构，然后在砌出的拱形窑洞结构上覆土掩盖而成[3]。

（6）圆形

圆形平面的民居形式较简单，且数量较少，主要分布于内蒙古自治区。在北方草原地区，由长期狩猎、逐水草而居的蒙古、哈萨克等民族的先民创造的一种特色毡木结构的活动式民居建筑，称为毡包，即蒙古包。它的构造简单、合理，轻便、耐用，便于拆装，也便于迁移，所有材料全部可以就地取材。

2)功能空间设置

传统民居,首先要满足人类生活和生产的要求,人们生活最重要的衣食住行,大部分需求都在民居里面完成。传统民居的功能空间包括厨房、卫生间、卧室、厅堂、庭院等空间。

民以食为天,在传统民居中,厨房是一个很重要的功能,一般餐厅与厨房的合用,很少单独设置餐厅,常将用餐设置在堂屋或其他房间。厨房内完成各种烹饪操作活动和相关物品的储藏,也常成为邻里串门拉家常,亲戚朋友拜访聊天的重要场所。

卧室、卫生间主要是民居中休息、生活的场所。卧室不仅是睡觉、休憩的场所,有时也是会客、学习、工作、娱乐、用餐等多种活动的场所。卫生间一直是传统民居中比较缺失的功能,旱厕是最为普遍的形式,厕所布局常远离住宅主体空间,形式简易,卫生条件十分糟糕。

厅堂和庭院面积相对较大,是传统民居中最主要的交流活动空间。厅堂在部分民居中也称堂屋,其中心性不仅体现为布局位置的中心性,更重要的是其心理上的中心性。厅堂的功能大致有会客、祭祀、酒宴、生产活动、休憩、临时储藏等。庭院可以为周围房间提供采光、通风以及汇集和排除雨水之用,为人们在宅内活动、娱乐、聊天提供了绝好的场所。

传统民居还要满足人们在更高层次——精神文化上的需求,这类功能主要在民居的公共空间中实现,此类公共空间主要是指村落中的广场、祠堂、戏台、牌坊、塔等(表11-1)。

传统民居空间设置　　　　表11-1

传统民居构成	空间类型	包含类型
传统民宅	生活空间	卧室、厨房、卫浴、杂物间等
	生产空间	猪圈、禽舍、谷仓、农具室等
	精神空间	书房、神仪空间等
	交往空间	天井、回廊、庭院、厅堂、檐下空间等
	稳定、改善微气候空间	门、窗、屋顶、墙面、建材等
部分传统公共建筑	精神空间	庙会、节庆活动、祭祖、红白喜事等
	物质空间	宗祠、戏台、牌坊广场、古街道巷弄、古井

表格来源:朱琳,杨兴柱.国内传统民居空间置换研究综述[J].旅游论坛

3)开间与进深

开间是民居的基本单位。一般为三至五开间,开间一般在3m以上,最宽可达5m。明间面宽大于次间,次间则大于梢间,也有次、梢间面宽相等的[1]。规模较大的民居,沿房屋进深方向扩展,组成以"进"为单位的空间序列,进深一般为7~9m,也有的达10m以上。一般每户民居有前后两进,多的有三到四进。进与进之间通常会利用天井或者庭院作为过渡空间,用以自然通风采光。

进深的大小与气候有一定关系,例如在夏热冬冷地区,民居进深一般较大,多在8~9m左右,有的超过10m,大进深造成室内阴凉,室内层高较高,有利于空气对流。

11.1.2 平面功能布局

1)厅堂

厅堂是民居中最核心的功能空间,厅堂的功能大致有会客、休憩、生产活动、临时储

藏、酒宴、祭祀等。正是厅堂的公共性、礼仪性和祭祀性，决定了它在大多数地区的民居中是特别重要的部分，其重要性常常体现在其布局位置的中心性和心理的中心性上。

建筑布局的核心地位：在所有单座式和院落式民居建筑中，由于在中国礼教等级次序中的地位，厅堂通常位于整个组群的核心位置，是组织内外空间的过渡空间，也是全家活动的中心所在。为了突出这种尊卑高下的差异，厅堂往往在体量、开间、进深、高度上都与其他功能用房形成对比，营造出威严之感。

空间使用的核心地位：在我国传统文化中，"礼"对建筑的影响最大，厅堂常是供奉、祭拜祖先的场所，是凝聚家族精神、传承家族信仰的核心空间。一般在正中布置神龛、香案，贴对联，供奉"天、地、君、亲、师"和先祖牌位。遇到节日和红白喜事时，厅堂就成了举行仪式的场所。

2）卧室

传统民居中的卧室是人们休息的主要场所，体现了住宅最基本、最原始的功能。由于长期受到礼教的约束，民居内卧室的使用在主次、男女的分配上都有严格的规范。父母的卧室通常在正房堂屋的左次间，男孩依照长幼分住西厢房，女孩多住在东厢房或后堂的厢房。

卧室是人们睡觉、休憩的场所，是房屋中私密性最强的空间，各地因气候、风俗习惯不同，卧室的家具陈设也有所差异。北京民居中的火炕是卧室的主体，炕上布置的家具主要有炕桌、炕案、炕几及炕柜等。在南方民居卧室中，床是最主要的家具，大一些的床可以达到"三进"，设计精巧，雕刻华美。

3）厨房

厨房的位置同民居所在地的气候、地形、建筑类型和生活方式等有关。根据厨房与房屋的位置关系，可以分为套内式厨房、毗邻式厨房、独立式厨房、共享式厨房四种类型。

在漫长的民居演化中，南方多采用火塘，北方多用灶台，火塘较灶台设置上相对灵活，故而南方以独立式、套内式居多，北方则以毗邻式、共享式为主。而在当今的传统民居中，很多厨房布置不合理，干湿分区混乱，缺乏对通风采光的合理考量，存储空间较为缺乏，现代设备更新不及时，缺乏符合人体尺度的设计，没有合理的给水排水设施，这些因素都影响着居民的现代生活，降低了生活品质，制约着厨房的发展（图11-4）。

4）卫生间

卫生间是传统民居的难点与重点。中国传统村落到处可见"挖个坑、搭个板、围个墙"，被称为"旱厕"的厕所，要么有墙无门，要么有坑无顶，要么夏天苍蝇成群、蛆虫横行、恶臭扑鼻、满地都是粪便，让人难以忍受，是传统民居中最丑陋的一角，与不断改善的农民生活环境不协调。卫生间在长期的演变中一直存在很大的问题，如卫生器具不齐全、难以清理、位置偏僻等。尤其是给水排水系统的缺乏，导致排泄物不能迅速被带走，影响环境，增加了清理难度[4]。

传统民居卫生间功能不合理，给水保证程度不足，排水排污设施不完善，热水系统也因各种原因使用困难。很多地区依然存在大量的简易厕所，设施简单，环境污染严重，改造任务十分艰巨。

5）庭院空间

庭院空间主要解决通风、采光和排水等问题，同时也能够利用这些大小不等的空间创造自然之美。它为人们在宅内活动、娱乐、聊天提供了绝好的场所，同时又通过各种花窗、漏窗与外界连接起来。它具有实用性、私密性、适应性等特点，是人们生活中不可或缺的一个重要组成部分。

较小的天井和内院，主要分布于南方民居中，加上较高的屋檐，有利于民居的遮阳（图11-5）。在一些民居中，即使只有几平方米的小庭院，也会种上竹子或者树木，营造空间的情趣。较大一些的庭院常常会布置成花园，种植花草、造假山、引入溪水，体现屋主高雅的心境与情趣。还有一类功能性较强的天井，如厨房天井或后院，主要用来放置杂物、储存物品。

图11-4 湖南省邵阳市崇木凼村某农户厨房
图片来源：作者自摄

图11-5 湖南永州周家大院庭院、天井图
图片来源：作者自摄

11.1.3 室内环境质量现状

传统民居在有限的物质财富和资源条件下，采用简单、实用的节能技术，结合当地的自然气候条件和文化习俗，建造出了适用、高效并易于维护的建筑。但由于传统村落经济条件有限，物质资源匮乏，民居的室内环境现状仍然存在较多问题。

1）室内热环境现状

室内热环境主要是由气温、湿度、气流以及壁面热辐射等因素综合而成的室内微气候。在传统民居内，有人体新陈代谢、生活与生产设备及照明灯具散发的热量和水分，但由于人数较少，同时设备也较少，因此，室内热环境主要决定于室外气候。传统民居在其发展历程中，没有依靠机械设备的辅助调节，仅仅依靠建筑空间形式、构造材料以及建筑细部处理不断地适应气候，在复杂的气候条件下依旧创造出了较为舒适的居住环境。例如我国东北寒冷地区，利用很厚的墙体加强建筑的保温性，拉开建筑之间的距离并增大南向开窗面积以争取更多日照；在西北部干热地区，民居常常采用一种内向封闭庭院式布局方式以防热，同时通过狭窄的街道、有覆盖的外廊以及庇荫庭院强调阴影空间，从而躲避强烈的太阳辐射；在湿热地区，利用"灰空间"性质的过渡空间、深窄巷道或天井、朝主导风向、前塘后园等形式加强遮阳和通风效果。另外，干栏式建筑形式更加利于通风散热和防潮除湿。我国典型地点气候特征及为改善室内热环境所采取的措施如表11-2所示。

我国传统民居是在不断适应并利用气候的过程中发展而来的，但由于传统民居建造材料简陋、建造技艺技术含量低、建造工匠缺乏技术指导，室内热环境虽然有所改善，但室内热环境质量仍然不高。例如北方寒冷地区的民居，虽然通过加大外墙厚度改善了室内热环境，但目前的墙体传热系数仍然不满足要求；而木墙与竹墙，均比较单薄，且部分存在板缝或竹缝，冬季防寒能力较低；传统民居屋面构造简单，大部分民居屋面缺乏保温隔热层，热工性能差；传统的木窗框虽然保温性能较好，但是其密闭性差，并且大多数民居的窗户为普通单层玻璃窗，甚至有用纸或是塑料薄膜糊的窗户，成为冬季室内热量丧失的突破口，造成室内热环境质量不高。

全国典型地点气候特征及为改善室内热环境所采取的措施 表11-2

编号	夏季气候特征	冬季气候特征	气温差 Δt		改善室内热环境所采取的措施	典型地点
			Δt日	Δt年		
1	干热	干冷、沙暴多	大	大	生土结构、小天井、F↓、窄巷、增湿、连片建造、厚重	新疆和田
2	热	冷、日↑	大	大	生土结构、窑洞、F↓、窄巷、厚重	甘肃兰州
3	无	干冷、日↑	大	大	生土结构、F↓、争取日照、厚重、庄巢民宅较普遍	青海西宁
4	短	寒冷、日↑	大	大	F↓、争取日照、厚重	东北长春
5	湿热	干冷、日↑	大	大	F↓、争取日照、有外廊、厚重	华北北京
6	无	冷长、日↑	大	大	F↓、争取日照、有天井、土石结构、厚重	西藏拉萨
7	湿热多雨有风	冷、有风	小	大	天井、降温降湿防潮、争取穿堂风、木文化独到	江南苏州
8	湿热多雨	稍冷、无风	小	中	天井、廊、长出檐、高台基、土墙、冷摊瓦、穿斗结构	川西成都
9	湿热	稍冷且湿	小	中	小天井、长出檐、穿斗结构、吊脚楼、廊、冷摊瓦、对流防潮	重庆
10	无，但湿	暖、有风、日↑	大	小	封闭、天井、土墙、座泥瓦、争取日照、高台基	滇中昆明
11	湿热多雨	无	大	小	大坡顶、长出檐、架空、廊、通透、冷摊瓦、防洪、防潮	滇南景洪
12	湿热多雨风大	无	小	小	防晒、小天井、长里弄、通透、防台风、小水面、围龙屋	岭南广州
	年较差＞21℃——大				日较差≤8℃——小	
	16℃＜年较差＜21℃——中				8℃＜日较差＜10℃——中	
	年较差≤16℃——小				日较差＞10℃——大	

注：日↑为当地日照强度，F↓为尽量压缩外围护结构表面积。
表格来源：陆元鼎.中国民居建筑：上卷[M].广州：华南理工大学出版社，2003：80

2）室内光环境现状

传统民居主要为农耕文明的产物，处在农耕时代的乡民，大部分时间是在户外劳动，室内作业机会较少，所以采光需求低，而在现代，堂屋是传统民居中接待客人、起居、室内作业的地方，采光需求相对较高，采光效果相对较好。

室内光环境主要受采光口类型、采光口尺寸、采光透射材料及室内装饰材料光反射比的影响。

（1）采光口类型

传统建筑采光形式主要分为三类：门窗、天井、天窗，各类采光形式的采光特点如下所示：

①门窗

门：传统民居中，门的开启方式比较单一，但形式多样，如木板门、花格门、栅子门等。由于大部分居民的日常活动空间为住宅附近，大门长时间处于开启状态，门往往是民居中部分房间的主要采光方式。

窗：传统民居中，窗随着建筑结构的不同而有很大的差异。在夯土墙结构的建筑中，由于建筑结构比较笨重，窗洞开得比较小；而在木骨泥墙等一些比较轻便的建筑结构中，窗的形式多种多样，一般都为木窗，且多设置有花纹图案，但会降低室内光环境质量。

②天井

天井是民居建筑中较为常见的空间形式，其不仅具有组织气流和调节温度的作用，还能改善室内的自然采光效果。为减少夏季太阳辐射对室内的影响，天井尺度均较小，虽能改善室内采光，但改善力度有限。

③天窗

亮瓦（图11-6）：传统民居中，在合适的位置把青瓦替换为亮瓦，使光从屋顶进入室内，可加强采光。但亮瓦的使用也有弊端，即容易黏附灰尘杂质，导致透光率变低。此外，传统民居屋顶椽条较密集且较粗，降低了透光率。

图11-6 亮瓦

图片来源：作者自摄

④平天窗

在屋顶上开一个如报纸大小的方洞，覆上一块玻璃，四周嵌上油灰即成平天窗。相对于亮瓦，天窗可以避免出现挂瓦条的光遮挡，使透光效率提高。

⑤老虎窗（图11-7）

老虎窗是在凸出的坡屋顶斜面上设置一两个垂直窗扇的采光通风窗，常用于阁楼采光和通风，也可兼作检修屋面之用。

（2）采光口尺寸

采光口的大小直接关系到室内光环境效果，其主要受采光口类型及建筑结构的影响。在夯土墙结构及砖石结构中，建筑开窗均较小，而在木结构建筑中，门窗相对较大，但由于门

图 11-7 老虎窗

图片来源：朱颖文.江南传统住宅窗牖设置的关联性研究[D].南京：东南大学

窗设有花纹图案，对光的遮挡较多。

（3）采光透射材料

传统建筑采光透射材料主要为纸、普通平板玻璃及塑料薄膜，目前使用较广泛的是普通平板玻璃。平板玻璃透光系数较高，3mm 平板玻璃透光率为 0.82，5mm 平板玻璃透光率为 0.78，但传统民居中由于擦洗较少，从而透光率较低。

（4）室内装饰材料光反射比

室内装饰材料的颜色和材质会对光线反射有影响，即材料光反射比，运用光反射比高的材料装饰室内，会使进入的天然光在室内的损耗减小，提高室内采光质量。传统民居室内装饰材料主要有6种，分别为木材、大白粉刷、灰砖、混凝土、泥土、青瓦，其中木材、大白粉刷、灰砖、混凝土为墙面反射材料，泥土为地面反射材料，青瓦为屋面反射材料。各材料反射比如下：木材为0.58、大白粉刷为0.75、灰砖墙为0.24、泥土为0.25、混凝土为0.20~0.25、青瓦为0.12~0.32。

3）室内声环境现状

传统村落的声环境一般由鸡鸣狗吠等自然声音以及人们交谈和活动发出的声音组成，整体较为安静。随着传统村落的发展、生活条件的改善，开始出现汽车、拖拉机、家电等现代化的生活设备，其声环境发生了很大变化，甚至会影响人们正常休息，而由于传统民居中围护结构的隔声性能较差，尤其是木建筑，从而导致室内声环境质量较差，影响了人们的正常生活，因此，噪声问题成为阻碍居民提高生活品质的重要原因之一。

11.1.4 传统民居现存问题

1）基础性设施不完善

作为基础设施的厨卫空间，面积小、功能不齐全、布局不合理、设施不完备、脏乱差的现象非常严重。然而，厨卫空间是民居建筑里必备的功能要素，提升其环境是增改其他功能的必要条件。

受当地建造习惯的影响，厨房建设大多参照先例，功能布置不合理，干湿分区混乱，流线交叠严重；厨房缺乏对通风采光的合理考量，采用点灯照明，对外不开窗或者窗口很小；

厨房炊事带来的烟无法及时有效地排出，影响环境卫生并降低生活品质；厨房存储空间较为缺乏；现代设备更新不及时，缺乏符合人体尺度的设计；给水排水设施的缺乏，阻碍着传统民居厨房的便利性。

卫生间在长期演变中一直存在很大的问题：卫生器具不齐全，大部分传统民居卫生间由于给水排水设施落后，很难保证卫生间器具的齐全；卫生条件差，难以清理，旱厕的简易做法影响环境的同时也不卫生；卫生间位置偏僻，户外式卫生间大多远离主要活动区，安全性也难以得到保障，并且夜间如厕问题不能得到很好的解决。

2）空间功能布局混乱

传统民居建筑功能设置可满足农耕时代的自给自足生产模式，空间布局单一。随着现代社会生产生活的进步，科技的发展，新兴产业的进入，以前的功能空间布局已不能满足现代人日常生活的需求。传统村落的不断开发不仅带来了现代人生活模式的改变，同时，在当前条件下，亦无法满足农业以及更新了传统村落的产业如加工业、旅游业、服务业等产业提出的新要求。

3）室内环境质量较差

室内环境质量的好坏与人们的身心健康及生活质量息息相关。在室内热环境质量方面，虽然传统民居为适应气候特点采取了各种措施，但由于传统民居建造材料简陋、建造技艺技术含量低、建造工匠缺乏技术指导，室内热环境质量仍然不高；室内光环境方面，处在农耕时代的乡民，大部分时间是在户外劳动，室内作业机会较少，所以采光需求低，室内采光较差；室内声环境方面，随着生活条件的改善，开始出现汽车、拖拉机、家电等现代化的生活设备，声环境发生了很大的变化，而由于传统民居中围护结构的隔声性能较差，尤其是木建筑，从而导致室内声环境质量较差，影响人们的生活。

11.1.5 传统民居综合功能提升的基本原则

1）功能性原则

功能流线关系与自然地理条件、居民生活习俗、基础设施条件、经济条件等多方面因素相关，这里着重分析的还是设计层面的问题，即基本功能问题。在尊重当地习俗与生活习惯的前提下融入现代生活功能。

2）技术性原则

以先进的技术替代落后的技术是社会发展的必然结果。传统民居中的厨房从燃烧柴草到煤焦再到燃气与电力，是社会进步的重要代表。清洁能源一定会代替传统能源，这就要求改造的立脚点应适应社会的发展。

3）经济性原则

设计必须因地制宜，节约土地；精打细算，尽量使各功能分区发挥应有的作用；就地取材，充分利用地方材料和废旧的建筑材料；采用较为简便的技术和工艺等。但对于相对落后的传统民居，经济因素是需要着重考虑的因素。

4）可持续性原则

传统民居的"绿色再生"是指在绿色文化与可持续发展思想的指导下，采用生态化与科学化的适宜技术，从民居整体生态空间出发，在对民居功能、形态、结构、含义以及传统文脉、生态系统等充分认识的基础上，引导、帮助民居完成在现代化大潮中的有序进化，在保留传统文化特色及文脉的基础上,提升民居的生活品质,平衡民居系统能量物质流的循环,减少对自然资源的浪费,减少对周围自然环境的污染,控制与改善"生态贫困"。功能技术提升与改造应分步进行,并为将来的改造留有空间并创造条件。

11.2 传统民居居住空间改善

传统民居居住空间改善主要针对民居中最主要的生活功能空间,主要包括四个方面:一是厨房基础设施改善;二是卫生间基础设施改善;三是居住功能的改善,主要是卧室、堂屋等生活空间在功能布局、空间尺度方面的改善策略;四是室内环境质量提升。通过对现状的分析,有针对性地提出相应的改善策略与方法。

11.2.1 厨房基础功能设施改善

1)厨房功能改善

(1)厨房功能改善的内容

①厨房的核心——燃料

传统村落的村民,大部分使用柴作为取热来源,因为村落周围有大量的柴火资源,村民们就地取材,经济适用,做饭时未烧尽的柴火还能够用作冬天取暖的炭,柴燃烧时的烟还能够用来熏制肉制品,可谓一举多得。低廉的成本让柴成了收入不高的村民的首选燃料,柴火灶是传统民居里的核心使用工具。

老式的柴火灶是一种无烟囱的柴灶,在现代传统民居里也广泛使用。柴燃烧时产生的油烟和灰烬,使厨房墙面变成灰色,烟灰掉落在地上、灶上、案板和家具上,这些会影响厨房的明亮度,卫生条件恶劣,并且会对在厨房里面长期使用的人的健康产生危害。

②厨房尺寸

厨房在传统民居中兼具各种不同的功能,比如烧饭、烧水、熏制腊肉、吃饭、取暖、洗澡、储藏等,也正因为它的实用性以及使用厨房的习惯,传统民居的厨房一般都比现代住宅的大。《住宅设计规范》GB 50096—2011中规定:"1.由卧室、起居室(厅)、厨房和卫生间等组成的住宅套型的厨房使用面积,不应小于4.0m^2;2.由兼起居的卧室、厨房和卫生间等组成的住宅最小套型的厨房使用面积,不应小于3.5m^2。"而传统民居的厨房一般都大于此标准,故尺寸并不是影响厨房功能改善的关键性因素。

③厨房功能布局

传统民居的厨房一定要保证洁污分区,家里面的食品与煤柴、垃圾污物要分开。现代厨房功能流程可以分为加工、配餐、烹煮、备餐、清洁和储藏(图11-8)。

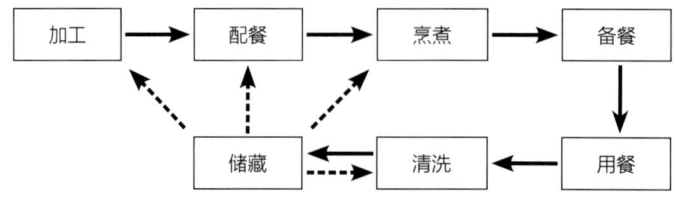

图11-8 现代厨房功能流程图

图片来源:作者自绘

根据流程图可以将厨房划分为：加工清洗区、烹饪区和储藏区，使用厨房的人主要围绕这三个区域进行烹煮活动。人在这三个区域内走动，形成一个联系紧密的三角形。同时，为保证光线、流线不受干扰，厨房交通空间应尽量避开这个三角区。厨房空间使用应符合人体工程学的要求，主要体现在厨房家具的尺度问题上。

南方火塘兼具冬季取暖、聚会的功能，大多同厨房合并设置。南方地区的厨房是集"炊事—用餐—交流"于一体的重要场所，在设计时，应在充分尊重南方生活习惯的基础上进行再设计。"灶台"在南方生活中，除了炊事，还具有煮猪食、熏制腊肉的功能（图11-9）。因此，应正视"灶台"的存在，对于新引入的现代化炊事设备，可考虑按照人体工程学进行再设计，同现有灶台形成合理的三角区。其次，可对火塘进行优化设计，设计合理的排烟通道。

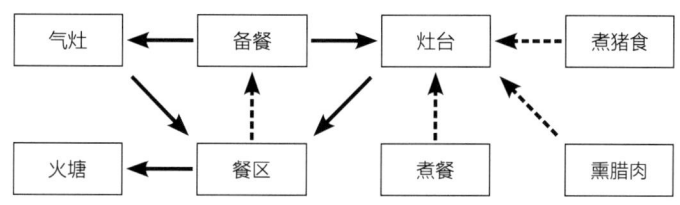

图11-9　南方"灶台"功能流程图
图片来源：作者自绘

北方民居中的火炕大多同灶台合并设置，灶台用于炊事，火炕用于起居，因此，厨房空间或同起居空间一起，或紧邻起居空间。炊事空间的局促导致使用功能单一，因此，设计时应高效有序地对空间进行利用，对于不必要的设施应予以剔除。可就近配备小体量的空间，进行简单的收纳。对于厨房同土炕由墙体分隔的设计可以考虑利用人体工学设计三角区，合理排布储藏空间。

④厨房基础设施

厨房基础设施主要包括水、暖、电工程。民居给水一般是井水或引自山里的山泉水，通过设备管道完成现代化的自来水输送，从而解决村民上山挑水和储存水的安全问题。厨房排水系统的增设和改造、生活污水的处理也是厨房改造的重点。民居厨房热水可以通过燃烧一次性能源——柴煤或者燃气、电热水器、太阳能热水系统、小型家庭锅炉或空气能热泵等提供，满足厨房小面积用热水需求。厨房用电设备主要是电气配线和插座，随着生活水平的提高，用电负荷提高，电路和配线成为厨房功能提升的一项重要内容。

⑤厨房环境

厨房功能改善的环境问题主要是空气环境、光环境和卫生环境。

厨房是房间内空气污染源的集中地，改善厨房空气环境主要有两种途径：自然通风和机械排烟。自然通风是厨房排烟换气最常见的方式，实现自然通风的方法有两种：风压通风和热压通风。传统村落建筑中房间窗洞面积普遍偏小，灶台的摆放位置及传统的烟囱排烟方式，使排烟有一定的难度。因此，厨房应合理布置门窗，尽量在空间中形成穿堂风或转角风。机械排烟在厨房中使用的设备主要是排气扇和抽油烟机，抽油烟机的使用效率比排气扇高，但安装受到很大的限制，不美观，也并不完全适合当地生活。排气扇将油烟直接排到室外，会影响厨房室外空气的洁净度和外墙、窗的洁净度，如油烟严重，可视情况采用。

厨房采光可以分为自然采光和人工照明。除了晚上需要照明外，当白天厨房光线不足时，也需要补充照明，可考虑局部琉璃瓦透光，再辅助电照明。

厨房的卫生环境是最重要的，保证卫生环境最重要的是垃圾和污物的处理。大到生活垃圾，小到犄角旮旯的污染，都影响着卫生环境。

（2）厨房功能改善的分类与要点

传统村落并没有相应的规范，所以基于《住宅设计规范》GB 50096—2011，依据传统民居实际情况进行分类。现代住宅里面以天然气为主，传统民居以柴火为主。根据燃料使用情况，将传统民居的厨房功能改善分为三类：经济型、舒适型和环保型（表11-3）。

厨房功能改善分类 表11-3

类别		经济型	舒适型	环保型
能源形式		柴、煤等一次性燃烧材料	柴、煤+电、燃气	电、燃气+太阳能、沼气等可再生能源
厨房基础设施	给水	水缸储水	水缸储水/自来水	自来水
	排水	合理规划排水系统，污水流入排水沟或渗井	合理规划排水系统，污水排放至化粪池	合理规划排水系统，有机无害处理
	电	非独立回路	独立回路	独立回路
	热水	柴、煤或锅炉烧水	电烧水、燃气烧水	电烧水、燃气烧水、太阳能热水
厨房环境	通风	机械排烟+自然通风	自然通风+机械排烟	自然通风+机械排烟
	采光	自然采光，人工照明	自然采光，按工作区设置照明	自然采光，保证工作区照明亮度
	卫生	垃圾设专区	垃圾设专区分类处理	垃圾设专区分类处理，再利用

表格来源：作者自制

2）厨房功能改造策略

（1）厨房燃料

厨房的能源应考虑采用清洁能源，对于燃烧率较低的能源，考虑用燃烧率较高的能源进行替换。同时，应考虑到燃烧能源获得的便捷性及当地的经济水平，充分尊重当地的生活习惯。

（2）厨房功能的改善

厨房功能改善应遵循人体工程学的三角原理。首先应对流线进行重新梳理，剔除使用频率低的设施，对零散空间进行整合。厨房功能的改善应给日后厨房新设备的引入保留一定的空间。

（3）厨房设备的改善

水资源的使用要考虑到用水的安全性及便捷性。优先考虑将水引入民居中，并采用一些基本的处理措施。对于给水排水设施不完善的村落，改造要循序渐进。优先考虑利用原有给水排水设施，如确实存在难以延续的弊端，再考虑弃用。

传统民居中的电线大多不经设计而裸露在外，对安全造成了很大影响。设计时应按照房间使用频率合理设计电路，排布插座。对于外露电线应进行处理，且尽量减少违和感。

传统村落民居通风较好，很好地利用了屋顶空间，针对对流也有一定的设计，但对于需要穿堂风带走炒菜的油烟显然是不够的,因此可以考虑利用现代技术手段辅助通风,传统同现代相结合。

厨房常位于屋后或者偏房,侧窗采光并不能满足白天的照明,很多地方有采用琉璃瓦采光的实例,所以在改造中应优先考虑延续传统采光方式,可以有针对性地进行重新设计。

(4)厨房环境的改善

环境改造主要指房间油烟改造、收纳空间改造,以及垃圾处理方式。

厨房油烟经过处会造成大面积油渍灰尘,应局部铺设瓷砖,便于及时清理。对于油烟走向,应有适当规划,避免影响其他房间环境。

传统民居的厨房中要合理地设计储物收纳空间,除了要考虑到年轻人的尺度外,也要兼顾老年人的活动范围,不宜过高。此外,应考虑到墙体的承受力,民居大多为木质结构,材料的选用也十分重要。因此,现代储物收纳柜要因地制宜,合理选择。

对于可焚烧的厨房垃圾,可以尊重当地习惯,进行灶内焚烧,对于不可焚烧的垃圾,应集中收集,或自家分类处理,切不可随意丢弃,造成环境的二次污染(表11-4)。

厨房改善方式 表11-4

类别		改善要求	改善方式
能源形式		柴、煤+电、燃气	1.过于影响功能使用,建议拆除重建; 2.采用燃烧率较高且经济的燃料进行替换; 3.增加新的配套设施,用以安置电器天然气; 4.对现有空间重新规划,提高利用率
			1.合理规划排烟路径; 2.对排烟口进行改造,增强烟囱的拔风能力; 3.对烟囱口排烟进行处理,以免污染环境; 4.改变灶门形式、方向,减少烟尘外溢或使外溢路径对人影响较小
			1.油烟经过处应采用易清理的瓷砖贴面; 2.天然气可以考虑配套的抽油烟机
功能改造	洁污分区	有规划	1.可设置高差及坡度以改变干湿分区,对水流路径要有一定规划; 2.重新规划灶台火塘及操作台摆放位置。空间可利用灶台及"L"形、"U"形操作台进行合理分割,分为现代炊事区、灶台区、餐区、火塘区,合理划分空间; 3.从空间整体性上考虑,新建操作台可突出建筑主体
	流线		
厨房基础设施	给水	水缸储水/自来水	1.位置应易于放水、取水、烧水; 2.储水设应应避免使用时对水源造成二次污染; 3.可考虑缩小水缸体积,更换储水方式; 4.应合理规划给水管路
	排水	合理规划排水系统,污水排放至化粪池	1.室内应设置地漏及地埋管连通室外排水沟或渗井; 2.室外设置简单的中水处理系统; 3.厨卫排水应分开设置,处理后排入化粪池
	电	独立回路	1.应避免电线外露; 2.对用电器进行合理规划
	热水	电烧水、燃气烧水	1.可设置太阳能热水板、地源热泵; 2.可考虑对灶台余热进行利用
厨房环境	通风	自然通风+机械排烟	1.对通风进行模拟,找出不利点,针对不利点进行优化设计; 2.可考虑开设老虎窗,增加竖向通风

续表

类别		改善要求	改善方式
厨房环境	采光	自然采光，按工作区设置照明	1.对琉璃瓦进行设计，光线需要加强的地方可增大琉璃瓦面积；电灯辅助照明； 2.可采用高低坡屋面，利用屋顶缝隙采光； 3.设置部分老虎窗； 4.可开天窗、高窗以增大采光面积（南方为天窗或高窗，北方为高窗）； 5.采用导光管等技术手段，提高室内亮度
	卫生	垃圾设专区分类处理	1.垃圾处理设置分区； 2.垃圾分类后，部分垃圾可丢入化粪池处理。对可回收垃圾进行收集利用

表格来源：作者自制

11.2.2 卫生间功能改造

传统民居的卫生间一直是一个比较容易被忽视的区域，专门针对传统民居卫生间的研究也相对较少，主要根据卫生间的现状分为三级，并提出了相应的改造策略。

1）传统民居卫生间等级划分

传统民居卫生间根据平面位置的不同，可分为内置卫生间和外置卫生间（表11-5）。

传统民居卫生间等级划分　　　　　　　表11-5

项目	内置卫生间			外置卫生间			
	一级	二级	三级	一级	二级	三级	四级
房屋结构	—	—	—	—	相对坚固	独立结构	独立结构
洁具给水	有	有	有	—	—	有	有
排污方式	管道	管道	管道，化粪池	露天	露天	化粪池	化粪池
热水供应	—	有或保留	有	—	—	有或保留	有
卫生洁具	—	≥2	≥3	—	—	≥2	≥3
供热	—	有	有	—	—	—	—
通风	有	有	有	—	—	—	—
墙面装修	—	有	有	—	—	有	有
地面装修	—	有	有	—	—	有	有

表格来源：吉军.寒地既有村镇住宅厨卫设施功能提升技术研究[D].哈尔滨：哈尔滨工业大学，2010

内置卫生间基本可以分为三级[5]：一级卫生间是现状面积大于1.2m²，能满足如厕或洗浴方面基本需求的室内卫生间；二级卫生间属于功能基本齐全，面积有保证，洁具数量多于2件，给水排水条件齐备的卫生间；三级卫生间属于功能齐备，面积充足，洁具数量多于3件，给水排水条件齐备，用电负荷有保证，有热水系统的户内卫生间。

外置卫生间的现状等级可以分为四级：一级卫生间属于简易类型的厕所与洗浴设施，是无固定结构，无封闭粪污排水处理设施，功能单一的设施类型；二级卫生间有相对坚固的结构，无封闭污物处理设施，无其他附设功能，面积较小，室内装修简单；三级卫生间面积相对宽敞，洁具应耐久、整洁，室内有上水系统，装修应卫生、清洁，粪污经化粪池或沼气池处理，非直接排放；四级卫生间有卫生间的特性，洁具数量多于2件，给水排水条件齐备，用电负荷有保证，室内装修卫生、清洁，粪污经化粪池处理，非直接排放[5]。

2）卫生间功能改善要点

（1）传统民居卫生间的改造应遵照下面的几点原则[5]：

满足多功能发展需要，适当放宽面积标准，兼顾未来发展的需要；厕所应保证清洁、卫生，洁具应选择成品；保证卫生用水，选用节水型洁具，热水设施优先选用太阳能；污水应经过处理，考虑结合沼气池改造，废水考虑再利用；必须兼顾功能提升的实用性、经济性、社会性原则；室内环境质量提升与室外卫生环保措施应同样重视。

传统民居中的卫生间可以按照以上原则进行考虑，并根据可以达到的目标确定改造标准。

（2）内置卫生设施功能改善要点

卫生间面积指标参照《住宅设计规范》GB 50096—2011结合村镇既有建筑的调研结果给出的面积指标下限。实际操作时，应结合居民经济条件、环境条件与使用需求制定功能提升目标（表11-6）。

内置卫生间功能改善要点　　　　　　　　　　　　　　　表11-6

项目	一级卫生间	二级卫生间	三级卫生间
功能分区	—	考虑	有
无障碍设计	考虑	考虑	有
洁具数量	3	>3	>3
热水供应	有	有	有
热水来源	根据实际条件选择	洁净，可再生	洁净，可再生
洁具类型	节水	节水	节水
用水保证	有	自来水/循环水/沼液	自来水/循环水/沼液
设洗衣机	考虑	有	有
污水处理	化粪池处理/沼气池	化粪池处理/沼气池	生态处理
单独回路	是	是	是
用电安全	漏电保护	漏电保护	漏电保护
采光照明	节能灯具	有采光，节能灯具	采光满足，节能灯具

表格来源：吉军．寒地既有村镇住宅厨卫设施功能提升技术研究[D]．哈尔滨：哈尔滨工业大学，2010

（3）外置卫生设施功能改善要点

结合若干建筑设计规范（《民用建筑设计统一标准》GB 50352—2019、《城市公共厕所设计标准》GJJ 14—2016、《住宅设计规范》GB 50096—2011等），初步制定的传统民居外置卫生间功能改善分为三级（表11-7）。

外置卫生间设施功能改善要点　　　　　　　　　　　　表11-7

项目	二级卫生间	三级卫生间	四级卫生间
建筑质量	5年以上，结构独立	10年以上，结构独立	15年以上，结构独立
生态设计	—	考虑或采用	采用沼气池、生物处理
便器类型	成品节水型	成品节水型	成品节水型
其他洁具	—	水池或手盆	水池或手盆

续表

项目	二级卫生间	三级卫生间	四级卫生间
热水系统	—	考虑，预留接口	利用太阳能，保留空间
洁具冲洗	水冲洗	水或沼液冲洗	水、沼液或其他生化液冲洗
粪污处理	处理后排放	处理后排放	无污染排放
室内环境墙面地面	易清洁、美观、卫生，使用面砖、板材等装饰材料	易清洁、美观、卫生，使用装饰材料装修	易清洁、美观、卫生，使用面砖、砂浆等硬质材料
照明通风	照明、通风良好	照明、通风良好	照明、通风良好

表格来源：吉军．寒地既有村镇住宅厨卫设施功能提升技术研究[D]．哈尔滨：哈尔滨工业大学，2010

3）卫生间改善策略

（1）内置卫生间改造策略[5]

内置卫生间的功能提升应首先满足功能结构的合理要求。在面积条件能够满足的前提下，良好的卫生设施应考虑如厕与盥洗空间的划分，中间设置玻璃拉门或成品隔断，并结合储物、晾挂等空间对室内卫生间进行全方位设计，传统居民家庭中洗衣机已得到普及，如能合理安排洗衣机位置，保证给水与排水，对其整体卫生设施的功能提升具有巨大的影响。在条件许可时，应考虑室内无障碍设计。

一级卫生间：适应传统民居环境和生活特点的超前标准的卫生间，厕浴与盥洗应有分间，能源的消耗为可再生的清洁能源，节水、节电，污水经处理后排放，废水可再利用，设施相对完备，室内环境清洁、卫生、健康。

二级卫生间：参照现代城市卫生设施标准，结合传统民居特点形成的室内外卫生间，保证热水供应，使用成品洁具，具有节水、节电设施，考虑结合洗衣等功能，有条件时，卫生间单独分间，污水经初级处理后排放，废水可再利用，设施相对完备，室内环境清洁、卫生、健康。

三级卫生间：参照现代城市卫生设施标准，结合传统村落特点形成的室内外卫生间，设便器、洗浴器（浴缸或喷淋）、洗面器三件以上卫生洁具，保证热水供应，具有节水、节电设施，有条件时考虑结合洗衣等功能，污水经初级处理后排放，设施相对完备，室内环境清洁、卫生、健康。

（2）外置卫生间改造策略[6]

粪便和尿液给传统村落的环境带来了很多负面影响，在卫生方面，尿液相对安全，粪便则是困扰传统民居的主要难题。外置卫生间的排污问题是其功能提升的关键，得到用水保证的卫生间最直接的排污方式就是室外化粪池系统，除此之外，传统民居的沼气池也是处理粪污的最好方式之一。

传统民居中的一级外置卫生间应首先被取消。

二级卫生间：针对配套条件不具备的地区，对原有旱厕进行改造，改变原来的露天粪坑或渗井格局，应达到清掏粪污前，长时间放置无害化效果；成品便器，增设水冲条件，室内环境设计易清洁、美观、卫生，照明、通风良好的户外卫生间。

三级卫生间：污水经初步处理后集中排放，卫生器具采用成品节水型洁具，水（液）冲厕等生态系统，考虑热水系统接口的预留，室内环境设计易清洁、美观、卫生，照明、通风良好的新型卫生间。

四级卫生间：在现有室外卫生间的条件下，结合粪便处理系统（沼气池、发酵菌处理）等措施，对外达到无污染排放，卫生器具采用成品节水型洁具，水（液）冲厕等生态系统，应使用太阳能热水系统或保留接口，为以后功能提升保留空间，室内环境设计易清洁、美观、卫生，通风良好的环保型卫生间。

11.2.3 传统民居居住功能的改善

传统民居平面功能日趋多样，各功能空间的形制也越来越向着现代城市住宅靠近，人们对现代生活空间的需求越来越强。但传统民居在功能配置、空间尺度上都存在着许多不适应现代生活的地方，造成了使用者的不便。在此背景条件下，探讨如何使传统民居既保留传统风貌特色又满足当代人们生活的需求。

1) 居住空间改善要求

（1）功能布局

①保留天井、院落空间

天井、院落空间在传统民居中具有重要的作用，是平面形制演变过程中最积极也是最稳定的构成要素，是在平面中起到串联、导向作用的枢纽空间，是容纳各种生活行为发生的主要场所。因此，天井、院落空间在民居空间更新中应予以保留。

但另一方面，居住者的思想观念、生活习惯都发生了变化，对空间功能的需求也发生了改变。现代居民在思想观念上提倡男女平等，在居住空间改善设计中，可以考虑居民的相关意愿，在满足相关政策法规的基础之上，结合具体情况，进行空间更新设计。

②以起居室为中心组织生活行为流线

中国传统民居大多以院（天井）为中间体扩展建筑，轴线的运用贯穿设计的各个方面，厅堂位于正房中心，成为进入两侧卧室的过厅。与传统院落式居住建筑不同，在现代生活模式影响下的单元式住宅内，则是以"起居室"这一公共性质的功能空间为核心，将"主卧室—主卫生间""次卧室"及"书房"等私密功能空间，"家庭起居室"及"次卫生间"等半私密功能空间以及"厨房—餐厅"等半公共功能空间组织起来，形成紧密、连续的室内功能流线。

传统布局下的民居正房，厅堂面积小，长宽比不合适，开门过多，不适合安排现代起居活动。随着时代的发展、生活水平的提高，传统厅堂的功能发生改变，并开始分化。厅堂逐渐演变为独立的客厅，使得以前发生在卧室内的社会生活行为及家务行为被转移出来，反映了家庭中公共活动的增多以及人们对舒适起居空间的重视。

③划分家庭内部私密性和开放性空间

由于以前农村家庭人口较多，三代人共处一个宅院，一个卧室可能容纳了一个小家庭一天所有的活动。这种生活习惯延续至今。在民居内没有单独设置客厅的情况下，一些社会生活行为只能在主卧室内进行。最主要的位置仍然会划分给起居空间，用于摆放电视、音箱、沙发、茶几等。有些家庭没有设置单独的餐厅，卧室兼作备餐、用餐的场所，卧室不但是个人睡眠场所，也是进行各种家庭活动的场所，缺乏私密性和开放性空间的划分。

（2）空间尺度

①使用面积

人体尺度是影响室内空间的重要因素，在以往对城市住宅的研究中，对功能房间都有定量分析，通过人的行为、家具大小和摆放方式确定功能空间的面积。农村住宅的面积一般比城市住宅大，生活习惯也有较大的不同。确定合理的功能空间面积需要以农村生活的行为活动作为依据，不能套用城市住宅中的功能空间面积标准。

②室内家具形式、尺度及布置方式

传统民居建筑室内家具的尺寸及组合方式，是与基于"间"这一木结构基本模数单元的建筑空间相适应的；而随着现代生活模式的改变，不再局限于"间"的制约，形成了适合于现代建筑材料、建造方式以及采光面积等居住需求的新的基本模数及组合模数体系，而家具尺寸及其组合布置方式亦同时发生了适应性的变化——由于舒适度需求提高以及材质更新等原因，室内家具单体尺寸较传统木质家具明显增大，并且在以电器化为典型代表的现代科技社会中，随着各种家用电器被引入居住生活，需要考虑传统民居的室内布置方式。

2）居住空间功能改善策略

（1）功能布局

①空间重组与优化

a.空间的水平重组

空间的水平重组是在民居内部，用限定或围合的方式划分出具有新功能的空间，或将小空间组合成大空间。在不进行传统民居建筑形制改造的前提下，对于室内功能空间的装修设计及家具布置等方面进行空间分隔及使用分配上的改造。例如中华人民共和国成立初期，梅兰芳先生对护国寺街9号院的改造——将三间正房的西端两间打通，融新式沙发、茶几及传统家具于一室的"中西合璧"布置，作会客厅之用[7]。

b.空间的垂直重组

空间的垂直重组是在原有空间的基础上，利用其高度的优势，或分割，或拆除，以充分利用原有空间形成丰富的建筑空间，并拓展新的功能，此种空间重组方式在现代民居中常被利用。一种是拆除建筑中心位置的楼板以形成类似天井的开敞空间，可以达到改善内部空间品质的目的。另一种常见的改造方式是在原有大空间中划分出阁楼作为储藏空间，可根据建筑实际高度情况来决定夹层空间的大小。

②空间流线组织

传统的民居建筑中，正房与厢房之间的交通大多是通过室外廊道来实现的。出于增加生活便捷性的考虑以及满足创造连接各功能空间的连续室内交通流线空间以提高生活舒适度的基本目标，而且对于建筑室内连续空间在冬夏两季的保温节能都赋予了更多的可能。

a.将檐廊、游廊的局部或整体改造成为室内玻璃通廊。这种改造方式可以较大程度地减少对于传统民居外观的影响，同时利用可开启的由玻璃连门所构成的通透界面，确保良好的建筑采光及通风效果。

b.在各小天井庭院内以贴邻外墙的形式或在前后院内单独引入室内前廊。进入民居的入口，首先来到前廊空间，由前廊连接民居内的各个功能空间，使居民在进行功能空间转移的时候不必重复室内外的行为动线。

c.不影响传统庭院界面空间的室内联系通道的改造。在新建式民居改造中，可以在院落整体布局上设计出连续的室内功能流线——保证主体院落空间内的室外连廊形式，在主体院落周边建筑的外侧设置室内联系通道。

③功能空间划分

a.考虑功能空间的完整性和独立性

起居室作为一个集多种生活设施于一体的公共场所，需要在同一空间中合理安排多种活动，这就要求对空间作基本的统筹分区。家具的选用和布置一方面需要满足各种功能共处一室，另一方面又需要各自为界，使用合理。

b.考虑空间私密性的要求

私密性是卧室最重要的属性，因为卧室不仅仅是供用户休息的场所，还是夫妻交流的重要场所。私密要求往往受到两方面的干扰：一是噪声，二是视线。这两个干扰主要来自两个方面：一是户内干扰，二是户外干扰。卧室的门不宜直接开向起居厅，卧室也不应穿套，避免卧室被外人窥视、干扰。卫生间、厕所、浴室、厨房的门洞都不宜直接开向起居室，以避免内部的活动被暴露。

④空置房间灵活运用

随着农村剩余劳动力向城镇的进一步转移，流动人口的比重增加，表现在住宅中是房间的空置。短期空置房间在保证居住功能的前提下，提倡空间功能的灵活使用，长期空置房间可用作仓储等辅助空间。针对现代农业的特点，增加仓储、加工等农业劳动房，与居住适当分离，成为居住的辅助与补充，创造农村生产生活结合型的居住模式。

（2）空间尺度

①使用面积

传统民居卧室空间的尺度、格局、规模应该根据各功能空间需要容纳的生活行为、人的行为轨迹、活动范围的要求来确定。应尽量保证人在使用时的舒适度，留有适当的活动空间。传统村落各功能空间面积还没有相关标准，参考《新农村社区规划设计研究》，并根据有关研究机构通过大量调研分析而总结拟定的农宅中各功能空间的建议性面积标准进行设计（表11-8）。

基本功能空间建议面积标准 表11-8

名称	门厅	起居室	餐厅	主卧室（老人卧室）	次卧室	厨房	卫生间	基本储藏间	
								数量	总面积
面积/m²	3~5	14~30	8~15	12~18	8~12	6~10	4~8	2~4	4~12

表格来源：《新农村社区规划设计研究》

现有功能面积小于最小标准时，在不进行传统民居建筑形制改造的前提下，通过空间的水平重组重新划分空间，或者在改造更新中考虑加建，以增加居住使用面积。加建主要有以下几种改造方式：增设夹层的改造方式、增设地下室的改造形式、加建二层楼的改造形式。

②空间使用符合人体工程学要求

a.起居室

传统民居一般以正房明间作为客厅或家庭起居空间，房间面阔一般为3.3~4.2m、进深一般为4.8~6.3m；室内当中布置供案及八仙桌，桌两侧放置两把扶手椅，中部左右布置两组共"六椅四几"或"八椅六几"。

现代住宅起居室则位于联系其他各功能空间的核心位置，房间面阔一般大于3.6m，进深则可根据具体户型而调整，家庭成员可以在这里聚集，进行家庭活动，也要便于招待来访的亲朋，需要开阔通畅的视野和围合向心的空间。尺度需求：①客厅需要有足够长的连续墙面放置家具（住宅规范规定不得少于3000mm）[8]。②沙发与电视应布置成围合向心空间，保证人坐在沙发的各位置都对电视有很好的视角。③电视屏幕要避免正对窗户，便于日间收看电视。④满足沙发与电视之间的正常距离（表11-9）。⑤沙发的尺度：以男性为标准（所需尺度较大），三人沙发总长为228.6~243.8cm，两人沙发总长为157.5~172.7cm，占用进深尺寸为106.7~121.9cm（附加沙发靠背厚度及沙发前人脚的活动范围）[9]。

沙发与电视机最佳视距　　　　　　　　　　　　　　表11-9

电视机尺寸/英寸	19	26	32	40	46
最佳观看距离/m	0.70~1.20	1.00~1.60	1.20~2.00	1.50~2.50	1.70~2.90
电视机尺寸/英寸	52	63	80	96	112
最佳观看距离/m	1.90~3.20	2.40~3.90	3.00~5.00	3.60~6.00	4.20~7.00

表格来源：中国建筑学会. 建筑设计资料集第二分册居住[M]. 3版.北京：中国建筑工业出版社，2017

b. 卧室

当前大多数农村住宅内卧室功能还比较混乱。有些卧室面积过大，起居、社交活动、就餐、家务劳动等都混杂其中；有些卧室则长期闲置，空间没有得到充分利用。

尺度需求：主次卧室、一般卧室、老年人卧室等的平面布局与面积大小要根据使用者的不同需求分别设置。床的大小及摆放对空间的使用影响最明显。床的布置应该尽量避免床头正对窗或离窗太近，避免冷风直吹。对于民居中布置于南向的主卧室，以1800mm×2200mm的双人床为设计标准，双人床应东西向摆放，如果在床的正前方布置宽为450~600mm的电视柜，床与电视柜的距离为106.7~121.9mm时可以满足开抽屉或打开柜门至最大程度时仍不影响人的通过。这决定了主卧室面宽净尺寸为3700~4000mm时较为宽敞（表11-10）。

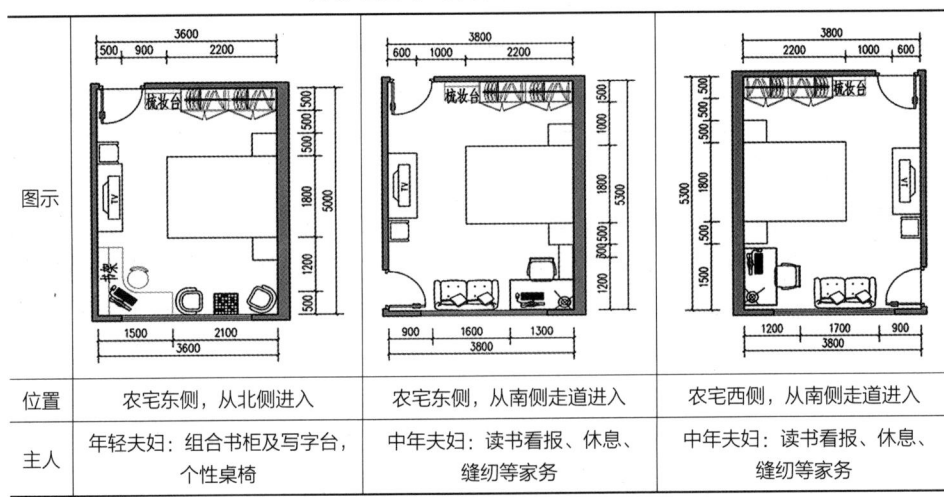

不同位置主卧室内家具摆设及所需尺寸　　　　　　　　表11-10

表格来源：付烨. 居住模式与新农村住宅户型设计[D].天津：天津大学，2010

③注重储藏空间的设计

卧室是寝卧休息、换衣梳妆等活动的主要空间，卧室储藏需满足衣物、被服、私人物品等存放的需求。以下是卧室常见的物品的分类和储藏要求：注重分区分类储藏，合理存放不同特征的物品，注意转角部和抽屉的处理，提供贵重和私密品的储藏。

11.2.4 室内环境质量提升技术

人们对室内环境的舒适度感受是一个综合的主观判断，影响舒适度感受的因素往往是众多的，其中，室内物理环境因素起着至关重要的作用。要改善传统村落居民的居住环境，提升传统民居的室内环境质量，主要在于通过相关技术措施改善室内的热、光、声等物理环境。

1）热环境质量提升技术

建筑室内热环境是研究人们在住宅建筑空间中的热舒适问题，采取合理、有效的技术措施，可改善住宅建筑的热环境，满足人们的热舒适要求。传统村落民居热环境质量提升技术主要为冬季保温以及夏季通风隔热。

（1）保温优化技术

①墙体保温

砖墙：传统民居砖墙主要采用实心黏土砖，其保温性能较差，因此需通过增设保温材料，如聚苯板、玻璃棉、岩棉板等导热系数小的材料，提高其保温效果。墙体保温可分为三种形式：外保温、内保温、夹心保温。传统村落民居室内装饰简陋，不适宜采用内保温技术。夹心保温技术要求高，施工难度大，在传统村落中也不易推广。因此，外保温方式是传统村落提升墙体保温效果的最佳方式。外保温墙体可防止因温度变化而产生结构变形，延长建筑物寿命，消除冷热桥的影响，利于保持室内温度的稳定。

木质墙体保温措施[10]：木质墙体的传热系数相对较低，部分传统民居由于构造及施工质量问题而产生缝隙，从而影响室内热环境质量，因此，木质墙体可采用北欧的横向构造方式，将圆木略微削平，上下两侧后横向叠放，利用圆木自身重力层层向下施加压力，以达到相互挤压呈无缝连接的目的；若竖向排放，木板之间采用企口对接或胶粘，以保证板缝呈无缝连接状态。

②屋顶保温

目前传统民居普遍采用的是平屋顶或坡屋顶的形式。屋面材料主要有烧结瓦、水泥瓦、预制水泥板；防水一般采用油毡防水卷材；保温材料多采用聚苯板、保温砂浆等。结合实际情况，传统村落民居屋顶可采用块瓦坡屋面，选用热导率小、重量轻的EPS聚苯板作为保温材料。

③门窗保温

提高门窗的密闭性能：窗缝冷风渗透占整个窗热损失的1/3~1/2，所以对门窗密闭性进行改善能够有效控制冬季热量过快散失[11]。由于平开窗相比推拉窗气密性更好，故应尽量选用平开窗。在安装时，应在窗框与墙体间的缝隙使用泡沫塑料、矿棉、玻璃丝等材料进行填实密封；在玻璃选用方面，建议推广中空玻璃，与单片透明玻璃相比，传热系数显著降低，具有优良的保温隔热与隔声性能[12]。粘贴夹层透明膜是一种经济、实用的方法，可降低窗户传热能耗60%，使冬季室温提高约2℃，并且能避免玻璃上结露，该方法对夏季隔热同样有效，其透光性能优于一般平板玻璃，且价格比玻璃便宜得多[13]。

（2）隔热降温优化技术

①围护结构隔热

墙体隔热：不同气候区的墙体隔热措施有所不同，湿热地区经常选用低热容的外围护结构材料，白天可以通风遮阳，夜晚进行夜间通风，以达到良好的降温作用。干热气候区，外围护结构经常选用重质材料，因为其良好的蓄热性能是控制室内温度波动最有效的措施。

屋面隔热：屋顶是整个建筑中接受太阳辐射最多的部位，其传递的热量在极端条件下可占到整个围护系统传热量的60%以上，因此，屋顶隔热设计非常重要。根据不同的原理，通常采用以下隔热措施[14, 15]：采用浅色外饰面和太阳辐射吸收系数较小的屋面材料；增大屋顶的热阻与热惰性，提高屋顶自身的隔热性能，如在坡屋面中铺设一层油毛毡或铝板；采用通风隔热屋顶。屋顶可设置成双层瓦，双层瓦之间的空气层能为屋面提供良好的隔热效果，能有效减少太阳辐射对建筑室内的热作用。

门窗隔热：门窗隔热与门窗保温都是通过减少门窗传热能耗而实现的，主要方法为采用隔热性能较好的窗户以及设置遮阳措施，减少热量进入房间[14, 15]。

②自然通风

a.传统民居室外自然通风设计

a）传统民居形态、群体组合与自然通风

单栋点式民居应采用南北朝向，与夏季主导风向垂直，民居迎风面风压最大，自然通风效果好（图11-10）；联排民居应当把民居朝向与主导风向偏转一定角度，使风对民居产生一定的投射角，缩短前排民居后部的涡旋区，保证后排民居具有良好的通风。组合形态民居，如"工"字形、"口"字形、"日"字形民居，其第二排与第一排房屋之间的距离或中庭形态、尺度均会影响到后排房屋的通风效率。改善组合式民居通风效率的方法有以下几种：加大房屋之间的距离，增大中庭尺寸；使建筑变得通透，避免产生封闭建筑形式。

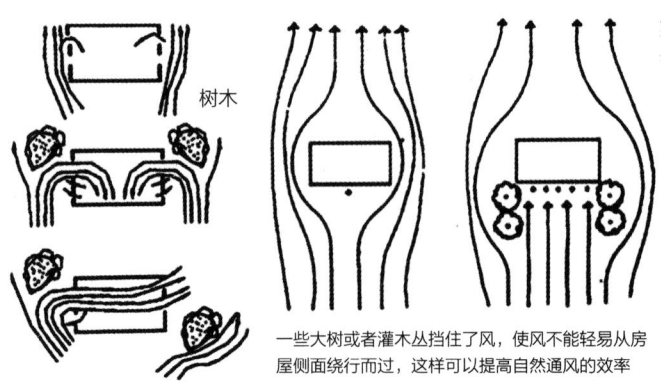

一些大树或者灌木丛挡住了风，使风不能轻易从房屋侧面绕行而过，这样可以提高自然通风的效率

图11-10 单栋点式建筑物在不同角度下背风面漩涡区

b）绿化、水体布置与民居自然通风

首先，民居周围树木和植物在一定程度上能够引导风和气流走向（图11-11）。行列树布置方式有利于把风引导到建筑室内，利用灌木与建筑外墙间距的变化，可以调节吹向建筑的气流。其次，树木、植被、水面具有吸收太阳辐射热和蒸发降温的双重作用，从而可降低住宅周围地表温度。如果民居进风口附近有水面和绿化，当风掠过室外的植被或水面时，会降低气流温度，降低风速。

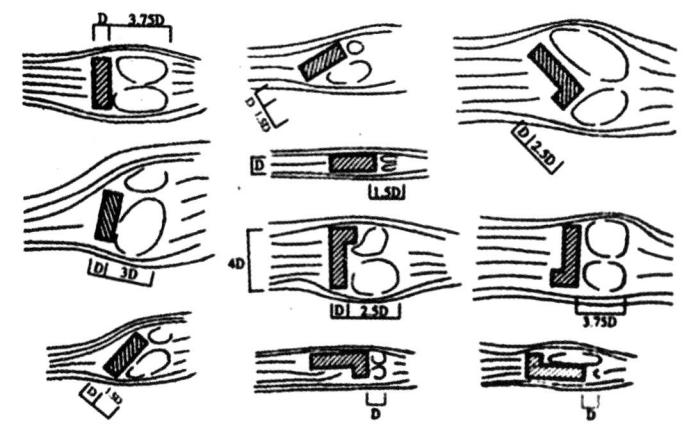

图 11-11　树木对建筑周围气流的引导

图片来源：刘伟.湖南中北部村镇住宅低技术生态设计研究[D].长沙：湖南大学，2009

b. 民居室内环境的自然通风

a）民居平面、剖面与自然通风

主要使用房间应尽量布置在夏季迎风面，辅助房间可以布置在背风面，并以建筑构造与辅助措施改善通风效果；民居平面进深不宜超过楼层净高的5倍，以便形成穿堂风，而单侧通风的建筑进深最好不超过净高的2.5倍；开口部位应该尽量使室内空气气场布置均匀，并且力求风能够吹过建筑中的主要房间；为了兼顾冬季防风，建筑物洞口不宜太大，可以用调节洞口面积的方法调节气流速度和流量；门窗相对位置应该以贯通为好，减少气流迂回和阻力；利用天井、小亭、楼梯间等增加建筑内部开口面积，利用开口引导气流，组织自然通风。

b）房间内部自然通风

改善室内自然通风效果时需考虑以下因素：窗户设置方式会直接影响民居室内气流分布，如窗户朝向、窗户尺寸、窗户位置和窗户的开启方式等；室内设计的各种要素也对室内的通风环境有一定影响。如室内家具布置、室内隔墙隔断布置、顶棚吊顶形式等。民居外部设置挡风板对室外的气流引导以及改善室内通风质量发挥着很大的作用。

c）民居自然通风强化方式

廊道：廊道对于大片连接的传统村落具有重要意义，无论是在建筑群落的腹部还是边缘，它都能够把凉风送达。廊道应结合功能和自然通风效果选择合适的尺寸，尽量采用南北走向，与当地夏季主导风向相符，还可以与绿化结合起来使用。

楼梯间：楼梯间是上下贯通的垂直空间，利用热压通风原理，夏季无风时，在楼梯间上部设可控制的开口，把污浊的热空气排出，而室外新鲜的冷空气则从底部被吸入；顶部开口朝向宜与夏季盛行风一致，在夏天突然起风时，可以将风纳入室内；出于冬季防风的需要，无论顶部还是底部的开口都应当可以控制，夏季开启，冬季关闭。

天井：天井既是引风口，又是出风口，具有风压和热压双重作用。当天井平面尺寸越小而高宽比越大时，热压通风效果越明显，当然也会导致日照和采光能力下降。当天井尺寸逐渐增大时，热压通风效应也会逐渐减弱，随之产生的是自然采光和冬季被动式采暖更为均衡。

③遮阳

a. 植被遮阳：传统民居利用植物进行遮阳时，应结合民居所在地气候特点及窗户朝向选择合适的植物类型。根据窗口不同朝向选择适宜树形，树的位置除满足遮阳要求外，还要尽量减少对通风、采光和视线的影响。

b.自遮阳：建筑自遮阳指通过建筑构件本身达到建筑遮阳的目的，如利用挑廊、挑檐进行遮阳，在具有避雨功能的同时，也可起到遮阳作用，挑檐、挑廊长度应根据民居所在地太阳高度角、方位角及朝向进行确定。

c.内遮阳：内遮阳方式在建筑中较为常见，方便易行。内遮阳是在室内设窗帘，对室内冷负荷峰值有延迟、衰减作用，对改善室内舒适度、美化室内环境及保证室内私密性均有一定作用，主要包括织物帘和金属百叶帘。

d.外遮阳：外遮阳装置能够遮挡阳光入射外窗和墙面，选择合适的遮阳系数可减少进入室内的热量，提升室内舒适度并减少能耗。外遮阳形式可分为五种：水平式、垂直式、综合式、挡板式以及百叶式。对于遮阳构件应根据窗口朝向进行选择，各朝向的选择如表11-11所示。

遮阳的朝向适应性分析　　　　　　　　　　　　　表11-11

朝向	水平式遮阳	垂直式遮阳	综合式遮阳	挡板式遮阳	活动遮阳
东偏北30°至东偏南30°	★	—	★	★★	★★
南偏东30°至南偏西30°	★★	—	★	—	★
西偏南30°至西偏北30°	★	—	★	★★	★★
北偏西30°至北偏东30°	—	★★	—	—	—
东偏南、西偏南、东偏北、西偏北30°~60°	★	—	★★	★	★

注：其中★表示适合选择，★数量越多，表示越适合，"—"表示不适合。
表格来源：作者自制

2）光环境质量提升技术

（1）采光口类型

①门洞口采光：传统民居中开门大小相对于需要采光的房间较大，当门开启时，能满足室内的采光需求，但是一旦把门关闭，室内将成黑房间。对此类情况，有两种解决方式：加亮子或将门改成花格门。

②侧窗采光：传统民居侧窗的类型不尽相同，侧窗的设置需要合适的窗墙比，并且设置在合适的位置才能使室内的主要活动空间得到最佳的采光。大多数传统民居的侧窗都有着较为美观的窗花格，但过于复杂的窗花格会影响侧窗的采光效果。因此，应该简化窗花格，从而提升侧窗的采光效果。

③屋顶采光：传统建筑屋顶的采光类型主要有亮瓦、老虎窗、斜屋顶窗三种。适当增加亮瓦数量，提高亮瓦的透明性是提升室内光环境的有效方式；传统民居中的"猫儿钻"，因其开窗面积过小，采光受限，因此逐渐增大其开窗洞口的面积，形成了如今的老虎窗；斜屋顶窗的采光效率主要受到屋顶倾斜角度以及开口面积大小的影响，安装工艺复杂，对屋顶的结构要求高，而且它对传统建筑的风貌影响较大。

④天井采光：天井的不同形态很大程度地影响着室内采光，可以在天井口部设置活动遮阳措施以改变天井形态。通过在天井口部设置遮阳板的方式，控制太阳光的照射，天井的

尺寸就可以做大,以更好地满足冬季日照的需求,通过天井的遮阳构造措施还可以同时满足夏季遮阳的需求,可较好地解决冬季日照需求和夏季遮阳需求之间的矛盾[16]。

(2)采光透射材料

提升传统民居室内光环境需要运用透光性能较好的材质,并且保持透光材料的洁净,从而有效地将自然光线引入室内。普通玻璃透射系数高,且造价低,是改善采光透射材料的首选。在寒冷地区或夏热冬冷地区,冬季需要保温,而民居室内主要的冷热桥为窗户,为节约能源,可以考虑在空调使用率较高的卧室、起居室采用保温隔热性能较好的中空玻璃,建议采用Low-E中空玻璃。

(3)室内装饰材料

室内墙面装饰材料,若条件许可,建议优先选用大白粉刷。若追求室内墙面品质,在经济条件允许的情况下,可采用乳胶漆及白调和漆;若需要室内墙面表现出明显的肌理和色彩,可采用真石漆和中黄调和漆;若采用木板进行装修,建议采用浅色木板。

地面建议采用白色瓷砖,其具有较好的经济效益,但在雨季不易保持清洁,容易打滑和磨损,不建议在人流量较大的厅堂中使用。水磨石地面及木地板地面的经济效益较均衡,容易清洁。

石膏吊顶板经济效益较好,建议优选石膏吊顶板。若强调顶棚的材质及肌理,需要加强装饰效果的房间如厅堂可选用木顶板,但宜采用浅色木板。

3)声环境质量提升技术

(1)噪声源控制措施

提升传统村落的声环境质量,优化声源是其首要考虑的因素。优化声源需要当地政府部门积极倡导并督促,同时需要广大村民自觉遵守,例如禁止在村内鸣笛,倡导村民文明使用各类音响以及高分贝的设备时,不打扰其他人工作与休闲等[17]。

(2)绿化及隔声屏障

对于室外机动车及非机动车的噪声,可通过设置隔声屏障,减弱室外噪声对室内的干扰,如:可种植植物,利用植物来减少噪声对民居的影响;或设置围墙,起到屏障的作用,降低周边噪声对室内的影响。

(3)围护结构

①墙体隔声

传统民居所采用的墙体中,木墙隔声性能最差。局部房间隔声处理主要是针对需要安静的房间,如卧室和书房。通过对局部房间进行隔声优化,既能满足卧室需要安静的条件,又能在经济上达到平衡。卧室与卧室相邻的墙体,主要的噪声是人的说话声,为低频率噪声。埃特板是阻隔中、高频率噪声较好的材料。适当加大埃特板的厚度及优化其构造做法,也会增加埃特板阻隔低频率噪声的效果。在经济条件允许的情况下,也可以做成双层墙板,中间留有空气层,并在其中设置隔声材料,如聚苯板,其有保温和阻隔高频率噪声的双重作用。大厅和卧室相邻的墙体,主要噪声来源于电视机及居民活动,有高、低频率的噪声,石膏板可对中、高频率噪声起到较好的隔声作用,龙骨架的架空做成空气层,可以阻隔中、低频率的噪声。

②外门及外窗隔声

传统建筑门窗的气密性相对较差,成为隔声的薄弱环节。隔声门由门扇和门框组成,采用优质冷轧钢板，冷加工处理成型，门体内按隔声等级填充吸声棉、隔声材料，具有防火、隔声等优质性能，使用性能较稳定。当改善资金有限时，可在普通门下面包1mm厚合金铝片或铜片，当门关上时，是一种紧闭的状态，亦可起到隔声的作用。

隔声窗玻璃使用的是夹层PVB膜经高温高压牢固黏合而成的玻璃，声音在通过隔声窗时，需经过8层介质反射和削减，隔声效果极佳。双层夹胶玻璃是在两层玻璃间夹上一层吸声材料，让噪声在复合结构中进行多次反射和吸收，达到隔声的目的。

③楼板隔声

传统民居楼板主要为木结构楼板，其噪声主要来源于楼面撞击声。改善楼板隔声性能的主要措施有面层法、浮筑法、吊顶法。面层法为在楼板表面铺设良好的面层材料，如地毯、塑料地毯、卡尔普等，这种方法对改善中、高频率的撞击声很有效；浮筑法为在承重地面上铺木地板，或在地板龙骨下铺设弹性垫块，在浮筑层和承重地面之间不应刚性连接，以免受到"声桥"的影响；吊顶法，这种方法是利用承重地面和吊顶之间的空气进行隔声。

11.3 传统民居功能空间置换及改造

传统民居功能空间置换及改造，就目前的状况，改造方向主要有三个：一是延续居住功能，改造厨卫等基础设施，改善室内居住环境；二是旅游商业服务化改造，通过植入商业功能，如民宿、商店、餐馆等，保证民居的可持续发展；三是文化展览类改造，充分挖掘传统村落的历史、文化价值。

11.3.1 功能空间置换及改造需求分析

对传统民居进行合理的改造，通过置换新的功能，将其重新利用起来，能够提升整个村落的生活品质、环境和文化底蕴，激发传统民居的生命活力，只有传统民居真正有人使用，顺应现代居住生产生活功能的需求，才是对传统民居最好的保护[18]。

传统村落的发展与产业发展有着密切的联系，功能的置换与产业也有着密切的联系，通常产业包括第一产业、第二产业、第三产业。发展旅游业是传统村落当下最热门的产业发展道路，但并不是所有的传统村落都有发展旅游产业的基础与优势。发展什么样的产业模式与村落本身的自然条件、交通条件、基础设施、景观资源、人文资源、农产品类型、用地类型等因素都密切相关。传统民居作为传统村落的建筑载体，在不断发展的同时，势必会因为选择不同的产业发展模式，而对传统民居功能空间置换、改造产生不同的影响，只有科学合理地引导传统村落的产业发展，解决原住民的就业问题，才能有效地保护传统村落。

11.3.2 功能空间置换与改造类型分析

对于建筑空间的改造方式，一类是保留原有建筑外观，只对内部空间进行置换，根据置换程度，可分为置换式、合成式。还有一种模式是通过对民居的扩建来进行功能置换与改造，可分为共生式、并置式，扩建的方式有水平扩建与垂直扩建等现代方式[19]。

1）置换式

"置换式"空间置换，是指历史空间与现代场景、原有建筑形制与现代生活活动等的相互适应。"置换式"不单单是把"甲"改造成"乙"，而且在必要时会把"甲"用途的建筑空间完全改成适应"乙"用途的建筑空间，或者在环境控制性能上把较低空间品质改造成较高空间品质，以适应再利用的需要[20]（图11-12）。

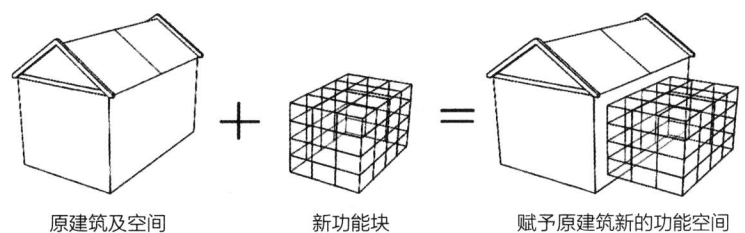

图11-12 "置换式"再利用示意图

图片来源：北京门头沟地区村落传统公共建筑空间再利用研究[D].北京：北京建筑大学，2013

2）合成式

"合成式"空间置换，是指建筑保持原有形态，保留一部分原有居住功能，另一部分注入新功能，即传统空间功能性质的现代化设计与运用，呈多功能态势。传统、简单的居住、生产空间向民俗文化、行政管理、商业等复合模式转化，以带动内部空间的再生。

3）共生式

"共生式"是对原有建筑进行扩建，从而产生彼此互不连接的新、旧两个空间或多个空间的格局，以满足人们对多个空间的需求。"共生式"再利用下的新、旧建筑空间之间是以一种相互关联、和谐共存的方式存在的，其中，原有建筑的旧空间可以是对原有功能空间的恢复，也可以是新的功能空间的置换；而新建筑中的新空间完全是为了配合原有建筑的功能空间而出现的，或是为了满足一些新的功能空间而出现（图11-13）。

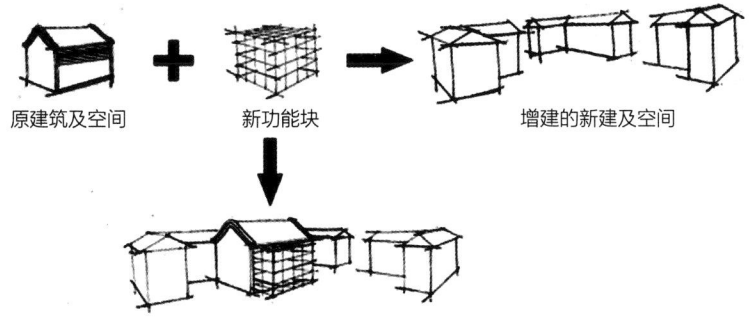

图11-13 "共生式"再利用示意图

图片来源：北京门头沟地区村落传统公共建筑空间再利用研究[D].北京：北京建筑大学，2013

4）并置式

"并置式"是指新、旧建筑之间，各自完整存在却又相互连接的状态，是新、旧建筑空间分置和两全的统一。但不同于"共生式"，"并置式"使得加建及扩建产生的后建新空间与原有旧空间形成了并列在一起的空间格局，这是贯通在一起的整体空间。原有的建筑很好地保存下来，与新建的建筑及空间构成了新的空间格局，因而这里既融入了传统历史信息，又融入了现代精神（图11-14）。

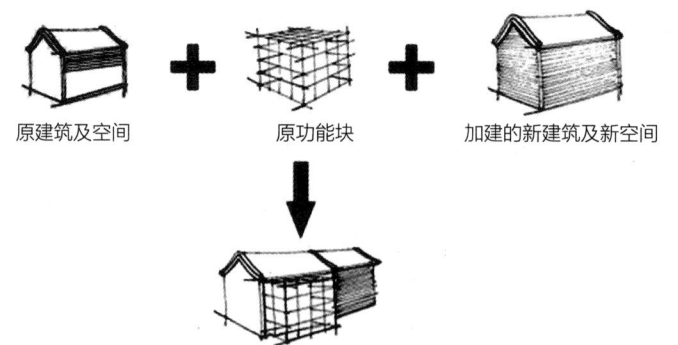

图 11-14 "并置式"再利用示意图

图片来源：北京门头沟地区村落传统公共建筑空间再利用研究[D].北京：北京建筑大学，2013

11.3.3 基于旅游商业服务的空间置换与改造

随着人们生活水平的提高，旅游已经成为人们追求自由的一种方式，越来越受到百姓的青睐，传统村落作为一种旅游资源，因其古朴而宁静的特性，也备受旅游人士的追捧。传统村落基于旅游商业服务的空间置换与改造也是不可避免的。

1) 基于旅游商业服务的空间配置需求

传统村落中的商业服务配置，针对不同的需求人群，可分为两大类：一类是为本地居民服务，主要是一些小商铺，满足日常生活需求，这类商业服务类型单一，空间要求也相对简单，因此不做过多阐述。一般就是将空置的底层住房拿出一间来放置货架，进行商品交易活动，更简易的是直接在家门口空地上支个棚子进行售卖。另一类是针对旅游业兴起而发展的商业服务设施，面向的人群主要是外来游客，同时也向本地居民提供商业服务。传统民居的基本功能已无法满足游客的需求，对于闲置的民居，可以考虑进行一定的改造，来满足村落旅游商业服务的发展（表11-12）。

传统村落基于旅游商业服务的空间配置表 表11-12

需求	设施	特点
吃	综合餐馆、小食摊位、咖啡馆、粉面店等	有油烟污染，人流量有时间性，一般需要新增厨房功能
住	旅馆、客栈、宾馆、民宿、农家乐等	面积要求大，各具特色，与传统民居的居住功能最为吻合，一般需要新增厨房功能
购	超市、工艺品店、服装店、杂货店等	对门面的位置要求较高，面积可大可小
娱	茶室、酒吧、棋牌馆等	相对吵闹，空间面积需求相对独立

表格来源：作者自制

2) 基于旅游商业服务的空间功能配置

根据传统民居主要功能的复杂程度，将旅游商业服务建筑功能配置分为两大类：单一功能型、多功能型。

（1）单一功能型

单一功能型指除基本居住功能以外，为闲置的民居用房新增一个比较单一的主要功能类型，包括小食摊位、咖啡馆、超市、工艺品店、服装店、杂货店等。单一功能型的特点是新增功能简单，辅助功能分布其中，适合中小型民居改造，相对应的一字形、曲尺形民居适合于单一功能型的改造。

（2）多功能型

多功能型是指传统民居除基本的居住功能以外，含有两个或两个以上新增的建筑主要功能类型，包括餐馆、粉面馆、旅馆、民宿、农家乐、茶室、陈列馆等。多功能型的特点是功能复杂，所需建筑面积大，适合大中型民居改造。其更多的是针对三合院、四合院等合院组合形式的民居改造，这类民居平面布置更灵活，空间也较大，更能够满足多种功能的改造需求（表11-13）。

传统村落基于旅游商业服务的综合功能提升配置表 表11-13

类型	名称	主要功能	辅助功能	特点
单一功能型	小食摊位	小食制作间	—	无实墙、面积小、灵活度高、分布自由
	咖啡馆	咖啡品尝区	服务制作区	空间档次较高，非大众化
	超市	商品区	库房、收银台	需求空间较大，注重交通流线
	工艺品店	商品区	库房、收银台	空间可大可小，光线要求较高
	服装店	商品区	库房、试衣间、收银台	大空间，门面有要求，照明重要
	杂货店	商品区	库房、收银台	面积可大可小
	棋牌馆	休闲娱乐区	服务台	对外噪声较大，品质要求不高
多功能型	餐馆	餐厅、厨房	收银台	面积较大，有油烟污染
	特色小吃店	餐厅、制作间	收银台	时段性、大空间
	旅馆	客房、餐厅、厨房、布草间、大厅休息区	服务台、公共厕所	面积大，综合型强，可以接收大批游客
	民宿	客房、大厅、休息室	服务台、管理用房、储藏	注重特色，品质较高，以住宿为主，规模相对旅馆较小
	农家乐	客房、餐厅、厨房、棋牌室	管理用房	农宅经营为主，接收小部分游客住宿，可发展各种娱乐休闲配套，大众化
	茶室	吧台、包厢、卡座	服务台、厕所	相对安静，环境较好，需要的空间较大

表格来源：作者自制

3）基于旅游商业服务的平面功能改造

基于旅游商业服务的平面功能改造，根据不同的商业类型，改造的侧重点也有所不同。大体上分为两种模式：一种模式是保持传统民居的建筑主体不变，对内部空间进行改造。对于单一功能的商业，如特产商店、杂货店等，一间空置的房间通过灵活的隔断就能满足功能要求；对于多功能型商业，可将内部隔墙拆除、打通，留出较大的空间，如餐饮类，还需要考虑厨卫功能的提升。另外一种模式是对传统民居进行扩建，主要包括两种方式：水平扩建与垂直扩建。水平扩建主要考虑到民居的用地限制与周边环境的因素，尽量不破坏原有的街巷空间与邻里关系；垂直扩建主要考虑到建筑承重与风貌问题（表11-14）。

（1）餐饮类功能改造

餐饮类服务设施的功能主要是餐厅和厨房。餐饮设施中，一般用餐位数来反映餐饮服务设施的数量，餐饮设施数量需要考虑季节性波动和早、中、晚用餐人数的差异，餐位数可以

不同类型的平面功能置换 表11-14

平面类型	平面原形	建筑功能置换		水平扩增
"一"字形		底层改	整栋改	建筑两侧有空地
		出入口都对外，居住功能相对独立		
"曲尺"形		外院底层改	整栋改	建筑两侧有空地
		出入口都对外，新增功能位置影响居住空间朝向和通风		
"三合院"形		底层改	整栋改	建筑两侧有空地
		一个主出入口，底层可置换空间大		
"四合院"形		底层改	整栋改	建筑两侧有空地
		一个主出入口，对外性不强，居民和旅游者人流混合		

表格来源：作者自制

取淡季和旺季之间的规模数来确定。餐饮类服务设施的卫生标准很高，特别是厨房卫生，现有传统民居的厨房条件并不好，因此厨房的改造是重点。

（2）住宿类

住宿类旅游服务设施的主要功能单元是客房，其最重要的附属功能是卫生间。现代卫生间功能在传统民居中是缺失的，住宿类主要应考虑设置室内卫生间，保证客房的基本需求。

住宿类与民居本身的居住功能最为契合，但住房有限，主要考虑的还是客房的扩增，有向住宅两边发展的水平扩增和向竖向发展的垂直扩增。水平扩增对原有传统民居基地有要求，需要考虑宅基地本身的因素，垂直扩增则应考虑民居结构承重的问题。

（3）休闲娱乐类

休闲娱乐类旅游商业服务设施应建立在一定的策划创意上，形成综合性较强的康体娱乐项目，此类娱乐设施也可以与文化展览设施组合在一起。综合类的娱乐旅游服务设施相比单个娱乐旅游服务设施更受旅游者的青睐，对其他建筑和空间的使用品质影响也较小。传统民居改造成此类旅游服务设施时应考虑"活动—空间—设施"的关系。

娱乐类设施扩增主要看娱乐游戏的类型，如果是单个小型的娱乐设施，若对原有居住使用造成了影响，则可以考虑在室外增设小型房屋。

（4）购物类

购物对旅游地经济的发展有推动作用，传统民居中购物类旅游服务设施的改造，重点是门面的吸引。购物类设施可以多类型、多方式组合，形成不同的旅商业网点，同时也可以设置综合性商业服务设施，如商业街。由于商业的临街性，购物类设施扩增主要考虑底层的水平扩增，这样既可以增加使用面积，又可以达到扩大门面的作用。但扩增的建筑需要与原有民居保持同样的建筑风格，切不能为了追求商业效果而标新立异。

11.3.4 文化展览设施的空间置换与改造

对于传统民居文化展览设施的改造，不仅顺应了时代的发展，也满足了社会文化建设新的需求。改造后，将文化展览功能植入传统民居，赋予面临拆毁的民居新的使用价值，并且也会带动村落其他产业的发展。根据目前的文化展览类功能改造方向，可以将其分为三大类：展示性质的公共场所、日常文化活动场所、文化体验与交流的创意产业空间。

1）文化展览设施配置需求

中国传统民居是中国传统文化重要的载体和有机组成部分，传统民居建筑作为物质文化，本身就是传统村落文化的直观展现，但同时也是非物质文化的承载空间。然而，大部分传统村落文化展览设施的配置是缺失的，一些老旧的传统民居被新建农村现代住宅取代，导致传统文化失去了主要展示空间，在物质文化不断提升的传统村落，精神文化的建设也是需要同步进行的[1]。

传统民居文化展览化改造：一类主要是面向本土居民，包括现代文化的普及空间与传统文化、手工艺传承空间。对于这些功能的新增与改造能够增强村民的文化自信心和文化认同感，让村民从本质上认同传统文化的价值。另一类是面向外来参观者，除了建筑风貌与自然风光，人文环境的体验是很多外来参观者特别注重的环节；另一方面，传统民居房租较低，意境优雅，吸引着一些艺术家、学生来此进行创作、体验生活、阅读、思考，这些艺术创作空间的需求也是传统民居文化空间置换可供考虑的方向之一。

2）文化展览设施的功能配置

我国的非物质文化遗产和传统文化能在传统村落中得到很好的传承与延续，这里是民间文学、传统技艺、民俗节庆等非物质文化遗产产生、发展、传承的物质空间。这些传统文化、传承人及其活动的场所承载着村落的历史，承接着现今居民的生活交往，连接着未来的文明发展和灵魂延续。文化展览设施主要是对物质文化、非物质文化的呈现与活化。

根据文化展览设施的配置需求，针对需求人群，可将传统文化展览功能改造分为三大类：展示性质的公共场所、日常文化活动场所、文化体验与交流的创意产业空间（表11-15）。

文化展览设施综合功能提升配置表　　　　　　　　　　　表11-15

类型	名称	主要功能	辅助功能	特点
展示性质的公共场所	博物馆、展览馆	陈列区、储藏室、后勤管理用房、研究室等	卫生间、门厅、服务台、纪念品商店	一般为新建筑、规模较大的公共建筑，如寺庙、祠堂会所类建筑
	名人故居	民居主要功能复原、陈列展示区	服务区、卫生间、纪念品商店	故居原貌恢复，次要的房间进行小部分功能置换，尽量保持建筑原状
日常文化活动场所	广场、街巷、戏台	重大节日使用较多	公共卫生间、一定的观赏空间	开敞的室外空间，无特定要求
	传统手工作坊	操作间、展示间	成品保存间、原料储藏间	根据不同的手工艺流程，需要的空间大小不一
	村民活动中心	活动室、村落文化展示区	卫生间、办公室	需要较大的村民集会活动场所
	农家书屋	图书室、活动区	卫生间、储藏室	空间灵活，可大可小，灵活隔断
文化体验与交流的创意产业空间	创作类艺术工作室	艺术创作区、交流区	配套生活空间	主要用于艺术家的创作，需要空间较大、相对安静的环境
	经营类艺术工作室	艺术创作区、展示区、会客区	储藏空间、商业经营区	创作与展示经营一体，动静区结合

表格来源：作者自制

（1）展示性质的公共场所

这类具有展示性质的公共场所主要是指博物馆、展览馆、名人故居等。

博物馆、展览馆：征集、典藏、陈列和研究代表自然和人类文化遗产的实物的场所，是展示村落的历史文化和价值的窗口。此类空间面积需求大、文化性强、人流量大，主要功能区包括陈列区、储藏室、后勤管理用房、研究室等，辅助功能区包括厕所、门厅、服务台。

名人故居：所谓名人故居，就是经过多方考证，证实在历史上文人墨客、政治家等具有一定影响力的人物曾经居住的地方，是一种特殊的文化载体，它历经岁月的洗刷，依然记录并留下了这些人物日常生活的点点滴滴，具有一定的文化价值[21]。名人故居通常是村落里很有声望的人家，其家宅规模也较大，一般会根据民居原貌进行建筑的复原展示。

（2）日常文化活动场所

包括传统文化、手工艺传承空间与现代文化的普及空间。优秀的传统文化需要继承发扬，同时也应该紧跟时代的步伐，加强现代科学文化的学习。

①传统文化、手工艺传承空间

广场、街巷、戏台：这些是村民主要的公共活动场所，传统艺术表演、民俗礼仪活动、节日庆典表演会直接在这类开敞的空间内进行。

传统手工作坊：民间艺术是中国传统艺术的宝库，随着现代文明的冲击，这类传统手工艺正在消亡。

②现代文化的普及空间

村民活动中心：包括老年人活动中心、青少年活动空间，主要为村民提供一个交流活动的室内空间，这类空间可以设置在村落的公共建筑中。

农家书屋：这类功能是顺应新农村建设而出现的新增现代功能，目的是提升村民的文化素养。在一些村落中新建书院、图书馆，以此来推动乡村文化的发展，例如南京桦墅村嘤栖书院、浙江桐庐的云夕图书馆等。

③文化体验与交流的创意产业空间

将传统民居改造成创意体验或文化交流空间，不仅包括观看文化展示，参加各种各样的文化活动，还可以在这里学习、交流文化与技能，培养个人爱好。

艺术工作室：艺术家从事艺术创作、工艺制作和艺术作品设计开发的空间，艺术工作室的模式主要分为创作类和经营类两种。工作室的类型包括绘画雕塑艺术家工作室、平面设计师工作室、建筑师工作室、时装设计师工作室、材料艺术工作室等[22]。

3）文化展览设施的功能改造

（1）展示性质的公共场所改造

展示性的文化展览设施是指以观看为主的类型，其中博览类民居改造遵循修复复原的原则，要考虑采光问题，且要注意功能空间的营造。展览类的民居建筑，其本身也是吸引物，满足了游客观赏的需求。一般是将村落中空间较大的公共建筑如祠堂、寺庙、名人故居等改造成展示性空间，对于这类公共建筑，也以复原为主，尽量保持建筑外部与内部的原貌及功能布局，室内通过现代展陈方式来达到展览的要求。

博览类民居改造主要考虑到以下几个方面：①陈列的采光需求：传统民居采光本身有所欠缺，考虑到不破坏民居的建筑风貌，主要通过灯光、天窗的形式来解决。②展览的流线：大部分民居的格局制约了展陈的灵活性，格局重置工作也比较困难，通常利用展板沿墙体布置，这样的格局简单，应该打破单一的顺向路线，对展陈空间进行多种参观路线的组合，如串联式、并联式、辐射式等。

名人故居作为历史的产物，既是居住和使用对象，又是游览对象，应注意保护和利用的关系，遵循复原修缮的原则，尽量展现名人生活的真实场景。名人故居功能改造的要点：一部分是对原有的功能进行原状复原，包含主人的卧室、厨房、餐厅等，充分表达出历史名人遗留下来的建筑及生活用品所特有的历史文化积淀；另一部分次要的房间会作为陈列展示区，用以展示名人生前的成就、生平事迹、家庭成员、用过的物品等；适当增加服务区、卫生间、纪念品商店等服务空间。

（2）日常文化活动场所改造

对于日常文化活动场所的改造，一类是传统文化、手工艺传承空间，如传统手工作坊、节日庆典表演场所——街巷、广场、戏台等；另一类是村民日常学习现代文化的空间，包括图书室、活动中心、学校等。

对于现代文化空间，很多村落涌现出了一些比较新潮前卫的乡建与改造项目，现代元素的加入，对于传统建筑、传统文化必定是一个很强的冲击，因此要考虑到现代与传统的有机融合。在改造中应从以下几个方面考虑：①新材料的运用，需要与原有的民居建筑相结合，尽量选用本土的材料与做法，将传统建造技艺传承下来。②现代空间的营造，对于新的功能需求，原有的民居隔墙可以适当打通，灵活隔断。很多村民活动中心兼具图书室、村民集会的功能，通过家具物件的灵活摆放，可以满足多种功能的需求。

（3）文化体验与交流的创意产业空间改造（表11-16）

文化体验与交流创意产业空间改造案例　　　　　　　表11-16

新功能	改造原型
1.南京市民俗文化博物馆	甘熙故居

功能改造措施：甘熙故居地处南京市南捕厅，是一座三组五进穿堂式建筑群，南京市民俗博物馆利用甘熙故居进行的展陈主要有"甘氏家族历史陈列""南京传统民居建筑艺术展""非物质文化遗产综合展"等

改造措施：
原有古旧类建筑的门扇现作为展览的入口，窗户紧紧关闭，并且被改造为玻璃窗，一定程度上改善了建筑内的采光，梁柱、屋顶、地面均保持原状。

墙体的改造则较明显，墙体均被白色隔板所覆盖，已丝毫看不到墙体的原貌，有的墙体被布置了展板，而有的墙体被雕塑模型所覆盖，这也使得展陈内容都汇集在四周。

在"金陵十八坊陈列"展室中，利用主室与侧室同时展出，两边侧室与主室之间的墙壁均被打通，使得主室与两边侧室融为一体，形成了一个较大的整体展陈空间

图11-15　南京市民俗文化博物馆改造后

图片来源：南京市民俗博物馆导览图[EB/OL].https：//youimg1.c-ctrip.com/target/100r14000000wg0yp6A4C.jpg

2.浙江平田村村民中心	荒废农宅

图11-16　浙江平田村村民中心改造后图

图片来源：张凝忆.传统村落中非历史保护民居的改造探索：浙江平田农耕博物馆及手工作坊[J].小城镇建设，2016（09）：50-53

功能改造描述：
改造项目原是荒废的农宅，并非历史文化建筑，其位于村口显要位置，北侧毗邻祠堂、村委会，既是进村首先感受到的村庄形象代表，也是村内公共活动的重要区域。将其改造成为新的村民中心，同时成为对外展示乡土农耕文明和传统手工艺文化的窗口。

依托山势，建筑分为靠近村口的博物馆展厅和展厅后的手工作坊两部分。保留原有形态，移除了部分隔墙和楼板，相连部分改造成半室外花园。二层两个较为私密的空间，既可作为艺术家民宿，也可作为图书室。原有附属建筑则改造为小茶室和楼梯花园。

在建造方面，经评估后更换了内部破损严重的木结构，重新搭建。而外墙的夯土墙虽有倾斜，但经过人工"推拉"和草筋修补，仍保持着原有的乡土质感。

为了解决传统民居室内光环境较差的问题，通过屋顶不同尺度的顶窗将光线引入。建成后，这里成了平田村的一个使用频率颇高的文化交流空间，并已经举行了多场会议，带动了村里的民宿经济，吸引村民积极参与，形成了平田村的公共文化集会

表格来源：作者自制

艺术家工作室、艺术体验文化区的改造主要考虑以下几个方面：

①文化创意产业模式的选择。不同的文化业态需要的空间不同，找到与之适合的可改造的传统民居或者传统院落，然后充分地挖掘传统民居承载的文化性质与之相结合。

②注重氛围的营造。艺术家工作室或者艺术体验文化区都有自身很强的文化属性，对传统民居中的旧物件可以保留并进行适应性的改造和再利用，利用这些"旧物"可以加深室内空间的"古"的氛围，并且可以处处彰显出传统民居包含的灿烂文化。在空间布局上注意功能分区、交通路线、空间色彩装饰、材料使用以及植物等带给人心灵与情绪上的影响，让使用者对整个空间有舒适的感觉。

③民居结构的加固与增减。创意产业有很强的个性，对于空间的要求也有所不同，可能对民居改动较大，在加固、修整传统民居结构的同时，还要根据改造的需要增加或拆减原有的民居建筑。同时注意提升相应的基础设施水平，以满足现代生活的需求。

④旧物利用。对于部分拆除改建的民居，遗留下来的材料物件可以充分利用到新建部分中与新的材料相融合，在建筑风貌上达到和谐统一。

参考文献

[1] 陆元鼎.中国民居建筑[M].广州：华南理工大学出版社，2003.
[2] 侯继尧.中国窑洞[M].洛阳：河南科学技术出版社，1999.
[3] 奥托卡.延安地区窑洞民居建筑形式及保护更新研究[D].武汉：华中科技大学，2012.
[4] 安巧霞.对现有住宅卫生间设计的探讨[J].山西建筑，2005，31(9)：35-35.
[5] 吉军.寒地既有村镇住宅厨卫设施功能提升技术研究[D].哈尔滨：哈尔滨工业大学，2010.
[6] 夏渤洋.历史文化名村官沟古村厕所、环卫设施改善对策研究[D].北京：北京交通大学，2014.
[7] 石磊.北京传统四合院在现代生活模式下的更新探索[D].北京：中国建筑设计研究院，2008.
[8] 周燕珉.住宅精细化设计[M].北京：中国建筑工业出版社，2008.
[9] 龚锦.人体尺度与室内空间[M].天津：天津科学技术出版社，1999.
[10] 何韶瑶，毛国辉，初祎君，等.湘西传统木构民居节能效果测试与研究[J].建筑学报，2010(3)：96-99.
[11] 程强.北京延庆地区农村住宅节能设计研究[D].北京：清华大学，2008.
[12] 朱吉顶，孙荣荣.夏热冬冷地区农村住宅节能设计与技术措施[J].建筑技术，2011，42(6)：557-559.
[13] 杨子江.夏热冬冷地区小城镇住宅门窗节能技术措施[J].工业建筑，2005，35(7)：19-22.
[14] 徐峰，谢明镜，周晋，等.华中湖泊湿地型村镇小康住宅设计指南[M].长沙：湖南科学技术出版社，2011.
[15] 柳孝图.建筑物理[M].3版.北京：中国建筑工业出版社，2010.
[16] 张乾，李晓峰.鄂东南传统民居的天井形态特征与日照环境研究[J].华中建筑，2013

(1): 177-180.
[17] 丁允.传统木构干栏民居室内声环境的改造研究[D].昆明：昆明理工大学，2014.
[18] 杨昌鸣，张娟.建筑材料资源的可循环利用[J].哈尔滨工业大学学报（社会科学版），2007，9(6)：27-32.
[19] 孙瑞.老龄化背景下传统村落的功能置换可行性研究[D].北京：北京建筑大学，2016.
[20] 张磊.北京门头沟地区村落传统公共建筑空间再利用研究[D].北京：北京建筑大学，2013.
[21] 陆雪营.开封名人故居的保护与旅游开发研究[D].开封：河南大学，2016.
[22] 宋珊珊.文创产业背景下的传统民居适应性改造研究[D].秦皇岛：燕山大学，2016.